ארחות צדיקים

**THE WAYS
OF
THE TZADDIKIM**

למען תלך בדרך טובים וארחות צדיקים תשמור

ספר
ארחות צדיקים
השלם

הוא ספר מידות הנפש
המיוסד להורות ולהשכיל את לב האבן הטפש
ולהוציאו מדרך טיט ורפש
ולהוליכו בדרך הטוב אשר הוא בלא כשלון
ולא יהיה האדם לחטאת לביזוי ולקלון

כרך שני

מתוקן ומוגה עם הרבה הוספות על-פי כתבי-יד

על ידי
גבריאל בהר"ר ישראל זלושינסקי

הוצאת ספרים פלדהיים
ירושלים / ניו יורק

*That you may walk in the way of good men
and keep the paths of the righteous (Mishlei 2:20)*

ORCHOT TZADDIKIM

THE WAYS
OF
THE TZADDIKIM

VOLUME TWO

Newly Prepared and Completely Corrected Hebrew Text

Edited by
RABBI GAVRIEL ZALOSHINSKY

English Translation by
RABBI SHRAGA SILVERSTEIN

FELDHEIM PUBLISHERS
Jerusalem • New York

מנוקד על־ידי

עזרא קינוולד

First published 1995
Two-Volume Pocket Edition, 1996
ISBN 0-87306-775-4

Copyright © 1995,1996 by Yaakov Feldheim Ltd.

All rights reserved. No part of this publication may be translated, reproduced, stored in a retrieval system or transmitted, in any form or by any means, electronic, mechanical, photocopying, recording, or otherwise, without permission in writing from the publishers.

FELDHEIM PUBLISHERS

200 Airport Executive Park
Nanuet, NY 10954

POB 35002
Jerusalem, Israel

Printed in Israel

APPROBATION FOR THE NEW HEBREW EDITION

מכתב ברכה

מאת מורי ורבי, הגאון הגדול, פאר הדור

ר׳ אהרן יהודה לייב שטינמן שליט״א

ראש ישיבת פוניבז׳ לצעירים, ראש כולל פוניבז׳ וראש ישיבת ״גאון יעקב״ ב״ב

בעה״מ ספרי ״אילת השחר״

בס״ד

יום ה׳ לסדר במדבר כ״ט אייר תשמ״ה לפ״ק

בני ברק. יצ״ו

לכבוד ידידי הרה״ג וכו׳ ר׳ גבריאל זלושינסקי שליט״א

חסד א-ל יסובבנו תמיד.

הנה כבר גיליתי דעתי שאני נמנע ואיני רוצה ליתן הסכמה על ספרים חדשים, אולם ספר אורחות צדיקים ודאי אינו צריך לשום הסכמה, וגם התיקונים והשיפורים שנעשו בהוצאה זו שזה פרי עמלך הוא זה כדאי לעיין בו, ומי לא יבין שזה תועלת מאוד ע״י זה מבינים יותר דברי הספר. ולכן גם זה א״צ הסכמה.

ולא נשאר לי אלא לברך אותך ואת אשתך יחד כשם שנכנסת לתקן ולהגיה בדיוקים מספרו של אותו צדיק המחבר כן תזכה ע״י הלימוד בו להתעלות ולעלות בתורה ויראת שמים כרצונו יתברך ורצון המחבר,

אהרן יהודה לייב שטיינמן

ספר זה יוצא לאור לעילוי נשמת

הר״ר **נתן לימן ב״ר מאיר** ז״ל

נתן ונשא באמונה ביושר ובתבונה
תורת ה׳ נר לרגליו בכל פינה ופינה
נפש נקי וצדיק בכל מידה ישרה והגונה

בתורת ה׳ חפצו וקבע עיתים בה יומם ולילה
נשא תפילותיו בכוונה ובמתינות מלה במלה

מאורות נתן ברוח נדיבה לכבוד ה׳ בבית תפילה
אהוב ונחמד על כל יודעיו ומכיריו כאיש חסד רב סגולה
ידע להצניע מעשיו והרחיק עצמו מכל שבח ותהילה
ראש ומאחד לבני המשפחה מסור אליהם בכל לב ונשמה

זכות צדקותיו וחסדיו האדירים לכלל ולפרט תעמוד לו סלה
לוית חן לראש היתה אמונתו התמימה ביושב תהילה

נלב״ע בשיבה טובה
ביום שלישי כ״ז בתמוז תשנ״ה
ת נ צ ״ ה

This book is dedicated to the blessed memory of
Reb Nussen ben Meir Lehman

The Ways of the Tzaddikim so typified the life of Reb Nussen. He emigrated from the Ukraine (USSR) at the age of 21, to settle in Canada with a group of ten friends. Of the ten, he was the only one who steadfastly observed the mitzvos. By the end of his first year in Montreal, he had managed to save some money and he borrowed the rest in order to bring his betrothed, Basya Yagolnitzer, from Russia to Canada. They were married in 1925. Unable to observe Shabbos as an employee, he became a peddler, which compelled him to be away from home Monday to Friday for twenty years!

There are many amazing stories of Reb Nussen's *mesirus nefesh* for *kevod Shamayim* and the observance of the mitzvos. For fifty-four years he and his wife lived in Canada, and together they raised four children: Jack, Susie (married to Jack Palevsky), Melech (married to Elaine Glazer), and Miriam (married to Aaron Singer).

In 1978, after two of their children had made *aliyah*, Reb Nussen and Basya moved to Israel and settled in the Arzei Habirah neighborhood of Jerusalem.

In Jerusalem, Reb Nussen reestablished his *Gema'ch* fund which he himself administered to his last day. He was instrumental in the founding of the Arzei Habirah *beis knesses* and actively supported many shuls and religious institutions both in his neighborhood and outside it.

All his seventeen years in Jerusalem were spent ascending the ladder in the service of Hashem.

On 25 Tishrei 5754 (1993), Basya, his wife of sixty-eight years, passed away after a brief illness. Less than two years later, on 27 Tammuz 5755 (1995), at the age of 92, Reb Nussen peacefully returned his pure soul to his Maker.

Contents תוכן

VOLUME ONE כרך ראשון

Introduction	3	הקדמה
The Gate of Pride	27	שער הגאוה
The Gate of Humility	57	שער הענוה
The Gate of Shame	81	שער הבושה
The Gate of Arrogance	97	שער העזות
The Gate of Love	103	שער האהבה
The Gate of Hatred	133	שער השנאה
The Gate of Mercy	141	שער הרחמים
The Gate of Cruelty	149	שער האכזריות
The Gate of Joy	167	שער השמחה
The Gate of Worry	219	שער הדאגה
The Gate of Regret	229	שער החרטה
The Gate of Anger	235	שער הכעס
The Gate of Willingnes	251	שער הרצון
The Gate of Envy	265	שער הקנאה
The Gate of Zeal	283	שער הזריזות
The Gate of Laziness	295	שער העצלות

VOLUME TWO כרך שני

The Gate of Magnanimity	307	שער הנדיבות
The Gate of Miserliness	321	שער הציקנות
The Gate of Remembrance	325	שער הזכירה
The Gate of Forgetfulness	355	שער השכחה
The Gate of Silence	359	שער השתיקה
The Gate of Falsehood	381	שער השקר
The Gate of Truth	395	שער האמת
The Gate of Flattery	409	שער החניפות
The Gate of Slander	435	שער לשון הרע
The Gate of Repentance	465	שער התשובה
The Gate of Torah	573	שער התורה
The Gate of the Fear of Heaven	607	שער יראת שמים

ארחות צדיקים

THE WAYS
OF
THE TZADDIKIM

שַׁעַר שִׁבְעָה־עָשָׂר

שַׁעַר הַנְּדִיבוּת

הַנְּדִיבוּת הִיא הַמִּדָּה אֲשֶׁר יַגִּיעַ בָּהּ הָאָדָם לְמַעֲלוֹת גְּדוֹלוֹת; וּכְשֶׁהַנְּדִיבוּת עַל דֶּרֶךְ טוֹבָה, אָז הִיא מְשֻׁבַּחַת מְאֹד, וּבָהּ יַגִּיעַ אֶל מַעֲלוֹת רַבּוֹת בָּעוֹלָם הַזֶּה וּבָעוֹלָם הַבָּא, כְּמוֹ שֶׁנֶּאֱמַר: "מַתָּן אָדָם יַרְחִיב לוֹ וְלִפְנֵי גְדֹלִים יַנְחֶנּוּ" (משלי יח, טז), כִּי עֲבוּר מַתְּנוֹתָיו יֹאהֲבוּהוּ מְלָכִים וְשָׂרִים וְכָל אָדָם. וְאֵין דָּבָר בָּעוֹלָם הַמֵּבִיא אֶת הָאָדָם לִידֵי אַהֲבַת הָעוֹלָם כְּמוֹ הַנְּדִיבוּת. וְגַם בָּעוֹלָם הַבָּא יַגִּיעַ לוֹ גְּמוּל טוֹב עֲבוּר מַתְּנָתוֹ.

וְיֵשׁ שְׁלֹשָׁה מִינֵי נְדִיבוּת: הָאֶחָד — נְדִיבוּת בַּמָּמוֹן; הַשֵּׁנִי — נְדִיבוּת בַּגּוּף; הַשְּׁלִישִׁי — נְדִיבוּת בַּחָכְמָה. וְאֵלּוּ הַשְּׁלֹשָׁה הָיוּ בְּאַבְרָהָם אָבִינוּ: הָיָה נָדִיב בְּמָמוֹנוֹ, דִּכְתִיב: "וַיִּטַּע אֶשֶׁל" (בראשית כא, לג), רָאשֵׁי תֵבוֹת: אֲכִילָה, שְׁתִיָּה, לְוָיָה (מדרש תהלים לז); נָדִיב בְּגוּפוֹ — שֶׁהִצִּיל לוֹט בֶּן אָחִיו וְנִלְחַם עֲבוּרוֹ (בראשית יד, יד־טז); נָדִיב בְּחָכְמָתוֹ — כִּי לִמֵּד כָּל הָעוֹלָם דֶּרֶךְ הַיָּשָׁר, עַד שֶׁנִּתְגַּיְּרוּ, דִּכְתִיב (בראשית יב, ה): "וְאֶת הַנֶּפֶשׁ אֲשֶׁר עָשׂוּ בְחָרָן" (בראשית רבה לט, יד).

וְזֹאת הַמִּדָּה הִיא מְשֻׁבַּחַת מְאֹד, מִפְּנֵי שֶׁבָּהּ הָאָדָם מִתְכַּבֵּד, כִּדְכְתִיב: "רַבִּים יְחַלּוּ פְנֵי נָדִיב"

THE SEVENTEENTH GATE

The Gate of Magnanimity

Magnanimity is the trait through which a man achieves great heights. When one's magnanimity is positively oriented, it is extremely praiseworthy and leads to many great attainments, both in this world and the next, as it is written (*Mishlei* 18:16): "A man's giving will broaden [the path] for him and lead him before the great." For his gifts will endear him to kings, princes, and all men. There is nothing in the world that so endears one to others as magnanimity, which is accorded goodly reward even in the World-to-Come.

There are three types of magnanimity: monetary, physical, and intellectual. Our father Avraham possessed all three. He was magnanimous with his wealth, as it is written (*Bereshis* 21:33): "And he planted an *aishel*," [אשל- the Hebrew acronym for *achilah* (eating), *shesiyah* (drinking) and *levayah* (escorting)] (*Midrash Tehillim* 37). He was magnanimous with his body, rescuing his nephew Lot and going to war on his behalf (*Bereshis* 14:14-16), and he was magnanimous with his wisdom, teaching all men the just path until they converted, as it is written (ibid. 12:5): "And the souls that they made in Charan" (*Bereshis Rabbah* 39:14).

This trait is extremely commendable, for one gains honor thereby, as it is written (*Mishlei* 19:6): "Many will court the

(משלי יט, ו). וּדְבָרָיו נִשְׁמָעִים כְּשֶׁהוּא מוֹכִיחַ בְּנֵי הָאָדָם לָשׁוּב לַעֲבוֹדַת הַבּוֹרֵא יִתְבָּרֵךְ. אִם הוּא צָרִיךְ לְעֶזְרָה — הַכֹּל יַעְזְרוּהוּ, וְהַכֹּל בְּשָׁלוֹם עִמּוֹ.

וְדַע, שֶׁהַמַּתָּנָה בְּמָקוֹם שֶׁהִיא רְאוּיָה, כְּגוֹן צְדָקָה לַעֲנִיִּים יִרְאֵי שָׁמַיִם, אוֹתָהּ הַמַּתָּנָה הִיא מַטְמוֹן סָפוּן, שֶׁאֵינָהּ נֶאֱבֶדֶת בַּאֲרִיכוּת הַיָּמִים, אַךְ הִיא עוֹמֶדֶת כָּל הַיָּמִים. וְזוֹ הָיְתָה כַּוָּנַת שְׁלֹמֹה הַמֶּלֶךְ, עָלָיו הַשָּׁלוֹם, שֶׁאָמַר: "שַׁלַּח לַחְמְךָ עַל פְּנֵי הַמָּיִם כִּי בְרֹב הַיָּמִים תִּמְצָאֶנּוּ" (קהלת יא, א). וּפְשַׁט הַפָּסוּק מְצַוֶּה עַל הַנְּדִיבוּת, כִּי מִי שֶׁזּוֹרֵעַ חֶסֶד קוֹצֵר תְּבוּאָתָהּ. וּמִי שֶׁיֵּשׁ בּוֹ מִדָּה זוֹ מִתְעַשֵּׁר, כְּמוֹ שֶׁנֶּאֱמַר: "יֵשׁ מְפַזֵּר וְנוֹסָף עוֹד" (משלי יא, כד); וְעוֹד כְּתִיב: "נוֹתֵן לָרָשׁ אֵין מַחְסוֹר" (שם כח, כז); וְאָמַר דָּוִד עַל הָאֲנָשִׁים הַנְּדִיבִים: "פִּזַּר נָתַן לָאֶבְיוֹנִים צִדְקָתוֹ עֹמֶדֶת לָעַד" (תהלים קיב, ט). וְהַמִּדָּה הַחֲשׁוּבָה הַזֹּאת הַלְוָאָה הִיא אֵצֶל הַבּוֹרֵא יִתְבָּרֵךְ, שֶׁנֶּאֱמַר: "מַלְוֵה יְיָ חוֹנֵן דָּל" (משלי יט, יז). וְאָמַר הֶחָכָם: עֲשֵׂה חֶסֶד עִם מִי שֶׁרָאוּי לוֹ וְעִם מִי שֶׁאֵינוֹ רָאוּי לוֹ; מִי שֶׁרָאוּי לוֹ — יִהְיֶה הַחֶסֶד בִּמְקוֹמוֹ, וְעִם מִי שֶׁאֵינוֹ רָאוּי לוֹ — תִּהְיֶה אַתָּה רָאוּי לַעֲשׂוֹתוֹ, כִּי הַבּוֹרֵא צִוָּה לַעֲשׂוֹת הַטּוֹב וְהַחֶסֶד. וְאָמְרוּ חֲכָמִים: מִי שֶׁיִּתֵּן מַתָּנָה גְדוֹלָה לְמִי שֶׁשּׁוֹאֵל הַמַּתָּנָה, הוּא חֲצִי נָדִיב; אֲבָל הַנָּדִיב הַשָּׁלֵם הוּא אֲשֶׁר נוֹתֵן תָּדִיר, מְעַט אוֹ רַב, קֹדֶם שֶׁיִּשְׁאֲלוּ מִמֶּנּוּ.

וְעוֹד אָמְרוּ חֲכָמִים, זִכְרוֹנָם לִבְרָכָה: מִדַּת הַנְּדִיבוּת תְּלוּיָה בַהֶרְגֵּל, כִּי אֵינוֹ נִקְרָא נָדִיב עַד שֶׁיְּהֵא רָגִיל בְּכָל עֵת וּבְכָל שָׁעָה לְהִתְנַדֵּב כְּפִי יְכָלְתּוֹ.

presence of the magnanimous one," and his words will be heeded when he chastises men to return to the service of the Creator, Blessed be He. If he ever needs help, everyone will help him, and all will be well-disposed towards him.

Know that a gift in its proper place, such as charity to the God-fearing poor, such a gift is a stored up treasure which does not get lost with the passage of time, but which endures forever. This was the intent of King Shelomo, may peace be upon him, in the verse (*Koheles* 11:1): "Cast your bread upon the waters, for after many days you will find it." Plainly understood, the verse enjoins magnanimity, for he who sows lovingkindness will reap its harvest. He who possesses this trait grows wealthy, as it is written (*Mishlei* 11:24): "There are those who scatter and yet accumulate more," and (ibid. 28:27): "He who gives to the poor shall not lack." And David said about magnanimous men (*Tehillim* 112:9): "He has given munificently to the poor; his charity endures forever." This noble trait is considered a loan to the Creator, Blessed be He, as it is written (*Mishlei* 19:17): "He who is gracious to the poor lends to Hashem." And the Sage has said: "Do lovingkindness with him who is worthy of it and with him who is not worthy of it. With him who is worthy of it, the lovingkindness will be appropriate, and with him who is not worthy of it, you will be worthy of doing it, for the Creator commanded the doing of good and lovingkindness." And the wise have said: "He who gives a great gift to him who asks it is half magnanimous. The truly magnanimous man is he who gives always, little or much, before he is asked."

Our Sages of blessed memory have stated further that the trait of magnanimity resides in habit, one not being truly magnanimous until he is accustomed to giving as

כִּי אָדָם שֶׁנּוֹתֵן, לְמִי שֶׁרָאוּי לִתֵּן, אֶלֶף זְהוּבִים בְּפַעַם אַחַת, אֵינוֹ נָדִיב כְּמִי שֶׁנּוֹתֵן אֶלֶף זְהוּבִים בְּאֶלֶף פְּעָמִים, כָּל זָהוּב וְזָהוּב בַּמָּקוֹם הָרָאוּי; כִּי אוֹתוֹ שֶׁנָּתַן אֶלֶף זְהוּבִים בְּפַעַם אַחַת, נִתְעוֹרְרָה דַעְתּוֹ הִתְעוֹרְרוּת גְּדוֹלָה לְהִתְנַדֵּב וְאַחַר כָּךְ פָּסְקָה מִמֶּנּוּ. וְגַם לְעִנְיַן הַשָּׂכָר: אֵינוֹ דוֹמֶה מִי שֶׁפּוֹדֶה שָׁבוּי אֶחָד בְּמֵאָה דִינָרִים, אוֹ עָשָׂה צְדָקָה לְעָנִי בְּמֵאָה דִינָרִים שֶׁהוּא דֵּי מַחְסוֹרוֹ, כְּמִי שֶׁפָּדָה עֲשָׂרָה שְׁבוּיִים, אוֹ הִשְׁלִים חֶסְרוֹן עֲשָׂרָה עֲנִיִּים, כָּל אֶחָד בַּעֲשָׂרָה דִינָרִים, וְעַל זֶה אָמְרוּ חֲכָמִים: הַכֹּל לְפִי רֹב הַמַּעֲשֶׂה (אבות פ״ג מט״ו), וְלֹא אָמְרוּ: לְפִי גֹּדֶל הַמַּעֲשֶׂה.

כָּל הַמַּעְלִים עֵינָיו מִן הַצְּדָקָה כְּאִלּוּ עוֹבֵד עֲבוֹדָה זָרָה (כתובות סח ע״א). וְנִקְרָא בְלִיַּעַל, רָשָׁע, אַכְזָרִי וְחוֹטֵא. בְּלִיַּעַל — שֶׁנֶּאֱמַר: ״הִשָּׁמֶר לְךָ פֶּן יִהְיֶה דָבָר עִם לְבָבְךָ בְלִיַּעַל לֵאמֹר קָרְבָה שְׁנַת הַשֶּׁבַע שְׁנַת הַשְּׁמִטָּה וְרָעָה עֵינְךָ בְּאָחִיךָ הָאֶבְיוֹן וְלֹא תִתֵּן לוֹ״ (דברים טו, ט); אַכְזָרִי — דִּכְתִיב: ״וְרַחֲמֵי רְשָׁעִים אַכְזָרִי״ (משלי יב, י); וּמַכְחִישׁ יִחוּסוֹ, שֶׁאֵינוֹ מִזֶּרַע אַבְרָהָם, יִצְחָק וְיַעֲקֹב, כִּי הֵם הָיוּ רַחֲמָנִיִּים, אֶלָּא מִזֶּרַע הַגּוֹיִם שֶׁהֵם אַכְזָרִיִּים, שֶׁנֶּאֱמַר: ״אַכְזָרִי הֵמָּה וְלֹא יְרַחֵמוּ״ (ירמיה נ, מב). וְכָל הַמְרַחֵם, מְרַחֲמִים עָלָיו מִן הַשָּׁמַיִם, שֶׁנֶּאֱמַר (דברים יג, יח): ״וְנָתַן לְךָ רַחֲמִים וְרִחַמְךָ וְהִרְבֶּךָ״ (שבת קנא ע״ב).

וְהַנּוֹתֵן צְדָקָה לָעֲנִיִּים בְּסֵבֶר פָּנִים רָעוֹת, אִבֵּד זְכוּתוֹ וַאֲפִלּוּ נָתַן הַרְבֵּה, וְעָבַר עַל ״וְלֹא יֵרַע לְבָבְךָ בְּתִתְּךָ לוֹ״ (דברים טו, י), וְטוֹב מִמֶּנּוּ הַנּוֹתֵן פְּרוּטָה בְּסֵבֶר פָּנִים

much as he can at all times. For one who gives a thousand gold pieces to a deserving person at one time is not so magnanimous as one who gives out a thousand gold pieces over a span of a thousand times, each piece in its proper place. For if one gives a thousand pieces at one time, it is because he was suddenly seized with a great impulse to give which afterwards departed from him. And as far as reward is concerned, one who redeems one captive with a hundred dinars or gives a hundred dinars as charity to one poor man, satisfying all of his needs, cannot be compared to one who redeems ten captives or covers the needs of ten poor men by giving ten dinars to each. About this our Sages have said (*Avos* 3:15): "All is according to abundance of deed." They did not say "according to greatness of deed."

If one averts his eyes from charity, it is as if he serves idols (*Kesubos* 68a), and he is called "wanton," "wicked," "cruel," and "sinful." "Wanton," as it is written (*Devarim* 15:9): "Take heed to yourself lest there be a wanton thought in your heart, to wit: 'The seventh year, the year of release is at hand,' and your eye be evil against your poor brother and you not give him." "Cruel," as it is written (*Mishlei* 12:10): "And the mercies of the wicked are cruel." And he thereby denies his ancestry, seeming not of the seed of Avraham, Yitzchak, and Yaakov, who were all merciful, but rather of that of the nations, who are cruel, as it is written (*Yirmeyahu* 50:42): "They are cruel and have no pity." And all who show mercy are granted mercy by Heaven, as it is written (*Devarim* 13:18): "And He will give you mercy and have mercy upon you and multiply you" (*Shabbos* 151b).

He who gives charity to the poor with a mean expression loses his merit, and he transgresses (*Devarim* 15:10): "And let your heart not be evil when you give to him," even if he gives much. It is better to give a *perutah* [a small

יָפוֹת, וְטוֹב מֵהֶן הַנּוֹתֵן כָּרָאוּי לְעָנִי הָרָאוּי בְּסֵבֶר פָּנִים יָפוֹת, וְטוֹב שֶׁיִּתֵּן קֹדֶם שֶׁיִּשְׁאַל, וְטוֹב שֶׁיִּתֵּן בַּסֵּתֶר, דִּכְתִיב: "מַתָּן בַּסֵּתֶר יִכְפֶּה אָף" (משלי כא, יד). וְיֵשׁ שֶׁהָיוּ קוֹשְׁרִים בְּבֶגֶד וְזוֹרְקִים לַאֲחוֹרֵיהֶם, וּבָאִים עֲנִיִּים וְנוֹטְלִים (כתובות סז ע"ב), וְהַנּוֹתֵן אֵינוֹ יוֹדֵעַ לְמִי נוֹתֵן, וְהֶעָנִי אֵינוֹ מִתְבַּיֵּשׁ. כְּלָלוֹ שֶׁל דָּבָר: כָּל מַה שֶּׁיָּכוֹל לְהַסְתִּיר, שֶׁלֹּא יֵדַע הֶעָנִי מִי הוּא הַנּוֹתֵן וְשֶׁלֹּא יֵדַע הַנּוֹתֵן מִי הוּא הַמְקַבֵּל, יֵשׁ לוֹ לְהַסְתִּיר.

וּכְשֶׁאָדָם עוֹשֶׂה צְדָקָה, יַעֲשֶׂה עִם הַצְּדָקָה חֶסֶד, כְּגוֹן שֶׁיִּקְנֶה בַּמָּעוֹת דָּבָר הַצָּרִיךְ לֶעָנִי, שֶׁלֹּא יִצְטָרֵךְ הֶעָנִי לִטְרֹחַ; אוֹ יִמְצָא צָרְכֵי הֶעָנִי בְּזוֹל וְהֶעָנִי אֵין לוֹ בַּמֶּה לִקְנוֹת, בָּזֶה יְדַקְדֵּק שֶׁיִּתֵּן לוֹ בְּאוֹתָהּ שָׁעָה — וּבָזֶה עוֹשֶׂה עִמּוֹ חֶסֶד, וְעַל זֶה אָמַר הַנָּבִיא: "זִרְעוּ לָכֶם לִצְדָקָה קִצְרוּ לְפִי חֶסֶד" (הושע י, יב). פֵּרוּשׁ: הַשָּׂכָר — הַכֹּל לְפִי הַחֶסֶד (סוכה מט ע"ב).

וְעַתָּה, שְׁמַע חֲשִׁיבוּת הַנְּדִיבוּת וּבַעֲלֵי הַצְּדָקָה, דִּכְתִיב: "צְדָקָה תְּרוֹמֵם גּוֹי" (משלי יד, לד). בּוֹא וּרְאֵה כַּמָּה הוּא גָּדוֹל כֹּחָהּ שֶׁל צְדָקָה, שֶׁהִיא נְתוּנָה בִּימִינוֹ שֶׁל הַקָּדוֹשׁ בָּרוּךְ הוּא, שֶׁנֶּאֱמַר: "צֶדֶק מָלְאָה יְמִינֶךָ" (תהלים מח, יא).

גְּדוֹלָה צְדָקָה שֶׁבָּהּ נִשְׁתַּבַּח הַקָּדוֹשׁ בָּרוּךְ הוּא בְּשָׁעָה שֶׁיָּבִיא תְשׁוּעָה לְיִשְׂרָאֵל, שֶׁנֶּאֱמַר: "אֲנִי מְדַבֵּר בִּצְדָקָה רַב לְהוֹשִׁיעַ" (ישעיה סג, א). גְּדוֹלָה צְדָקָה,

coin] with a pleasant expression. The ideal is to give correctly to a deserving poor man, with a pleasant expression. It is better to give before one is asked, and to give in secret, as it is written (*Mishlei* 21:14): "He who gives in secret suppresses wrath." Some men were in the practice of tying money in a piece of cloth and casting it behind them for the poor man to come and take (*Kesubos* 67b), so that the giver did not know to whom he had given and the recipient from whom he had taken, thus sparing the poor embarrassment. In summary: Whatever can be done in secret, so that the poor man does not know the giver and the giver does not know the recipient, should be done.

And when a man gives charity, he should accompany it with lovingkindness, such as buying with his money something that the poor man needs in order to spare him the bother of buying it himself. Or, finding that a poor man's needs can be cheaply acquired at a certain time, but that he is lacking in means, he should supply him with the necessary funds, making sure to do so at that particular time, thus showing lovingkindness. About this the prophet has said (*Hoshea* 10:12): "Sow for yourselves with charity; harvest with lovingkindness." That is, the reward is commensurate with the lovingkindness (*Sukkah* 49b).

And now hear how commendable is magnanimity and are those who give charity, as it is written (*Mishlei* 14:34): "Charity will exalt the nation." Come and see how great is the power of charity which reposes in the right hand of the Holy One Blessed be He, as it is written (*Tehillim* 48:11): "Charity fills Your right hand."

Great is *tzedakah* [righteousness or charity] by which the Holy One Blessed be He, is praised when He will bring salvation to the Jews, as it is written (*Yeshayahu* 63:1): "I

שֶׁמַּנְחֶלֶת כָּבוֹד וְחַיִּים לְעוֹשֶׂיהָ, שֶׁנֶּאֱמַר: "רֹדֵף צְדָקָה וָחָסֶד יִמְצָא חַיִּים צְדָקָה וְכָבוֹד" (משלי כא, כא). גְּדוֹלָה צְדָקָה, שֶׁבָּהּ עָתִיד הַקָּדוֹשׁ בָּרוּךְ הוּא לִפְדּוֹת אֶת יִשְׂרָאֵל, שֶׁנֶּאֱמַר (ישעיה א, כז): "צִיּוֹן בְּמִשְׁפָּט תִּפָּדֶה וְשָׁבֶיהָ בִּצְדָקָה" (שבת קלט ע"א). גְּדוֹלָה צְדָקָה, שֶׁבָּהּ נִשְׁתַּבַּח אַבְרָהָם אָבִינוּ, שֶׁנֶּאֱמַר: "וְהֶאֱמִן בַּיְיָ וַיַּחְשְׁבֶהָ לּוֹ צְדָקָה" (בראשית טו, ו); וְאוֹמֵר: "כִּי יְדַעְתִּיו לְמַעַן אֲשֶׁר יְצַוֶּה אֶת בָּנָיו וְאֶת בֵּיתוֹ אַחֲרָיו וְשָׁמְרוּ דֶּרֶךְ יְיָ לַעֲשׂוֹת צְדָקָה וּמִשְׁפָּט" (שם יח, יט). גְּדוֹלָה צְדָקָה, שֶׁבָּהּ נִשְׁתַּבַּח דָּוִד מֶלֶךְ יִשְׂרָאֵל, שֶׁנֶּאֱמַר: "וַיְהִי דָוִד עֹשֶׂה מִשְׁפָּט וּצְדָקָה לְכָל עַמּוֹ" (שמואל ב׳ ח טו). גְּדוֹלָה צְדָקָה, שֶׁבָּהּ נִשְׁתַּבַּח שְׁלֹמֹה הַמֶּלֶךְ, עָלָיו הַשָּׁלוֹם, שֶׁנֶּאֱמַר: "יְהִי יְיָ אֱלֹהֶיךָ בָּרוּךְ אֲשֶׁר חָפֵץ בְּךָ לְתִתְּךָ עַל כִּסֵּא יִשְׂרָאֵל בְּאַהֲבַת יְיָ אֶת יִשְׂרָאֵל לְעֹלָם וַיְשִׂימְךָ לְמֶלֶךְ לַעֲשׂוֹת מִשְׁפָּט וּצְדָקָה" (מלכים א׳ י, ט). גְּדוֹלָה צְדָקָה, שֶׁמַּגַּעַת עַד כִּסֵּא הַכָּבוֹד, שֶׁנֶּאֱמַר: "צֶדֶק וּמִשְׁפָּט מְכוֹן כִּסְאֶךָ" (תהלים פט, טו). גְּדוֹלָה צְדָקָה, שֶׁבָּהּ נִשְׁתַּבְּחוּ יִשְׂרָאֵל, שֶׁנֶּאֱמַר: "וּצְדָקָה תִּהְיֶה לָּנוּ" (דברים ו, כה). גְּדוֹלָה צְדָקָה, שֶׁבָּהּ עָתִיד הַקָּדוֹשׁ בָּרוּךְ הוּא לְהִשְׁתַּבֵּחַ בְּיוֹם הַדִּין, שֶׁנֶּאֱמַר: "וַיִּגְבַּהּ יְיָ צְבָאוֹת בַּמִּשְׁפָּט וְהָאֵל הַקָּדוֹשׁ נִקְדַּשׁ בִּצְדָקָה" (ישעיה ה, טז). גְּדוֹלָה צְדָקָה, שֶׁהִיא מְלַוָּה לְעוֹשָׂהּ בִּשְׁעַת פְּטִירָתוֹ מִן הָעוֹלָם, שֶׁנֶּאֱמַר: "וְהָלַךְ לְפָנֶיךָ צִדְקֶךָ כְּבוֹד יְיָ יַאַסְפֶךָ" (שם נח, ח). גָּדוֹל הַחֶסֶד, שֶׁבּוֹ

speak with *tzedakah*, mighty to save." Great is *tzedakah*, which confers honor and life upon its practitioners, as it is written (*Mishlei* 21:21): "He who pursues *tzedakah* and lovingkindness will find life, *tzedakah*, and honor." Great is *tzedakah*, through which the Holy One Blessed be He, is destined to redeem Israel, as it is written (*Yeshayahu* 1:27): "Zion will be redeemed through justice, and those who return to it, through righteousness" (*Shabbos* 139a). Great is *tzedakah*, through which our father Avraham was praised, as it is written (*Bereshis* 15:6): "And he believed in Hashem, and He accounted it *tzedakah* to him," and (ibid. 18:19): "For I have known him that he might command his children and his household after him to heed the way of Hashem, to do *tzedakah* and justice." Great is *tzedakah*, through which David, King of Israel, was praised, as it is written (II *Shemuel* 8:15): "And David did justice and *tzedakah* to his whole people." Great is *tzedakah*, through which King Shelomo, may peace be upon him, was praised, as it is written (I *Melachim* 10:9): "May Hashem your God be blessed, who desired you, [and therefore wished] to place you on the throne of Israel in Hashem's eternal love of Israel, and who made you king to do justice and *tzedakah*." Great is *tzedakah*, which reaches to the Throne of Glory, as it is written (*Tehillim* 89:15): "*Tzedek* and justice are the foundations of Your throne." Great is *tzedakah*, through which Israel was praised, as it is written (*Devarim* 6:25): "And it will be accounted *tzedakah* for us." Great is *tzedakah*, through which the Holy One Blessed be He, is destined to be praised on the Day of Judgment, as it is written (*Yeshayahu* 5:16): "And Hashem of Hosts will be exalted in justice and the Holy God sanctified in *tzedakah*." Great is *tzedakah*, which accompanies its practitioners upon their departure from the world, as it is written (ibid. 58:8): "And your *tzedakah* will go before you; the glory of Hashem will gather you in." Great is lovingkindness, through which the

נִבְנָה הָעוֹלָם, שֶׁנֶּאֱמַר (תהלים פט, ג): ״עוֹלָם חֶסֶד יִבָּנֶה״ (מכילתא בשלח, טו, יג). לָכֵן יִדְבַּק הָאָדָם בְּמִדַּת הַנְּדִיבוּת, שֶׁגּוֹרֶמֶת כָּל הַטּוֹבוֹת הָאֵלֶּה.

וְעוֹד יִהְיֶה נָדִיב בְּמָמוֹנוֹ לִקְנוֹת הַמִּצְוֹת, כְּגוֹן רַבָּן גַּמְלִיאֵל שֶׁקָּנָה אֶתְרוֹג בְּאֶלֶף זוּז (סוכה מא ע״ב). וְיִהְיֶה נָדִיב בְּמָמוֹנוֹ לְהַדֵּר בַּמִּצְוֹת, וְהִדּוּר מִצְוָה עַד שְׁלִישׁ (בבא קמא ט ע״ב). וְיִהְיֶה נָדִיב בְּמָמוֹנוֹ לִכְתֹּב וְלִקְנוֹת סְפָרִים וּלְהַשְׁאִילָם לְמִי שֶׁאֵין לוֹ, שֶׁנֶּאֱמַר (תהלים קיב, ג): ״הוֹן וָעֹשֶׁר בְּבֵיתוֹ וְצִדְקָתוֹ עֹמֶדֶת לָעַד״ (כתובות נ ע״א), וְיִהְיֶה וַתְּרָן בָּזֶה, שֶׁלֹּא יָחוּשׁ אִם יִתְקַלְקְלוּ הַסְּפָרִים עַל יְדֵי שֶׁלּוֹמְדִים בָּהֶם. וְכָל כְּלֵי בֵיתוֹ יִהְיֶה נָדִיב לְהַשְׁאִיל לִשְׁכֵנָיו וּמְיֻדָּעָיו. וְיִהְיֶה נָדִיב לְהַלְווֹת לֶעָנִי אֶת כַּסְפּוֹ, וְאִם יַסְפִּיק בְּיָדוֹ, יַלְוֶה גַּם לָעֲשִׁירִים. וְיִהְיֶה נָדִיב בְּמַשָּׂאוֹ וּבְמַתָּנוֹ עִם כָּל הָעוֹלָם, וְאַל יְדַקְדֵּק עִם חֲבֵרוֹ בְּדָבָר מְעַט; אִם הוּא מוֹדֵד יַיִן אוֹ שֶׁמֶן, אוֹ אֵיזֶה דָבָר שֶׁיִּהְיֶה, לֹא יְצַמְצֵם (בבא בתרא פח ע״ב).

וְיִהְיֶה נָדִיב בְּגוּפוֹ לִטְרֹחַ עֲבוּר כָּל אָדָם, לִסְבֹּל עֻלָּם וּמַשָּׂאָם וּלְהִצְטַעֵר בְּצָרָתָם, וּלְהִתְפַּלֵּל בַּעֲדָם וְלִשְׂמֹחַ בְּשִׂמְחָתָם, וּלְבַקֵּר חוֹלִים וְלַעֲשׂוֹת חֶסֶד עִם הַמֵּתִים. וּבְיוֹתֵר צָרִיךְ לִהְיוֹת נָדִיב בְּחָכְמַת תּוֹרָתוֹ (סוכה מט ע״ב), לְלַמֵּד כָּל אָדָם דַּעַת וּלְהַמְשִׁיךְ אֶת לִבָּם לַשָּׁמַיִם. וְזוֹהִי הַנְּדִיבוּת הַגְּדוֹלָה שֶׁבְּכָל מִינֵי הַנְּדִיבוּת — הַמִּתְנַדֵּב לְאָדָם לַהֲבִיאוֹ לְחַיֵּי הָעוֹלָם הַבָּא.

world was built, as it is written (*Tehillim* 89:3): "The world is built through lovingkindness" (*Mechilta, parashas Beshalach* 15:13). Wherefore one should cleave to the trait of magnanimity, which engenders all of these goods.

Moreover, one must be magnanimous with his wealth to acquire mitzvos, as in the case of Rabban Gamliel, who purchased an *esrog* for a thousand *zuz* (*Sukkah* 41b). And one must be magnanimous with his wealth to beautify mitzvos. For the beautification of a mitzvah one should pay up to a third more than the regular price" (*Bava Kama* 9b). One must be magnanimous with his wealth to write and acquire books and lend them to those who do not have them, as it is written (*Tehillim* 112:3): "Wealth and riches are in his house and his charity endures forever" (*Kesubos* 50a). And he must be indulgent in this regard, not to be particular about the books being damaged through use. And he must be magnanimous with all his household utensils, to lend them to his neighbors and acquaintances. He must be magnanimous in lending his money to the poor, and if he is able, also to the rich. He must be magnanimous in his business dealings with all and not be particular with his friend about trifles. If he is measuring out wine, oil, or the like, he must not be over-exact, but give a little more (*Bava Basra* 88b). And he must be magnanimous with his person, to exert himself for all men, to bear their yoke and their burden, to grieve in their afflictions, to pray for them, to rejoice in their joys, to visit the sick, and to do lovingkindness with the dead. One must be especially magnanimous with his Torah wisdom (*Sukkah* 49b), to teach all men knowledge and to draw their hearts to Heaven. This is the greatest of all magnanimities, being magnanimous with another to bring him to the life of the World-to-Come.

Although the trait of magnanimity is an excellent one,

אַף עַל פִּי שֶׁמִּדַּת הַנְּדִיבוּת הִיא טוֹבָה, צָרִיךְ לְזָהֵר שֶׁלֹּא יְהֵא פַּזְּרָן לְהַשִּׂיג תַּאֲווֹת לִבּוֹ בְּמִינֵי מַאֲכָל וּמִשְׁתֶּה, וְלָתֵת הוֹן רַב לִקְנוֹת וְלַעֲשׂוֹת בְּגָדִים יְקָרִים, וּלְפַזֵּר מָמוֹנוֹ בְּמִינֵי תַּחְבּוּלוֹת שֶׁאֵינָן מְבִיאוֹת אוֹתוֹ לְיִרְאַת שָׁמַיִם. וְצָרִיךְ נְדִיב הַלֵּב לְהִזָּהֵר מְאֹד שֶׁלֹּא לְפַזֵּר לָרִיק, וְלֹא לִרְדֹּף אַחַר הַתַּאֲווֹת הַמְּבִיאוֹת לִידֵי רָע; אַךְ יְדַקְדֵּק לִהְיוֹת וַתְּרָן לָעֲנִיִּים הַטּוֹבִים, לְהַלְבִּישָׁם וּלְהַאֲכִילָם מִן הַמֵּיטָב, כְּדִכְתִיב: "כָּל חֵלֶב לַיְיָ" (ויקרא ג, טז), וִיהְיֶה שְׂכָרוֹ בְּרֹב טוּב הַצָּפוּן, אֲשֶׁר "עַיִן לֹא רָאָתָה אֱלֹהִים זוּלָתְךָ יַעֲשֶׂה לִמְחַכֵּה לוֹ" (ישעיה סד, ג).

one must be careful not to scatter his wealth to attain his heart's desire in varieties of food and drink. He must not spend vast sums to buy or to fashion costly garments, and he must not dissipate his wealth in an assortment of activities that do not lead to fear of Hashem. The magnanimous person must be very cautious not to scatter his wealth in vain and in the pursuit of lusts which lead to all manner of ills, but he must take care to be generous to good, poor men, to clothe and feed them with the best, as it is written (*Vayikra* 3:16): "All the fat is Hashem's." And his reward will be an abundance of that treasured good which "no eye has seen, which God alone bequeaths him that awaits Him" (*Yeshayahu* 64:3 [see Rashi]).

שַׁעַר שְׁמוֹנָה־עָשָׂר

שַׁעַר הַצַּיְקָנוּת

הַצַּיְקָנוּת — זאת הַמִּדָּה הִיא מְגֻנָּה בְּרֹב עִנְיָנֶיהָ; וְעַל הַצַּיְקָן אָמַר שְׁלֹמֹה, עָלָיו הַשָּׁלוֹם: ״אַל תִּלְחַם אֶת לֶחֶם רַע עָיִן וְאַל תִּתְאָו לְמַטְעַמֹּתָיו ... אֱכוֹל וּשְׁתֵה יֹאמַר לָךְ וְלִבּוֹ בַּל עִמָּךְ״ (משלי כג, ו־ז).

וְאֵלֶּה מִדּוֹת צַר הָעַיִן: מְקַבֵּץ הוֹן, וְלֹא יִתֵּן צְדָקָה, וְלֹא יְרַחֵם עַל הָעֲנִיִּים, וּכְשֶׁיֵּשׁ לוֹ מַשָּׂא וּמַתָּן עִם חֲבֵרוֹ, מְדַקְדֵּק עִמּוֹ יוֹתֵר מִדַּי וְלֹא יְוַתֵּר לוֹ מְאוּמָה; אֵינוֹ מַאֲכִיל וְאֵינוֹ מַלְבִּישׁ, וְלֹא יֵהָנֶה שׁוּם אָדָם מִמֶּנּוּ, וְאֵין לוֹ בִּטָּחוֹן עַל מִי שֶׁנּוֹתֵן לוֹ הַמָּמוֹן, וְהוּא שָׂנוּא לַבְּרִיּוֹת; אֵינוֹ מְהַדֵּר אַחַר הַמִּצְווֹת, וְלֹא יִקְנֶה לוֹ רַב וְחָבֵר, וּמִתּוֹךְ כָּךְ יִשָּׁאֵר רֵיק מִן הַתּוֹרָה וּמִן הַמִּצְווֹת.

וְאִם הוּא צַיְקָן בְּגוּפוֹ — גַּם הוּא רַע מְאֹד, שֶׁלֹּא יַעֲשֶׂה חֶסֶד עִם בְּנֵי אָדָם. וְרַע עַל כָּל רָעוֹת, אִם הוּא כִּילַי בְּחָכְמָתוֹ אוֹ בִסְפָרָיו, כֵּיוָן שֶׁהוּא אֵינוֹ חָסֵר בָּזֶה מְאוּמָה, כִּי הַחָכְמָה דּוֹמָה לָאֵשׁ, שֶׁאֵינָהּ חֲסֵרָה אִם מַדְלִיקִים מִמֶּנָּה נֵרוֹת אוֹ אֵשׁ אַחֶרֶת, וְעָלָיו נֶאֱמַר: ״מֹנֵעַ בָּר יִקְּבֻהוּ לְאוֹם״ (משלי יא, כו). אֲבָל בַּנָּדִיב נֶאֱמַר: ״וּבְרָכָה לְרֹאשׁ מַשְׁבִּיר״ (שם), וּפְשַׁט הַפָּסוּק מְדַבֵּר בִּצְדָקָה, וְהַמָּשָׁל עַל הַחָכְמָה (סנהדרין צא ע״ב).

וְהַטּוֹב שֶׁבְּזֹאת הַמִּדָּה — שֶׁאֵינוֹ מַפְסִיד מָמוֹנוֹ בַּהֲבָלִים,

THE EIGHTEENTH GATE

The Gate of Miserliness

Miserliness is a base trait in most of its facets. King Shelomo, may peace be upon him, said about the miser (*Mishlei* 23:6-7): "Do not eat the bread of the mean of eye, and do not lust for his delicacies...'Eat and drink,' he will tell you, but his heart will not be with you."

These are the traits of the miser: He heaps up wealth and he does not give charity; he does not pity the poor; he is overly fastidious in his dealings with his fellowman, overlooking nothing; he does not feed or clothe or otherwise benefit any man from what he owns; he has no trust in Him Who gives him his money; he is hated by others; he does not pursue mitzvos; he does not acquire a teacher or a friend, and because of this he remains empty of Torah and mitzvos.

One who is miserly with his person is also extremely evil, for he does not do any kindnesses for others. And worst of all is one who is miserly with his wisdom or with his books, for he would lose nothing by imparting his wisdom in that it is like a fire which is not diminished by using it to light lamps or another fire. About such a one it is written (ibid. 11:26): "He who withholds grain will be cursed by the people." But of the magnanimous man it is written (ibid.): "But blessing will repose upon the head of the provider." The verse speaks literally of charity, and figuratively of wisdom.

The good in this trait is not wasting one's money on

וּפְעָמִים נִמְנָע מֵעֲבֵרוֹת גְּדוֹלוֹת. וּמֵחֲמַת שֶׁמְּחַסֵּר נַפְשׁוֹ מִטּוֹבָה, מִתּוֹךְ כָּךְ אֵין לוֹ גֵּאוּת כְּמוֹ שֶׁיֵּשׁ לַנָּדִיב, כִּי מֵרֹב טוֹבָה וַהֲנָאָה שֶׁיֵּשׁ לוֹ לָאָדָם, יִבְעַט בְּיוֹצְרוֹ.

לָכֵן יְדַקְדֵּק הָאָדָם בְּעַצְמוֹ שֶׁיִּהְיֶה נָדִיב כְּפִי יְכָלְתּוֹ בְּמָקוֹם שֶׁרָאוּי לוֹ לְהִתְנַדֵּב, וּבְמָקוֹם שֶׁאֵין רָאוּי לוֹ לְהִתְנַדֵּב — יִהְיֶה צַיְקָן וְכִילַי. וְיִשְׁקֹל כָּל זֶה בְּמֹאזְנַיִם שֶׁל תּוֹרָה, וְיִלְמַד מִיַּעֲקֹב אָבִינוּ, שֶׁהָיָה צַיְקָן שֶׁאֵין דֻּגְמָתוֹ, שֶׁנֶּאֱמַר: "וַיִּוָּתֵר יַעֲקֹב לְבַדּוֹ" (בראשית לב, כה), וְאָמְרוּ רַבּוֹתֵינוּ, זִכְרוֹנָם לִבְרָכָה, שֶׁשָּׁכַח פַּכִּים קְטַנִּים וְחָזַר עֲלֵיהֶם; מְלַמֵּד, שֶׁהַצַּדִּיקִים, חָבִיב עֲלֵיהֶם מָמוֹנָם יוֹתֵר מִגּוּפָם, לְפִי שֶׁאֵין פּוֹשְׁטִים יְדֵיהֶם בְּגָזֵל (חולין צא ע"א). רְאֵה הַצַּיְקָנוּת הַגְּדוֹלָה, שֶׁאָדָם עָשִׁיר כְּמוֹ יַעֲקֹב, עָלָיו הַשָּׁלוֹם, הָיָה לוֹ לַחֲזֹר עֲבוּר פַּכִּים קְטַנִּים. וּמָצִינוּ בְּמָקוֹם אַחֵר, שֶׁהָיָה וַתְּרָן שֶׁאֵין דֻּגְמָתוֹ, כְּמוֹ שֶׁדָּרְשׁוּ רַבּוֹתֵינוּ, זִכְרוֹנָם לִבְרָכָה: "בְּקִבְרִי אֲשֶׁר כָּרִיתִי לִי" (בראשית נ, ה), לְשׁוֹן כְּרִי, מְלַמֵּד, שֶׁנָּטַל יַעֲקֹב כָּל כֶּסֶף וְזָהָב שֶׁהֵבִיא מִבֵּית לָבָן וְעָשָׂה אוֹתָם כְּרִי, וְאָמַר לְעֵשָׂו: טֹל זֶה בִּשְׁבִיל חֶלְקְךָ בַּמְּעָרָה (שמות רבה לא, יז). הֲיֵשׁ וַתְּרָן כָּזֶה?!

לָכֵן, מִזֶּה יִלְמַד הָאָדָם, שֶׁלֹּא יְפַזֵּר אֲפִלּוּ פְּרוּטָה לָרִיק וְשֶׁלֹּא לְצֹרֶךְ. וּבְמָקוֹם מִצְוָה, כְּגוֹן בִּצְדָקָה וּבִשְׁאָר מִצְווֹת הַתְּלוּיוֹת בְּמָעוֹת, כְּגוֹן לִקְנוֹת רַב וְחָבֵר וּסְפָרִים, יִהְיֶה וַתְּרָן גָּדוֹל, כְּדֵי לְהַשִּׂיג מַעֲלוֹת עֶלְיוֹנוֹת — לְהָשִׁיב הַנֶּפֶשׁ לִמְקוֹם טָהֳרָהּ, שֶׁתְּהֵא צְרוּרָה בִּצְרוֹר הַחַיִּים, כִּדְכְתִיב: "וְהָיְתָה נֶפֶשׁ אֲדֹנִי צְרוּרָה בִּצְרוֹר הַחַיִּים" (שמואל א' כה, כט).

vanities, and sometimes avoiding great transgressions thereby. And since he withholds good from himself, the miser is not so subject to vanity as is the magnanimous one, for an abundance of good and enjoyment leads a person to "kick" against his Creator.

Therefore, a man should take care to be generous according to his means, to be magnanimous where magnanimity is called for, and miserly and withholding where it is not called for, weighing all in the scales of Torah. He should learn from our father Yaakov, who was unparalleled in his frugality, as it is written (*Bereshis* 32:25): "And Yaakov remained alone," concerning which our Rabbis of blessed memory have said that he had returned for some small jars that he had forgotten, from which we learn that the wealth of the righteous is more precious to them than their bodies, because they do not stretch forth their hands to steal (*Chullin* 91a). Observe the extreme frugality of a man as rich as our father Yaakov, may peace be upon him, in returning for small jars. Yet in another place we find that he was unparalleled in his lavishness, as our Rabbis of blessed memory expounded: "'In my grave which I have dug [*karisi*] for myself' (*Bereshis* 50:5) — this teaches us that Yaakov took all the silver and gold that he had taken from the house of Lavan, made a pile [*keri*], and said to Esav: 'Take this for your share in the Machpelah cave'" (*Shemos Rabbah* 31:17). Can anyone be more lavish than this?

Therefore, from this one should learn not to squander even a *perutah* vainly and needlessly. And in the event of a mitzvah, such as the giving of charity and other mitzvos involving expenditure, such as the acquisition of a teacher, a friend, and books, one should spend lavishly in order to achieve exalted levels to return one's soul to its place of purity where it will be bound up in the bond of eternal life, as it is written (I *Shemuel* 25:29): "And the soul of my master will be bound up in the bond of life."

שַׁעַר תְּשְׁעָה־עָשָׂר

שַׁעַר הַזְּכִירָה

הַזְּכִירָה הִיא מִדָּה שֶׁאֵין הָעוֹלָם הַזֶּה יָכוֹל לְהִתְקַיֵּם בִּלְעָדֶיהָ, כִּי כָּל מַשָּׂא וּמַתָּן שֶׁל הָעוֹלָם הַזֶּה — הַכֹּל תָּלוּי בַּזְּכִירָה; כִּי לֹא הָיָה אָדָם מַאֲמִין לַחֲבֵרוֹ אוֹ מַלְוֶה לוֹ, אִם לֹא הָיָה זוֹכֵר, וְכָל הָעִנְיָנִים שֶׁבָּעוֹלָם, כְּגוֹן מִקָּח וּמִמְכָּר — אִם הָיוּ שׁוֹכְחִים דִּבְרֵיהֶם, לֹא הָיוּ יְכוֹלִים לַעֲשׂוֹת מִקָּח וּמִמְכָּר אוֹ לַעֲשׂוֹת שׁוּם תְּנַאי בֵּינֵיהֶם בְּלֹא זְכִירָה. וְאֵין צָרִיךְ לְהַאֲרִיךְ בָּזֶה, כִּי הַדָּבָר הַזֶּה יָדוּעַ לַכֹּל. לָכֵן יִקַּח הָאָדָם זֹאת הַמִּדָּה לְהִשְׁתַּמֵּשׁ בָּהּ לְכָל עִנְיָנָיו, כִּי הַזְּכִירָה הִיא גֶּדֶר לָאֱמֶת: הֵיאַךְ יִזְכֹּר נְדָרָיו שֶׁנָּדַר לְקַיֵּם; וְאִם יֵשׁ דָּבָר בֵּינוֹ וּבֵין חֲבֵרוֹ, יִזְכֹּר הָעִנְיָן כַּהֲוָיָתוֹ וְלֹא יְשַׁנֶּה דְּבָרָיו; גִּלָּה לוֹ חֲבֵרוֹ דְּבַר סֵתֶר וְצִוָּה עָלָיו שֶׁלֹּא לְגַלּוֹת, יִזְכֹּר צִוּוּיוֹ וְלֹא יְגַלֶּה; לָוָה מֵחֲבֵרוֹ מָעוֹת אוֹ שָׁאַל מִמֶּנּוּ כְּלֵי בֵיתוֹ, יִזְכֹּר כַּמָּה מָעוֹת לָוָה מִמֶּנּוּ וִידַקְדֵּק בְּחֶשְׁבּוֹנוֹ וִישַׁלֵּם הַכֹּל. וּמִי שֶׁיֵּשׁ לוֹ עֲסָקִים רַבִּים וְהוּא טָרוּד, צָרִיךְ לְהִזָּהֵר מְאֹד שֶׁלֹּא יִלְוֶה מָעוֹת אוֹ שֶׁלֹּא יִשְׁאַל עִנְיָנִים מִבְּנֵי אָדָם, כִּי כֵּיוָן שֶׁהוּא טָרוּד, יִשְׁכַּח הַכֹּל וְלֹא יִזְכֹּר. גָּמַל לוֹ חֲבֵרוֹ טוֹבָה — יִזְכֹּר, כְּדֵי שֶׁיּוּכַל לְהָשִׁיב לוֹ. וּלְעִנְיַן הַצְּדָקָה — צָרִיךְ לִזְכֹּר הָעֲנִיִּים וּלְהַעֲלוֹת עַל לִבּוֹ דָחְקָם, וּמִתּוֹךְ כָּךְ יַעְזֹר לָהֶם. וְאִם יָבוֹא לְהָעִיד בְּבֵית דִּין עַל מַה שֶּׁרָאָה וְיָדַע, צָרִיךְ הָאָדָם שֶׁיִּזָּהֵר מְאֹד שֶׁיִּזְכֹּר

THE NINETEENTH GATE

The Gate of Remembrance

Remembrance is a trait without which this world cannot endure. All of the dealings of the world are dependent upon remembrance, for a man would not believe in his friend or lend him anything if he did not remember. The same applies to all of the world's affairs, such as business, for instance. If people forgot what they had said, they could not do business, and they could not make any conditions if they did not remember. It is not necessary to expound on this, for it is common knowledge. Therefore, one should adopt this trait in all of his affairs, for remembrance is a fence to the truth. He must remember his vows which must be fulfilled; if he has agreed on something with his friend, he must remember the matter as it was agreed upon and not change his words; if his friend has told him a secret and asked him not to reveal it, he must remember this and not reveal it; if one has borrowed money or household utensils from his friend, he must remember exactly what he has borrowed and repay everything. And one who is involved in many affairs must take care not to borrow money or solicit other things, for his preoccupation will cause him to forget everything and not remember. If his friend has done him a favor, he must remember it so that he can return it. With respect to charity, he must remember the poor and bring to mind their plight so that he will assist them. And if he comes to testify in court concerning something that he has seen and knows, he must take great

הַכֹּל, וְלֹא יִפְחַת וְלֹא יוֹסִיף עַל מַה שֶּׁרָאָה. רְאֵה, אֵיךְ הִזְהִיר הַקָּדוֹשׁ בָּרוּךְ הוּא עַל הַזְּכִירָה, שֶׁנֶּאֱמַר: "הִשָּׁמֶר לְךָ פֶּן תִּשְׁכַּח אֶת יְיָ אֱלֹהֶיךָ לְבִלְתִּי שְׁמֹר מִצְוֹתָיו וּמִשְׁפָּטָיו וְחֻקֹּתָיו" (דברים ח, יא). וְזֶה דָּבָר גָּדוֹל — הַזּוֹכֵר אֶת הַשֵּׁם יִתְבָּרֵךְ בְּכָל מַעֲשָׂיו; וְכֵן אָמַר דָּוִד: "שִׁוִּיתִי יְיָ לְנֶגְדִּי תָמִיד" (תהלים טז, ח).

הַזְּכִירָה הִיא מַעֲלָה עֶלְיוֹנָה, וְהִיא כְּלִי שֶׁמַּחֲזִיק כָּל הַמִּצְוֹת וְכָל הַתּוֹרָה. בַּצִּיצִית נֶאֱמַר: "וּזְכַרְתֶּם אֶת כָּל מִצְוֹת יְיָ וַעֲשִׂיתֶם אֹתָם ... לְמַעַן תִּזְכְּרוּ וַעֲשִׂיתֶם אֶת כָּל מִצְוֹתָי" (במדבר טו, לט-מ); בַּתְּפִלִּין נֶאֱמַר: "וְהָיָה לְךָ לְאוֹת עַל יָדְךָ וּלְזִכָּרוֹן בֵּין עֵינֶיךָ לְמַעַן תִּהְיֶה תּוֹרַת יְיָ בְּפִיךָ" (שמות יג, ט), וּכְתִיב: "וְזָכַרְתָּ כִּי עֶבֶד הָיִיתָ בְּמִצְרָיִם וְשָׁמַרְתָּ וְעָשִׂיתָ אֶת הַחֻקִּים הָאֵלֶּה" (דברים טז, יב). וְכֵיוָן שֶׁהַכֹּל תָּלוּי בַּזְּכִירָה, יֵשׁ לִי לִכְתֹּב שְׁלֹשִׁים דְּבָרִים, שֶׁתִּזְכֹּר בְּכָל יוֹם שְׁתֵּי פְעָמִים, וְתַכְנִיסֵם בְּעִמְקֵי הַלֵּב וּבְמַחְשְׁבוֹתֶיךָ; לֹא תִזְכְּרֵם בְּפִיךָ בִּלְבַד, אַךְ תִּכְתְּבֵם עַל לוּחַ לִבֶּךָ, וְאָז תִּהְיֶה עֲבוֹדָתְךָ מְקֻבֶּלֶת לִפְנֵי הַמָּקוֹם בָּרוּךְ הוּא, וְתִשָּׂא חֵן וָחֶסֶד לְפָנָיו.

הַזְּכִירָה הָרִאשׁוֹנָה — שֶׁתִּזְכֹּר, אֵיךְ הוֹצִיאֲךָ הַבּוֹרֵא יִתְבָּרֵךְ מֵאַיִן לְיֵשׁ; וּזְכֹר הַטּוֹבָה שֶׁעָשָׂה עִמְּךָ מֵעוֹדְךָ עַד הַיּוֹם הַזֶּה, וְאֵיךְ גִּדֶּלְךָ וְנִשַּׂאֲךָ עַל כָּל הַבְּרִיּוֹת. וְכָל זֶה עָשָׂה לְךָ לֹא מִפְּנֵי שֶׁהָיָה חַיָּב לַעֲשׂוֹת לְךָ, אֶלָּא בְּחִנָּם עָשָׂה לְךָ כָּל זֶה, וּמֵרֹב חֲסָדָיו גָּמַל לְךָ כָּל זֶה. וַעֲבוּר זֶה אַתָּה חַיָּב לְהוֹדוֹת לְאֵל חַי, שֶׁהוּא יוֹצֵר הַכֹּל וְאֵין זוּלָתוֹ.

הַשְּׁנִיָּה — שֶׁיִּזְכֹּר חַסְדֵי הַשֵּׁם יִתְבָּרֵךְ עִמּוֹ, שֶׁהוּא שָׁלֵם בְּאֵיבָרָיו. וְאִם הָיָה חוֹלֶה אֵיבָר אֶחָד וּבָא רוֹפֵא

care to remember everything and not to add to nor detract from what he has seen. See how the Holy One Blessed be He has exhorted us to remembrance, as it is written (*Devarim* 8:11): "Take heed to yourself lest you forget Hashem your God, not to observe His mitzvos, His judgments, and His statutes." Remembering the Blessed Hashem in all of one's deeds is a great attainment, as King David said (*Tehillim* 16:8): "I have set Hashem always before me."

Remembrance is an exalted trait and a vessel which contains all of the mitzvos and all of Torah. In relation to *tzitzis* it is written (*Bemidbar* 15:39-40): "And you shall remember all of the mitzvos of Hashem and do them...so that you remember and do all of My mitzvos." In relation to *tefillin* it is written (*Shemos* 13:9): "And it shall be for you as a sign on your hand and as a remembrance between your eyes, so that Hashem's Torah will be in your mouth," and (*Devarim* 16:12): "And you shall remember that you were a servant in Egypt and you shall heed and follow these statutes." And since all is dependent upon remembrance, I shall set down thirty things which you should remember twice a day and insert in the depths of your heart and in your thoughts. You should not remember them in speech alone, but inscribe them on the tablet of your heart. If you do so, your service will be acceptable to the Blessed Hashem and He will bestow favor and lovingkindness upon you.

(1) Remember how the Blessed Creator brought you from nothingness into existence, and remember the good that He has done for you from your birth until this very day, and how He has raised and uplifted you above all creatures. And He has done all this not out of any obligation to you, but gratis. In His great lovingkindness He has bequeathed all this to you, and because of this you must give thanks to the Living God, the sole Creator of All.

(2) One must remember the blessed Hashem's lovingkindnesses with him as demonstrated by his being healthy

וְרִפֵּא אוֹתוֹ, כַּמָּה הָיָה נִכְנָע וּמַחֲזִיק טוֹבָה לָרוֹפֵא הַהוּא, קַל וָחֹמֶר שֶׁיַּעֲשֶׂה כֵן לִפְנֵי הַשֵּׁם יִתְבָּרֵךְ, שֶׁעֲשָׂהוּ שָׁלֵם בְּכָל אֵיבָרָיו בְּלִי צָרָה, שֶׁיַּחֲזִיק לוֹ טוֹבוֹת.

הַשְּׁלִישִׁית — שֶׁיִּזְכֹּר חַסְדֵי הַשֵּׁם יִתְבָּרֵךְ, שֶׁנָּתַן בּוֹ חָכְמָה וָדַעַת. וְאִם הוּא הָיָה שׁוֹטֶה וּמְקָרֵעַ כְּסוּתוֹ, כַּמָּה הָיוּ עִנְיָנָיו מְקֻלְקָלִים, וְלֹא הָיָה נֶחְשָׁב לִמְאוּמָה; וְאִם הָיָה רוֹפֵא מְרַפֵּא שְׁטוּתוֹ, כַּמָּה זֶה הַנִּרְפָּא הָיָה חַיָּב לְשַׁבֵּחַ לָרוֹפֵא, קַל וָחֹמֶר לִפְנֵי יוֹצֵר כֹּל, שֶׁהוּא רוֹפֵא חִנָּם.

הָרְבִיעִית — שֶׁיִּזְכֹּר הַטּוֹבָה שֶׁעָשָׂה לוֹ הָאֵל יִתְבָּרֵךְ, שֶׁנָּתַן לוֹ תּוֹרָתוֹ הַקְּדוֹשָׁה לְהוֹרוֹת לוֹ דְּרָכָיו הַיְשָׁרִים, כְּדֵי לְהַגִּיעַ אֶל הַמַּעֲלוֹת לַעֲבֹד עֲבוֹדַת הָאֵל יִתְבָּרֵךְ, וְיִתְרַצֶּה בָהּ אֶל הָאָדוֹן הָעֶלְיוֹן, וּבָהּ יַגִּיעַ לֵאוֹר בְּאוֹר הַחַיִּים, לֵהָנוֹת מִזִּיו הַשְּׁכִינָה.

הַחֲמִישִׁית — שֶׁיִּזְכֹּר רַחֲמֵי הָאֵל יִתְבָּרֵךְ, שֶׁרִחֵם עָלָיו לָתֵת תּוֹרָתוֹ הַטְּהוֹרָה בְּיָדוֹ. וְאִלּוּ מֶלֶךְ בָּשָׂר וָדָם שָׁלַח לוֹ כְּתָב, וְקָרָא כָּל הַכְּתָב, וְהָיָה בוֹ דָּבָר שֶׁלֹּא הֵבִין, כַּמָּה הָיָה מִצְטַעֵר עַל זֶה, שֶׁלֹּא הָיָה יוֹדֵעַ מַה שֶּׁצִּוָּהוּ הַמֶּלֶךְ; וְאֵין סָפֵק, אִם הָיָה בִמְקוֹמוֹ אֲפִלּוּ קָטָן שֶׁבִּקְטַנִּים, שֶׁהָיָה יוֹדֵעַ לְפָרֵשׁ לוֹ מַה שֶּׁלֹּא הֵבִין, הָיָה מְמַהֵר לָלֶכֶת אֵלָיו, כְּדֵי לֵירֵד לְסוֹף דַּעְתּוֹ שֶׁל הַמֶּלֶךְ וּמַה שֶּׁצִּוָּה לוֹ הַמֶּלֶךְ, וְלֹא הָיָה מִתְבַּיֵּשׁ — כָּל שֶׁכֵּן שֶׁיַּעֲשֶׂה כֵן בְּתוֹרַת אֱלֹהִים חַיִּים וּמֶלֶךְ עוֹלָם, שֶׁיָּבִין וִידַקְדֵּק בְּתוֹרָתוֹ בְּכִוּוּן דַּעְתּוֹ.

הַשִּׁשִּׁית — שֶׁיִּזְכֹּר, אִם יֵשׁ בּוֹ שׁוּם אֵיבָר שֶׁעָבַר בּוֹ עַל מַה שֶּׁצִּוָּהוּ יוֹצְרוֹ. וְיַחְשֹׁב עַל זֶה שֶׁכָּל מַה שֶּׁבָּרָא הָאֱלֹהִים — הַכֹּל לִכְבוֹדוֹ נִבְרָא, וְכָל הַדְּבָרִים

in all of his limbs. If one of them became diseased and a doctor healed it, how beholden and grateful would he be to that doctor. How much more so should he be grateful to the Blessed Hashem for having made him whole and healthy in all of his limbs.

(3) One must remember the Blessed Hashem's lovingkindnesses in having given him wisdom and knowledge. If he were so demented as to tear his garments, how wretched would his state be. He would be of no account whatsoever. And if a doctor cured him of his madness, how much praise would he deserve. How much more so should one praise the Creator of All, who heals gratis.

(4) One must remember the Blessed Hashem's good in having given him His holy Torah to teach him His just ways by which he may attain the qualities for the Blessed Hashem's service and through which he may find favor with the Exalted Hashem and attain illumination in the Light of Life, to exult in the Divine Radiance.

(5) One must remember the Blessed Hashem's mercies in giving him His pure Torah. If a king of flesh and blood sent him an epistle and he read it through and did not understand something, how aggrieved he would be at not having understood what the king had commanded him. Without a doubt, if there were in his locality even the smallest of the small who could explain to him what he did not understand, he would unashamedly rush to him to fathom the king's will and his bidding. How much more so does this hold true with respect to the Torah of the Living God, the King of the Universe, that one should devote full concentration to understanding His Torah in detail.

(6) One must remember to see if there is in him any limb which transgressed his Creator's command, and he must review in his mind that everything that God created He created for His honor and that all things that He created fulfill His command. The ass bears its burden, the

שֶׁבָּרָא הַבּוֹרֵא יִתְבָּרֵךְ, הֵם עוֹשִׂים מִצְוָתוֹ: הַחֲמוֹר נוֹשֵׂא מַשָּׂא, הַסּוּס וְהַשּׁוֹר חוֹרְשִׁים, וְאֵין אַף יוֹם שֶׁמּוֹרְדִים בַּאֲדוֹנֵיהֶם; הַשֶּׁמֶשׁ עוֹשָׂה בְּכָל יוֹם מַה שֶּׁצִּוָּהּ הָאֵל יִתְבָּרֵךְ, וְאִם הָיָה יוֹם אֶחָד שֶׁלֹּא הָיְתָה זוֹרַחַת וְהָיָה חֹשֶׁךְ — כַּמָּה הָיָה נִפְלָא בְּעֵינֵי הָעוֹלָם! אוֹ מֵי הַיָּם, אִם הָיוּ עוֹבְרִים הַגְּבוּל שֶׁנּוֹתֵן לוֹ הַמָּקוֹם, הָיוּ מְקַלְקְלִים כָּל הָעוֹלָם! אוֹ אִם הָאֲדָמָה לֹא הָיְתָה נוֹתֶנֶת יְבוּלָהּ וּפֵרוֹתֶיהָ, כָּל הָעוֹלָם הָיוּ מֵתִים! וְעַתָּה, רְאֵה, שֶׁכָּל הַדְּבָרִים עוֹשִׂים שְׁלִיחוּתוֹ — וְאֵיךְ לֹא יִתְבַּיֵּשׁ הָאָדָם לְהַרְגִּיל אֵבָרָיו, שֶׁנִּבְרְאוּ לִשְׁמֹר הַתּוֹרָה, וְהוּא מְשַׁנֶּה אוֹתָם וּמַרְגִּיל אֵבָרָיו לַעֲבֹר עַל הַתּוֹרָה?!

הַשְּׁבִיעִית — שֶׁיִּזְכֹּר בְּעִנְיְנֵי הָעוֹלָם הַזֶּה: עֶבֶד, שֶׁרָאָה אֲשֶׁר אֲדֹנָיו מֵטִיב עִמּוֹ וּמַסְפִּיק לוֹ כָּל צְרָכָיו, כַּמָּה צָרִיךְ אוֹתוֹ עֶבֶד לְקַבֵּל עָלָיו מוֹרָא אֲדֹנָיו וְאַהֲבָתוֹ וְשֶׁיִּכָּנַע לְפָנָיו, וְשֶׁיִּשְׁתַּדֵּל בְּכָל כֹּחוֹ שֶׁיִּמְצָא חֵן בְּעֵינֵי אֲדֹנָיו! קַל וָחֹמֶר שֶׁיְּקַבֵּל הָאָדָם עָלָיו עֹל מַלְכוּת שָׁמַיִם, וְיַחְשֹׁב עַצְמוֹ כְּעֶבֶד נִכְנָע לִפְנֵי רַבּוֹ, וְאַל יַרְאֶה בְּעַצְמוֹ שׁוּם שְׂרָרָה וְגַאֲוָה.

הַשְּׁמִינִית — שֶׁיִּזְכֹּר: כָּל עַבְדֵי הַמֶּלֶךְ, אֵיךְ הֵם זְרִיזִים וּמִשְׁתַּדְּלִים בַּעֲבוֹדָתָם. וְאִם עַבְדֵי הַמֶּלֶךְ יַעֲשׂוּ מַעֲשֵׂה הַמֶּלֶךְ, דָּבָר שֶׁצָּרִיךְ חָכְמָה וְעֵצָה, הִנֵּה יְפַנּוּ לִבָּם מִכָּל דָּבָר וְיָשִׂימוּ כָּל מַחְשְׁבוֹתֵיהֶם וְחָכְמָתָם לַעֲשׂוֹת עִנְיַן הַמֶּלֶךְ בִּתְבוּנָה וּבְחָכְמָה וּבְכִוּוּן כְּכֹל אֲשֶׁר יוּכְלוּ לַעֲשׂוֹת; וְאִם יָבוֹא אָדָם לְשַׁבֵּחַ אֶת הַמֶּלֶךְ וּלְהַחֲזִיק לוֹ טוֹבָה עַל הַטּוֹב שֶׁעָשָׂה לוֹ, הֵן אִם יִכְתֹּב לוֹ כְּתָב אוֹ יַעֲמֹד אֶצְלוֹ לְשַׁבְּחוֹ עַל־פֶּה — יְחַפֵּשׂ בְּלִבּוֹ לָשׁוֹן צַחָה וְנָאָה לְשַׁבֵּחַ

horse and the ox plow, and there is no day on which they rebel against their masters. Every day the sun does what Hashem has commanded it. If there were one day that it did not shine and it was dark, how amazing would this be in the eyes of the world. Or if the waters of the sea overran the bounds fixed for them by the Creator, they would destroy the world. Or if the earth did not yield its produce and its fruit, the entire world would perish. See, then, that all things do His bidding. How, then, could a man not be ashamed to accustom his limbs — which were created to observe the Torah — to transgress the Torah!

(7) One must remember in relation to the affairs of this world: A servant who sees his master doing what's best for him and supplying all his needs must accept upon himself the fear and love of his master and humble himself before him, and exert himself with all his powers to find favor in his master's eyes. How much more must one accept upon himself the yoke of the Kingdom of Heaven, and regard himself as a humble servant before his Master, and not show in himself any lordship or pride.

(8) One must remember how all of a king's servants are zealous and industrious in their service, and how, if they must do for the king something which demands wisdom and counsel, they free their minds from all extraneous matters and concentrate all their thoughts and wisdom on executing the king's command with wisdom and understanding and direction to the full extent of their powers. And if one would come to praise the king and express gratitude to him for his benefactions, whether he would do so in writing or in an audience before the king, he would search in his heart for the choicest and most beautiful words with which to praise the king. How much more should one do so before the King of kings, concentrating

בָּהּ אֶת הַמֶּלֶךְ; קַל וָחֹמֶר שֶׁיַּעֲשֶׂה כֵּן לִפְנֵי מֶלֶךְ מַלְכֵי הַמְּלָכִים, שֶׁיָּשִׂים כָּל כַּוָּנָתוֹ בַּעֲבוֹדַת הַשֵּׁם יִתְבָּרֵךְ, לַעֲשׂוֹת כְּהִלְכָתָהּ וּלְיַפּוֹתָהּ. וְהִנֵּה, כָּל הַמַּעֲשִׂים בַּעֲבוֹדַת הַשֵּׁם יִתְבָּרֵךְ נֶחְלְקוּ לִשְׁלֹשָׁה חֲלָקִים: הָאֶחָד — חוֹבַת הַלֵּב לְבַד: אִם יִתְעַסֵּק בְּמַחֲשַׁבְתּוֹ לְיַחֵד הַשֵּׁם יִתְבָּרֵךְ, יְפַנֶּה לִבּוֹ מִכָּל מַחְשְׁבוֹתָיו וְיִהְיֶה יִחוּדוֹ שָׁלֵם לָאֱלֹהִים לְבַד. הַשֵּׁנִי — בְּעֵסֶק הַלֵּב וְהָאֵיבָרִים, כְּגוֹן הַתְּפִלָּה, שֶׁצָּרִיךְ לְנַעְנֵעַ לְשׁוֹנוֹ וּשְׂפָתָיו וּלְכַוֵּן בְּלִבּוֹ הַתְּפִלָּה, יְפַנֶּה לִבּוֹ מִכָּל עֲסָקָיו וְיַעֲמֹד בְּכַוָּנָה גְדוֹלָה לִפְנֵי הָאֵל הַגָּדוֹל יִתְבָּרֵךְ. הַשְּׁלִישִׁי — בַּעֲשׂוֹתוֹ לוּלָב וְסֻכָּה וְצִיצִית וְכַיּוֹצֵא בָּאֵלּוּ, שֶׁהֵן מִצְוֹת הָאֵיבָרִים לְבַד, וְאֵין עִקָּרָן הַכַּוָּנָה כְּמוֹ הַתְּפִלָּה, כִּי עִקַּר הַתְּפִלָּה הִיא הַכַּוָּנָה, אֲבָל אֵלּוּ עִקָּרָן בָּאֵיבָרִים בְּלֹא הַלֵּב — אֲפִלּוּ הָכֵי, קֹדֶם שֶׁיַּעֲשֶׂה הַמִּצְוָה יִזְכֹּר לְשֵׁם מִי יַעֲשֶׂה, וְיַעֲשֶׂה בְּהִדּוּר מִצְוָה עַד שְׁלִישׁ, לַאֲדוֹן עוֹלָמִים (בבא קמא ט ע"ב).

הַתְּשִׁיעִית — שֶׁיִּזְכֹּר: אָדָם שֶׁיֵּשׁ לוֹ אִשָּׁה שֶׁאוֹהֵב אוֹתָהּ כְּנַפְשׁוֹ, אוֹ בֵּן שֶׁהוּא אוֹהֲבוֹ בְּכָל לֵב, הוּא טוֹרֵחַ תָּמִיד לְהֵיטִיב לָהֶם וְלַעֲשׂוֹת כָּל רְצוֹנָם, וְאֵינוֹ עוֹשֶׂה זֶה עֲבוּר שֶׁיָּרֵא מֵהֶם, אוֹ שֶׁהֵם יֵיטִיבוּ עִמּוֹ עֲבוּר שֶׁהוּא עוֹשֶׂה רְצוֹנָם, אֶלָּא מֵרֹב אַהֲבָה שֶׁהוּא חוֹשֵׁק בָּם, עוֹשֶׂה; קַל וָחֹמֶר שֶׁיַּעֲשֶׂה כֵּן לִפְנֵי הָאֵל יִתְבָּרֵךְ, שֶׁיְּכַוֵּן לִבּוֹ וְכָל מַעֲשָׂיו לִשְׁמוֹ הַגָּדוֹל לְבַדּוֹ, וְלֹא יַעֲשֶׂה הַמִּצְוֹת מֵאַהֲבַת בְּנֵי אָדָם אוֹ מִיִּרְאָתָם, אוֹ שֶׁיְּקַוֶּה לְקַבֵּל טוֹבָה מֵהֶם, אֶלָּא יֵשׁ לוֹ לְיַחֵד כָּל מַעֲשָׂיו לִשְׁמוֹ הַגָּדוֹל לְבַד וְלֹא יְשַׁתֵּף עִמּוֹ דָּבָר.

הָעֲשִׂירִית — שֶׁיִּזְכֹּר מֶה הָיוּ כָּל מַעֲשָׂיו עַד הַיּוֹם הַזֶּה, אִם עָסַק בַּעֲבוֹדַת יוֹצְרוֹ אוֹ יִצְרוֹ. וְכֵן צָרִיךְ שֶׁיִּזְכֹּר בְּכָל יוֹם, בַּמֶּה עָשָׂה עֲבוֹדַת הַשֵּׁם יִתְבָּרֵךְ, וּבַמֶּה

all of his attention on Divine service to perform it correctly and to beautify it. Now all of the acts of Divine service can be divided into three categories: (a) The duty of the heart alone: When one contemplates the unity of the Blessed One, he must free his heart from all other thoughts, so that he can concentrate exclusively on God's oneness; (b) The conjoint activity of the heart and the limbs, such as prayer: One must move his tongue and his lips and concentrate on his prayer. He must free his heart of all other affairs and stand with great concentration before the great, Blessed God; (c) The mitzvos of the limbs alone, such as the preparation of a *lulav*, a *sukkah*, *tzitzis*, or the like: The prime element here is not intent, as it is in the case of prayer, but rather the limbs in isolation from intent. Even so, however, before he performs the mitzvah, he must remember for Whose sake he is doing it, and he must expend up to a third more of the regular price in beautifying a mitzvah for the sake of the Master of the Universe (*Bava Kama* 9b).

(9) One must remember that if a man has a wife who he loves like his soul or a son that he loves with his whole heart, he exerts himself constantly to benefit them and to do all that they wish. And he does so, not out of fear of them or in expectation of reward from them for doing their will, but out of his great yearning love for them. How much more so in one's service of the Blessed God should he dedicate his heart and all of his deeds to His great name alone and not perform mitzvos out of love or fear of people or out of expectation of reward from them. He should dedicate all of his deeds exclusively to His great Name and not have any other reason.

(10) One must remember all of his deeds until the present day, whether he engaged in the service of his Creator or of his evil inclination. Likewise, he must remember every day in what respects he performed the Blessed One's

מָרַד נֶגְדּוֹ. וּלְעוֹלָם יִתֵּן לִבּוֹ שֶׁיַּעֲסֹק יוֹתֵר בַּעֲבוֹדָתוֹ יִתְבָּרֵךְ מִמַּה שֶּׁיַּעֲסֹק בִּצְרָכָיו. וְאִם לֹא עָסַק כָּל יָמָיו בַּעֲבוֹדַת הַבּוֹרֵא יִתְבָּרֵךְ, לְכָל הַפָּחוֹת מִכָּאן וְאֵילָךְ יַעֲסֹק בַּעֲבוֹדַת הַשֵּׁם יִתְבָּרֵךְ.

הָאַחַת־עֶשְׂרֵה — שֶׁיִּזְכֹּר אֵיךְ הוּא זָרִיז וּמְמַהֵר בְּעִנְיָנָיו לֶאֱסֹף הוֹן וְחוֹשֵׁב בָּזֶה יוֹמָם וָלַיְלָה, וְאֵינוֹ חוֹשֵׁב לְאוֹהֵב אֶלָּא לְמִי שֶׁיַּעְזְרֵהוּ לְקַבֵּץ כֶּסֶף וְזָהָב, וְאֶפְשָׁר שֶׁתִּהְיֶה יְגִיעָתוֹ לָרִיק, שֶׁיְּאַבֵּד הַכֹּל, אוֹ שֶׁמָּא יְהֵא מָמוֹנוֹ לְרָעָתוֹ, אוֹ שֶׁמָּא יָמוּת מְהֵרָה, וְאַף עַל פִּי כֵן טוֹרֵחַ כָּל כָּךְ; וְאִם כֵּן הוּא טוֹרֵחַ עֲבוּר הַגּוּף — אִם כֵּן מַה יַּעֲשֶׂה לְנִשְׁמָתוֹ הַקַּיֶּמֶת לְעוֹלָם וָעֶד? וְעוֹד, כַּמָּה אַתָּה חַיָּב לְתַקֵּן עִנְיָנֶיהָ וְלִהְיוֹת זָרִיז וְלִזְכֹּר תָּמִיד לְזַכּוֹתָהּ וּלְצַחְצְחָהּ בִּזְכוּת הַקַּיֶּמֶת לְעוֹלָם וָעֶד וּלְעוֹלְמֵי עוֹלָמִים. וְאַתָּה, רְאֵה, מַה חִלּוּק יֵשׁ בֵּין שְׁנֵי הָעוֹלָמִים, וּמַעֲלוֹת הָאֶחָד מִן הָאַחֵר כְּיִתְרוֹן הָאוֹר מִן הַחֹשֶׁךְ.

הַשְּׁתֵּים־עֶשְׂרֵה — שֶׁיִּזְכֹּר שֶׁהַקָּדוֹשׁ בָּרוּךְ הוּא רוֹאֶה מַחְשְׁבוֹת לִבּוֹ. רְאֵה, אֵיךְ מְקַשֵּׁט וּמְיַפֶּה עַצְמוֹ הַהוֹלֵךְ לְשָׁרֵת לִפְנֵי הַמֶּלֶךְ, כְּמוֹ שֶׁכָּתוּב: "כִּי אֵין לָבוֹא אֶל שַׁעַר הַמֶּלֶךְ בִּלְבוּשׁ שָׂק" (אסתר ד, ב), וְכַאֲשֶׁר תִּרְאֶה בְּיוֹסֵף הַצַּדִּיק, עָלָיו הַשָּׁלוֹם: "וַיִּשְׁלַח פַּרְעֹה וַיִּקְרָא אֶת יוֹסֵף וַיְרִיצֻהוּ מִן הַבּוֹר וַיְגַלַּח וַיְחַלֵּף שִׂמְלֹתָיו וַיָּבֹא אֶל פַּרְעֹה" (בראשית מא, יד). וְהִנֵּה, רְאֵה, שֶׁאֵינוֹ מִתְקַשֵּׁט הָעוֹמֵד לִפְנֵי הַמֶּלֶךְ לְעוֹלָם, כְּמִי שֶׁעוֹמֵד לִפְנֵי הַמֶּלֶךְ לִפְרָקִים; אִם כֵּן, אֲנַחְנוּ, הָעוֹמְדִים לִפְנֵי מֶלֶךְ מַלְכֵי הַמְּלָכִים לְעוֹלָם — כִּי הוּא רוֹאֶה מַחְשְׁבוֹת לִבֵּנוּ בַּסֵּתֶר וּבַגָּלוּי, וְאֵין מָנוֹס מִמֶּנּוּ, כִּי בְּכָל מָקוֹם הוּא — כָּל שֶׁכֵּן שֶׁיֵּשׁ לָנוּ לַחְשֹׁב

service and in what respects he rebelled against Him. And he must always set his heart upon engaging more in His service than in the satisfaction of his own needs. And if he did not engage in Divine service all of his days, he must resolve to do so at least henceforward.

(11) One must remember how zealous and quick he is in the acquisition of wealth, how he thinks of this day and night and considers a friend to be only one who can assist him in acquiring silver and gold, though his efforts may be entirely in vain, for he may lose everything, or his wealth may be for his evil, or he may die very soon. In spite of all this, he labors so much. And if he labors so for his body, what should he do on behalf of his soul, which exists eternally! How much more so must you care for it and be zealous to remember always to purify and refine it with a refinement that endures throughout all eternity. See what the difference is between the two worlds, and that one is greater than the other as light is greater than darkness.

(12) One must remember that the Holy One Blessed be He sees the thoughts of one's heart. Consider how one who goes to minister before the king adorns and beautifies himself, as it is written (*Esther* 4:2): "For one could not come to the king's gate in sackcloth," and as we see with the righteous Yosef, may peace be upon him (*Bereshis* 41:14): "And Pharaoh sent and called to Yosef and they hastened him out of the pit. And he shaved and changed his garments, and he came to Pharaoh." Now reflect that he who is in constant attendance upon the king does not clothe himself as one who is in his presence only at rare intervals. If so, we, who are constantly in the presence of the King of kings, who sees our thoughts in private and in the open, and from whose omnipresence there is no escape — how much more so must we constantly reflect upon His great-

תָּמִיד בִּגְדֻלָּתוֹ וּלְהַסְכִּים בְּלִבֵּנוּ לַעֲשׂוֹת רְצוֹנוֹ וּלְהִתְקַשֵּׁט בְּמַחְשְׁבוֹתֵינוּ לְפָנָיו.

הַשְּׁלֹשׁ-עֶשְׂרֵה — שֶׁיִּזְכֹּר, אֲשֶׁר חָכְמָתוֹ יוֹתֵר מִמַּעֲשָׂיו, שֶׁאֵינוֹ עוֹשֶׂה כְּפִי חָכְמָתוֹ; וְיֵשׁ לוֹ מָמוֹן, וְאֵינוֹ עוֹשֶׂה טוֹבָה עִם מָמוֹנוֹ כְּפִי עָשְׁרוֹ. וְיַחְשֹׁב: מִי הָאִישׁ, אֲשֶׁר אִם יָבוֹא אֵלָיו אָדָם וְיֹאמַר לוֹ: הֵא לְךָ מֵאָה זְהוּבִים עַל מְנָת שֶׁתִּתֵּן לְאוֹהֲבַי עֲשָׂרָה זְהוּבִים — שֶׁלֹּא יַעֲשֶׂה כָךְ? קַל וָחֹמֶר שֶׁיַּעֲשֶׂה כֵן לִפְנֵי הַשֵּׁם יִתְבָּרֵךְ! וְאַל יֹאמַר: אִלּוּ הִגַּעְתִּי לְעֹשֶׁר, הָיִיתִי עוֹשֶׂה כָּךְ וְכָךְ, אוֹ אִלּוּ יָדַעְתִּי לִמּוּד יוֹתֵר מִמַּה שֶּׁאֲנִי יוֹדֵעַ, הָיִיתִי עוֹשֶׂה מַה שֶּׁאֲנִי חַיָּב מִן הָעֲבוֹדָה — כִּי כָּל זֶה הֶבֶל גָּדוֹל מִי שֶׁאוֹמֵר כָּךְ, כִּי כָּךְ דְּחִיַּת יֵצֶר הָרָע. אֶלָּא כָּל אָדָם יַעֲשֶׂה מִיָּד כְּפִי חָכְמָתוֹ וְעָשְׁרוֹ לְפִי מַה שֶּׁהוּא עַתָּה, וְאִם יִהְיֶה לוֹ יוֹתֵר, יַעֲשֶׂה יוֹתֵר.

הָאַרְבַּע-עֶשְׂרֵה — שֶׁיִּזְכֹּר: אָדָם הַמַּסְבִּיר פָּנִים לַחֲבֵרוֹ, אֵיךְ לִבּוֹ נוֹטֶה אֵלָיו לֶאֱהֹב אוֹתוֹ, כִּדְכְתִיב: "כַּמַּיִם הַפָּנִים לַפָּנִים כֵּן לֵב הָאָדָם לָאָדָם" (משלי כז, יט); כָּל שֶׁכֵּן אִם רוֹאֶה מֶלֶךְ שֶׁמְּקַבְּלוֹ בְּסֵבֶר פָּנִים יָפוֹת וּמַרְאֶה לוֹ שֶׁהוּא אוֹהֲבוֹ, כַּמָּה יֹאהֲבֵנוּ וְכַמָּה יְשַׁבְּחוֹ וִיהַלְּלוֹ בָזֶה! קַל וָחֹמֶר לַבּוֹרֵא יִתְבָּרֵךְ, שֶׁהוֹדִיעָנוּ שֶׁהוּא אוֹהֵב אוֹתָנוּ וְעוֹזֵר אוֹתָנוּ, וְהִבְטִיחָנוּ לֶאֱהֹב אוֹתָנוּ בְּכָל דּוֹר וָדוֹר, כְּמוֹ שֶׁנֶּאֱמַר: "וְאַף גַּם זֹאת בִּהְיוֹתָם בְּאֶרֶץ אֹיְבֵיהֶם לֹא מְאַסְתִּים וְלֹא גְעַלְתִּים לְכַלֹּתָם לְהָפֵר בְּרִיתִי אִתָּם" (ויקרא כו, מד) — שֶׁאָנוּ חַיָּבִים לֶאֱהֹב הַבּוֹרֵא יִתְבָּרֵךְ בְּכָל יוֹם, בְּכָל לֵב.

הַחֲמֵשׁ-עֶשְׂרֵה — שֶׁיִּזְכֹּר, שֶׁהָאָדָם מַזְמִין צְרָכָיו קֹדֶם שֶׁצָּרִיךְ לָהֶם, וְהוּא אֵינוֹ יוֹדֵעַ אִם יִחְיֶה עַד שֶׁיֵּהָנֶה מֵהֶם אִם לֹא, וְהַהוֹלֵךְ בְּדֶרֶךְ רְחוֹקָה — אֵיךְ הוּא

ness and resolve in our hearts to do His will and to adorn ourselves with our thoughts before Him!

(13) One must remember that his wisdom is more than his deeds, that he is not acting in accordance with his wisdom, and that he has money and is not doing good with it commensurate with his wealth. He must think: Who is the man, who, if someone came before him and said to him, "Here is a hundred gold pieces on condition that you give my friend ten" — who is the man who would not do this? How much more must one do so with respect to the Blessed One and not say, "If I were rich or if I knew how to learn more than I do, I would do what I should." All of this is the vain sophistry of the evil inclination. But each man must act immediately in accordance with his wisdom and wealth at the present moment, and in the event that he acquires more, he must do more.

(14) One must remember how much one is inclined to love another who looks with favor upon him, as it is written (*Mishlei* 27:19): "As in water, face is reflected to face, so the heart of man to man." And certainly, if one sees the king looking upon him with favor and showing that he loves him, how much more will one love him and praise him and glorify him for this! And much more so with respect to the Blessed Creator, who made it known to us that He loves us and Who helps us and Who promised to love us in all generations, as it is written (*Vayikra* 26:44): "And in spite of this, when they are in the land of their enemies, I will not destroy them and I will not abhor them to destroy them and break my covenant with them." How much more so must we love the Blessed Creator every day and every moment!

(15) One must remember that a man prepares his needs before he requires them though he does not know whether or not he will live to enjoy them, and one who sets out on a long journey prepares food for it. How much more so

מַזְמִין צֵדָה לַדֶּרֶךְ; קַל וָחֹמֶר שֶׁנַּעֲשֶׂה כֵּן לָעוֹלָם הָאָרֹךְ, שֶׁהוּא דֶּרֶךְ רְחוֹקָה, וּפִתְאֹם שׁוֹלֵחַ הַמָּקוֹם שְׁלוּחוֹ לְהָבִיא הָאָדָם, וְאִם אֵין לוֹ צֵדָה אוֹ יֵשׁ לוֹ צֵדָה. לָכֵן יְהֵא נִזְהָר שֶׁיַּקְדִּים לְהַזְמִין צֵדָה לְדַרְכּוֹ.

הַשֵּׁשׁ-עֶשְׂרֵה — שֶׁיִּזְכֹּר הָאָדָם, אֲשֶׁר רָאָה בְּיָמָיו בַּחוּרִים וְגִבּוֹרִים יוֹתֵר מִמֶּנּוּ שֶׁהָיוּ בַּהֲנָאָה גְדוֹלָה, וְלֹא הֶאֱרִיכוּ יָמִים; וְאֵין הַמָּוֶת מִתְעַכֵּב לָבוֹא בְּכָל שָׁעָה, וְאֵין הָאָדָם שׁוֹלֵט בּוֹ. וְיַחְשֹׁב: הַנְּשָׁמָה הִיא פִּקָּדוֹן בְּיָדוֹ, וְאֵינוֹ יוֹדֵעַ מָתַי יָבוֹא בַּעַל הַפִּקָּדוֹן וְיִתְבַּע פִּקְדוֹנוֹ — הֲלֹא צָרִיךְ שֶׁיְּמַהֵר לְנַקּוֹת אֶת הַפִּקָּדוֹן, שֶׁיְּשִׁיבֵהוּ נָקִי כַּאֲשֶׁר בָּא לְיָדוֹ.

הַשְּׁבַע-עֶשְׂרֵה — שֶׁיִּזְכֹּר מַעֲלָה אַחַת טוֹבָה מְאֹד: לְהִסְתַּלֵּק מִבְּנֵי אָדָם, כְּשֶׁיָּכוֹל לְהִנָּצֵל מֵהֶם, וְיֵשֵׁב בְּחַדְרוֹ יָחִיד. כִּי רֹב הָעֲבֵרוֹת אֵינָן נִגְמָרוֹת אֶלָּא בִּשְׁנַיִם, כְּגוֹן זְנוּת וּלְשׁוֹן הָרָע וּשְׁקָרִים וַחֲנִיפוּת. מִכָּל אֵלּוּ יִנָּצֵל הַיּוֹשֵׁב יְחִידִי, כִּי הוּא אֵינוֹ מִתְגָּאֶה עַל בְּנֵי אָדָם וְאֵינוֹ שׁוֹמֵעַ לְצָנוּת שֶׁלָּהֶם. וּבְעָמְדוֹ אִתָּם חַיָּב לְהוֹכִיחָם בִּשְׁלֹשָׁה עִנְיָנִים: בִּפְגִיעַת הַיָּד, כְּפִינְחָס, שֶׁלָּקַח רֹמַח בְּיָדוֹ (במדבר כה, ז); בִּדְבָרִים, כַּאֲשֶׁר עָשָׂה מֹשֶׁה רַבֵּנוּ, עָלָיו הַשָּׁלוֹם, שֶׁאָמַר לָרָשָׁע: "לָמָּה תַכֶּה רֵעֶךָ" (שמות ב, יג); בַּלֵּב, כְּמוֹ שֶׁאָמַר דָּוִד: "שָׂנֵאתִי קְהַל מְרֵעִים וְעִם רְשָׁעִים לֹא אֵשֵׁב" (תהלים כו, ה). וּמִי זֶה יָכוֹל לְהִתְקוֹטֵט עִמָּהֶם תָּמִיד, כֵּיוָן שֶׁהֵם עוֹבְרִים תָּמִיד? וּכְשֶׁאַתָּה יוֹשֵׁב יְחִידִי, בִּטַּלְתָּ מֵעָלֶיךָ כָּל זֶה הָעֹנֶשׁ, וְאַתָּה נִצּוֹל מֵעֲוֹנוֹת הַרְבֵּה. אֲבָל עִם הַחֲסִידִים וְהַחֲכָמִים יִתְחַבֵּר וְיֵשֵׁב אֶצְלָם וְיִלְמַד מֵהֶם, דִּכְתִיב: "הוֹלֵךְ אֶת חֲכָמִים יֶחְכָּם" (משלי יג, כ).

should we prepare for the long journey of the World-to-Come for which Hashem will suddenly send His messenger to bring us, whether or not we are ready, for which reason we must take care to prepare our provisions in advance.

(16) One must remember that he saw in his days men who were younger and stronger than he, who were greatly enjoying their lives, but did not live long. Death cannot be impeded from coming at any hour and man has no control over it. One must remember that his soul is lent to him as a pledge, and one has no idea when the Owner will come and claim His pledge. Should one not hasten to cleanse the pledge to return it as clean as it came to him?

(17) One must remember that it is extremely desirable to free oneself from the company of men whenever it is possible to do so and to sit in his room alone, for most transgressions take place between two people — such as adultery, slander, lying, and flattery. He who sits alone will escape all these, for he will not vaunt himself over others and will not hear their scoffing. And when he is together with them, he must chastise them in three ways: in striking them, as in the case of Pinchas, who took a spear in his hand (*Bemidbar* 25:7); in word, as in the case of Moshe our teacher, may peace be upon him, who said to the wicked one (*Shemos* 2:13): "Why do you strike your friend?"; in thought, as in the case of King David, who said (*Tehillim* 26:5): "I hate the company of evildoers, and I will not sit with the wicked." And who can always contend with them, since they are always transgressing? But when you sit alone, you remove this responsibility from yourself and you are spared many transgressions. But one should befriend the saintly and the wise and sit in their company and learn from them, as it is written (*Mishlei* 13:20): "He who walks with the wise will become wise."

הַשְּׁמֹנֶה־עֶשְׂרֵה — שֶׁיִּזְכֹּר חַסְדֵי הַמָּקוֹם, שֶׁהוּא מַצִּיל אוֹתוֹ מִפִּגְעֵי הָעוֹלָם. שֶׁהוּא רוֹאֶה כַּמָּה בְּנֵי אָדָם מֵתִים בְּיִסּוּרִים קָשִׁים, בְּרָעָב וּבְצָמָא וּבְסַמֵּי הַמָּוֶת וּבְצָרַעַת וּבְחֶרֶב וּבְמַיִם וּבָאֵשׁ, וְהוּא יוֹדֵעַ בְּעַצְמוֹ שֶׁהוּא רָאוּי לְכָל הַצָּרוֹת בַּעֲבוּר כַּמָּה עֲבֵרוֹת שֶׁעָבַר וְלֹא שָׁמַר מִשְׁמֶרֶת הָאֱלֹהִים; וְאַף עַל פִּי שֶׁהוּא רָשָׁע גָּמוּר, חָמַל עָלָיו הַשֵּׁם יִתְבָּרֵךְ וְהִצִּילוֹ מִכָּל הַצָּרוֹת. וְיֵדַע כַּמָּה הוּא רָאוּי לְהִכָּנַע לִפְנֵי בוֹרְאוֹ וּלְבַקֵּשׁ מִמֶּנּוּ מְחִילָה בְּכָל יוֹם וָפַעַם, וְיִזָּהֵר בַּעֲבוֹדָתוֹ וְשִׁבְחוֹ וּלְבַקֵּשׁ מִמֶּנּוּ שֶׁיִּשְׁמְרֵהוּ מִכָּל הַצָּרוֹת הַמִּתְרַגְּשׁוֹת בָּעוֹלָם, כְּמוֹ שֶׁאָמַר הַכָּתוּב: "אִם שָׁמוֹעַ תִּשְׁמַע לְקוֹל יְיָ אֱלֹהֶיךָ ... כָּל הַמַּחֲלָה אֲשֶׁר שַׂמְתִּי בְמִצְרַיִם לֹא אָשִׂים עָלֶיךָ כִּי אֲנִי יְיָ רֹפְאֶךָ" (שמות טו, כו); וְאָמַר: "וְהֵסִיר יְיָ מִמְּךָ כָּל חֹלִי וְכָל מַדְוֵי מִצְרַיִם הָרָעִים אֲשֶׁר יָדַעְתָּ לֹא יְשִׂימָם בָּךְ" (דברים ז, טו); וְאָמְרוּ רַבּוֹתֵינוּ, זִכְרוֹנָם לִבְרָכָה: אֵין עָרוֹד מֵמִית, אֶלָּא הַחֵטְא מֵמִית (ברכות לג ע"א).

הַתְּשַׁע־עֶשְׂרֵה — שֶׁיִּזְכֹּר וְיַחְשֹׁב, אִם יֵשׁ לוֹ מָמוֹן, שֶׁהוּא פִּקָּדוֹן בְּיָדוֹ; כִּי כְּשֶׁיִּרְצֶה הַשֵּׁם יִתְבָּרֵךְ, יִקָּחֶנּוּ מִיָּדוֹ וְיַפְקִידֶנּוּ בְּיַד אַחֵר. לָכֵן לֹא יִצְטַעֵר לִפְרֹעַ מַה שֶּׁהוּא חַיָּב, כְּגוֹן: אִם הוּא גָזַל, יָשִׁיב אֶת הַגְּזֵלָה בְּשִׂמְחָה וִישַׁבַּח לַשֵּׁם יִתְעַלֶּה, שֶׁיָּדוֹ מַשֶּׂגֶת לִפְרֹעַ הַגְּזֵלָה. וְיִזָּהֵר, שֶׁלֹּא יִפְחַד מִפִּגְעֵי הַזְּמַן עָלָיו, אֶלָּא יַחְשֹׁב: מַה שֶּׁהַשֵּׁם יִתְבָּרֵךְ יַעֲשֶׂה, יִתְרַצֶּה בִּגְזֵרָתוֹ; כִּי הַכֹּל שֶׁלּוֹ — כְּשֶׁרוֹצֶה, נוֹתְנוֹ בְּיָדוֹ, וּכְשֶׁיִּרְצֶה, לוֹקֵחַ מִמֶּנּוּ. לֹא יְבַזֶּה עָנִי בִּשְׁבִיל עֲנִיּוּתוֹ, וְלֹא יַחְשֹׁב שֶׁבִּזְכוּתוֹ בָּא לוֹ מָמוֹנוֹ, אַךְ

(18) One must remember the lovingkindnesses of Hashem in rescuing him from the world's calamities. He sees many men perishing under terrible affliction — through hunger, thirst, poison, leprosy, by the sword, by water, and by fire — and he knows within himself that he is deserving of all these afflictions because of his many transgressions whereby he violated God's mandates. But in spite of his being absolutely wicked, the Blessed God has shown mercy on him and rescued him from all these afflictions. And he should know how humble he should be before his Creator and ask for pardon every day and on all occasions, and be heedful of His service and His praise, and implore Him to guard him against all of the afflictions that descend upon the world, as it is written (*Shemos* 15:26): "If you hear the voice of Hashem your God...all of the sicknesses which I brought upon Egypt I will not bring upon you, for I am Hashem Who heals you." And (*Devarim* 7:15): "And Hashem will remove from you every sickness, and all the terrible afflictions of Egypt which you knew, He will not bring upon you." And our Rabbis of blessed memory have said (*Berachos* 33a): "It is not the serpent, but the sin, that slays."

(19) One must remember and reflect, if he has money, that it is deposited as a pledge with him, and that if the Blessed One desires, He can take it from him and deposit it with another. One should, therefore, not find it distressing to pay what he owes; so that if he has stolen, for instance, he should joyfully restore what he has stolen and praise the Exalted Hashem that he has the wherewithal to do so. And he should take care not to fear the vicissitudes of time, but reflect that all that Hashem does is acceptable to him, for all is His. When He wishes, He deposits things with him, and when He wishes, He takes them from him. He should not despise a poor man because of his poverty, nor should he think that his wealth has come to him by

יַחְשֹׁב שֶׁהָאֵל יִתְבָּרֵךְ בְּרַחֲמָיו נְתָנוֹ לוֹ, וִיבַקֵּשׁ מִמֶּנּוּ שֶׁיַּשְׁלִיטֶנּוּ עַל מָמוֹנוֹ לַעֲשׂוֹת רְצוֹן הַבּוֹרֵא יִתְעַלֶּה, וְלֹא יִהְיֶה עָשְׁרוֹ שָׁמוּר לִבְעָלָיו לְרָעָתוֹ.

הָעֶשְׂרִים — שֶׁיִּזְכֹּר וְיִתְבּוֹנֵן בֵּין הָעֶלְיוֹנִים וּבֵין הַתַּחְתּוֹנִים, וְיָבִין שֶׁהוּא קָטָן וְשָׁפָל נֶגֶד דִּבְרֵי הָעֶלְיוֹנִים, וְיָבִין, שֶׁחָלַק לוֹ הַקָּדוֹשׁ בָּרוּךְ הוּא חֵלֶק טוֹב, כִּי הִשְׁלִיטוֹ עַל כָּל הָעוֹלָם: עַל הַבְּהֵמוֹת, עַל הַחַיּוֹת, עַל הַדָּגִים, עַל הָעוֹפוֹת, עַל הַפֵּרוֹת, עַל הָעֲשָׂבִים, וְהוֹדִיעוֹ סוֹדוֹת גְּדֻלָּתוֹ וּגְבוּרוֹתָיו וְנִפְלְאוֹתָיו. וְכַמָּה הוּא חַיָּב לְהוֹדוֹת לוֹ עֲבוּר כָּל זֶה, כְּמוֹ עֶבֶד נִבְזֶה, שֶׁגִּדְּלוֹ אֲדֹנָיו וְנִשְּׂאוֹ עַל כָּל שָׂרָיו וַעֲבָדָיו; קַל וָחֹמֶר שֶׁהִגִּיעַ לִידִיעַת בּוֹרְאוֹ, אֲשֶׁר הוּא אֲדוֹן הָאֲדוֹנִים, שֶׁהוּא חַיָּב לְהַשְׁפִּיל אֶת עַצְמוֹ לְפָנָיו וּלְשַׁבְּחוֹ בְּאֵימָה וּבְיִרְאָה.

הָעֶשְׂרִים וְאַחַת — שֶׁיִּזְכֹּר תָּמִיד כָּל מִצְוֹת הַמֶּלֶךְ, וְיַרְגִּיל עַצְמוֹ לַעֲשׂוֹת הַטּוֹב עַד שֶׁיְּהֵא רָגִיל בּוֹ מְאֹד, וְאַחַר כָּךְ יוֹסִיף יוֹתֵר. וְיִשְׁאַל מֵאֱלֹהִים עֵזֶר, שֶׁיַּעַזְרֵהוּ וְיוֹדִיעֵהוּ חָכְמָה וִיחַזֵּק אֵיבָרָיו לִסְבֹּל מִצְוֹתָיו וְלַעֲלוֹת מַדְרֵגָה אַחַר מַדְרֵגָה.

הָעֶשְׂרִים וּשְׁתַּיִם — שֶׁיִּזְכֹּר לְעוֹלָם לַעֲשׂוֹת טוֹבָה עִם חֲבֵרָיו, לְסַיֵּעַ לָהֶם בְּטָרְחָם וּבְמַשָּׂאָם, וְיֶאֱהַב לָהֶם מַה שֶּׁיֶּאֱהַב לְנַפְשׁוֹ, וְיִשְׂנָא לָהֶם מַה שֶּׁשּׂוֹנֵא לְעַצְמוֹ. וְהִשְׁתַּדֵּל לִקְנוֹת אַחִים וְרֵעִים נֶאֱמָנִים, שֶׁיַּעַזְרוּךָ עַל תּוֹרָתְךָ, כִּי כְּשֶׁלִּבְּךָ שָׁלֵם עִמָּהֶם, אָז יֶאֱהָבוּךָ. וְרַבִּים יִהְיוּ דּוֹרְשֵׁי שְׁלוֹמְךָ, וְגַלֵּה סוֹדְךָ לְאֶחָד מִנִּי אֶלֶף.

הָעֶשְׂרִים וְשָׁלֹשׁ — שֶׁיִּזְכֹּר תָּמִיד גְּדֻלָּתוֹ שֶׁל הָאֵל יִתְבָּרֵךְ, וְיַבְחִין בִּבְרִיאוֹת הָעוֹלָם,

virtue of his merit, but he should realize that the Blessed God, in His mercies, has given it to him; and he should implore Him for control over his wealth, to employ it in the fulfillment of the Exalted Creator's will, and that it not be reposited with him to his detriment.

(20) One must remember to reflect upon the gulf separating the celestial from the terrestrial and understand that he is small and lowly relative to the celestial, and that, notwithstanding, the Holy One Blessed be He has accorded him a goodly portion by giving him sovereignty over the entire world — over the beasts, the animals, the fish, the birds, the fruit, and herbs — and He has made known to him the secrets of His greatness, His strength, and His wonders. How grateful should one be to Him for all this — like a lowly servant, whose master has elevated him and raised him above all his officers and servants. How much more so should one lower himself before Him and praise Him in awe and fear for having allowed him to attain knowledge of his Creator, L-rd of lords!

(21) One must always remember all of the King's mitzvos and accustom himself to the doing of good until he is greatly habituated to it, and then he should add more and ask God to assist him — to impart wisdom to him and strengthen his limbs to bear His mitzvos and rise from level to level.

(22) One must remember always to do good with his friends, to assist them in their labors and burdens, to love for them what he loves for himself, and to hate for them what he hates for himself. And one must exert himself to acquire true brothers and friends that will help him in Torah. If your heart is whole with them, they will love you, and many will desire your well-being and reveal your secret to only one in a thousand.

(23) One must remember always the greatness of the Blessed God and consider the creations of the universe,

גְּדוֹלִים וּקְטַנִּים; וְאֵיךְ הַגַּלְגַּלִּים הוֹלְכִים, וְהַשֶּׁמֶשׁ וְהַיָּרֵחַ וְהַכּוֹכָבִים, וִירִידַת הַגְּשָׁמִים וּנְשִׁיבַת הָרוּחוֹת, וְכָאֵלּוּ עוֹד הַרְבֵּה עָצְמוּ מִסַּפֵּר. וּבִשְׁבִיל שֶׁאָדָם רוֹאֶה אֵלּוּ הַנִּפְלָאוֹת תָּמִיד, אֵינוֹ תָּמֵהַּ לִבּוֹ עַל כָּךְ; אֲבָל כְּשֶׁהַחַמָּה אוֹ הַלְּבָנָה לוֹקָה, אָז הוּא תָּמֵהַּ מְאֹד, בִּשְׁבִיל שֶׁאֵין זֶה תָּדִיר וְרָגִיל כְּמוֹ סִבּוּב הַשֶּׁמֶשׁ בְּכָל יוֹם מִמִּזְרָח לְמַעֲרָב. לָכֵן הַבֵּט אֲלֵיהֶם וַעֲשֵׂה עַצְמְךָ כְּאִלּוּ לֹא רָאִיתָ הַנִּפְלָאוֹת מִיָּמֶיךָ, וִיהֵא נִרְאֶה בְּעֵינֶיךָ כְּאִלּוּ הָיִיתָ סוּמָא עַד עַתָּה, וְעַכְשָׁו פָּתַחְתָּ עֵינֶיךָ, אָז הָיָה נִפְלָא בְּעֵינֶיךָ מְאֹד. כֵּן תַּעֲשֶׂה עַצְמְךָ בְּכָל יוֹם. וְכֵן אָמַר דָּוִד: "נִפְלָאִים מַעֲשֶׂיךָ וְנַפְשִׁי יֹדַעַת מְאֹד" (תהלים קלט, יד).

הָעֶשְׂרִים וְאַרְבַּע — שֶׁיִּזְכֹּר וְיַחְשֹׁב: אָדָם שֶׁעֵינָיו רַכּוֹת, אֵינוֹ יָכוֹל לִרְאוֹת בִּכְלֵי כֶסֶף וְזָהָב הַמְצֻיָּרִים בְּצִיּוּר דַּק; אַף עַל פִּי שֶׁרוֹאֶה יְפִי הַכְּלִי, מִכָּל מָקוֹם אֵינוֹ יָכוֹל לְהִסְתַּכֵּל כָּל כָּךְ בַּצִּיּוּר הַדַּק כְּמוֹ מִי שֶׁעֵינָיו חֲזָקוֹת. כָּךְ אִם לָמַד אָדָם תּוֹרָה וְחָכְמָה בִּנְעוּרָיו, וְנִרְאֶה לוֹ שֶׁהוּא מֵבִין אוֹתָם כָּרָאוּי, לֹא יִסְמֹךְ עַל אוֹתָהּ הַהֲבָנָה, כִּי הַחָכְמָה מִתְחַזֶּקֶת כְּשֶׁמַּגִּיעַ לְיָמִים, וּמֵבִין יוֹתֵר מִמַּה שֶּׁהֵבִין בִּנְעוּרָיו. לָכֵן בְּעֵת שֶׁחָכְמָתְךָ מִתְחַזֶּקֶת, תַּתְחִיל לְהִתְבּוֹנֵן עַל עִנְיָנֶיךָ, וְאָז תָּבִין יוֹתֵר וְתוֹסִיף לְהַבְחִין וְתַעֲמֹד עַל בֵּרוּר הָעִנְיָנִים יוֹתֵר מִבַּתְּחִלָּה, וְתוֹסִיף לְעוֹלָם לַחְקֹר מִכָּל אָדָם מַה שֶּׁלֹּא יָדַעְתָּ, כָּעִנְיָן שֶׁנֶּאֱמַר: "מִכָּל מְלַמְּדַי הִשְׂכַּלְתִּי" (שם קיט, צט). וְאַל תַּחְשֹׁב: מִי יָכוֹל לְחַדֵּשׁ לְךָ עַל מַה שֶּׁיָּדַעְתָּ בִּנְעוּרֶיךָ? וְעַל זֶה נֶאֱמַר: "רָאִיתָ אִישׁ חָכָם בְּעֵינָיו תִּקְוָה לִכְסִיל מִמֶּנּוּ" (משלי כו, יב).

הָעֶשְׂרִים וְחָמֵשׁ — שֶׁיִּזְכֹּר תָּמִיד נְעִימוּת הָעוֹלָם הַבָּא,

things both great and small, the revolution of the spheres, the sun, moon, and stars, the falling of the rain and the blowing of the wind and other such phenomena without number. Because one constantly sees these wonders, he is not greatly impressed by them, but he is awe-struck at an eclipse of the sun or the moon because this is not constant and recurring as the circuit of the sun each day from east to west. Therefore, contemplate these things and imagine that you have never seen these wonders before. Imagine that you were blind until now and that you are just opening your eyes. They will certainly appear as great wonders then. Repeat this procedure every day. This is as King David said (*Tehillim* 139:14): "Your works are wondrous and my soul knows it exceedingly."

(24) One must remember and reflect that he whose eyes are weak cannot scrutinize too well vessels of silver and gold bearing delicate designs. Even though he may see the beauty of the vessel, he cannot observe the delicate design as closely as one whose eyes are strong. Similarly, if one learned Torah and wisdom in his youth, though he thinks he understands it well, let him not rely on that understanding, for wisdom strengthens itself with age, when one understands more than he did in his youth. Therefore, when your wisdom grows stronger, begin to reflect upon your affairs, and then you will understand more, with greater discrimination, and you will have a firmer grasp of the matter than before. And always persist in asking all men what you do not know, as it is written (*Tehillim* 119:99): "From all my teachers I have grown wise." And do not think: Who can tell you anything new that you did not know in your youth? About this it is written (*Mishlei* 26:12): "Have you seen a man wise in his own eyes? There is more hope for a fool than for him."

(25) One must always remember the pleasure of the World-to-Come and remove love of this world from his

וְיוֹצִיא אַהֲבַת הָעוֹלָם הַזֶּה מִלִּבּוֹ, וְיַגְבִּיר אַהֲבַת הָעוֹלָם הַבָּא בְּקִרְבּוֹ. וּכְבָר אָמַר אֶחָד מִן הַחֲסִידִים: כְּמוֹ שֶׁאֵין מַיִם וָאֵשׁ מִתְחַבְּרִים בִּכְלִי אֶחָד, כֵּן לֹא תִתְחַבֵּר בְּלֵב הַמַּאֲמִין אַהֲבַת הָעוֹלָם הַזֶּה וְאַהֲבַת הָעוֹלָם הַבָּא. וְלֹא יֶאֱהַב הָעוֹלָם הַזֶּה אֶלָּא מִשּׁוּם הָעוֹלָם הַבָּא, שֶׁמֵּהָעוֹלָם הַזֶּה יִקַּח צֵדָה לָעוֹלָם הַבָּא.

הָעֶשְׂרִים וָשֵׁשׁ — שֶׁיִּזְכֹּר אוֹתָם הָעוֹמְדִים בְּמִצְוַת הַמֶּלֶךְ הֵיאַךְ הֵם יְרֵאִים וְנִבְהָלִים מֵעֹנֶשׁ הַמֶּלֶךְ; קַל וָחֹמֶר שֶׁיִּירָא מֵעֹנֶשׁ מֶלֶךְ מַלְכֵי הַמְּלָכִים, הַקָּדוֹשׁ בָּרוּךְ הוּא, וִימַהֵר לָרוּץ לַעֲבוֹדָתוֹ.

הָעֶשְׂרִים וָשֶׁבַע — שֶׁיִּזְכֹּר אֶת מִי שֶׁהִכְעִיס הַמֶּלֶךְ וְנִתְחַיֵּב מִיתָה, וְחָמַל עָלָיו וְיִסֵּר אוֹתוֹ מְעַט וְהֶחֱזִירוֹ עַל כַּנּוֹ, כַּמָּה יִשְׂמַח אוֹתוֹ הַמַּכְעִיס לִסְבֹּל מְעַט יִסּוּרִים תַּחַת הַמִּיתָה; כָּךְ יַחְשֹׁב מִי שֶׁהוּא מְיֻסָּר, שֶׁהוּא עוֹבֵר מִצְוַת הַבּוֹרֵא וְנִתְחַיֵּב מִיתָה, וְהֵקַל לוֹ וְהֵבִיא לוֹ יִסּוּרִים אוֹ אִבּוּד מָמוֹן תַּחַת הַמִּיתָה שֶׁנִּתְחַיֵּב, וַהֲלֹא הֵיטִיב לוֹ וְעָשָׂה עִמּוֹ חֶסֶד; לָכֵן יְקַבֵּל הַכֹּל מֵאֱלֹהָיו בְּשִׂמְחָה וּבְאַהֲבָה, וְזֶהוּ סִמָּן גָּדוֹל, שֶׁחָפֵץ בִּגְזֵרַת הַבּוֹרֵא יִתְבָּרֵךְ.

הָעֶשְׂרִים וּשְׁמֹנֶה — שֶׁיִּזְכֹּר: מִי שֶׁנָּתַן בֵּיתוֹ לָאָדָם בְּמַתָּנָה גְמוּרָה, וְרוֹצֶה הַמְקַבֵּל לַהֲרֹס וְלִבְנוֹת לְפִי דַעְתּוֹ, שֶׁלֹּא יוּכַל הַנּוֹתֵן לְעַכֵּב, כִּי כְבָר הוֹצִיאוֹ מִתַּחַת יָדוֹ; כָּךְ יִמְסֹר אָדָם אֶת נַפְשׁוֹ וְאֶת אִשְׁתּוֹ וְאֶת בָּנָיו וְכָל מָמוֹנוֹ בְּיַד הַשֵּׁם יִתְבָּרֵךְ, וְיִהְיֶה הַכֹּל נָתוּן לוֹ בְּמַתָּנָה. וְכֵיוָן שֶׁמִּתְּחִלָּה מָסַר עַצְמוֹ לְיַד הַשֵּׁם יִתְבָּרֵךְ, הֲרֵי שָׂם בִּטְחוֹנוֹ עַל הַשֵּׁם יִתְבָּרֵךְ, וּכְבָר הֶאֱמִין לִבּוֹ לְקַבֵּל מֵאַהֲבָה מַה שֶּׁיִּגְזֹר הַבּוֹרֵא יִתְבָּרֵךְ עָלָיו. וַאֲפִלּוּ אִם לֹא שָׁלַח לוֹ

heart and intensify love of the World-to-Come within him. As one of the Sages has said: "Just as water and fire cannot be joined in one container, so love of this world and of the next cannot be joined in the heart of the believer." One should love this world only insofar as he stores up provisions in it for the next.

(26) One should remember how afraid and confounded those who stand in the king's service are at the possibility of the king's punishment. How much more should one fear the punishment of the King of kings and run to serve Him.

(27) One must remember: If one angered the king and incurred the death penalty, and the king had compassion upon him and chastised him somewhat and restored him to his post, how happy would he be to suffer a few afflictions rather than death. So should the afflicted man think that he has transgressed the Creator's command and incurred the death penalty but He has attenuated his sentence, reducing it to afflictions or a fine instead of the warranted execution. Has He not done good for him and shown him lovingkindness thereby? Therefore, one should accept all from his God with joy and love, and this will serve as a great sign that he embraces the Blessed One's decree.

(28) One must remember: If one made an outright gift of his home to another and the latter wishes to tear it down and build as he desires, the giver cannot stop him, for it is no longer his. In this manner should one give his soul, his wife, his children, and all that he owns to the Blessed One, making an outright gift of all. Having thus placed himself from the beginning in God's hands, one has reposed his trust in Him and resolved faithfully in his heart to accept with love whatever He decrees upon him. And even if the Blessed One sends no evil upon his body, his possessions, his children, or his wife, he is greatly re-

הַשֵּׁם יִתְבָּרֵךְ רָעָה, לֹא עַל גּוּפוֹ וְלֹא עַל מָמוֹנוֹ וְלֹא עַל בָּנָיו וְלֹא עַל אִשְׁתּוֹ, יֵשׁ לוֹ שָׂכָר גָּדוֹל עַל דַּעְתּוֹ הַנְּכוֹנָה, אֲשֶׁר הֵכִין לִבּוֹ לִסְבֹּל הַכֹּל לְאַהֲבַת יוֹצְרוֹ.

הָעֶשְׂרִים וָתֵשַׁע — שֶׁיִּזְכֹּר וְיִתְבּוֹנֵן עַל בְּנֵי אָדָם וְיִרְאֶה, שֶׁיֵּשׁ אָדָם אֶחָד שָׁקוּל כְּאֶלֶף אֲחֵרִים, וְאֵין זֶה מֵחֲמַת הַגּוּף אֶלָּא מֵחֲמַת תְּבוּנָתוֹ וְחָכְמָתוֹ וְצִדְקָתוֹ. לָכֵן תִּזָּהֵר עַל תַּקָּנַת נִשְׁמָתְךָ, כִּי כָל הַמַּעֲלוֹת הֵן מִמֶּנָּה. כִּי אִם הָיָה אָדָם חָזָק וּבָרִיא וִיפֵה תֹאַר שֶׁאֵין בּוֹ מוּם — לֹא הָיָה שָׁוֶה כְלוּם, אִם הָיָה שׁוֹטֶה; וְאִם הָיָה אָדָם מְכֹעָר וְחַלָּשׁ וְהוּא מֻפְלָג בַּחָכְמָה — הָיָה עוֹלֶה לִגְדֻלָּה וְלַחֲשִׁיבוּת.

הַשְּׁלֹשִׁים — שֶׁיִּזְכֹּר: אִם אָדָם בָּא אֶל אֶרֶץ נָכְרִיָּה, וְלֹא הִכִּיר שָׁם שׁוּם אָדָם וְאֵין שׁוּם אָדָם מַכִּירוֹ, וְחָמַל עָלָיו אֲדוֹנֵי הַמְּדִינָה וְנָתַן לוֹ מְזוֹנוֹ בְּכָל יוֹם וָיוֹם, וְהִזְהִירוֹ שֶׁלֹּא יִמְרֹד בּוֹ וְלֹא יַעֲבֹר עַל מִצְוָתוֹ, וְהוֹדִיעוֹ גְּמוּל טוֹב עַל עֲבוֹדָתוֹ, וְהִזְהִירוֹ עַל הַנְּסִיעָה וְלֹא הוֹדִיעוֹ הָעֵת — בֶּאֱמֶת הָעֶבֶד הַזֶּה חַיָּב לְהִכָּנַע וְלַעֲזֹב הַגַּאֲוָה וְיַחְקֹר עַל עֲבוֹדַת הַמֶּלֶךְ, בַּמֶּה יַעֲשֶׂה רְצוֹנוֹ, וְיֶאֱהַב גֵּר כָּמוֹהוּ, וְיִשְׁתַּדֵּל לְהַרְבּוֹת בַּעֲבוֹדַת אֲדוֹנֵי הַמְּדִינָה, מִפְּנֵי שֶׁאֵין לוֹ חוֹמֵל שֶׁיִּפְגַּע בַּעֲדוֹ; כֵּן בֶּאֱמֶת הָאָדָם גֵּר בָּעוֹלָם. כִּי כְּשֶׁיַּגִּיעַ זְמַן צֵאתוֹ לַאֲוִיר הָעוֹלָם — אִם הָיוּ מִשְׁתַּדְּלִים כָּל הָעוֹלָם לְהַקְדִּימוֹ רֶגַע אוֹ לְאַחֲרוֹ, אוֹ לִקְשֹׁר אַחַד מֵאֵיבָרָיו, לֹא הָיוּ יְכוֹלִים; וְכֵן אַחַר צֵאתוֹ לַאֲוִיר הָעוֹלָם, לֹא הָיוּ יְכוֹלִים כָּל הָעוֹלָם לָתֵת לוֹ מְזוֹנוֹת זוּלַת הָאֵל הַנֶּאֱמָן; וְהוּא כְּיָחִיד שֶׁאֵין לוֹ חָבֵר, וּכְנָכְרִי שֶׁאֵין לוֹ מַכִּיר כִּי אִם אֲדוֹנָיו, וְאֵין לוֹ חוֹמֵל כִּי אִם בּוֹרְאוֹ.

הִנֵּה הִשְׁלַמְנוּ שְׁלֹשִׁים פָּנִים שֶׁיִּזְכֹּר הָאָדָם תָּמִיד, וַאֲנַחְנוּ

warded for his noble thought, for having prepared his heart to bear everything for love of his Creator.

(29) One must remember to reflect upon people and see that one man may be valued as much as a thousand others, and not because of his body, but because of his understanding and wisdom and righteousness. Therefore, give heed to the wellbeing of your soul, for all virtues stem from it. For if one were strong, healthy, and well-built, without a blemish, it would not avail him if he were a fool. And if he were ugly and weak, yet outstanding in wisdom, he would rise to greatness and station.

(30) One must remember: If one came to a strange land where he knew no one and no one knew him and the lord of the land took pity on him and fed him every day and exhorted him not to rebel against him or transgress his commands and informed him of goodly reward for his service and exhorted him concerning his inevitable leave-taking, without specifying the time — in truth, such a servant would have to humble himself and abandon pride and give thought to the king's service to see how he could do his will. He would love the stranger like himself and he would exert himself to increase his service of the lord of the land, having no other merciful intercessor on his behalf. So, in truth, man is a stranger in the world, for when his time of arrival into the world comes, if all the world tried to advance or delay it one moment, or to bind one of his limbs, they would not be able to do so. And, likewise, after his entry into the world, no one but the faithful God can sustain him. He is as one who is solitary and without a friend, as a stranger without an acquaintance, but only his Master, his Creator, to pity him.

We have completed our account of the thirty things that one must constantly remember. We have explained them only briefly. Everyone should contemplate them more deeply according to his wisdom and learn from them all of

הִזְכַּרְנוּ אוֹתָם בְּדֶרֶךְ קְצָרָה. וְכָל אֶחָד יוֹסִיף לְהַעֲמִיק בָּהֶם כְּפִי חָכְמָתוֹ, וְיִלְמַד מֵהֶם כָּל מִדּוֹת טוֹבוֹת וְיַגִּיעַ אֶל הַמִּדּוֹת הַחֲמוּדוֹת וְהַזַּכּוֹת, וְהֵן מְלַבְּנוֹת הַנְּפָשׁוֹת לְהַצְהִירָן מִשַּׁחֲרוּרִיתָן. אִם תִּהְיֶה זָרִיז בָּהֶם לְזָכְרָם, יִתְחַדֵּשׁ לְךָ כֹּחַ עֶלְיוֹן אֲשֶׁר לֹא יְדַעְתּוֹ. וְחַיָּב אָדָם בְּכָל אֵלּוּ הַזִּכְרוֹנוֹת תָּמִיד, בְּכָל שָׁעָה וּבְכָל הֶרֶף עַיִן; וְאִם יוּכַל, יִזְכֹּר בְּכָל נְשִׁימוֹתָיו, כְּדֵי שֶׁלֹּא יִפָּרֵד מִמֶּנּוּ הַמּוֹרָא וְהַפַּחַד וְהַבּוּשָׁה מֵהָאֵל יִתְבָּרֵךְ, הַמַּשְׁקִיף עָלָיו תָּמִיד בְּכָל עֵת. צֵא וּלְמַד מִמַּה שֶׁהִזְהִירָה הַתּוֹרָה לַמֶּלֶךְ, דִּכְתִיב: "וְכָתַב לוֹ אֶת מִשְׁנֵה הַתּוֹרָה הַזֹּאת עַל סֵפֶר מִלִּפְנֵי הַכֹּהֲנִים הַלְוִיִּם וְהָיְתָה עִמּוֹ וְקָרָא בוֹ כָּל יְמֵי חַיָּיו" (דברים יז, יח־יט); וּכְתִיב: "לֹא יָמוּשׁ סֵפֶר הַתּוֹרָה הַזֶּה מִפִּיךָ וְהָגִיתָ בּוֹ יוֹמָם וָלַיְלָה" (יהושע א, ח); וְאוֹמֵר: "וְהָיוּ הַדְּבָרִים הָאֵלֶּה אֲשֶׁר אָנֹכִי מְצַוְּךָ הַיּוֹם עַל לְבָבֶךָ וְשִׁנַּנְתָּם לְבָנֶיךָ וְדִבַּרְתָּ בָּם בְּשִׁבְתְּךָ בְּבֵיתֶךָ וּבְלֶכְתְּךָ בַדֶּרֶךְ וּבְשָׁכְבְּךָ וּבְקוּמֶךָ וּקְשַׁרְתָּם לְאוֹת עַל יָדֶךָ וְהָיוּ לְטֹטָפֹת בֵּין עֵינֶיךָ וּכְתַבְתָּם עַל מְזֻזוֹת בֵּיתֶךָ וּבִשְׁעָרֶיךָ" (דברים ו, ו־ט); וְחִזֵּק הָעִנְיָן בַּצִּיצִית, דִּכְתִיב: "וְהָיָה לָכֶם לְצִיצִת וּרְאִיתֶם אֹתוֹ וּזְכַרְתֶּם אֶת כָּל מִצְוֹת יְיָ וַעֲשִׂיתֶם אֹתָם ... לְמַעַן תִּזְכְּרוּ וַעֲשִׂיתֶם אֶת כָּל מִצְוֹתָי" (במדבר טו, לט־מ). וּלְפִי זֶה רָאוּי לִזְכֹּר הָאֱלֹהִים בְּכָל רֶגַע, וּכְתִיב: "בְּכָל עֵת יִהְיוּ בְגָדֶיךָ לְבָנִים" (קהלת ט, ח).

רְאֵה, מִדַּת הַזְּכִירָה, כַּמָּה הִיא חֲבִיבָה לִפְנֵי הַמָּקוֹם. כִּי בְשָׁעָה שֶׁעָשׂוּ יִשְׂרָאֵל אֶת הָעֵגֶל וְנִתְחַיְּבוּ מִיתָה, וְאָמַר מֹשֶׁה: "זְכֹר לְאַבְרָהָם וְגוֹ'", "וַיִּנָּחֶם יְיָ עַל הָרָעָה אֲשֶׁר דִּבֶּר לַעֲשׂוֹת לְעַמּוֹ" (שמות לב, יג־יד).

the goodly qualities and come to the pure, desirable traits which whiten souls, purging them of their blackness. If you are zealous to remember them, there will originate within you a higher power that you had not formerly known. One is obligated in all of these remembrances constantly, at all times and at all instants. And if he can, he must remember them in all of his breaths so that there never leaves him the fear, awe, and shame before the Blessed God Who looks down upon him always, at all times. Go out and learn proper behavior in this regard from the Torah's exhortation concerning a king (*Devarim* 17:18-19): "And he shall write the copy of this Law on a scroll that is before the priests, the *Levi'im*. And it shall be with him, and he shall read in it all the days of his life." And it is written (*Yehoshua* 1:8): "This book of the Law shall not depart from your mouth, and you shall study it day and night." And (*Devarim* 6:6-9): "And these words which I command you this day shall be upon your heart, and you shall teach them to your children, and you shall converse in them when you sit in your house and when you walk in the way and when you lie down and when you arise, and you shall bind them as a sign upon your hand, and they shall be ornaments between your eyes, and you shall write them on the doorposts of your house and upon your gates." And the idea is enforced through *tzitzis*, as it is written (*Bemidbar* 15:39-40): "And it shall be to you for *tzitzis*, and you shall see it and remember all the mitzvos of Hashem and you shall do them...so that you remember and do all of my mitzvos." According to this, God should be remembered at every moment, and it is written (*Koheles* 9:8): "At all times let your clothes be white."

See how beloved this trait of remembrance is before the Creator, for when Israel made the golden calf and incurred the death penalty, Moshe said (*Shemos* 32:13-14): "Remem-

רְאֵה, מִדַּת הַזְּכִירָה, כַּמָּה הִיא רְחָבָה מְאֹד, כִּי בָהּ יִזְכֹּר כָּל הַמִּדּוֹת הַטּוֹבוֹת; וְלוּלֵא הַזְּכִירָה, הָיָה שׁוֹכֵחַ הַכֹּל וְהָיָה נִשְׁאָר רֵיק מִכֹּל.

לָכֵן, הִתְחַזֵּק בְּזֹאת הַמִּדָּה, הַחֲזָקָה בְּכָל הַמִּדּוֹת. וְזוֹהִי תַּקָּנָה גְדוֹלָה לִקְנוֹת כָּל הַמִּדּוֹת: שֶׁיְּהֵא רָגִיל לַחֲזוֹר זֶה הַסֵּפֶר, וְאָז יִזְכֹּר כָּל הַמִּדּוֹת הָרָעוֹת וְיָשׁוּב מֵהֶן, וּלְכָל הַפָּחוֹת יַחֲזֹר אוֹתוֹ פַּעַם אַחַת לְשָׁבוּעַ. וְסִמָּנֵי כְּלָלֵי הַמִּדּוֹת, הַכְּתוּבִים בְּסוֹף הַסֵּפֶר, יַחֲזֹר בְּכָל יוֹם פַּעֲמַיִם, וְיִבְדֹּק עַצְמוֹ תָּמִיד אִם קִצֵּר לְקַיֵּם הַמִּדּוֹת, עַד שֶׁיְּהֵא רָגִיל לְקַיֵּם כָּל הַמִּדּוֹת הַטּוֹבוֹת. דַּע לְךָ, שֶׁהַזְּכִירָה מְבִיאָה לִידֵי עֲשִׂיָּה, כִּדְכְתִיב (במדבר טו, לט): "וּזְכַרְתֶּם ... וַעֲשִׂיתֶם" (מנחות מג ע"ב).

לָכֵן הִזָּהֵר מְאֹד בְּמִדַּת הַזְּכִירָה וְהִזָּהֵר לִזְכֹּר כָּל מִצְוָה וּמִצְוָה, לְשֵׁם מִי תַעֲשֶׂנָּה, וּמִי הוּא בַּעַל מְלַאכְתְּךָ.

וְיִזָּהֵר הָאָדָם מְאֹד, שֶׁלֹּא לִזְכֹּר אִם חֲבֵרוֹ עוֹשֶׂה לוֹ דָּבָר רָע, וְעַל זֶה נֶאֱמַר: "וְלֹא תִטֹּר" (ויקרא יט, יח), אֶלָּא יְשַׁכַּח מִלִּבּוֹ כָּל שִׂנְאָה. וְאִם הוּא הֵרַע לַחֲבֵרוֹ — יִזְכֹּר, כְּדֵי שֶׁיְּתַקֵּן מִיָּד מַה שֶׁעָשָׂה לוֹ. וְאִם שָׁמַע דְּבָרִים בְּטֵלִים, לֹא יִזְכְּרֵם, אַךְ יִהְיֶה כְנָפָה, הַקּוֹלֶטֶת אֶת הַסֹּלֶת וּמוֹצִיאָה אֶת הַקֶּמַח, אֲבָל לֹא כִמְשַׁמֶּרֶת, שֶׁקּוֹלֶטֶת אֶת הַשְּׁמָרִים וּמוֹצִיאָה אֶת הַיַּיִן.

עִנְיַן זְכִירַת הַתּוֹרָה נְבָאֵר, בְּעֶזְרַת הַשֵּׁם יִתְבָּרֵךְ, בְּשַׁעַר הַתּוֹרָה.

ber Avraham...and Hashem relented of the evil that He had spoken to do to His people."

See how extremely broad the trait of remembrance is, for through it one remembers all of the good traits. Without it one would forget everything and remain empty of everything.

Therefore, strengthen yourself in this trait, the strongest of all the traits. And this is highly instrumental toward the acquisition of all the traits — that one accustom himself to review this book so that he will remember all of the base traits and depart from them. At the least, he should review it once a week. And one should review twice a day the general listing of the traits which appears at the end of the book, and he should constantly examine himself to see if he has been lax in fulfilling the traits until he has accustomed himself to fulfill all of the positive traits [listed therein]. Know that remembrance leads to action, as it is written (*Bemidbar* 15:39): "And remember...and you shall do" (*Menachos* 43b). Therefore, strengthen yourself greatly in the trait of remembrance and take care to remember, with each mitzvah, for Whose sake you are performing it and Who your Taskmaster is.

And one must take great care not to remember the evil that his friend has done against him. About this it is written (*Vayikra* 19:18): "And do not bear a grudge," but one should cause all hatred to be forgotten from his heart. If he, however, has done evil to his friend, he should remember it, in order to amend immediately what he has done to him. And if he has heard idle talk, he should not remember it. He should be as a sieve, that retains the fine meal and emits the flour, but not as a strainer, that retains the lees and emits the wine.

We shall discuss the remembrance of Torah, please God, in the Gate of Torah.

שַׁעַר עֶשְׂרִים

שַׁעַר הַשִּׁכְחָה

הַשִּׁכְחָה הִיא מִדָּה רָעָה מְאֹד לָאָדָם בְּעִנְיְנֵי הָעוֹלָם הַזֶּה וּבְעִנְיְנֵי הָעוֹלָם הַבָּא. וּמִי שֶׁהוּא שַׁכְחָן, יִכְתֹּב כָּל הָעִנְיָנִים שֶׁיֵּשׁ בֵּינוֹ וּבֵין חֲבֵרוֹ כְּדֵי שֶׁיִּזְכֹּר; אִם הוּא לוֶֹה וּמַלְוֶה יִכְתֹּב הַכֹּל, אֲפִלּוּ אִם לוֶֹה פְּרוּטָה מֵחֲבֵרוֹ יִכְתֹּב הַכֹּל, וְיִתֵּן לֵב שֶׁלֹּא יִשְׁכַּח. וְרָאוּי לְאָדָם שֶׁהוּא נִכְבָּד וְשַׁכְחָן, שֶׁלֹּא יְהֵא לוֶֹה מִבְּנֵי אָדָם, כִּי הֵם מִתְבַּיְּשִׁים לִתְבֹּעַ מִמֶּנּוּ, וְהוּא יִשְׁכַּח וְלֹא יִפְרַע וְיִשָּׂא עֲוֹנוֹ. וּמִי שֶׁיּוֹדֵעַ בְּעַצְמוֹ שֶׁהוּא שַׁכְחָן, יִזָּהֵר מְאֹד לַחֲזֹר עִנְיָנָיו. כְּמוֹ שֶׁעָשָׂה מֶלֶךְ אֶחָד, שֶׁנָּתַן לְאֶחָד מֵעֲבָדָיו הַמְשָׁרְתִים כְּתָב, וְאָמַר לוֹ: כְּשֶׁתִּרְאֶה שֶׁאֲנִי כוֹעֵס, תְּנֵהוּ לִי. וְהָיָה בַּכְּתָב כָּתוּב כֵּן: הַרְפֵּה! כִּי אֵינְךָ אֱלֹהִים, אֲבָל אַתָּה גוּף כָּלֶה שֶׁיֹּאכַל קְצָתוֹ אֶת קְצָתוֹ; פֵּרוּשׁ: שֶׁיֵּצְאוּ תוֹלָעִים מִתּוֹךְ בְּשָׂרוֹ שֶׁיֹּאכְלוּ שְׁאָר בְּשָׂרוֹ, וְיָשׁוּב בְּקָרוֹב לְרִמָּה וְתוֹלֵעָה וְעָפָר. וְהָיָה לַמֶּלֶךְ עֶבֶד אַחֵר, וְצִוָּהוּ לַעֲמֹד לְפָנָיו בְּעֵת שֶׁיְּצַוֶּה לְהַכּוֹת בְּנֵי אָדָם בְּשׁוֹטִים, וְיֹאמַר לוֹ: אֲדֹנִי, זְכֹר יוֹם הַדִּין! שֶׁכָּךְ יַכּוּ אוֹתְךָ בְּשׁוֹטִים שֶׁל אֵשׁ; וְהָיָה אוֹמֵר לוֹ כָּךְ, לְהַכְנִיעַ אֶת לִבּוֹ.

מִזֶּה יִלְמַד כַּמָּה דְבָרִים. אָדָם שֶׁהוּא שׁוֹכֵחַ, יַעֲשֶׂה לוֹ זִכְרוֹנוֹת. וְצָרִיךְ גְּדָרִים גְּדוֹלִים שֶׁלֹּא יִשְׁכַּח

THE TWENTIETH GATE

The Gate of Forgetfulness

Forgetfulness is an extremely defective trait for a man with respect to both this world and the next. One who is forgetful must write down all that transpires between him and his friend in order to remember it. If he borrows or lends, even if he borrows a *perutah* [a small coin] from his friend, he must write everything down and take care not to forget. And one who is respected but forgetful should not borrow from others, for they will be ashamed to ask for payment and he will forget and not pay and bear his transgression. And one who knows himself to be forgetful must take great care to review his affairs. His situation can be likened to that of the king who handed one of his servants a paper, telling him, "When you see me getting angry, give this to me." On it was written, "Leave off! For you are not God but a wasting body, one [wormy] end of which will consume the other [that is, worms will issue forth from his flesh, which will devour the rest of his flesh], and it will soon be reduced to worms and maggots and dust." And the king had another servant whom he commanded to stand by him when he had men whipped and say to him, "My lord, remember the day of judgment! Thus will they scourge you with fiery brands!" All this was to humble his heart.

Several things are to be inferred from this. One who is forgetful must provide reminders for himself and he must erect formidable fences so that he not forget the Torah, as

אֶת הַתּוֹרָה, כְּדִכְתִיב: "רַק הִשָּׁמֶר לְךָ וּשְׁמֹר נַפְשְׁךָ מְאֹד פֶּן תִּשְׁכַּח אֶת הַדְּבָרִים אֲשֶׁר רָאוּ עֵינֶיךָ" (דברים ד, ט). וְצָרִיךְ לִזָּהֵר שֶׁלֹּא יִשְׁכַּח הַמִּדּוֹת הַטּוֹבוֹת, אַךְ יִשְׁתַּמֵּשׁ בְּמִדַּת הַשִּׁכְחָה לִשְׁכֹּחַ הַמִּצְווֹת שֶׁעָשָׂה, כִּי אִם יִתֵּן לֵב לִזְכֹּר מִצְווֹתָיו וְטוֹבוֹתָיו וְיִשְׁכַּח רָעוֹתָיו וּטְעִיּוֹתָיו וְתַחְבּוּלוֹתָיו, אָז יִהְיֶה צַדִּיק בְּעֵינָיו וְלֹא יָשׁוּב. אַךְ יִזְכֹּר פְּשָׁעָיו וְיִכְתְּבֵם עַל סֵפֶר כֻּלָּם וְיִקְרָאֵם, כְּדֵי שֶׁיִּזְכֹּר אֶת כֻּלָּם וְיָשׁוּב מִכָּל אֶחָד וְיִתְוַדֶּה עֲלֵיהֶם. אַךְ עַל מִצְווֹת שֶׁעָשָׂה לֹא יָחוּשׁ לִזְכֹּר, וּלְעוֹלָם יְדַמֶּה בְּעֵינָיו כְּאִלּוּ הוּא רֵיק מִמִּצְווֹת וּמָלֵא עֲבֵרוֹת (נדה ל ע"ב). וְיִשְׁכַּח חֶטְאַת חֲבֵרוֹ וְיִמְחַל לוֹ, וִישַׁכַּח מִלִּבּוֹ שִׂנְאָה וְקִנְאָה וְהִרְהוּרִים רָעִים. וּבְעֵת הַתְּפִלָּה יְשַׁכַּח מִלִּבּוֹ כָּל דָּבָר שֶׁבָּעוֹלָם, אַךְ יַעֲלֶה בְּמַחֲשַׁבְתּוֹ חֶסֶד הַשֵּׁם יִתְבָּרֵךְ, וְיִדְבַּק בּוֹ בְּדִבּוּק גָּדוֹל. וּכְשֶׁהוּא עוֹשֶׂה צְרָכָיו, יְשַׁכַּח מִלִּבּוֹ כָּל דִּבְרֵי תוֹרָה וְדִבְרֵי קְדֻשָּׁה (ברכות כד ע"ב), אַךְ יַחְשֹׁב בְּצָרְכֵי בֵיתוֹ בְּאוֹתָהּ שָׁעָה, וְיַחְשֹׁב שֶׁהוּא מָלֵא צוֹאָה, וּבָזֶה יַשְׁפִּיל לִבּוֹ. כְּלָלוֹ שֶׁל דָּבָר: לְכָל מִצְוָה וּמִצְוָה יַעֲשֶׂה מַה שֶּׁלֹּא יִשְׁכָּחֶנָּה, "כִּי נֵר מִצְוָה וְתוֹרָה אוֹר" (משלי ו, כג).

it is written (*Devarim* 4:9): "But take heed to yourself, and take great heed for your soul, lest you forget the things which your eyes have seen." And one must take care not to forget the good traits. But one should employ the trait of forgetfulness to forget the mitzvos which he has done, for if he sets his heart to remembering his mitzvos and his good deeds and to forgetting his evils and his errors and his machinations, he will be righteous in his eyes and will not repent. But he should remember his offenses and write them down in a book and peruse them, so that he will remember them all and repent of each one and confess them. The mitzvos that he has performed, however, he should not take care to remember, and it should always appear to him that he is empty of mitzvos and filled with transgressions (*Niddah* 30b). And he should forget his friend's offense and pardon him, and he should cause to be forgotten from his heart hatred and envy and lewd thoughts. And while praying he should cause everything in the world to be forgotten from his heart, and summon up to his thoughts the lovingkindness of the Blessed One and cleave to Him in great intimacy. And when he attends to his bodily needs, he must cause to be forgotten from his heart all matters of Torah and of holiness (*Berachos* 24b). He should think at that time of his household affairs and he should reflect that he is full of dung, thus lowering his pride. In sum, with respect to each mitzvah, he should do something not to forget [to observe] it, for (*Mishlei* 6:23): "A mitzvah is a lamp, and Torah is light."

שַׁעַר עֶשְׂרִים וְאֶחָד

שַׁעַר הַשְּׁתִיקָה

הַשְּׁתִיקָה מֵהַדְּבָרִים — אָמַר רַבָּן שִׁמְעוֹן בֶּן גַּמְלִיאֵל: כָּל יָמַי גָּדַלְתִּי בֵּין הַחֲכָמִים וְלֹא מָצָאתִי לַגּוּף טוֹב מִשְּׁתִיקָה (אבות פ״א מי״ז). וְכֵן אָמַר שְׁלֹמֹה הַמֶּלֶךְ, עָלָיו הַשָּׁלוֹם: ״גַּם אֱוִיל מַחֲרִישׁ חָכָם יֵחָשֵׁב״ (משלי יז, כח). וְאָמַר הֶחָכָם: כְּשֶׁאֲנִי מְדַבֵּר, אֶתְחָרֵט עַל מַה שֶּׁאָמַרְתִּי, וּכְשֶׁאֲנִי שׁוֹתֵק לֹא אֶתְחָרֵט; וְאִם אֶתְחָרֵט עַל הַשְּׁתִיקָה פַּעַם אַחַת, אֶתְחָרֵט עַל הַדִּבּוּר פְּעָמִים רַבּוֹת. וְאָמַר הֶחָכָם: כְּשֶׁאֲנִי מְדַבֵּר, הוּא, הַדִּבּוּר, מוֹשֵׁל בִּי, כִּי אִם אֲנִי מְדַבֵּר עַל אָדָם דָּבָר שֶׁאֵינוֹ הָגוּן, אוֹתוֹ הַדִּבּוּר מוֹשֵׁל בִּי וּמַצְרִיכֵנִי לְהִכָּנַע לְפָנָיו וּלְבַקֵּשׁ מִמֶּנּוּ מְחִילָה, וּכְשֶׁאֵינִי מְדַבֵּר, אֲנִי מוֹשֵׁל מִלְּאָמְרוֹ וּלְהַסְתִּירוֹ. אָמְרוּ רַבּוֹתֵינוּ: שְׁנֵי דִּיקוּלוֹגִין הָיוּ עוֹמְדִים לִפְנֵי אַנְדְּרִיָּנוּס קֵיסָר, אֶחָד הָיָה מְלַמֵּד עַל הַדִּבּוּר שֶׁהוּא יָפֶה, וְאֶחָד מְלַמֵּד עַל הַשְּׁתִיקָה שֶׁהִיא יָפָה. אָמַר הַמֶּלֶךְ לְאוֹתוֹ שֶׁהָיָה מְלַמֵּד עַל הַדִּבּוּר שֶׁהוּא יָפֶה: הֵיאַךְ אַתָּה אוֹמֵר? אָמַר לוֹ: מָרִי! אִלְמָלֵא הַדִּבּוּר, הֵיאַךְ הַמְּלָכִים מִתְמַלְּכִים בָּעוֹלָם, הֵיאַךְ הַסְּפִינוֹת פּוֹרְשׁוֹת לַיָּם, הֵיאַךְ הַמֵּתִים נִגְמָלִים חֶסֶד, הֵיאַךְ הַכַּלּוֹת מִתְקַלְּסוֹת, הֵיאַךְ מַשָּׂא וּמַתָּן בָּעוֹלָם? מִיָּד אָמַר לוֹ הַמֶּלֶךְ אַנְדְּרִיָּנוּס: יָפֶה דִּבַּרְתָּ. אָמַר לוֹ לַמְלַמֵּד עַל הַשְּׁתִיקָה שֶׁהִיא יָפָה: הֵיאַךְ שִׁבַּחְתָּ אֶת הַשְּׁתִיקָה? מִיָּד בָּא לְדַבֵּר. עָמַד אוֹתוֹ שֶׁהָיָה מְלַמֵּד עַ

THE TWENTY-FIRST GATE

The Gate of Silence

Silence of speech: "Rabbi Shimon ben Gamliel said, 'I grew up all of my days among the Sages and I have found nothing better for oneself than silence'" (*Avos* 1:17). And so said King Shelomo, may peace be upon him (*Mishlei* 17:28): "Even a fool who keeps quiet is accounted wise." The wise man says: "When I speak, I will regret what I have said, and when I am silent, I will not regret it. And if I will regret silence once, I will regret speech many times." And the wise man says: "When I speak, it [my speech] rules over me, for if I speak wrongly of another, that speech rules over me and compels me to humble myself before him and beg his forgiveness. But when I do not speak, I rule over it by not emitting it and by concealing it." Our Rabbis said (*Yalkut Shimoni, parashas B'ha'aloscha* 738): "Two advocates stood before Hadrian, one advocating speech, the other, silence. The king said to the advocate of speech: 'What is your case?' He replied: 'My master, if not for speech how could kings rule in the world? How could ships set out to sea? How could the dead be shown lovingkindness? How could brides be praised? How could business be conducted in the world?' Immediately King Hadrian told him: 'You have spoken well.' He then said to the advocate of silence: 'How could you have praised silence?' He immediately arose to speak, whereupon the advocate of speech arose and struck him. The king asked:

הַדִּבּוּר שֶׁהוּא יָפֶה וּסְטָרוֹ. אָמַר לוֹ הַמֶּלֶךְ: לָמָּה סְטַרְתָּ אוֹתוֹ? אָמַר לוֹ: מָרִי! אֲנִי לָמַדְתִּי מִשֶּׁלִּי עַל שֶׁלִּי, כִּי לָמַדְתִּי מִן הַדִּבּוּר עַל הַדִּבּוּר, וְזֶה בָּא לְלַמֵּד מִשֶּׁלִּי עַל שֶׁלּוֹ, לָכֵן סְטַרְתִּי אוֹתוֹ. אָמַר לוֹ: לֹא כָךְ אָמַר שְׁלֹמֹה, לֹא אָמַר הָאֱלֹהִים שֶׁתִּהְיֶה יוֹשֵׁב וְשׁוֹתֵק כְּחֵרֵשׁ, אֶלָּא אָמַר: "בְּרֹב דְּבָרִים לֹא יֶחְדַּל פָּשַׁע וְחוֹשֵׂךְ שְׂפָתָיו מַשְׂכִּיל" (משלי י, יט); "חוֹשֵׂךְ" פֵּרוּשׁ: מוֹנֵעַ מִלְּדַבֵּר בַּחֲבֵרוֹ. אֵין לְךָ גָּדוֹל מֵאַהֲרֹן וּמִרְיָם, שֶׁהַבְּאֵר עוֹלָה וּמַשְׁקָה בִּזְכוּת מִרְיָם, עָלֶיהָ הַשָּׁלוֹם, וְעַנְנֵי הַכָּבוֹד מַקִּיפִים לְיִשְׂרָאֵל בִּזְכוּת אַהֲרֹן, וְכֵיוָן שֶׁנָּתְנוּ רְשׁוּת לְפִיהֶם וְדִבְּרוּ בְמֹשֶׁה, מִיָּד נִפְרְעוּ (ילקוט שמעוני, בהעלותך, רֶמֶז תשלח).

וְעַל כַּמָּה עִנְיָנִים הַשְּׁכִינָה מִסְתַּלֶּקֶת מִיִּשְׂרָאֵל (ספרי, תצא כג, י), וְהַחֲמוּרִים שֶׁבָּהֶם: מִשּׁוּם שְׁפִיכוּת דָּמִים (שבת לג ע״א), עֲבוֹדָה זָרָה (מכילתא, יתרו כ, פרשה ט) וּלְשׁוֹן הָרָע (מדרש תהלים ז, ז).

מַעֲשֶׂה בְּרַבָּן גַּמְלִיאֵל שֶׁעָשָׂה סְעֻדָּה, וְנָתַן לְעַבְדּוֹ לְשׁוֹנוֹת לְבַשֵּׁל; עָשָׂה מֵהֶן מְבֻשָּׁלוֹת וְעָשָׂה מֵהֶן קָשׁוֹת; הִכְנִיס לִפְנֵיהֶם הָרַכּוֹת וְחָזַר וְנָתַן לִפְנֵיהֶם הַקָּשׁוֹת. קָרָא לְעַבְדּוֹ וְאָמַר לוֹ: מָה רָאִיתָ לַעֲשׂוֹת כָּךְ, מֵהֶן רַכּוֹת וּמֵהֶן קָשׁוֹת? אָמַר לוֹ: לְהוֹדִיעֲךָ, שֶׁהַכֹּל מִן הַלָּשׁוֹן — אִם אָדָם רוֹצֶה, עוֹשֶׂה אוֹתָהּ רַכָּה אוֹ קָשָׁה (עי׳ ויקרא רבה לג, א).

וּמַעֲשֶׂה הָיָה בְּמֶלֶךְ אֶחָד, שֶׁהָיוּ לוֹ כַּמָּה יוֹעֲצִים וַחֲכָמִים וּנְבוֹנִים וִידוּעִים. פַּעַם אַחַת רָאָה הַמֶּלֶךְ, שֶׁהָיָה אֶחָד מֵהֶם, שֶׁהָיָה הֶחָכָם שֶׁבָּהֶם, וְהָיָה יוֹשֵׁב וְדוֹמֵם וְשׁוֹתֵק. אָמַר לוֹ הַמֶּלֶךְ: מַה הוּא זֶה שֶׁאַתָּה מַרְבֶּה בִשְׁתִיקָה? אָמַר לַמֶּלֶךְ: הַדִּבּוּר, מָצָאתִי נֶחֱלָק לְאַרְבָּעָה

'Why did you strike him?' He replied: 'My master, I taught with mine for mine, for I taught with speech on behalf of speech, but this one was going to teach with mine for his. That is why I struck him.' The other countered: 'But did not King Shelomo advocate thus? God did not say that one should sit in silence like a mute, but (*Mishlei* 10:19): "In an abundance of words offense will not be lacking, and he who spares his lips is wise" — that is, he who refrains from speaking against his friend.'" There were none greater than Aharon and Miriam, for the well arose and provided drink in the merit of Miriam, may peace be upon her, and the clouds of glory surrounded the Jews in the merit of Aharon, yet when they gave license to their mouths to speak against Moshe, they were immediately punished.

There are several causes for the Shechinah's departing from Israel (*Sifri*, *Teitzei* 23:10), chief among them bloodshed (*Shabbos* 33a), idolatry (*Mechilta*, *Yisro* 20:9), and slander (*Midrash Tehillim* 7:7).

Once Rabban Gamliel made a feast and gave his servant some tongues to cook. Some he cooked well and some he prepared hard. First he brought in the soft ones and then he served them the hard ones. He called his servant and asked him: "What prompted you to do this, some soft and some hard?" He answered: "To show you that everything comes from the tongue and that a man can make it soft or hard, as he wishes" (see *Vayikra Rabbah* 33:1).

It is told of a certain king who had many counselors, sages, and wise and understanding attendants, that once, seeing the wisest of them sitting still and silent, he asked him: "Why are you so silent?" Whereupon the other responded: "I have found speech to be divided into four

חֲלָקִים: הָאֶחָד — כֻּלּוֹ נֶזֶק, כְּגוֹן בְּנֵי אָדָם הָרְגִילִים לְקַלֵּל בְּנֵי אָדָם וּלְדַבֵּר דִּבְרֵי נְבָלָה; הַשֵּׁנִי — נֶזֶק מִצַּד אֶחָד וְתוֹעֶלֶת מִצַּד אֶחָד, כְּגוֹן שֶׁמְּשַׁבֵּחַ אֶחָד, לְקַבֵּל מִמֶּנּוּ תוֹעֶלֶת, וּבְאוֹתוֹ הַשֶּׁבַח שֶׁמְּשַׁבְּחוֹ הוּא מַכְעִיס אֶת שׂוֹנְאוֹ, וְיַזִּיק לוֹ לְאוֹתוֹ שֶׁמְּשַׁבְּחוֹ; הַשְּׁלִישִׁי — לֹא נֶזֶק וְלֹא תוֹעֶלֶת, כְּגוֹן דְּבָרִים שֶׁל הֶבֶל, אֵיךְ נִבְנֵית חוֹמָה פְּלוֹנִית וְכָךְ וְכָךְ הוֹצִיאוּ עָלֶיהָ, וְסִפּוּרֵי מְלָכִים וְשָׂרִים; הָרְבִיעִי — שֶׁכֻּלּוֹ תוֹעֶלֶת, כְּגוֹן הַתּוֹרָה וּדְבָרִים שֶׁחַיָּיו תְּלוּיִים בָּהֶם. אֲבָל יֵשׁ מֵחַכְמֵי הַתּוֹרָה הַמְחַלְּקִים אֶת הַדִּבּוּר עַל חֲמִשָּׁה חֲלָקִים: הָאֶחָד — מִצְוָה; הַשֵּׁנִי — נִזְהָר מִמֶּנּוּ; הַשְּׁלִישִׁי — נִמְאָס; הָרְבִיעִי — נֶאֱהָב; הַחֲמִישִׁי — מֻתָּר. מִצְוָה — הַיְנוּ לְדַבֵּר בְּדִבְרֵי תוֹרָה וְיִרְאַת שָׁמַיִם; נִזְהָר מִמֶּנּוּ — כְּגוֹן עֵדוּת שֶׁקֶר וְנִבְלוּת פֶּה וּרְכִילוּת; נִמְאָס — שֶׁאֵין בּוֹ לֹא עֲבֵרָה וְלֹא תוֹעֶלֶת, כְּרֹב סִפּוּרֵי הָעוֹלָם, כְּגוֹן לְדַבֵּר מִזֶּה שֶׁנַּעֲשָׂה כְּבָר וּמִמִּנְהַג מְלָכִים וְכַמָּה דְּבָרִים מֵעִנְיְנֵי הָעוֹלָם; נֶאֱהָב — הוּא הַדִּבּוּר הַמְשַׁבֵּחַ מַעֲשִׂים טוֹבִים וּמְגַנֶּה מַעֲשִׂים רָעִים, וּלְשַׁבֵּחַ מַעֲשֵׂי הַצַּדִּיקִים כְּדֵי שֶׁיֵּיטִיבוּ מִנְהֲגֵיהֶם בְּעֵינֵי בְּנֵי אָדָם וְיֵלְכוּ בְדַרְכֵיהֶם, וּלְגַנּוֹת הָרָעִים עַד שֶׁיִּתְגַּנּוּ וְיִמָּאֲסוּ בְּעֵינֵי בְּנֵי אָדָם וְיִמַּח זִכְרָם וְיִתְרַחֲקוּ מֵהֶם וְלֹא יִתְנַהֲגוּ בְּמִנְהָגָם; הַמֻּתָּר — הוּא הַדִּבּוּר שֶׁל סְחוֹרָה לְפַרְנָסָה וְעִנְיַן מַלְבּוּשָׁיו וְעִנְיַן אֲכִילָה וּשְׁתִיָּה וּשְׁאָר צְרָכָיו. וּמִי שֶׁמְּמַעֵט דְּבָרָיו אֲפִלּוּ בְּזֶה הָעִנְיָן, הֲרֵי זֶה מְשֻׁבָּח. לְפִי דִּבְרֵי חֲכָמִים — רֹב דִּבְרֵי הָעוֹלָם אֵין בּוֹ צֹרֶךְ, מִלְּבַד דְּבָרִים שֶׁיֵּשׁ אִסּוּר גָּדוֹל לְדַבֵּר בָּהֶם, כְּגוֹן לֵיצָנוּת וַחֲנִיפוּת וְשֶׁקֶר וּלְשׁוֹן הָרָע. וְעַל אֵלּוּ הָאַרְבָּעָה יֵשׁ לִכְתֹּב שַׁעַר לְכָל אֶחָד בִּפְנֵי עַצְמוֹ לְקַמָּן.

types: the first, all detrimental, such as men being accustomed to curse others and to speak indecently; the second, detrimental in a particular respect and beneficial in a certain respect, such as praising one to derive some benefit from him, and through that praise angering his enemy and causing harm to the one praised; the third, neither detrimental nor beneficial, such as idle talk — how a certain wall was built and how much was expended upon it, and tales of kings and princes; the fourth, all beneficial, such as talk involving Torah and things essential to life." But there are some Torah Sages who divide speech into five types: The first, a mitzvah; the second, to be shunned; the third, petty; the fourth, beloved; the fifth, permissible. A mitzvah — speaking of Torah and fear of Heaven; to be shunned — false testimony, indecent speech, and slander; petty — speech containing neither transgression nor benefit, as most of the world's talk, such as speaking of what has already been done and the customs of kings and other such things of the affairs of the world; beloved — speech in praise of good deeds and in deprecation of evil deeds, praising the deeds of the righteous to credit their customs in the eyes of others so that they emulate their ways, and condemning the evildoers so that they are demeaned and made despicable in the eyes of men and their memories blotted out, so that men remove themselves from them and not emulate their ways; permissible — speech of trade for one's livelihood, and of clothing, food, and drink, and one's other needs, but one who minimizes his speech even in this area is to be praised. According to the Sages, most of the world's talk is unnecessary, aside from those modes of speech which are explicitly forbidden, such as levity, flattery, falsehood, and slander — each of which will have a special Gate devoted to it.

364 שער השתיקה

בְּכַמָּה מְקוֹמוֹת טוֹבָה שְׁתִיקָה, כְּגוֹן אָדָם שֶׁפּוֹגַעַת בּוֹ מִדַּת הַדִּין, כְּמוֹ בְּאַהֲרֹן, דִּכְתִיב: "וַיִּדֹּם אַהֲרֹן" (ויקרא י, ג). וְאִם שָׁמַע בְּנֵי אָדָם שֶׁמְּחָרְפִים אוֹתוֹ, יִשְׁתֹּק; וְזֹאת הִיא מַעֲלָה גְדוֹלָה לִשְׁתֹּק לַמְחָרְפִים. וְגַם יַרְגִּיל אָדָם עַצְמוֹ לִשְׁתֹּק בְּבֵית הַכִּסֵּא, שֶׁזּוֹהִי צְנִיעוּת (ברכות סב ע"ב). וְזֶה צָרִיךְ זְרִיזוּת גְּדוֹלָה — לִשְׁתֹּק בְּבֵית הַכְּנֶסֶת, לְהִמָּנַע מִלְּדַבֵּר אֲפִלּוּ בְּדִבְרֵי תוֹרָה וְקַל וָחֹמֶר בִּשְׁאָר דְּבָרִים, וְהַכֹּל כְּדֵי שֶׁיּוּכַל לְכַוֵּן לִבּוֹ בִּתְפִלָּה. וְאִם הוּא יוֹשֵׁב בֵּין הַחֲכָמִים, יִשְׁתֹּק וְיִשְׁמַע דִּבְרֵיהֶם, כִּי כְּשֶׁהוּא שׁוֹתֵק, שׁוֹמֵעַ מַה שֶּׁלֹּא יָדַע, וּכְשֶׁהוּא מְדַבֵּר, אֵינוֹ מוֹסִיף יְדִיעָה; אַךְ אִם הוּא מְסֻפָּק בְּדִבְרֵי הַחֲכָמִים, יִשְׁאַל מֵהֶם, כִּי זֹאת הַשְּׁתִיקָה רָעָה הִיא מְאֹד. שְׁלֹמֹה הַמֶּלֶךְ, עָלָיו הַשָּׁלוֹם, אָמַר: "עֵת לַחֲשׁוֹת וְעֵת לְדַבֵּר" (קהלת ג, ז), פְּעָמִים שֶׁהַדִּבּוּר טוֹב וּפְעָמִים שֶׁהַשְּׁתִיקָה טוֹבָה. וְאָמַר הֶחָכָם: כְּשֶׁלֹּא תִמְצָא אָדָם שֶׁמְּלַמֶּדְךָ מוּסָר, הִדָּבֵק בִּשְׁתִיקָה, פֶּן תְּדַבֵּר שְׁטוּת. עֲבוּר שֶׁהַלָּשׁוֹן קַלָּה לְדַבֵּר, צָרִיךְ לְהִזָּהֵר מְאֹד לְהַכְבִּיד הַלָּשׁוֹן, לִשְׁמֹר אוֹתָהּ שֶׁלֹּא תְדַבֵּר. רֹב דְּבָרִים — כַּמַּשָּׂא הַכָּבֵד, וּכְבֵדוּת שֶׁל רֹב דְּבָרִים הוּא יוֹתֵר כָּבֵד מִכְּבֵדוּת שֶׁל רֹב שְׁתִיקָה. וְאִם שָׁמַע שֶׁחֲבֵרוֹ מְדַבֵּר, יִשְׁתֹּק עַד שֶׁיְּסַיֵּם דְּבָרָיו, כִּי "מֵשִׁיב דָּבָר בְּטֶרֶם יִשְׁמָע אִוֶּלֶת הִיא לוֹ וּכְלִמָּה" (משלי יח, יג).

מִי שֶׁהוּא רָגִיל בִּשְׁתִיקָה, נִצּוֹל מִכַּמָּה עֲבֵרוֹת: מֵחֲנִיפוּת וְלֵיצָנוּת, מִלָּשׁוֹן הָרָע, מִשְּׁקָרִים וּמֵחֵרוּפִים וְגִדּוּפִים; כִּי כְּשֶׁאָדָם מְחָרֵף וּמְגַדֵּף אוֹתוֹ, אִם יַעֲנֶה לוֹ, יוֹסִיף לְדַבֵּר לוֹ כִּפְלַיִם. וְכֵן אָמַר הֶחָכָם: אֲנִי שׁוֹמֵעַ דָּבָר הָרָע וַאֲנִי שׁוֹתֵק. אָמְרוּ לוֹ: וְלָמָּה? אָמַר לָהֶם: אִם אָשִׁיב

Silence is good in many situations, such as in that of one who has been visited with the attribute of justice, as in the case of Aharon, where it is written (*Vayikra* 10:3): "And Aharon was silent." And if one hears others insulting him, he should remain silent. Silence in the face of insult is a great virtue. One should also accustom himself to silence in the privy, which is modesty (cf. *Berachos* 62b). And it requires great zeal to remain silent in the synagogue, to refrain from speaking even in words of Torah; how much more so to refrain in other matters, and all so that he can concentrate his heart on prayer. And if one is sitting among the wise, he should be quiet and listen to their words. For when he is quiet, he hears what he did not know, and when he speaks, he does not grow in knowledge. But if he is in doubt as to what the Sages are saying, he should ask them, for remaining silent at such a time is very bad. King Shelomo, may peace be upon him, said (*Koheles* 3:7): "There is a time to be silent and a time to speak." Sometimes speech is good, and sometimes silence is good. And the Sage has said: "If you cannot find a man to teach you moral instruction, remain silent, lest you speak folly." Because the tongue is extremely light in speaking, one must take great care to "weigh down" the tongue to keep it from speaking. An abundance of words is like a heavy burden, and the heaviness of an abundance of words is greater than that of an abundance of silence. And if one hears his friend speaking, he should keep quiet until the other finishes, for (*Mishlei* 18:13): "If one answers before he has heard, it is folly to him and shame."

One who is accustomed to silence is saved from many transgressions: from flattery, from levity, from slander, from falsehood, and from insults. For if one shames and insults him, if he answers him, he will receive a double portion [in return]. And thus did the sage say: "I hear the bad thing and I keep quiet." They asked him, "Why?" He an-

וְאֶעֱנֶה לָהֶם לִמְחָרְפַי, אֲנִי יָרֵא שֶׁאֶשְׁמַע חֵרוּפִים אֲחֵרִים יוֹתֵר קָשִׁים מִן הָרִאשׁוֹנִים. וְאָמַר: כְּשֶׁהַכְּסִיל חוֹלֵק עִם הֶחָכָם וְהֶחָכָם שׁוֹתֵק, תְּשׁוּבָה גְדוֹלָה הִיא לַכְּסִיל, שֶׁהַכְּסִיל מִצְטַעֵר בִּשְׁתִיקַת הֶחָכָם יוֹתֵר מִשֶּׁאִם הָיָה מֵשִׁיב לוֹ, וְעַל זֶה נֶאֱמַר: "אַל תַּעַן כְּסִיל כְּאִוַּלְתּוֹ" (משלי כו, ד). וְעוֹד, אָדָם יָכוֹל לְגַלּוֹת לוֹ סוֹדוֹת, כֵּיוָן שֶׁאֵינוֹ רָגִיל בְּרֹב דְּבָרִים, לֹא יְגַלֶּה. וְעוֹד, אֵינוֹ רָגִיל בִּרְכִילוּת, וְעַל זֶה נֶאֱמַר: "מָוֶת וְחַיִּים בְּיַד לָשׁוֹן" (שם יח, כא), כִּי אָדָם עוֹשֶׂה בִלְשׁוֹנוֹ יוֹתֵר מִמַּה שֶׁעוֹשֶׂה בְחַרְבּוֹ; כִּי אָדָם עוֹמֵד כָּאן וּמוֹסֵר אֶת חֲבֵרוֹ הָרָחוֹק מִמֶּנּוּ לְמִיתָה, אֲבָל הַחֶרֶב אֵינֶנָּה מְמִיתָה אֶלָּא בְּסָמוּךְ (ערכין טו ע"ב). לְכָךְ נִבְרְאוּ לָאָדָם שְׁתֵּי עֵינַיִם וּשְׁתֵּי אָזְנַיִם וּשְׁנֵי נְחִירַיִם וּפֶה אֶחָד — לוֹמַר, שֶׁיְּמַעֵט בְּדִבּוּרוֹ. הַשְּׁתִיקָה יָפָה לַחֲכָמִים — קַל וָחֹמֶר לַטִּפְּשִׁים (פסחים צט ע"ב). סְיָג לַחָכְמָה — שְׁתִיקָה (אבות פ"ג מי"ג). סַמָּא דְכֹלָּא — מִשְׁתּוֹקָא (מגילה יח ע"א).

וּלְפְעָמִים שֶׁהַשְּׁתִיקָה רָעָה, כִּדְכְתִיב: "עֲנֵה כְסִיל כְּאִוַּלְתּוֹ פֶּן יִהְיֶה חָכָם בְּעֵינָיו" (משלי כו, ה) — בְּדִבְרֵי תוֹרָה: אִם רוֹאֶה שֶׁהַכְּסִילִים מְלַגְלְגִים עַל דִּבְרֵי חֲכָמִים, יַעֲנֶה לַהֲשִׁיבָם מִטָּעוּתָם, שֶׁלֹּא יִהְיוּ חֲכָמִים בְּעֵינֵיהֶם; אִם רוֹאֶה אָדָם עוֹבֵר עֲבֵרָה, יִמְחֶה בְּיָדוֹ וְיוֹכִיחֵהוּ, וּכְבָר אָמַר שְׁלֹמֹה: "מַעֲנֶה רַּךְ יָשִׁיב חֵמָה" (שם טו, א) "וְלָשׁוֹן רַכָּה תִּשְׁבָּר גָּרֶם" (שם כה, טו). לָכֵן יַרְגִּיל אָדָם לְעַצְמוֹ שֶׁיִּהְיוּ לוֹ דְבָרִים רַכִּים, וְלֹא יִהְיֶה רָגִיל בִּדְבָרִים קָשִׁים. וְהִזָּהֵר בִּלְשׁוֹנְךָ, שֶׁתִּשְׁמֹר אוֹתָהּ כְּאִישׁוֹן בַּת עַיִן, כִּי "פִּי כְסִיל מְחִתָּה לוֹ וּשְׂפָתָיו מוֹקֵשׁ נַפְשׁוֹ" (שם יח, ז), וּכְתִיב: "שֹׁמֵר פִּיו וּלְשׁוֹנוֹ שֹׁמֵר מִצָּרוֹת נַפְשׁוֹ" (שם כא, כג); וְנֶאֱמַר: "מִי יִתֵּן

swered: "If I answer my insulters, I am afraid I will hear insults worse than the first." And he said: "When the fool contends with the sage, and the sage keeps quiet, this is a great rejoinder against the fool." For the fool is more distressed by the silence of the sage than if the sage would answer him. And about this it is written (ibid. 26:4): "Do not answer the fool according to his folly." Furthermore, one may reveal secrets to him, since he is not much given to speech he will not reveal them. Also, he will not be prone to tale bearing. About this it is written (ibid. 18:21): "Death and life are in the power of the tongue." For one can do with his tongue more than he can do with his sword. For one can stand here and consign to death his friend who is at a distance from him, whereby the sword kills only at close quarters (*Arachin* 15b). That is why man was created with two eyes, two ears, two nostrils, yet only one mouth — to teach him to minimize speech. "Silence is becoming to the wise — how much more so to fools" (*Pesachim* 99b). "A fence to wisdom is silence" (*Avos* 3:13). "The universal panacea is silence" (*Megillah* 18a).

Sometimes silence is bad, as it is written (*Mishlei* 26:5): "Answer the fool according to his folly, lest he be wise in his eyes." In matters of Torah (*Shabbos* 30b), if he sees fools mocking the words of Sages, he should answer them to disabuse them of their error so that they not be wise in their eyes. If he sees a man transgressing, he should protest and reprove him. King Shelomo has already said (ibid. 15:1): "A soft answer turns away wrath," and (ibid. 25:15): "And a soft tongue breaks the bone." Therefore, one should accustom himself to soft words and not to hard speech. And take care to heed your tongue as the apple of your eye, for, "The mouth of a fool is his ruination and his lips are the snare of his soul" (ibid. 18:7). And it is written (ibid. 21:23): "He who heeds his mouth and his tongue heeds his soul from affliction" and (*Iyov* 13:5): "Would that

הַחֲרֵשׁ תַּחֲרִישׁוּן וּתְהִי לָכֶם לְחָכְמָה" (איוב יג, ה). וְאִם תֵּשֵׁב בַּחֲבוּרָה, טוֹב שֶׁיֹּאמְרוּ לְךָ: דַּבֵּר! מָה אַתָּה שׁוֹתֵק כָּל כָּךְ? — מִמַּה שֶּׁתִּהְיֶה מְדַבֵּר וְיִהְיוּ דְבָרֶיךָ לָהֶם לְמַשָּׂא, וְיֹאמְרוּ לְךָ: שְׁתֹק!

וְיִזָּהֵר שֶׁלֹּא לְבַיֵּשׁ אָדָם אוֹ לְצַעֲרוֹ בִּדְבָרִים. אִם יוֹשֵׁב אֵצֶל אָדָם שֶׁיֵּשׁ לוֹ מוּם בְּגוּפוֹ שֶׁהוּא מִתְבַּיֵּשׁ בּוֹ, אוֹ שֶׁיֵּשׁ מוּם בְּבָנָיו אוֹ בְּאִשְׁתּוֹ שֶׁהוּא מִתְבַּיֵּשׁ בּוֹ, אוֹ שֶׁיֵּשׁ פְּגַם בְּמִשְׁפַּחְתּוֹ, יִזָּהֵר שֶׁלֹּא יְדַבֵּר עַל אוֹתוֹ מוּם אוֹ בְּאוֹתוֹ פְּגָם, אֲפִלּוּ אִם אֵינוֹ מְדַבֵּר עָלָיו אֶלָּא מְדַבֵּר בְּאִישׁ אַחֵר שֶׁיֵּשׁ בּוֹ כָּזֶה, כִּי הוּא סָבוּר לְעוֹלָם שֶׁמְּדַבֵּר עָלָיו וְיִתְבַּיֵּשׁ. אִם אָדָם עָשָׂה דָּבָר שֶׁל גְּנַאי וְחָזַר בּוֹ וְעָשָׂה תְשׁוּבָה, גַּם יִזָּהֵר שֶׁלֹּא יְדַבֵּר בְּאוֹתוֹ מַעֲשֶׂה לְפָנָיו, וְלֹא יֹאמַר לוֹ אֲפִלּוּ דֶּרֶךְ שְׂחֹק: הֵיאַךְ עָשִׂיתָ כָּךְ וְלָמָּה לֹא נִזְהַרְתָּ מִמֶּנּוּ? כִּי הָיָה לְךָ לַעֲשׂוֹת בְּעִנְיָן אַחֵר! אוֹ אִם אָדָם אוֹמֵר לְךָ דָּבָר שֶׁיָּדַעְתָּ כְּבָר, שְׁתֹק עַד שֶׁיִּגְמֹר הַדָּבָר, כִּי אוּלַי יְחַדֵּשׁ לְךָ בּוֹ דָּבָר שֶׁלֹּא יָדַעְתָּ מִתְּחִלָּה; גַּם יֵשׁ לוֹ הֲנָאָה שֶׁיֹּאמַר לְךָ הַדָּבָר; וַאֲפִלּוּ אִם יוֹדֵעַ אַתָּה שֶׁלֹּא יְחַדֵּשׁ לְךָ, שְׁתֹק עַד שֶׁיִּגְמֹר. שְׁנַיִם שֶׁהָיוּ לָהֶם מְרִיבָה זֶה עִם זֶה וְאַחַר כָּךְ נִתְפַּיְּסוּ יַחַד, אֵין לְשׁוּם אֶחָד מֵהֶם לוֹמַר: אַתָּה עָשִׂיתָ לִי כָּךְ וָכָךְ, וְלָכֵן עָשִׂיתִי לְךָ כָּךְ וָכָךְ! וַאֲפִלּוּ אֵין דַּעְתּוֹ לַחֲזוֹר לְמַחֲלָקְתּוֹ; כִּי מִתּוֹךְ כָּךְ שֶׁיֹּאמַר לוֹ: אַתָּה עָשִׂיתָ לִי כָּךְ! אָז יָשִׁיב לוֹ חֲבֵרוֹ: אַדְּרַבָּא! כָּל הַפְּשִׁיעָה הָיְתָה שֶׁלְּךָ! וּמִתּוֹךְ כָּךְ יְעוֹרְרוּ הַמְּרִיבָה פַּעַם אַחֶרֶת; וַאֲפִלּוּ אִם לֹא תִתְעוֹרֵר הַמְּרִיבָה, יִתְבַּיֵּשׁ אוֹתוֹ שֶׁפָּשַׁע.

יֵשׁ יוֹשֵׁב לִפְנֵי חָכָם וְשׁוֹתֵק וְיֵשׁ לוֹ שָׂכָר, כְּגוֹן שֶׁיִּכַּוֵּן לִשְׁמֹעַ, וְיֵשׁ שׁוֹתֵק וְיֵשׁ לוֹ עֲבֵרָה, כְּגוֹן

you remained silent, and it would be reckoned wisdom unto you." And if you find yourself in company, it is better that you be told: "Speak, why are you so still?" rather than that you speak and your words be burdensome to them and they tell you: "Be quiet."

And one must take care not to shame anyone or to distress him with words. If he is sitting near one who has some bodily blemish of which he is ashamed, or if there is a blemish in his children or his wife of which he is ashamed, or a defect in his family, one must take care not to speak of that blemish or of that defect, even if he is not speaking about him but about another who is similarly affected, for the first will always think that he is being spoken of and he will be ashamed. If one has done an unseemly thing and repented of it, care must be taken not to speak of that thing before him, and he should not be told, even in jest: "How could you have done such a thing and not guarded yourself against it? You should have done something else." Or if someone tells you something that you already know, be quiet until he finishes, for he may tell you something new that you have never heard before. He also derives enjoyment from telling you something; and even if you know that he will tell you nothing new, be quiet until he finishes. If two men had a dispute and were afterwards reconciled, neither of them should tell the other: "You did this and this to me, and that is why I did this and this to you" — even if it is not his intention to reawaken their dispute. For if he tells him: "You did this to me," the other will counter: "To the contrary, the entire fault was yours," and as a result, the dispute will be reawakened. And even if it is not, he who was at fault will be embarrassed.

One may sit before a sage and be silent and gain reward for it — as when his intention is to listen; and one may be silent and transgress — as when he thinks: Why should I

370 שער השתיקה

שֶׁיַּחְשֹׁב: מָה אֲדַבֵּר לְפָנָיו, כֵּיוָן שֶׁאֵינוֹ יוֹדֵעַ לְהָשִׁיב לִי כָּרָאוּי? הֲלֹא אֵינוֹ יוֹדֵעַ כְּנֶגְדִּי כְּלוּם! וְיִזָּהֵר מְאֹד בְּמָה שֶׁאָמְרוּ רַבּוֹתֵינוּ, זִכְרוֹנָם לִבְרָכָה: שִׁבְעָה דְבָרִים בְּגֹלֶם וְשִׁבְעָה בְחָכָם: חָכָם אֵינוֹ מְדַבֵּר בִּפְנֵי מִי שֶׁהוּא גָדוֹל מִמֶּנּוּ בְּחָכְמָה וּבְמִנְיָן, וְאֵינוֹ נִכְנָס לְתוֹךְ דִּבְרֵי חֲבֵרוֹ, וְאֵינוֹ נִבְהָל לְהָשִׁיב, שׁוֹאֵל כָּעִנְיָן וּמֵשִׁיב כַּהֲלָכָה, וְאוֹמֵר עַל רִאשׁוֹן רִאשׁוֹן וְעַל אַחֲרוֹן אַחֲרוֹן, וְעַל מַה שֶּׁלֹּא שָׁמַע אוֹמֵר "לֹא שָׁמַעְתִּי", וּמוֹדֶה עַל הָאֱמֶת — וְחִלּוּפֵיהֶם בְּגֹלֶם (אבות פ"ה מ"ז).

אָמַר הֶחָכָם: מִי שֶׁמְּדַבֵּר בְּחָכְמָה וּבְהַשְׂכֵּל — כְּמֶלַח בְּתַבְשִׁיל; וְיֵשׁ חֵן לְדִבְרֵי הַנְּבוֹנִים, כְּנֹפֶךְ בְּמִשְׁבְּצוֹת זָהָב. "וְחָכְמַת הַמִּסְכֵּן בְּזוּיָה וּדְבָרָיו אֵינָם נִשְׁמָעִים" (קהלת ט, טז). וְנַפְקָא מִנַּהּ — אִם יִרְאֶה אָדָם שֶׁאֵין דְּבָרָיו נִשְׁמָעִים, יֵלֵךְ אֵצֶל אָדָם שֶׁדְּבָרָיו נִשְׁמָעִים, וְיָשִׂים דְּבָרָיו בְּפִיו כְּדֵי לְהַשְׁמִיעָם, אֲבָל הוּא, יִשְׁתֹּק.

כְּלָלוֹ שֶׁל דָּבָר: כְּמוֹ שֶׁאָדָם עוֹשֶׂה דֶּלֶת לְפִתְחוֹ, וְיֵשׁ לוֹ עֵת לִפְתֹּחַ וְעֵת לִסְגֹּר — כָּךְ יִסְגֹּר דַּלְתֵי פִּיו, כִּי יֵשׁ שְׁתֵּי דְלָתוֹת: הַשְּׂפָתַיִם וְהַשִּׁנַּיִם. וְהִזָּהֵר מְאֹד לְפֶתַח פִּיךָ, וּשְׁמֹר לְשׁוֹנְךָ כְּמוֹ שֶׁתִּשְׁמֹר כֶּסֶף וְזָהָב וּמַרְגָּלִיּוֹת, בְּחַדְרְךָ וּבְתוֹךְ הַתֵּבָה וְתַעֲשֶׂה מִסְגֶּרֶת לְמִסְגַּרְתּוֹ, כָּךְ תַּעֲשֶׂה לְפִיךָ. רְאֵה, אֵיךְ הָיוּ הָרִאשׁוֹנִים נִזְהָרִים מִשִּׂיחָה בְטֵלָה, שֶׁהָיוּ מִשְׁתַּבְּחִים שֶׁלֹּא הָיוּ מְשִׂיחִים שִׂיחָה בְטֵלָה כָּל יְמֵיהֶם (סוכה כח ע"א). וּבָזֶה הָעִנְיָן תַּקָּנָה גְדוֹלָה לְהִתְפַּלֵּל בְּכַוָּנָה, כִּי רֹב בִּטּוּל הַכַּוָּנָה בַּתְּפִלָּה בָּא מִדְּבָרִים בְּטֵלִים הַקְּבוּעִים בְּלִבּוֹ. גַּם הַשְּׁתִיקָה הִיא גֶדֶר גָּדוֹל לְיִרְאַת שָׁמַיִם, כִּי אִי אֶפְשָׁר לִהְיוֹת יִרְאַת שָׁמַיִם בְּלֵב הַמַּרְבֶּה דְבָרִים.

speak before him if he cannot even answer me properly. He knows nothing compared to me! And, in this regard, one must be extremely heedful of what our Sages have said (*Avos* 5:7): "There are seven signs of a fool, and seven of a wise man. The wise man does not speak in the presence of those greater than he in wisdom or in number; he does not interrupt his neighbor's speech; he does not rush to answer; he asks to the point, and answers correctly; he speaks of the first point first, and of the last, last; if he has not heard of something, he says: 'I have not heard of it'; and he admits the truth. The reverse is the case with the fool."

The Sage has said: "Speaking with wisdom and understanding is like adding salt to the dish." There is grace to the words of these who understand, as a ruby in a setting of gold. "The poor man's wisdom is despised, and his words are not heard" (*Koheles* 9:16). So that if one sees that his words are not heeded, let him go to one whose words *are* heeded and place his words in his mouth so that they will be heeded. But let him remain silent thereafter.

In sum, just as when one makes a door for his house, he has a time to open it and a time to keep it closed, so should one keep closed the doors of his mouth, for he has two doors, his lips and his teeth. And take great care in opening your mouth and in guarding your tongue. Just as you would guard silver, gold, and pearls in your room, within a case, making one enclosure around another, do the same with your mouth. See how the early Sages guarded themselves from idle talk, priding themselves in not having spoken idle talk all of their days (*Sukkah* 28a). And this is also a great aid toward praying with concentration, for most lapses of concentration in prayer come from idle matters implanted in one's heart. Silence is also a great fence for the fear of Heaven, for fear of Heaven cannot exist in the heart that generates idle talk.

עַתָּה, יֵשׁ לְפָרֵשׁ לְךָ אַרְבָּעָה שְׁעָרִים עַל אַרְבַּע כִּתּוֹת שֶׁאֵינָם מְקַבְּלִים פְּנֵי הַשְּׁכִינָה: כַּת לֵצִים — דִּכְתִיב: "מָשַׁךְ יָדוֹ אֶת לֹצְצִים" (הושע ז, ה); כַּת שַׁקְרָנִים — דִּכְתִיב: "דֹּבֵר שְׁקָרִים לֹא יִכּוֹן לְנֶגֶד עֵינָי" (תהלים קא, ז); כַּת חֲנֵפִים — דִּכְתִיב: "כִּי לֹא לְפָנָיו חָנֵף יָבוֹא" (איוב יג, טז); כַּת מְסַפְּרֵי לָשׁוֹן הָרַע — דִּכְתִיב: "כִּי לֹא אֵל חָפֵץ רֶשַׁע אָתָּה לֹא יְגֻרְךָ רָע" (תהלים ה, ה), צַדִּיק אַתָּה, הַשֵּׁם, לֹא יָגוּר בִּמְגוּרְךָ רָע (סוטה מב ע"א). וְעַתָּה יֵשׁ לְהַשְׂכִּילְךָ עִסְקֵיהֶם וּלְחַלֵּק חֶלְקֵיהֶם, כִּי בְּעֵרֶךְ הַחֲלָקִים יֵשׁ תּוֹעֶלֶת הַרְבֵּה לְהָבִין הָעִנְיָן עַל בֻּרְיוֹ.

הַלֵּיצָנוּת נֶחְלֶקֶת לַחֲמִשָּׁה חֲלָקִים:

הָאֶחָד — אִישׁ הַלָּשׁוֹן הַנּוֹתֵן דֹּפִי בִּבְנֵי אָדָם, כְּמוֹ שֶׁנֶּאֱמַר: "תֵּשֵׁב בְּאָחִיךָ תְדַבֵּר בְּבֶן אִמְּךָ תִּתֶּן דֹּפִי" (תהלים נ, כ), וּמִי שֶׁעוֹשֶׂה כֵּן נִקְרָא לֵץ, דִּכְתִיב: "זֵד יָהִיר לֵץ שְׁמוֹ עוֹשֶׂה בְּעֶבְרַת זָדוֹן" (משלי כא, כד); פֵּרוּשׁ הַפָּסוּק כָּךְ הוּא: "זֵד יָהִיר לֵץ" — הַלֵּצָן יֵשׁ בּוֹ שְׁתֵּי מִדּוֹת רָעוֹת: הָאַחַת — שֶׁהוּא זֵד וְעוֹשֶׂה הָעֲבֵרָה בְּזָדוֹן, שֶׁהוּא מֵזִיד עַל חֲבֵרוֹ, בְּדָבָר שֶׁאֵין לוֹ בּוֹ רֶוַח עוֹשֶׂה נֶזֶק וְהֶפְסֵד גָּדוֹל לַחֲבֵרוֹ. כִּי כְּשֶׁהוּא נוֹתֵן דֹּפִי וּמַבְאִישׁ רֵיחוֹ בְּעֵינֵי בְנֵי אָדָם וּמַשְׂנִיאוֹ, זוֹהִי תַּכְלִית הַזָּדוֹן יוֹתֵר מִן הַגּוֹזֵל וְגוֹנֵב; כִּי כְּשֶׁהוּא גוֹנֵב אוֹ גוֹזֵל אֵין זְדוֹן הַלֵּב, כִּי אִם לַהֲנָאָתוֹ הוּא מְכַוֵּן כְּדֵי לְהַרְבּוֹת לוֹ הוֹן, אֲבָל הַנּוֹתֵן דֹּפִי בִּבְנֵי אָדָם אֵין לוֹ רֶוַח, וְהוּא גְרִיעוּת הַלֵּב. וְגַם הַלֵּץ הוּא יָהִיר, בַּעַל גַּאֲוָה, וּלְכָךְ הוּא נוֹתֵן דֹּפִי בִּבְנֵי אָדָם. אֲבָל הַשָּׁפָל, הוּא מַכִּיר מוּמֵי עַצְמוֹ, וּמִתּוֹךְ כָּךְ לֹא יִתְלוֹצֵץ בִּבְנֵי אָדָם לִתֵּן

There must now be explained to you four Gates concerning four types who do not receive the Divine presence (*Sotah* 42a): The class of the mockers, as it is written (*Hoshea* 7:5): "He stretches away His hand from mockers"; the class of liars, as it is written (*Tehillim* 101:7): "The speaker of lies will not be established before my eyes"; the class of flatterers, as it is written (*Iyov* 13:16): "For not before Him will the flatterer come"; and the class of slanderers, as it is written (*Tehillim* 5:5): "For You are not a god who desires wickedness; evil will not abide with You." You are righteous, O Hashem; evil will not dwell in Your abode. And now they will be explained and categorized, for such categorization is of great benefit towards a clear understanding of the subject.

There are five categories of mockers: (1) The man of the tongue, who imputes imperfections to others, as it is written (*Tehillim* 50:20): "You sit and speak against your brother; you ascribe imperfection to your mother's son." And one who does so is called a mocker, as it is written (*Mishlei* 21:24): "The willful and the proud, his name is 'mocker.' He acts in the heat of malice." That is, the mocker possesses two evil traits: the first, that he is willful and transgresses out of malice, contriving against his friend when he stands to gain nothing, causing his friend great damage and loss. For when he derogates him and lowers him in the eyes of others and causes him to be hated, this is the height of malice, more so than robbing or stealing. For when one steals or robs, he does so not out of malice, but for his own gain, to multiply wealth. But one who derogates others gains nothing and it is crookedness of heart. Also, the mocker is proud, vain — and it is for this reason that he ascribes imperfections to others. But the humble man recognizes his own imperfections, and therefore does not mock others, ascribing imperfections to them

בָּהֶם דֹּפִי, כְּדַרְכֵי הַלֵּצָנִים הַיּוֹשְׁבִים וְאוֹמְרִים: פְּלוֹנִי עָשָׂה כָּךְ וָכָךְ, וּמִתְלוֹצְצִים בּוֹ.

הַשֵּׁנִי — שֶׁלּוֹעֵג עַל בְּנֵי אָדָם עֲבוּר שֶׁהוּא בָּז לָהֶם מֵחֲמַת שֶׁלֹּא הִצְלִיחוּ גַּם הֵם כָּמוֹהוּ בַּמָּמוֹן וּבַכָּבוֹד, וְלוֹעֵג בָּעֲנִיִּים — לֹא שֶׁיִּתֵּן בָּהֶם מוּם, אֶלָּא הֵם נִבְזִים בְּעֵינָיו. וְזֶה הָעִנְיָן בָּא מֵחֲמַת הַגַּאֲוָה, אוֹ לִפְעָמִים בָּא מֵחֲמַת שַׁלְוָה וְרֹב תַּעֲנוּג, כְּמוֹ שֶׁנֶּאֱמַר: "רַבַּת שָׂבְעָה לָּהּ נַפְשֵׁנוּ הַלַּעַג הַשַּׁאֲנַנִּים הַבּוּז לִגְאֵי יוֹנִים" (תהלים קכג, ד), וְזוֹהִי רְאָיָה שֶׁאוֹתָם שַׁאֲנַנִּים הֵם לוֹעֲגִים לְיִשְׂרָאֵל, וּפְעָמִים בְּרֹב שַׁלְוָתָם יַלְעִיגוּ בַּצַּדִּיקִים וּבַנְּבִיאִים, כְּמוֹ שֶׁנֶּאֱמַר: "כֻּלֹּה לֹעֵג לִי" (ירמיה כ, ז); וְנֶאֱמַר: "לֹעֵג לָרָשׁ חֵרֵף עֹשֵׂהוּ" (משלי יז, ה); פֵּרוּשׁ: מִי שֶׁלּוֹעֵג לָרָשׁ עֲבוּר שֶׁהוּא רָשׁ, וְנִרְאֶה בְּעֵינָיו הֱיוֹתוֹ רָשׁ הוּא מֵחֲמַת חֶסְרוֹן חָכְמָתוֹ, וֶהֱיוֹתוֹ עָשִׁיר הוּא מֵחֲמַת חָכְמָתוֹ, כְּמוֹ שֶׁנֶּאֱמַר: "כֹּחִי וְעֹצֶם יָדִי עָשָׂה לִי אֶת הַחַיִל הַזֶּה" (דברים ח, יז), זֶה הָאִישׁ הַלּוֹעֵג הוּא מְחָרֵף הַבּוֹרֵא יִתְבָּרֵךְ, כִּי הַכֹּל מֵאֵת הַשֵּׁם יִתְבָּרֵךְ, כִּדְכְתִיב: "עָשִׁיר וָרָשׁ נִפְגָּשׁוּ עֹשֵׂה כֻלָּם יְיָ" (משלי כב, ב). הֲרֵי הוּא עוֹשֶׂה לֵיצָנוּת עַל מַעֲשֵׂה הַשֵּׁם יִתְבָּרֵךְ.

הַשְּׁלִישִׁי — יֵשׁ לוֹעֵג לִדְבָרִים וְלִפְעֻלּוֹת, וְאֵין דַּעְתּוֹ לְהַבְזוֹת בַּעֲלֵיהֶם, אַךְ מַרְחִיק הַדְּבָרִים שֶׁאֵין לְהַרְחִיק, וּמַרְחִיק פְּעֻלּוֹת שֶׁיֵּשׁ תִּקְוָה וְאַחֲרִית לִפְעֻלָּתָן. וְהַלֵּץ הַזֶּה הוּא חָכָם בְּעֵינָיו, וְכָל מַעֲשֶׂה שֶׁהוּא לֹא הִתְחִיל, נִרְאֶה לוֹ שְׁטוּת וְלוֹעֵג עָלָיו. וּפְעָמִים תְּבִיאֵהוּ הַמִּדָּה הַזֹּאת לִידֵי מִינוּת, לְהַלְעִיג עַל הַמִּצְווֹת, דִּכְתִיב: "זֵדִים הֱלִיצֻנִי עַד מְאֹד מִתּוֹרָתְךָ לֹא נָטִיתִי" (תהלים קיט, נא); וְזֶה הַלּוֹעֵג אֵינוֹ מְקַבֵּל תּוֹכָחָה, שֶׁנֶּאֱמַר: "אַל תּוֹכַח לֵץ פֶּן יִשְׂנָאֶךָּ"

as the mockers do, who sit and say: "So and so did such and such," mocking him for it.

(2) One who mocks others because he despises them for not having succeeded as he did in the acquisition of wealth and honor. And he despises the poor, not in that he imputes any imperfection to them, but in that they are despicable in his eyes. And this stems from pride, or sometimes from tranquillity and an abundance of pleasure, as it is written (*Tehillim* 123:4): "Our souls are full sated with the mockery of those who are at ease with the contempt of the proud oppressors," indicating that the tranquil ones are mockers of Israel. And sometimes in the abundance of their tranquillity they mock the righteous and the prophets, as it is written (*Yirmeyahu* 20:7): "They all mock me." And it is written (*Mishlei* 17:5): "He who mocks the poor man blasphemes his Maker." That is, he who mocks the poor man because he is poor, considering him poor because of his lack of wisdom, and himself rich as a result of his wisdom, as it is written (*Devarim* 8:17): "My power and the might of my hand have gained me this wealth" — such a mocker blasphemes the Blessed One, for all is the work of the Blessed One, as it is written (*Mishlei* 22:2): "The rich and the poor have met — Hashem has made them all." He is, therefore, mocking the handiwork of Hashem.

(3) One who mocks things and activities, without intending to shame those associated with them, but rejects things which should not be rejected and rejects activities that are potentially fruitful. This mocker is wise in his own eyes to the extent that every deed that he did not originate seems foolish to him, and he mocks it. Sometimes this trait can lead him to heresy, to mocking mitzvos, as it is written (*Tehillim* 119:51): "The willful ones have mocked me exceedingly, yet I have not turned away from Your Torah." This type of mocker does not accept chastisement, as it is written (*Mishlei* 9:8): "Do not reprove the mocker, lest he

(משלי ט, ח); וְנֶאֱמַר: "יֹסֵר לֵץ לֹקֵחַ לוֹ קָלוֹן" (שם שם, ז). וַעֲבוּר שֶׁהוּא חָכָם בְּעֵינָיו, מִתְלוֹצֵץ בִּפְעֻלַּת אָדָם אַחֵר, וְהִיא הַמִּדָּה שֶׁאֵין לָהּ תִּקְוָה, שֶׁנֶּאֱמַר: "רָאִיתָ אִישׁ חָכָם בְּעֵינָיו תִּקְוָה לִכְסִיל מִמֶּנּוּ" (שם כו, יב).

הָרְבִיעִי — הַקּוֹבֵעַ עַצְמוֹ תָּמִיד לְשִׂיחָה בְטֵלָה וְלִדְבָרִים בְּטֵלִים, כְּמוֹ יוֹשְׁבֵי קְרָנוֹת, וְהֵם מְחַפְּשִׂים בְּכָל יְכָלְתָּם לִמְצֹא לֵיצָנוּת, כִּי אֵין לָהֶם מְלָאכָה אַחֶרֶת כִּי אִם שֶׁיּוֹשְׁבִים וְלוֹעֲגִים בִּבְנֵי אָדָם וּמִתְלוֹצְצִים בְּמַעֲשֵׂיהֶם. וּשְׁתֵּי רָעוֹת יֵשׁ בַּדָּבָר: הָאַחַת — שֶׁכָּל הַמַּרְבֶּה דְבָרִים מֵבִיא חֵטְא (אבות פ"א מי"ז); הַשְּׁנִיָּה — שֶׁמְּבַטֵּל מִדִּבְרֵי תוֹרָה. וְיֵשׁ בַּדָּבָר הַזֶּה דַּרְכֵי מָוֶת, כִּי לֹא שָׂם אֶל לִבּוֹ כִּי בָעֵת הַזֹּאת שֶׁהוּא יוֹשֵׁב וּמִתְלוֹצֵץ הָיָה יָכוֹל לִלְמֹד אוֹ לַעֲשׂוֹת מִצְוָה, לִקְנוֹת חַיֵּי הָעוֹלָם הַבָּא.

הַחֲמִישִׁי — הַמִּתְלוֹצֵץ עַל מַעֲשֶׂה וְעַל דְּבָרִים, לֹא מֵחֲמַת שֶׁהוּא בָז לְאוֹתוֹ מַעֲשֶׂה שֶׁהוּא מִתְלוֹצֵץ, אֶלָּא הוּא לוֹעֵג כְּדֶרֶךְ הַשְּׂמֵחִים וּכְדֶרֶךְ שְׂחֹק, וּפְעָמִים שֶׁגּוֹרֵם לָזֶה מִשְׁתֵּה הַיַּיִן, שֶׁנֶּאֱמַר: "לֵץ הַיַּיִן הֹמֶה שֵׁכָר" (משלי כ, א).

וְדַע, כִּי לֹא יִהְיֶה מִנְהַג לֵיצָנוּת קָבוּעַ בָּאָדָם, עַד שֶׁהוּא פּוֹרֵק עֹל שָׁמַיִם מֵעָלָיו. עַל כֵּן יְקַבֵּל עָלָיו עֹנֶשׁ לָבוֹא עָלָיו יִסּוּרִים, מִדָּה כְּנֶגֶד מִדָּה, שֶׁנֶּאֱמַר: "וְעַתָּה אַל תִּתְלוֹצָצוּ פֶּן יֶחְזְקוּ מוֹסְרֵיכֶם" (ישעיה כח, כב). וְהַחֲכָמִים הָיוּ מַזְהִירִים לְתַלְמִידֵיהֶם שֶׁלֹּא לְהִתְלוֹצֵץ, וַאֲפִלּוּ דֶּרֶךְ מִקְרֶה וַעֲרַאי (עבודה זרה יח ע"ב); וְעַל זֶה הֻצְרְכוּ לְהַזְהִיר תַּלְמִידֵיהֶם, כִּי רַבִּים נִכְשָׁלִים בְּלֵיצָנוּת עַל דֶּרֶךְ מִקְרֶה.

hate you," and (ibid. :7): "He who reproves the mocker takes shame for himself." Because he is wise in his own eyes, he mocks the deeds of another. This is the trait which has no remedy, as it is written (ibid. 26:12): "Have you seen a man wise in his own eyes? There is more hope for the fool than for him."

(4) One who gears himself always for idle talk and vain matters, such as the corner dwellers, who exert themselves to the utmost to find subjects for mockery, not having any other occupation aside from that of sitting and mocking people and poking fun at their deeds. There are two evils in this: the first, all who multiply words bring about sin (*Avos* 1:17); the second, neglect of Torah study. And imminent in this are the paths of death, for he does not consider that during the time he sat and mocked, he could have learned or performed a mitzvah to acquire life in the World-to-Come.

(5) One who mocks a deed or thing, not because he scorns the thing that he mocks, but mocking in the manner of the jesters in a spirit of frivolity, sometimes being brought to do so by drinking, as it is written (*Mishlei* 20:1): "Wine is a mocker; strong drink is riotous."

Know that the habit of mockery does not become entrenched in a man until he removes from himself the yoke of Heaven. Therefore, he must accept upon himself the punishment of afflictions, measure for measure, as it is written (*Yeshayahu* 28:22): "And now, do not mock, lest your bands be tightened." And the Sages would warn their students not to engage in mockery, even accidentally or on occasion (*Avodah Zarah* 18b). They had to exhort their students in this regard, for many stumble into mockery by chance.

הַמִּתְלוֹצֵץ עַל עוֹשֵׂי מִצְווֹת, זֶה הַדָּבָר נוֹטֶה לְמִינוּת, שֶׁאֵינוֹ מַאֲמִין בַּמִּצְווֹת, וַהֲרֵי זֶה כְּמִי שֶׁמִּתְלוֹצֵץ עַל מִצְוַת הַמֶּלֶךְ — כְּלוּם חַיִּים יֵשׁ לוֹ?! וְעוֹד, זֶה הַמִּתְלוֹצֵץ מַחֲטִיא אֶת הָרַבִּים, כִּי אוֹתוֹ הָעוֹשֶׂה הַמִּצְוָה יְהֵא נִרְפֶּה מִן הַמִּצְוָה, וְגַם אֲחֵרִים לֹא יַעֲשׂוּ הַמִּצְווֹת, כִּי הֵם יְרֵאִים מִן הַלֵּיצָנוּת. אֲבָל בְּעוֹבְדֵי עֲבוֹדָה זָרָה יָכוֹל לְהִתְלוֹצֵץ (סנהדרין סג ע״ב). וְיָכוֹל לְהִתְלוֹצֵץ בְּעוֹשֵׂי עֲבֵרוֹת כְּדֵי לְמָנְעָם מִן הָעֲבֵרָה, וְגַם אֲחֵרִים לֹא יַעֲשׂוּ עֲבֵרוֹת כְּשֶׁמִּתְלוֹצְצִים עֲלֵיהֶם, וּמִזֶּה יִזְכּוּ לְגַן עֵדֶן.

Mocking the doers of mitzvos borders upon heresy, not believing in mitzvos. It is comparable to mocking the king's commandment — can one live if he does so? Furthermore, such a mocker causes others to sin, for the doer of the mitzvah will thereby be weakened in it, and others will refrain from doing mitzvos for fear of mockery. But mockery of idolators is permitted (*Sanhedrin* 63b), as is mockery of transgressors for the purpose of removing them from transgression, and, by exposing them to mockery, of deterring others from transgressing. And they will thereby merit Gan Eden.

שַׁעַר עֶשְׂרִים וּשְׁנַיִם

שַׁעַר הַשֶּׁקֶר

הַשֶּׁקֶר — דַּע, כִּי כַּאֲשֶׁר יִשְׁקֹל הָאָדָם כֶּסֶף וְזָהָב בַּמֹּאזְנַיִם וּמַבְחִין בֵּין קַל לְכָבֵד, כָּךְ יִשְׁקֹל הָאָדָם הֶחָכָם בַּמֹּאזְנַיִם, לְהָבִין הַשֶּׁקֶר וְהָאֱמֶת. וְיֵשׁ חִלּוּק בֵּין שֶׁקֶר לְשֶׁקֶר; כֵּיצַד? הָאוֹמֵר עַל הָעֵץ שֶׁהוּא זָהָב — אוֹתוֹ שֶׁקֶר יָדוּעַ הוּא; הָאוֹמֵר עַל נְחֹשֶׁת קָלָל שֶׁהוּא זָהָב — אוֹתוֹ שֶׁקֶר צָרִיךְ הַבְחָנָה, כִּי יֵשׁ לִשְׁנֵיהֶם דְּמוּת אַחַת, וְיֵשׁ זַיְּפָנִים הָעוֹשִׂים דְּמוּת הַנְּחֹשֶׁת כִּדְמוּת הַזָּהָב, וְאָז אֲפִלּוּ הַבְּקִיאִים אֵינָם יְכוֹלִים לְהַבְחִין כִּי אִם בְּקֹשִׁי גָּדוֹל. כָּךְ עִנְיַן הַמַּחֲשָׁבָה: יֵשׁ מְפַלְפֵּל, וְעוֹשֶׂה סְבָרוֹת לְקַיֵּם הַשֶּׁקֶר עַד שֶׁנִּרְאֶה שֶׁהוּא אֱמֶת. אֲבָל הֶחָכָם, מֵבִין כָּל אֶחָד לְהַבְדִּיל בֵּין הַשֶּׁקֶר וּבֵין הָאֱמֶת. וְזֶה דָּבָר יָדוּעַ לַכֹּל, שֶׁהַשֶּׁקֶר וְהָאֱמֶת צְפוּפִים בְּלֵב הָאָדָם. יֵשׁ אָדָם מְזַיֵּף, אֲפִלּוּ שֶׁיּוֹדֵעַ בְּוַדַּאי שֶׁהַדָּבָר שֶׁקֶר, הוּא נִמְשָׁךְ אַחֲרָיו, כָּל שֶׁכֵּן כְּשֶׁיֵּשׁ רְאָיוֹת וּצְדָדִים לַשֶּׁקֶר, שֶׁדּוֹמֶה לִהְיוֹת אֱמֶת, שֶׁבְּוַדַּאי יִמָּשֵׁךְ אַחַר שִׁקְרוֹ. אֲבָל יֵשׁ אָדָם אֲמִתִּי וְלֹא יַעֲשֶׂה שֶׁקֶר, אֶלָּא כְּשֶׁיֵּשׁ לוֹ סְבָרוֹת לְשַׁקֵּר אָז הוּא נִמְשָׁךְ אַחַר הַשֶּׁקֶר. וְהֶחָכָם יַכְחִישׁ הַסְּבָרוֹת שֶׁל שֶׁקֶר בְּחָכְמָתוֹ. וְיֵשׁ לְךָ לָדַעַת, שֶׁכָּל אָדָם נִמְשָׁךְ בִּסְבָרוֹתָיו אַחַר מִדּוֹתָיו — הֶעָצֵל יַעֲשֶׂה כָּל

THE TWENTY-SECOND GATE

The Gate of Falsehood

Falsehood: Know that just as one weighs silver and gold in the scales and discriminates between the light and the heavy, so must the wise man "weigh in the scales" to understand falsity and truth. There are different types of falsehoods. How so? If one says about a tree that it is gold, that falsehood is manifest. If one says about burnished brass that it is gold, that falsehood requires discrimination, for both are of a similar appearance and there are some forgers who can make brass look so much like gold that even the experts cannot discriminate between them without great difficulty. The same is true of thought. There are some sophists who can manufacture rationalizations to bolster falsehood until it looks like truth, but the wise man, in each case, has the understanding to discriminate between the false and the true. And it is well-known that falsehood and truth are conjoint in one heart. There is a man so false that even if he knows something to be false for a certainty, he is nevertheless drawn after it; and it goes without saying that if there are some peripheral substantiations which might lend this falsehood the guise of truth, he will ardently pursue his falsehood. But there are some basically truthful men who will not be drawn after falsehood unless they can find some rationalizations, and the wise man, in his wisdom, will quash these rationalizations. And you should know that the rationalizations of all men

סְבָרוֹתָיו אַחַר הָעַצְלוּת, וְכֵן הַכַּעְסָן אַחַר כַּעְסוֹ, וְכֵן הַגַּאֶה אַחַר גַּאֲוָתוֹ; וְכֵן כָּל הַמִּדּוֹת שֶׁבֵּאַרְנוּ, לְפִי הַמִּדָּה שֶׁיֵּשׁ בּוֹ הוּא עוֹשֶׂה סְבָרוֹת: הַפַּזְרָן עַל הַפַּזְּרָנוּת, הַצַּיְקָן עַל הַצַּיְקָנוּת, הָאוֹהֵב לְפִי אַהֲבָתוֹ, הַשּׂוֹנֵא לְפִי שִׂנְאָתוֹ. לְפִיכָךְ אָדָם שֶׁרוֹצֶה לִהְיוֹת אִישׁ־הָאֱלֹהִים אֲמִתִּי, צָרִיךְ לְהָסִיר תְּחִלָּה מִמֶּנּוּ כָּל הַמִּדּוֹת הַגְּרוּעוֹת, כְּדֵי שֶׁלֹּא תִמְשְׁכֵהוּ הַמִּדָּה שֶׁיֵּשׁ בּוֹ לְפִי עִנְיָנָהּ — וְאָז יוּכַל לְהַשִּׂיג הָאֱמֶת.

וְיֵשׁ בְּעִנְיַן הַשֶּׁקֶר תִּשְׁעָה חֲלָקִים:

הָאֶחָד — הַמַּכְחִישׁ בַּעֲמִיתוֹ בְּפִקָּדוֹן אוֹ בְּהַלְוָאָה, אוֹ שֶׁמֵּעִיד שֶׁקֶר, וְכָהֵנָּה רַבּוֹת. וְיֵשׁ בְּזֶה הַשֶּׁקֶר שְׁנֵי עֳנָשִׁים: הָאֶחָד — מֵחֲמַת הַשֶּׁקֶר; כִּי הַשֶּׁקֶר, אַף בְּלֹא נֶזֶק, הוּא תּוֹעֲבַת הַשֵּׁם יִתְבָּרֵךְ, שֶׁנֶּאֱמַר: "שֶׁשׁ הֵנָּה שָׂנֵא יְיָ וְשֶׁבַע תּוֹעֲבַת נַפְשׁוֹ עֵינַיִם רָמוֹת לְשׁוֹן שָׁקֶר ... יָפִיחַ כְּזָבִים עֵד שָׁקֶר וּמְשַׁלֵּחַ מְדָנִים בֵּין אַחִים" (משלי ו, טז־יט); וְאוֹמֵר: "וּפִי תַהְפֻּכוֹת שָׂנֵאתִי" (שם ח, יג); הָעֹנֶשׁ הַשֵּׁנִי — מֵחֲמַת הַנֶּזֶק שֶׁהִזִּיק לַחֲבֵרוֹ.

הַשֵּׁנִי — הַמְשַׁקֵּר, וְאֵין בְּגוּף הַשֶּׁקֶר נֶזֶק לַחֲבֵרוֹ, אַךְ מִתְכַּוֵּן לְהַטּוֹת חֲבֵרוֹ כְּדֵי שֶׁיַּאֲמִין בּוֹ וְיִבְטַח בּוֹ וְלֹא יִשָּׁמֵר מִמֶּנּוּ, וְאָז יוּכַל זֶה לְהַדִּיחַ עָלָיו רָעוֹת, כְּמוֹ שֶׁנֶּאֱמַר: "בְּפִיו שָׁלוֹם אֶת רֵעֵהוּ יְדַבֵּר וּבְקִרְבּוֹ יָשִׂים אָרְבּוֹ" (ירמיה ט, ז). וְאַף בְּעֵינֵי מֶלֶךְ בָּשָׂר וָדָם נִתְעָב הַשֶּׁקֶר, שֶׁנֶּאֱמַר: "תּוֹעֲבַת מְלָכִים עֲשׂוֹת רֶשַׁע ... רְצוֹן מְלָכִים שִׂפְתֵי צֶדֶק" (משלי טז, יב־יג).

are generated by their traits. All of the lazy man's rationalizations are generated by his laziness; the angry man's by his anger; the proud man's by his pride. The same holds true with all of the other traits that we have mentioned. The trait generates the rationalization. The rationalizations of the extravagant man are generated by his extravagance; those of the miserly man by his miserliness; those of the lover by his love; those of the hater by his hate. Therefore, one who wishes to be a true man of God must first divest himself of all defective traits so that they do not draw him in their direction, and then he will be able to attain the truth.

There are nine categories of liars. The first is that of one who utters a false denial in respect to his neighbor's pledge or loan, or who testifies falsely, and many other such falsehoods of a similar nature. This type of falsehood incurs two punishments. First, for the falsehood itself. For falsehood even without damage is an abomination to the Blessed One, as it is written (*Mishlei* 6:16-19): "These six Hashem hates, and seven are the abomination of His soul: haughty eyes, a lying tongue...a false witness spouting lies, and one who sows discord among brothers." And (ibid. 8:13): "I hate the mouth of opposites." The second punishment is for the damage incurred by his fellowman.

The second category consists of those who lie in such a manner that the lie itself involves no injury to one's fellowman, but where there is the intent to deceive one's fellowman into believing and trusting and not guarding himself, and thus exposing himself to harm, as it is written (*Yirmeyahu* 9:7): "One speaks peaceably to his neighbor with his mouth, but in his heart he sets his snare." And falsehood is despicable even in the eyes of a king of flesh and blood, as it is written (*Mishlei* 16:12-13): "The doing of wickedness is an abomination to kings...righteous lips are the desire of kings."

הַשְּׁלִישִׁי — הַמְשַׁקֵּר בַּחֲבֵרוֹ, לֹא לִגְזֹל מִמֶּנּוּ דָּבָר שֶׁהוּא שֶׁלּוֹ, אַךְ הוּא רוֹאֶה טוֹבָה שֶׁעֲתִידָה לָבוֹא לַחֲבֵרוֹ, וְהוּא מְחַזֵּר אַחַר אוֹתָהּ טוֹבָה לָקַחַת אֵלָיו בְּשֶׁקֶר וּבְרַמָּאוּת, אוֹ יְדַבֵּר שְׁקָרִים לַחֲבֵרוֹ עַד שֶׁיִּתֵּן לוֹ מַתָּנָה, כְּגוֹן שֶׁמְּבַשֵּׂר לוֹ בְשׂוֹרוֹת שֶׁקֶר וְיִתֵּן לוֹ מַתָּנוֹת עֲבוּר זֶה, וְכַיּוֹצֵא בָזֶה הָעִנְיָן. וְאָמְרוּ רַבּוֹתֵינוּ, זִכְרוֹנָם לִבְרָכָה: הַמַּחֲלִיף בִּדְבָרָיו, כְּאִלּוּ עוֹבֵד עֲבוֹדָה זָרָה, שֶׁנֶּאֱמַר: "אוּלַי יְמֻשֵּׁנִי אָבִי וְהָיִיתִי בְעֵינָיו כִּמְתַעְתֵּעַ" (בראשית כז, יב); וְנֶאֱמַר עַל עֲבוֹדָה זָרָה (ירמיה י, טו): "הֶבֶל הֵמָּה מַעֲשֵׂה תַּעְתֻּעִים" (סנהדרין צב ע"א); וְלָאו דַּוְקָא כְּאִלּוּ עוֹבֵד עֲבוֹדָה זָרָה מַמָּשׁ, אֶלָּא הַדִּמְיוֹן עַל קְצָת, כִּי הוּא נִסְתָּר בַּשֶּׁקֶר וְנֶעְזָר בַּשָּׁוְא.

הָרְבִיעִי — הַמְשַׁקֵּר בְּסִפּוּר דְּבָרִים שֶׁשָּׁמַע, וּמַחֲלִיף מִקְצָתָם וּמִתְכַּוֵּן לְהַחֲלִיף, וְאֵין לוֹ שׁוּם רֶוַח בְּאוֹתוֹ שֶׁקֶר, וְגַם לֹא יַזִּיק אוֹתוֹ שֶׁקֶר לַחֲבֵרוֹ. וּפְעָמִים שֶׁהוּא מְסַפֵּר דְּבָרִים שֶׁהוּא בוֹדֶה כֻּלָּם מִלִּבּוֹ, וְיֵשׁ לוֹ עֹנֶשׁ, שֶׁאוֹהֵב שֶׁקֶר בְּלֹא תוֹעֶלֶת, וְעַל זֶה אָמַר שְׁלֹמֹה הַמֶּלֶךְ, עָלָיו הַשָּׁלוֹם: "יָפִיחַ כְּזָבִים עֵד שָׁקֶר" (משלי ו, יט); פֵּרוּשׁ: אִם תִּרְאֶה בֶן אָדָם שֶׁיָּפִיחַ כְּזָבִים בִּדְבָרָיו, יֵשׁ לְךָ לֵידַע, שֶׁזֹּאת הַמִּדָּה תְבִיאֵהוּ לְהָעִיד שֶׁקֶר בְּאָחִיו, מֵחֲמַת שֶׁהוּא אוֹהֵב שֶׁקֶר. וְיֵשׁ אֲנָשִׁים שֶׁמַּחֲלִיפִים מִקְצָת דְּבָרִים שֶׁשָּׁמְעוּ, בְּלִי דַעַת, כִּי אֵינָם שָׂמִים עַל לֵב בְּעֵת שֶׁהֵם שׁוֹמְעִים דְּבָרִים, לַחְקֹר עַל אֲמִתָּתָם; גַּם זוֹ מִדָּה רָעָה, וְעַל זֶה אָמַר שְׁלֹמֹה הַמֶּלֶךְ, עָלָיו הַשָּׁלוֹם: "וְאִישׁ שׁוֹמֵעַ לָנֶצַח יְדַבֵּר" (שם כא, כח); פֵּרוּשׁ: מִי שֶׁנּוֹתֵן לֵב לִשְׁמֹעַ, לְהָבִין תֹּכֶן הָעִנְיָן וְהַדְּבָרִים אֲשֶׁר יְסַפְּרוּ, עֲבוּר שֶׁיְּסַפֵּר אוֹתָם עַל דֶּרֶךְ הָאֱמֶת, שֶׁלֹּא יִמָּצֵא בְּפִיו לְשׁוֹן שֶׁקֶר —

The third category consists of those who lie to their fellowman, not to steal from him what is his, but eyeing their fellowman's prospective good and preying upon it to seize it through falsehood and deceit. Or they may spout lies to their fellowman until he makes them a gift, as by giving him false reports which elicit gifts from him, and the like. Our Rabbis of blessed memory have said (*Sanhedrin* 92a): "All who employ deception are akin to idol worshippers," as it is written (*Bereshis* 27:12): "Perhaps my father will feel me, and I will appear to him as a deceiver"; and in connection with idol worship, it is written (*Yirmeyahu* 10:15): "They are vanity, a work of deception." It is not as if he actually served idols; the analogy is stressing the aspect of concealment in falsehood and assistance through deceit.

The fourth category consists of those who lie in recounting things they have heard, deliberately distorting some of them. Such as these derive no benefit from their lies, nor do their lies injure others. And sometimes they invent all that they say, and they incur punishment because they love falsehood though it serves no end. About this King Shelomo, may peace be upon him, has written (*Mishlei* 6:19): "A false witness spouting lies." That is, if you see a man spouting lies, know that this trait will lead him to testify falsely against his brother as a result of his love of falsehood. And there are some who unwillingly distort part of what they hear because they do not pay attention when they are listening, to discriminate the truthfulness of what is being said. This, too, is an evil trait. About this King Shelomo, may peace be upon him, has said (ibid. 21:28): "But the man that listens shall speak forever." That is, the man that is attentive in hearing, to understanding the essence of what is being stated because he intends to relate it truthfully, a lying tongue not being found in his mouth

אוֹתוֹ הָאִישׁ לָנֶצַח יְדַבֵּר, כִּי יִתְאַוּוּ בְּנֵי אָדָם לִשְׁמֹעַ דְּבָרָיו, וְלֹא יִגְעֲרוּ בוֹ עַל דְּבָרָיו.

הַחֲמִישִׁי — הָאוֹמֵר לַחֲבֵרוֹ שֶׁיֵּיטִיב לוֹ, אוֹ שֶׁיִּתֵּן לוֹ מַתָּנָה, אוֹ שֶׁיַּעֲזֹר לוֹ, וְלֹא אָמַר לוֹ עַל דֶּרֶךְ הַבְטָחָה שֶׁיִּבְטַח בּוֹ לֵב חֲבֵרוֹ, וּבְשָׁעָה שֶׁיֹּאמַר לוֹ כָּךְ, יִהְיֶה בִלְבָבוֹ שֶׁלֹּא לָתֵת. וְעַל זֶה אָמְרוּ רַבּוֹתֵינוּ, שֶׁלֹּא יְדַבֵּר אֶחָד בַּפֶּה וְאֶחָד בַּלֵּב (בבא מציעא מט ע"א).

הַשִּׁשִּׁי — הַמַּבְטִיחַ אֶת חֲבֵרוֹ לְהֵיטִיב לוֹ, וְהִבְטִיחוֹ כָּל כָּךְ עַד שֶׁיִּבְטַח בּוֹ לֵב חֲבֵרוֹ, אֵין לוֹ לְחַלֵּל הַבְטָחָתוֹ. וְאִם הוּא מְשַׁקֵּר בָּזֶה, יֵשׁ בּוֹ עֹנֶשׁ גָּדוֹל יוֹתֵר מִן הָרִאשׁוֹן שֶׁלֹּא עָשָׂה אֶלָּא דִּבּוּר בְּעָלְמָא, וְהוּא כְּאָדָם עוֹבֵר בְּרִית. וְהָאוֹמֵר לַחֲבֵרוֹ לָתֵת לוֹ מַתָּנָה מֻעֶטֶת, אַף עַל פִּי שֶׁלֹּא הִזְכִּיר לוֹ לְשׁוֹן הַבְטָחָה, אָמְרִינָן: "כָּל הַחוֹזֵר בִּדְבָרָיו יֵשׁ בּוֹ מִשּׁוּם מְחֻסְּרֵי אֲמָנָה" (עיין בבא מציעא מט ע"א), כִּי לֵב חֲבֵרוֹ סוֹמֵךְ עָלָיו וּבוֹטֵחַ בּוֹ, אַחַר שֶׁהַמַּתָּנָה מֻעֶטֶת. וְאִם אִישׁ עָנִי הוּא, אַף עַל פִּי שֶׁהַמַּתָּנָה מְרֻבָּה, אִם חוֹזֵר בּוֹ רָעָתוֹ רַבָּה, כִּי נָדַר וְעָבַר עַל "לֹא יַחֵל דְּבָרוֹ" (במדבר ל, ג). וְכֵן מִי שֶׁהִתְפָּאֵר בִּפְנֵי רַבִּים לָתֵת מַתָּנָה לְאָדָם, דַּהֲוֵי כְּמוֹ הַבְטָחָה כֵּיוָן שֶׁהוּא מִתְהַלֵּל עַל נְדִיבוּתוֹ, אֵין נָכוֹן שֶׁיָּשׁוּב מִדְּבָרוֹ אַחַר שֶׁנִּתְכַּבֵּד וְנִתְהַלֵּל בַּדָּבָר.

הַשְּׁבִיעִי — הַמַּתְעֶה חֲבֵרוֹ לוֹמַר כִּי עָשָׂה עִמּוֹ טוֹבָה אוֹ דִבֵּר עָלָיו טוֹבָה, וְלֹא עָשָׂה. וְעַל זֶה אָמְרוּ רַבּוֹתֵינוּ, זִכְרוֹנָם לִבְרָכָה: אָסוּר לִגְנֹב דַּעַת הַבְּרִיּוֹת, וַאֲפִלּוּ דַּעְתּוֹ שֶׁל גּוֹי (חולין צד ע"א). וְיֵשׁ בָּזֶה חֵטְא, כִּי אָנוּ חַיָּבִים לְדַבֵּר דִּבְרֵי אֱמֶת, כִּי הוּא מִיסוֹדֵי הַנֶּפֶשׁ.

— that man will speak forever, for men will desire to hear his words and will not rebuke him for them.

The fifth category consists of those who tell their fellowman that they will confer some benefit or gift upon him or assist him in some way, not doing so in order to reassure him, but while speaking, thinking in their hearts not to give. About this our Rabbis have said (*Bava Metzia* 49a): "He should not say one thing with his mouth and another with his heart."

The sixth category consists of those who assure their fellowman of some benefit, so assuring him until he is implicitly trusted. This trust should not be violated, and if one is false in this, he incurs greater punishment than the aforementioned falsifier who only spoke in general terms, being like the breaker of a covenant. And if one told his neighbor that he would give him a small gift, even though he used no terms of assurance, about this our Rabbis have stated (ibid.): "Retracting one's words constitutes a breach of faith," for his neighbor relies upon him and trusts him, since the gift in question is only a small one. And if the one who is thus told is a poor man, although the gift pledged is a large one, going back upon the pledge constitutes a great evil, for a vow has been made and he transgresses (*Bemidbar* 30:3): "He shall not break his word." Similarly, one who preens himself in public on the gift he will give to another, since he has accorded himself praise for his magnanimity, it is not right that he go back on his word once he has appropriated honor and praise through it.

The seventh category consists of those who deceive their fellowman by telling him that they have done him a favor or spoken well of him, when in reality, they have not done so. About this our Sages of blessed memory have said (*Chullin* 94a): "It is forbidden to delude others, even gentiles." And there is transgression here, for we are obligated

הַשְּׁמִינִי — הַמִּשְׁתַּבֵּחַ בְּמַעֲלוֹת שֶׁאֵינָן נִמְצָאוֹת בּוֹ, וְזֶהוּ חֵטְא גָּדוֹל וַאֲפִלּוּ אִם הָיָה אֱמֶת. כִּי כְּשֶׁמִּתְהַלֵּל, נִרְאֶה מִדְּבָרָיו שֶׁלֹּא עָשָׂה צִדְקוֹתָיו וְנִדְבוֹתָיו לְשֵׁם שָׁמַיִם אֶלָּא לְשֵׁם עַצְמוֹ וְלִתְהִלָּה. וְאָמְרוּ רַבּוֹתֵינוּ, זִכְרוֹנָם לִבְרָכָה: מִי שֶׁמְּכַבְּדִים אוֹתוֹ, שֶׁהֵם סְבוּרִים שֶׁיּוֹדֵעַ שְׁתֵּי מַסֶּכְתּוֹת, וְהוּא לֹא יָדַע רַק אַחַת, חַיָּב לוֹמַר: אֵינִי יוֹדֵעַ רַק אַחַת (ירושלמי שביעית פ״י ה״ג). כָּל שֶׁכֵּן שֶׁאָסוּר לוֹ לְכַזֵּב וּלְהִתְפָּאֵר בְּמַעֲלוֹת שֶׁאֵין בּוֹ.

הַתְּשִׁיעִי — הַמְשַׁקֵּר בְּסִפּוּר דְּבָרִים שֶׁשָּׁמַע, וּמַחֲלִיף בִּדְבָרִים עַל אוֹדוֹת חֶפְצוֹ, וְאֵין הֶפְסֵד לְשׁוּם אָדָם בָּזֶה, אַךְ יֵשׁ לוֹ מְעַט הֲנָאָה בְשִׁקְרוֹ אַף עַל פִּי שֶׁאֵינוֹ מַרְוִיחַ מָמוֹן בְּכָךְ, כְּגוֹן רַב שֶׁאָמַר לְאִשְׁתּוֹ: עֲשִׂי לִי טְלוֹפְחֵי, וְעָשְׂתָה לוֹ חִמְצֵי, וּכְשֶׁאָמַר: חִמְצֵי, עָשְׂתָה לוֹ טְלוֹפְחֵי. הָלַךְ חִיָּא בְנוֹ וְהָפַךְ הַדְּבָרִים — כְּשֶׁהָיָה חָפֵץ רַב חִמְצֵי, אָמַר לְאִמּוֹ: תַּעֲשִׂי טְלוֹפְחֵי, וְהִיא עָשְׂתָה חִמְצֵי. וְזֶה הַבֵּן עָשָׂה לִכְבוֹד הָאָב, כְּדֵי שֶׁיְּהֵא לוֹ מְזֻמָּן הַמַּאֲכָל שֶׁחָפֵץ, וְאַף עַל פִּי כֵן מִחָה רַב בְּיָדוֹ שֶׁלֹּא לַעֲשׂוֹת עוֹד, מִשּׁוּם: "לִמְּדוּ לְשׁוֹנָם דַּבֶּר שֶׁקֶר" (ירמיה ט, ד; יבמות סג ע״א). אַךְ אֵין עֹנֶשׁ בָּזֶה הַשֶּׁקֶר כְּעֹנֶשׁ הַמְשַׁקְּרִים עַל לֹא־דָבָר, כַּאֲשֶׁר הִזְכַּרְנוּ בַּחֵלֶק הָרְבִיעִי. עַד כָּאן תְּשַׁעַת חֶלְקֵי הַשֶּׁקֶר.

וְעוֹד יִזָּהֵר הָאָדָם, אִם יָבוֹא חֲבֵרוֹ אֶצְלוֹ וְיִשְׁאַל מִמֶּנּוּ דָּבָר שֶׁיֵּשׁ בְּיָדוֹ, לֹא יֹאמַר לוֹ: אֵין לִי, אַךְ יִדְחֵהוּ בְּעִנְיָן אֲשֶׁר לֹא יְשַׁקֵּר. וְיֵשׁ בְּסֵפֶר חֲסִידִים:

to speak words of truth, this being one of the foundations of the soul.

The eighth category consists of those who praise themselves for qualities that they do not possess. Praising oneself thus is a great sin, even if what one says is true, for it indicates that his charities and gifts were not for the sake of Heaven, but for personal prestige and glorification. And our Rabbis of blessed memory have said (*Yerushalmi Shevi'is* 10:3): "If one is honored in a manner merited by those who have a knowledge of two tractates of the Talmud, when he has a knowledge of only one, it is incumbent upon him to say: 'I know only one.'" How much more so is it forbidden to deceive and to glorify oneself with qualities that one does not possess.

The ninth category consists of those who relate what they have heard and fabricate in accordance with their needs without thereby causing injury to anyone. They gain a certain satisfaction in their lying, even though they do not profit monetarily in doing so. This is illustrated in the case of Rav and his wife (*Yevamos* 63a). When he would ask her for lentils, she would make him peas; and when he would ask her for peas, she would make him lentils. Chiyya, his son, reversed his father's words. When Rav wanted peas, he told his mother: "Make lentils" — and she made peas. Now this son was motivated by his father's honor, that he have the food that he desired, and in spite of this fact Rav exhorted him not to do so again because (*Yirmeyahu* 9:4): "They have taught their tongues to speak lies." However, the punishment for this kind of falsehood is not as great as the punishment for those who lie in vain, as we mentioned in the fourth category. Thus far are the nine categories of liars.

One must also take care that if his fellowman comes to him and asks him for something that he possesses, he should not tell him that he does not have it, but [if he

אֲפִלּוּ יָבוֹא גוֹי לְבֵית יְהוּדִי וִיבַקֵּשׁ לְהַלְווֹת לוֹ מָעוֹת, וְיֵשׁ לַיְּהוּדִי מָעוֹת, וְאֵין דַּעְתּוֹ לְהַלְווֹת לְזֶה הַגּוֹי, לֹא יֹאמַר לוֹ: אֵין לִי מָעוֹת, אַךְ יִדְחֶה אוֹתוֹ אֵיךְ שֶׁיּוּכַל, בְּלִי שֶׁיְּשַׁקֵּר. וְיָכוֹל לִהְיוֹת, שֶׁאִם הָיָה יוֹדֵעַ הַגּוֹי שֶׁהָיוּ לוֹ מָעוֹת לֹא הָיָה יָכוֹל לְהִשָּׁמֵט מִמֶּנּוּ בְּלֹא שִׂנְאָה, הָיָה יוֹתֵר טוֹב לוֹמַר: אֵין לִי — מִפְּנֵי דַּרְכֵי שָׁלוֹם. אַךְ הַכֹּל תָּלוּי בְּדַעְתּוֹ שֶׁל אָדָם, אֵיךְ שֶׁנִּרְאֶה לוֹ הָעִנְיָן שֶׁל הַגּוֹי; אִם יוּכַל לוֹמַר: יֵשׁ לִי, אֲבָל אֲנִי צָרִיךְ אוֹתָן לְמָקוֹם אַחֵר — אִם בְּעִנְיָן זֶה יוּכַל לִדְחוֹתוֹ בְּלֹא שִׂנְאָה, יִדְחֵהוּ.

וְגָדוֹל עָנְשׁוֹ שֶׁל שַׁקְרָן — אֲפִלּוּ כְּשֶׁאוֹמֵר אֱמֶת, אֵין מַאֲמִינִים לוֹ (עיין סנהדרין פט ע"ב), וְשֶׁקֶר אֵין לוֹ רַגְלַיִם (ריש אותיות דרבי עקיבא).

וְלֹא יִגְרֹם אָדָם שֶׁאֲחֵרִים יְשַׁקְּרוּ בִּשְׁבִילוֹ. כֵּיצַד? כְּשֶׁאָדָם רוֹאֶה שֶׁשְּׁנַיִם מְדַבְּרִים יַחַד דְּבַר סֵתֶר שֶׁבֵּינֵיהֶם, לֹא יֵלֵךְ אֵצֶל אֶחָד וִיבַקֵּשׁ מִמֶּנּוּ שֶׁיְּגַלֶּה לוֹ הָעִנְיָן, שֶׁמָּא אֵינוֹ רוֹצֶה לְגַלּוֹת, וְהוּא מִתְבַּיֵּשׁ לוֹמַר שֶׁלֹּא יִרְצֶה לְגַלּוֹתוֹ לוֹ, וּמִתּוֹךְ כָּךְ יְסַלֵּק אוֹתוֹ בִּדְבָרִים אֲחֵרִים, וְנִמְצָא שֶׁמְּשַׁקֵּר. וְכָךְ יְדַקְדֵּק בְּכָל עִנְיָנָיו — שֶׁלֹּא יְשַׁקֵּר בְּמַשָּׂא וּמַתָּן שֶׁלּוֹ, וְלֹא יִגְרֹם שֶׁאֲחֵרִים יְשַׁקְּרוּ. וְיִזָּהֵר שֶׁלֹּא יִתְחַבֵּר לְשַׁקְרָן, וְלֹא יִשָּׂא וְיִתֵּן עִם הַשַּׁקְרָן, וִימַעֵט דְּבָרָיו עִמּוֹ. וּצְרִיכָה חָכְמָה גְּדוֹלָה לְהִנָּצֵל מִן הַשֶּׁקֶר, כִּי יֵצֶר הָרָע לְעוֹלָם אוֹרֵב לָאָדָם, וּמֵבִיא לוֹ רְאָיוֹת שֶׁל שֶׁקֶר לְהַפִּילוֹ בְּרִשְׁתּוֹ.

וּפְעָמִים שֶׁהִתִּירוּ חֲכָמִים לְשַׁקֵּר, כְּגוֹן לַעֲשׂוֹת שָׁלוֹם בֵּין אָדָם לַחֲבֵרוֹ (יבמות סה ע"ב). וְכֵן מֻתָּר לְשַׁבֵּחַ הַכַּלָּה לִפְנֵי הֶחָתָן שֶׁהִיא נָאָה וַחֲסוּדָה, וְאַף עַל פִּי שֶׁאֵינוֹ כֵּן

must] he should put him off in such a way that does not necessitate lying. And there is a ruling in *Sefer Chasidim* (426) that even if a gentile comes to a Jewish home and asks to be lent money, and the Jew possesses money but does not want to lend it to this gentile, he should not say that he has no money, but put him off in whatever way he can without lying. Now it may be that if the Jew told the gentile he had money, he could not evade him without arousing his hatred, in which case it would be better for him to say that he has none for the sake of friendly relations. Everything depends on one's appraisal of the gentile's situation. If he can tell him that he has the money but needs it for his own use, without arousing his hatred, he should do so.

Great is the punishment of the liar. Even when he tells the truth he is not believed (*Sanhedrin* 89b), and "Falsehood has no feet to stand on" (*Resh Osios d'Rabbi Akiva*).

And one should not be the cause of another's lying. How so? If he sees two persons conversing privately, he should not approach one of them and ask to be told what was said. Perhaps he will not want to reveal it, will be ashamed to tell him so, and will put him off by telling him something else — in effect, lying. And one must be thus circumspect in all of his affairs — that he not lie in his dealings and not cause others to lie. And he must take care not to befriend a liar, not to have business dealings with him, and to be sparing of speech with him. One needs great wisdom to escape lying, for the evil inclination constantly preys upon a man, providing him with rationalizations to cast him into its net.

There are instances in which the Sages permit telling a falsehood, such as in making peace between a man and his neighbor (*Yevamos* 65b). It is likewise permitted to praise a bride before the groom as being beautiful and charming, though she not be so (*Kesubos* 17a). And, in relation to

(כתובות יז ע"א); וּבְאֻשְׁפִּיזָא — אִם בַּעַל הַבַּיִת הֵיטִיב לוֹ, אַל יֹאמַר בִּפְנֵי רַבִּים: כַּמָּה טוֹב פְּלוֹנִי שֶׁנִּתְאָרַחְתִּי בְּבֵיתוֹ, כַּמָּה כָּבוֹד גָּדוֹל עָשָׂה לִי! פֶּן יָבוֹאוּ רַבִּים שֶׁאֵינָם מְהֻגָּנִים לְהִתְאָרֵחַ אֶצְלוֹ, וְעַל זֶה נֶאֱמַר (משלי כז, יד): "מְבָרֵךְ רֵעֵהוּ בְּקוֹל גָּדוֹל בַּבֹּקֶר הַשְׁכֵּים קְלָלָה תֵּחָשֶׁב לוֹ" (ערכין טז ע"א); וּבְמַסֶּכְתָּא — אִם שׁוֹאֲלִים לוֹ אִם שְׁגוּרָה בְּפִיו הַגִּרְסָא, מִדַּת עֲנָוָה הִיא שֶׁיֹּאמַר: לֹא; וּמִטָּה — אִם שָׁהָה לָבוֹא לְבֵית הַכְּנֶסֶת מִפְּנֵי שֶׁשִּׁמֵּשׁ מִטָּתוֹ, וּשְׁאָלוּהוּ לָמָּה שָׁהָה, יִתְלֶה בִּדְבָרִים אֲחֵרִים (בבא מציעא כג ע"ב). וּבְכָל אֵלּוּ שֶׁהִתִּירוּ חֲכָמִים לְשַׁנּוֹת, אִם יוּכַל לַעֲשׂוֹת שֶׁלֹּא יְשַׁקֵּר, הוּא טוֹב יוֹתֵר מִמַּה שֶּׁיְּשַׁקֵּר, כְּגוֹן אִם שׁוֹאֲלִים לוֹ: יוֹדֵעַ אַתָּה מַסֶּכְתָּא פְּלוֹנִית? יָשִׁיב: וְכִי אַתָּה סָבוּר שֶׁאֲנִי יוֹדֵעַ? וְאִם יוּכַל לְסַלֵּק הַשּׁוֹאֵל בְּעִנְיָן שֶׁלֹּא יְשַׁקֵּר, הוּא יוֹתֵר טוֹב מִמַּה שֶּׁיְּשַׁקֵּר בְּהֶדְיָא. וְכֵן יַעֲשֶׂה לְכָל עִנְיָנָיו. וְאִם יַעֲשֶׂה כֵּן, אַשְׁרָיו וְאַשְׁרֵי יוֹלַדְתּוֹ.

hospitality, if one has been graciously hosted, he should not announce in public: "How good is this man in whose house I lodged; how greatly he honored me!" — lest many disreputable people come to make themselves his guests. In this respect it is written (*Mishlei* 27:14): "He who blesses his friend with a loud voice, rising early in the morning, it shall be accounted as a curse to him" (*Arachin* 16a). And in relation to a tractate, if one is asked whether he is fluent in the subject matter, it is in the interests of humility to say that he is not. Concerning conjugal relations — if one was delayed in coming to the synagogue because of this, and he is questioned as to his lateness, he should give some other reason (*Bava Metzia* 23b). And in all of these cases where the Sages permitted deviation from the truth, if one can manage without lying it is better that he do so. For example, if he is asked: "Do you know this tractate?" He can answer: "Do you really think I know it?" If he can put off the questioner in this way without lying, it is better that he do so rather than lie outright. He should follow this practice in all of his affairs. If he does so, happy is he and happy his begetter.

שַׁעַר עֶשְׂרִים וּשְׁלֹשָׁה

שַׁעַר הָאֱמֶת

הָאֱמֶת — הַנְּשָׁמָה נִבְרֵאת מִמְּקוֹם רוּחַ הַקֹּדֶשׁ, שֶׁנֶּאֱמַר: "וַיִּפַּח בְּאַפָּיו נִשְׁמַת חַיִּים" (בראשית ב, ז), וְנֶחְצֶבֶת מִמְּקוֹם טָהֳרָה וְנִבְרֵאת מִזֹּהַר הָעֶלְיוֹן, מִכִּסֵּא הַכָּבוֹד. וְאֵין לְמַעְלָה בִּמְקוֹם קָדְשֵׁי הַקֳּדָשִׁים שֶׁקֶר, אֶלָּא הַכֹּל אֱמֶת, שֶׁנֶּאֱמַר: "וַיָי אֱלֹהִים אֱמֶת" (ירמיה י, י). מָצָאתִי כָתוּב: כְּתִיב: "אֶהְיֶה אֲשֶׁר אֶהְיֶה" (שמות ג, יד), וּכְתִיב: "וַיָי אֱלֹהִים אֱמֶת הוּא אֱלֹהִים חַיִּים וּמֶלֶךְ עוֹלָם" (ירמיה י, י); וְעַתָּה יֵשׁ לְהוֹדִיעֲךָ, שֶׁהַקָּדוֹשׁ בָּרוּךְ הוּא אֱלֹהִים אֱמֶת, כִּי תִמְצָא כ"א פְּעָמִים "אֶהְיֶה" שֶׁהוּא בְּגִימַטְרִיָּה "אֱמֶת", וְגַם כֵּן "אֶהְיֶה" בְּגִימַטְרִיָּה כ"א.

הָאֱלֹהִים עָשָׂה אֶת הָאָדָם לִהְיוֹת יָשָׁר (ראה קהלת ז, כט), וְחוֹתָמוֹ שֶׁל הַקָּדוֹשׁ בָּרוּךְ הוּא אֱמֶת (שבת נה ע"א), וּכְתִיב: "דֹּבֵר שְׁקָרִים לֹא יִכּוֹן לְנֶגֶד עֵינָי" (תהלים קא, ז). וּכְשֶׁאָדָם עוֹסֵק בֶּאֱמֶת, אָז אֵין הַשֶּׁקֶר דָּבֵק לֶאֱמֶת, וּכְשֶׁיֵּשׁ אֱמֶת, כִּבְיָכוֹל, מְכוֹן שִׁבְתּוֹ בַשָּׁמַיִם כְּנֶגֶד בְּנֵי אָדָם, כִּי כְשֶׁיֵּשׁ אֱמֶת בִּבְנֵי אָדָם, אָז מוֹדִים שֶׁעָשָׂה שָׁמַיִם וָאָרֶץ וְהַיָּם

THE TWENTY-THIRD GATE

The Gate of Truth

Truth: The soul is created from the place of the Holy Spirit, as it is written (*Bereshis* 2:7): "And He breathed into his nostrils the soul of life." It is hewn from a place of purity and created from the Celestial Radiance, from the Throne of Glory. And there is no falsehood above, in the place of the Holy of Holies, but all is truth, as it is written (*Yirmeyahu* 10:10): "And Hashem God is truth." I have found it written (*Shemos* 3:14): "I will be what I will be" [*eheyeh asher eheyeh*], and (*Yirmeyahu* 10:10): "And Hashem God is truth; He is the Living God and the Eternal King." Derive from this that God, the Holy One Blessed be He is truth; for the word *eheyeh*, whose *gematria* [numerical equivalent] is twenty-one, is found twenty-one times [twenty-one multiplied by twenty-one equals 441, the *gematria* of *emes*, truth]. And the *gematria* of the word *eheyeh* itself is twenty-one [so that *eheyeh asher eheyeh*, being understood as a compounding of *eheyeh*, would, in itself, give the same result].

God made man to be just [see *Koheles* 7:29], and (*Shabbos* 55a): "The seal of the Holy One Blessed be He is truth." And it is written (*Tehillim* 101:7): "The speaker of falsehoods will not be established before My eyes." When one occupies himself with truth, falsehood does not cleave to truth. And where there is truth, it is as if His habitation in heaven were suspended over men. For when there is truth in men, they acknowledge that He made heaven and earth,

וְכֹל אֲשֶׁר בָּם, וְזֶהוּ שֶׁנֶּאֱמַר: "עֹשֶׂה שָׁמַיִם וָאָרֶץ אֶת הַיָּם וְאֶת כָּל אֲשֶׁר בָּם", וּסְמִיךְ לֵיהּ: "הַשֹּׁמֵר אֱמֶת לְעוֹלָם" (שם קמו, ו); וּכְשֶׁיֵּשׁ בְּגִידָה וָשֶׁקֶר, אָז, כִּבְיָכוֹל, כְּמִי שֶׁאֵין מְכוֹן שִׁבְתּוֹ בַּשָּׁמַיִם וּבָאָרֶץ. וּמִי שֶׁהוּא זוֹכֶה לְהִתְבּוֹנֵן בִּדְבָרִים אֵלּוּ, אֵיךְ הַנְּשָׁמוֹת נֶחְצָבוֹת מִמְּקוֹר הָאֱמֶת, יַעֲשֶׂה כָּל עִנְיָנָיו בֶּאֱמֶת, וְלֹא יַכְנִיס הַשֶּׁקֶר בִּמְקוֹם קְדֻשַּׁת הָאֱמֶת, וּלְכָךְ אָמַר הַפָּסוּק: "קָרוֹב יְיָ לְכָל קֹרְאָיו לְכֹל אֲשֶׁר יִקְרָאֻהוּ בֶאֱמֶת" (שם קמה, יח), כִּי הַקָּדוֹשׁ בָּרוּךְ הוּא שֶׁהוּא אֱמֶת, מִתְקָרֵב לְמִי שֶׁקּוֹרְאוֹ בֶּאֱמֶת. וְאֵיזֶה נִקְרָא קְרִיאַת אֱמֶת? — זֶהוּ הַמְפַנֶּה לִבּוֹ מִכָּל דָּבָר שֶׁבָּעוֹלָם וּמִתְקָרֵב אֶל הַקָּדוֹשׁ בָּרוּךְ הוּא לְבַד, וְשִׂכְלוֹ הוֹלֵךְ וּמִתְחַזֵּק לְהִדָּבֵק בָּאוֹר הָעֶלְיוֹן, וְיָשִׂים מַחֲשַׁבְתּוֹ בְּחִשְׁקוֹ תָּמִיד. וְזֶה הָעִנְיָן יַשִּׂיג הָאָדָם כְּשֶׁהוּא מִתְבּוֹדֵד בְּחַדְרוֹ; וּמִפְּנֵי זֶה יַרְבֶּה כָּל חָסִיד לְהִפָּרֵד וּלְהִתְבּוֹדֵד, וְלֹא יִתְחַבֵּר עִם בְּנֵי אָדָם רַק לְצֹרֶךְ גָּדוֹל. אֲבָל אִם הִתְפַּלֵּל בַּהֲנָעַת שְׂפָתָיו וּפָנָיו אֶל הַכֹּתֶל, וּמְחַשֵּׁב בְּעִנְיְנֵי צְרָכָיו, וְיִקְרָא בִּלְשׁוֹנוֹ וְלִבּוֹ בְּעִנְיַן בֵּיתוֹ, אוֹ שֶׁיַּחְשֹׁב לְהִתְכַּבֵּד הֵיאַךְ קוֹלוֹ עָרֵב, כְּדֵי לִמְצֹא חֵן בְּעֵינֵי בְּנֵי אָדָם לְקַבֵּל מֵהֶם שֶׁבַח, אָז אֵין עֲבוֹדָתוֹ אֱמֶת, וְהוּא מֵאוֹתָם שֶׁנֶּאֱמַר עֲלֵיהֶם: "קָרוֹב אַתָּה בְּפִיהֶם וְרָחוֹק מִכִּלְיוֹתֵיהֶם" (ירמיה יב, ב). לְכָךְ אָנוּ מִתְפַּלְּלִים: "וְטַהֵר לִבֵּנוּ לְעָבְדְּךָ בֶּאֱמֶת"; שֶׁנַּעֲשֶׂה כָּל עֲבוֹדָתֵנוּ בַּאֲמִתּוּת, וְנַאֲמִין בְּלֵב שָׁלֵם וּבְנֶפֶשׁ חֲפֵצָה, וְלֹא מִפְּנֵי אֲנָשִׁים וְלֹא עֲבוּר מָמוֹן אוֹ רָמוּת רוּחַ, וְזֶהוּ שֶׁנֶּאֱמַר: "אִם תָּשׁוּב עַד שַׁדַּי תִּבָּנֶה" (איוב כב, כג); פֵּרוּשׁ: אִם תָּשׁוּב עַד שַׁדַּי, שֶׁאֵין שׁוּם מַחֲשָׁבָה חוֹצֶצֶת

the seas and all that is in them, as it is written (ibid. 146:6): "He makes heaven and earth, the seas and all that is in them," immediately followed by "He guards the truth forever." And where there is treachery and falsehood, it is as if His habitation is not in the heaven and the earth. One who merits reflecting upon these things, upon the souls' being hewn from the source of truth, will conduct all of his affairs in truth and will not bring falsehood into the place of the holiness of truth. This is the intent of (ibid. 145:18): "Hashem is close to all who call Him, to all who call upon Him in truth." For the Holy One Blessed be He, who is truth, draws near to all who call upon Him in truth. And what is meant by calling upon God in truth? Freeing one's heart of everything in the world and drawing near to the Holy One Blessed be He alone, so that one's intellect grows stronger in its cleaving to the Celestial Radiance, and one's mind yearns constantly for Him. One can attain to this only by secluding himself within his room; and for this reason all who would be saintly should cultivate separation and seclusion, and join the company of men only when there is great need to do so. But if one prays by moving his lips and face before the wall, thinking of his affairs, calling upon Him with his tongue — his heart occupied with household matters — or if he thinks to derive honor by virtue of his pleasant voice, to find favor in the eyes of men and be praised by them, then his Divine service is not true, and he is in the class of those about whom it is written (*Yirmeyahu* 12:2): "You are close in their mouths, but far from their reins." Therefore, we pray, "And purify our hearts to serve You in truth" — that we perform our Divine service truthfully, that we believe with a perfect heart and a willing spirit, and that we not serve for the sake of people, money, or exaltation. This is the intent of (*Iyov* 22:23): "If you return unto the Almighty, you will be rebuilt." That is, if you return to the Almighty, there being

בֵּינְךָ וּבֵין שַׁדַּי, אָז תִּבָּנֶה בְּבִנְיָן חָזָק בְּזֹהַר הַשְּׁכִינָה. לָכֵן אָמַר דָּוִד: "יְיָ מִי יָגוּר בְּאָהֳלֶךָ מִי יִשְׁכֹּן בְּהַר קָדְשֶׁךָ הוֹלֵךְ תָּמִים וּפֹעֵל צֶדֶק וְדֹבֵר אֱמֶת בִּלְבָבוֹ" (תהלים טו, א־ב). הִתְבּוֹנֵן בְּמַה שֶּׁאָמַר "וְדֹבֵר אֱמֶת בִּלְבָבוֹ" וְלֹא אָמַר "וְדֹבֵר אֱמֶת בְּפִיו"; אֶלָּא רָצָה לוֹמַר, שֶׁתִּהְיֶה הָאֱמֶת תְּקוּעָה וּקְבוּעָה בְּלֵב הָאָדָם. לְכָךְ הַחֲסִידִים הָרִאשׁוֹנִים כְּשֶׁהָיָה לָהֶם מִקָּח, הָיוּ נוֹתְנִים אוֹתוֹ לַקּוֹנֶה כְּפִי הַסְכָּמַת לְבָבָם (מכות כד ע״א, בבא בתרא פח ע״א), אֵיךְ שֶׁהָיוּ מַסְכִּימִים לִתֵּן, אֲפִלּוּ אִם הָיָה הַקּוֹנֶה רוֹצֶה לְהוֹסִיף, לֹא הָיוּ רוֹצִים אֶלָּא כְּפִי הַסְכָּמַת לְבָבָם. אָדָם חָשׁוּב הַהוֹלֵךְ בְּדֶרֶךְ זוֹ לְדַבֵּר אֱמֶת בִּלְבָבוֹ, אִם קִבֵּל עָלָיו בְּמַחְשְׁבוֹתָיו לַעֲשׂוֹת דָּבָר אֶחָד, יִכְתֹּב אוֹתָהּ מַחֲשָׁבָה, שֶׁלֹּא יִשְׁכָּחֶנָּה וְלֹא יַחֵל דִּבְרֵי מַחְשְׁבוֹתָיו; וְאִם אֵינוֹ יָכוֹל לַעֲמֹד בּוֹ, יֵלֵךְ אֵצֶל חָכָם, וְיַתִּיר לוֹ מַחְשְׁבוֹתָיו שֶׁגָּמַר בְּלִבּוֹ אַף עַל פִּי שֶׁלֹּא הוֹצִיא בְּפִיו. וּלְפִיכָךְ עַל כָּל מַחְשְׁבוֹתָיו, יִזָּהֵר שֶׁלֹּא יִהְיֶה בְּמַחְשְׁבוֹתָיו כְּלוּם כָּל זְמַן שֶׁלֹּא הוֹצִיאָם בְּפִיו.

כָּל הַדּוֹבֵר אֱמֶת בִּלְבָבוֹ וְאֵינוֹ רוֹצֶה לַחֲשֹׁב שֶׁקֶר — אֲפִלּוּ דְּבָרִים שֶׁיַּחְשֹׁב וּכְשֶׁיְּדַבֵּר, אַף עַל

פִּי שֶׁלֹּא יִתְכַּוֵּן לָהֶם, כָּל דְּבָרָיו וּמַחְשְׁבוֹתָיו יִתְקַיְּמוּ, שֶׁנֶּאֱמַר: "וְתִגְזַר אֹמֶר וְיָקָם לָךְ" (איוב כב, כח). וּמִי שֶׁהוּא אִישׁ־אֱמֶת בְּכָל מַשָּׂא וּמַתָּן שֶׁלּוֹ, הֵן בְּמִקָּח וּמִמְכָּר, הֵן בְּהַלְוָאָה — לְעוֹלָם יֹאמַר בְּפַעַם רִאשׁוֹן סוֹף דַּעְתּוֹ, וְיַרְגִּיל כָּל אוֹתָם הַמִּתְעַסְּקִים עִמּוֹ, שֶׁיֵּדְעוּ שֶׁלֹּא יְשַׁנֶּה דְּבָרָיו וְלֹא יַעְדִּיף וְלֹא יַחְסִיר. אָמַר הֶחָכָם: תָּדִיר תָּשִׂים הָאֱמֶת לְעֻמָּתֶךָ; רָצָה לוֹמַר, שֶׁיַּעֲשֶׂה סִמָּנִים לְעַצְמוֹ בְּבוֹאוֹ לַעֲשׂוֹת מַשָּׂא וּמַתָּן, שֶׁיִּזְכֹּר וְלֹא יְשַׁקֵּר; וְיִכְתֹּב בִּכְתָב, וְיָבִיא אֶצְלוֹ

no foreign thought intervening between yourself and the Almighty, then you will be rebuilt mightily in the radiance of the Shechinah. And this was King David's intent in (*Tehillim* 15:1-2): "O Hashem, who will abide in Your tent? Who will dwell on Your holy mountain? He who walks uprightly and performs righteousness and speaks the truth in his heart." Reflect upon: "And speaks the truth in his heart." It is not written "speaks the truth with his mouth," the idea being that the truth must be implanted and fixed in a man's heart. Therefore, the early saints, when they made a sale, would sell the object to the buyer for the price they had decided upon in their hearts (*Makkos* 24a, *Bava Basra* 88a); and even if the buyer was prepared to give more, they refused to take more than they had agreed upon in their hearts. A distinguished person who follows this course, to speak the truth in his heart, if he has taken it upon himself in his thoughts to do something, he should write that thought down lest he forget it and violate his thought. And if he cannot abide by his thoughts, he should go to a sage to absolve him of what he resolved in his heart, though he did not utter it with his mouth. And it were best that he stipulate to himself that his thoughts not be binding so long as he has not uttered them with his mouth.

If one speaks the truth in his heart and does not want to think falsehood, even without intending to act upon it, all of his words and thoughts will be fulfilled, as it is written (*Iyov* 22:28): "And you will decree a word, and it will be established for you." And one who is a man of truth in all of his dealings, both in trading and in lending, will always state his final figure in the very beginning, so that all those who deal with him will know that he will not change it, that he will not go up or down. The Sage has said: "Always put the truth in front of you." That is, one should make signs for himself in doing business to remem-

אוֹתוֹ כְּתָב וְיִרְאֶה בּוֹ קֹדֶם מַשָּׂאוֹ וּמַתָּנוֹ, וְכֵן יִכְתֹּב בְּבֵית מִדְרָשׁוֹ וְעַל שֻׁלְחָנוֹ, שֶׁיִּזְכֹּר וְלֹא יְדַבֵּר שֶׁקֶר, וּכְדֵי שֶׁלֹּא יִשְׁכַּח לְדַבֵּר הָאֱמֶת. וְכֵן עָשָׂה אֶחָד: כָּתַב עַל כָּתְלֵי בֵּיתוֹ וְעַל כֹּתֶל בֵּית מִדְרָשׁוֹ: "זְכוֹר יוֹם הַמִּיתָה וְלֹא תֶחֱטָא". וּמִי שֶׁאֵינוֹ מְדַבֵּר אֶלָּא אֱמֶת, יִחְיֶה וְיַאֲרִיךְ יָמִים וְיִנָּצֵל (עיין סנהדרין צז ע"א); סֶמֶךְ לַדָּבָר, מַה שֶּׁאָמַר הַפָּסוּק: "וַיְיָ אֱלֹהִים אֱמֶת הוּא אֱלֹהִים חַיִּים וּמֶלֶךְ עוֹלָם" (ירמיה י, י). וְאִם לֹא יְדַבֵּר אֶלָּא אֱמֶת, יִנָּצֵל כָּל יְמֵי חַיָּיו. וּכְתִיב: "תּוֹרַת אֱמֶת הָיְתָה בְּפִיהוּ וְעַוְלָה לֹא נִמְצָא בִשְׂפָתָיו ... כִּי מַלְאַךְ יְיָ צְבָאוֹת הוּא" (מלאכי ב, ו-ז); כִּי הַמַּלְאָכִים הָעֶלְיוֹנִים הֵם צוּרַת אֱמֶת וְאֵינָם בְּגוּפוֹת, וְהַנְּשָׁמוֹת נִגְזָרוֹת מֵהֶם כְּאוֹר הַיּוֹצֵא מִן הַשֶּׁמֶשׁ, וְהַנְּשָׁמוֹת הֵן בְּגוּפוֹת, עַל כֵּן אֵינָן יוֹדְעוֹת הַנִּסְתָּרוֹת, רַק מְעַט וּבְמַרְאוֹת הַלַּיְלָה, שֶׁאֵין הַנְּשָׁמוֹת מִתְעַסְּקוֹת בְּצָרְכֵי הַגּוּף; וְהַיּוֹדֵעַ סוֹד הַנְּשָׁמָה יָעִיד בַּדָּבָר. וְהַחֲלוֹמוֹת מֵעֵין הַמַּחֲשָׁבוֹת, דִּכְתִיב (דניאל ב, כט): "רַעְיוֹנָךְ עַל מִשְׁכְּבָךְ סְלִקוּ" (ברכות נה ע"ב), וְהַחֲלוֹמוֹת בָּאִים עַל יְדֵי מַלְאָךְ הַמְּלַוֶּה לָאָדָם; וּלְפִי שֶׁאֵין כָּל הַמַּחֲשָׁבוֹת אֱמֶת, עַל כֵּן אֵין כָּל הַחֲלוֹמוֹת אֱמֶת. וּמִי שֶׁמַּרְגִּיל עַצְמוֹ שֶׁיִּהְיוּ כָּל מַחְשְׁבוֹתָיו אֱמֶת, גַּם יִרְאֶה בַּלַּיְלָה מַרְאוֹת אֱמֶת וְיֵדַע הָעֲתִידוֹת כְּמוֹ הַמַּלְאָכִים.

הַמְדַבֵּר אֱמֶת — אֵין מַעֲלָה טוֹבָה כָּמוֹהָ. לָכֵן, "רֹאשׁ דְּבָרְךָ אֱמֶת" (תהלים קיט, קס); וְהִזְהִיר: "מִדְּבַר שֶׁקֶר תִּרְחָק" (שמות כג, ז). גַּם הָרְמִיזוֹת שֶׁל אָדָם יִהְיוּ אֱמֶת, כִּי שְׂכַר הָאֱמֶת גָּדוֹל מְאֹד. לָכֵן יַרְגִּיל עַצְמוֹ לֵילֵךְ בֶּאֱמֶת,

ber not to falsify. He should put this down in writing and produce what he has written and scan it before he enters upon his transactions. And he should do likewise in his study hall upon his lectern, that he remember and not speak falsely, so that he not forget to speak the truth. A certain person wrote upon the walls of his house and on the wall of his study hall: "Remember the day of death and do not sin." One who speaks only truth will live and prolong his days and be saved (see *Sanhedrin* 97a). This idea is supported by the verse (*Yirmeyahu* 10:10): "And Hashem God is truth; He is the Living God and the Eternal King." If one speaks only the truth, he will be saved all the days of his life. And it is written (*Malachi* 2:6-7): "The Torah of truth was in his mouth, and wrong was not found upon his lips...for he is an angel of Hashem of Hosts." The celestial angels are disembodied forms of truth, and souls are generated by them as by the sun. The souls are embodied and, therefore, the hidden matters are known to them but slightly and in the visions of the night, when the souls are not occupied with the affairs of the body, as will be testified to by those conversant with the ways of the soul. Dreams are of the nature of one's thoughts, as it is written (*Daniel* 2:29): "Your thoughts [dreams] arose upon your bed" (*Berachos* 55b). Dreams come through the angel that accompanies a man, and because not all thoughts are true, therefore not all dreams are true. And if one habituates himself so that all of his thoughts are true, then at night, too, he will see visions of truth, and he will know the future just as the angels do.

There is no quality greater than speaking the truth, to wit (*Tehillim* 119:160): "The crown of Your word is truth." And we have exhorted (*Shemos* 23:7): "Keep yourself far from a false word." Even one's insinuations should be truthful, for the reward for truth is very great. One should, therefore, accustom himself to walk in truth, and he should

וְיִלְמַד הַתּוֹרָה לֵידַע הָאֱמֶת, כְּדֵי שֶׁיּוּכַל לַעֲשׂוֹת הַמִּצְווֹת עַל אֲמִתָּתָן וּכְהִלְכָתָן, וּלְעוֹלָם יוֹדֶה עַל הָאֱמֶת. אֲפִלּוּ בְּדִבְרֵי הָאַגָּדָה שֶׁאֵין בָּהֶם קִיּוּם מִצְווֹת יִלְמַד, כְּדֵי שֶׁיַּאֲמִין הַלֵּב דְּבַר אֱמֶת. אַל תֵּבוֹשׁ לְקַבֵּל הָאֱמֶת מֵאֵיזֶה אָדָם שֶׁיִּהְיֶה, אֲפִלּוּ מִקָּטָן שֶׁבַּקְּטַנִּים וְנִבְזֶה, אֲפִלּוּ הָכִי תְּקַבֵּל הָאֱמֶת מִמֶּנּוּ, כִּי מַרְגָּלִית טוֹבָה שֶׁהִיא בְּיַד קָטָן וְנִבְזֶה, לְעוֹלָם הִיא חֲשׁוּבָה מַרְגָּלִית.

עַתָּה, שֶׁהֶאֱרִיכָה הַגָּלוּת בַּעֲווֹנוֹתֵינוּ הָרַבִּים יוֹתֵר מִדַּי, יֵשׁ לְיִשְׂרָאֵל לְהִבָּדֵל מֵהַבְלֵי הָעוֹלָם, וְלֶאֱחֹז בְּחוֹתָמוֹ שֶׁל הַקָּדוֹשׁ בָּרוּךְ הוּא שֶׁהוּא אֱמֶת, וּלְקַדֵּשׁ עַצְמָם אַף בַּמֻּתָּר לָהֶם וְלֹא לְשַׁקֵּר, לֹא לְיִשְׂרָאֵל וְלֹא לְגוֹי, וְלֹא לְהַטְעוֹתָם בְּשׁוּם עִנְיָן, שֶׁנֶּאֱמַר: "שְׁאֵרִית יִשְׂרָאֵל לֹא יַעֲשׂוּ עַוְלָה וְלֹא יְדַבְּרוּ כָזָב וְלֹא יִמָּצֵא בְּפִיהֶם לְשׁוֹן תַּרְמִית" (צפניה ג, יג). וְעוֹד, כְּתִיב: "וּזְרַעְתִּיהָ לִּי בָּאָרֶץ" (הושע ב, כה) — כְּלוּם אָדָם זוֹרֵעַ סְאָה, אֶלָּא לְהַכְנִיס כַּמָּה כֹּרִים, כָּךְ לֹא הֶגְלָה הַקָּדוֹשׁ בָּרוּךְ הוּא אֶת יִשְׂרָאֵל לְבֵין הָאֻמּוֹת אֶלָּא כְּדֵי שֶׁיִּתְוַסְּפוּ עֲלֵיהֶם גֵּרִים (פסחים פז ע"ב); וְכָל זְמַן שֶׁהֵם מִתְנַהֲגִים עִמָּהֶם בְּלֹא מִרְמָה, יִדְבְּקוּ בָּהֶם. וְהִנֵּה הַקָּדוֹשׁ בָּרוּךְ הוּא הִקְפִּיד עַל גָּזֵל שֶׁל רְשָׁעִים, שֶׁנֶּאֱמַר: "וַתִּמָּלֵא הָאָרֶץ חָמָס" (בראשית ו, יא). מַעֲשֶׂה בְּרַבִּי שִׁמְעוֹן בֶּן שָׁטָח שֶׁקָּנָה חֲמוֹר מִיִּשְׁמְעֵאלִי אֶחָד. הָלְכוּ תַלְמִידָיו וּמָצְאוּ אֶבֶן טוֹבָה תְלוּיָה בְּצַוָּארוֹ, וְהֵבִיאוּ הָאֶבֶן לְרַבִּי שִׁמְעוֹן בֶּן שָׁטָח. אָמְרוּ לוֹ: רַבִּי, "בִּרְכַּת יְיָ הִיא תַעֲשִׁיר" (משלי י, כב). אָמַר לָהֶם: חֲמוֹר קָנִיתִי, אֶבֶן טוֹבָה לֹא

study Torah to know the truth in order to be able to perform the mitzvos truthfully, according to the Halachah. One should always acknowledge the truth, and he should even study matters of Aggadah which do not involve the fulfillment of mitzvos, so that the heart will believe a truthful thing. One should not be ashamed to accept the truth from anyone. Even if one is the smallest of the small and completely spurned, still accept the truth from him, for a precious pearl, even in the hands of the small and despised, is still a precious pearl.

Now that the exile has been so greatly prolonged because of our many sins, Jews should separate themselves even more from the vanities of the world and hold fast to the seal of the Holy One Blessed be He, which is truth. They should sanctify themselves by abstaining even from what is permissible (*Yevamos* 20a), and lie neither to Jews nor gentiles nor mislead them in any way, as it is written (*Tzefaniah* 3:13): "The remnant of Israel will not do wrong, and they will not speak falsely, and the language of deceit will not be found in their mouths." And it is further written (*Hoshea* 2:25): "And I will sow her [Israel] for Me in the land" and: "Does a man not sow a *se'ah* only to gather in several *kur*? So the Holy One Blessed be He exiled the Jews among the nations only so that converts should be added to their numbers" (*Pesachim* 87b). If the Jews deal with them without deceit, they will cleave to them. And the Holy One Blessed be He looked with disfavor upon the stealing of the wicked, as it is written (*Bereshis* 6:11): "And the earth was filled with theft." It is told (*Devarim Rabbah* 3:3) that the disciples of Rabbi Shimon ben Shatach, finding a precious stone hanging from the neck of a donkey that he had purchased from an Ishmaelite, brought it to him and said: "Our master, 'The blessing of Hashem makes one rich' (*Mishlei* 10:22)" [i.e., This is a gift to you from God], to which he replied: "I bought a donkey; I did not

קָנִיתִי! הֲלֹךְ וְהַחֲזִירָהּ לְאוֹתוֹ יִשְׁמְעֵאלִי. קָרָא עָלָיו אוֹתוֹ יִשְׁמְעֵאלִי: בָּרוּךְ הַשֵּׁם אֱלֹהֵי שִׁמְעוֹן בֶּן שָׁטָח (דברים רבה ג, ג). וְכֵן יֵשׁ בִּירוּשַׁלְמִי: חֲכָמִים הַזְּקֵנִים קָנוּ חִטִּים מִן הַגּוֹיִם וּמָצְאוּ בוֹ צְרוֹר שֶׁל מָעוֹת, וְהֶחֱזִירוּ לָהֶם. אָמְרוּ הַגּוֹיִם: בְּרִיךְ אֱלָהֲהוֹן דִּיהוּדָאֵי (ירושלמי בבא מציעא, פ״ב ה״ה). וְכֵן יֵשׁ שָׁם הַרְבֵּה מַעֲשִׂים, שֶׁהֶחֱזִירוּ מִפְּנֵי קִדּוּשׁ הַשֵּׁם.

וּכְשֶׁיֵּשׁ **אֱמֶת** בָּאָרֶץ לְמַטָּה, אָז יַשְׁקִיף הַשֵּׁם יִתְעַלֶּה בְּצֶדֶק עַל הָאָרֶץ, שֶׁנֶּאֱמַר: ״אֱמֶת מֵאֶרֶץ תִּצְמָח וְצֶדֶק מִשָּׁמַיִם נִשְׁקָף״ (תהלים פה, יב). לָכֵן תֶּאֱחֹז בָּאֱמֶת; אֵיךְ שֶׁיִּהְיוּ עִנְיָנֶיךָ, רַע אוֹ טוֹב, הָאֱמֶת אַל תַּנַּח, וְתִסְמֹךְ עַל הָאֵל הַנֶּאֱמָן, דִּכְתִיב: ״וְיָדַעְתָּ כִּי יְיָ אֱלֹהֶיךָ הוּא הָאֱלֹהִים הָאֵל הַנֶּאֱמָן שֹׁמֵר הַבְּרִית וְהַחֶסֶד לְאֹהֲבָיו וּלְשֹׁמְרֵי מִצְוֹתָו״ (דברים ז, ט). וּמָה הִיא נֶאֱמָנוּתוֹ? שֶׁהוּא שֹׁמֵר הַבְּרִית: אִם צַדִּיק חָטָא חֵטְא קַל, הוּא פּוֹרֵעַ גְּמוּלוֹ בָּעוֹלָם הַזֶּה. וְזֶה דָּבָר בָּרוּר, שֶׁטּוֹב יוֹתֵר לַצַּדִּיק לִהְיוֹת נִדּוֹן אֲפִלּוּ בְּיִסּוּרִים כְּאִיּוֹב כָּל יָמָיו, בְּגוּפוֹ, שֶׁהוּא דָּבָר בָּזוּי, בָּעוֹלָם הַזֶּה, שֶׁהוּא לוֹ זְמַן קָצָר לִחְיוֹת — וְלָתֵת גְּמוּל הַטּוֹב לַנְּשָׁמָה בַּדָּבָר הַנִּכְבָּד, בָּעוֹלָם הַבָּא, בָּעוֹלָם הָעֶלְיוֹן, וּלְהַגִּיעַ לַמַּעֲלָה הָעֶלְיוֹנָה וּבִזְמַן שֶׁכֻּלּוֹ אָרֹךְ וְאֵינוֹ פּוֹסֵק עוֹלָמִית. וְזֶה יוֹתֵר טוֹב לַצַּדִּיק מִמַּה שֶּׁהָיָה שָׁלֵם בָּעוֹלָם הַזֶּה וְלֹא הָיָה פּוֹרֵעַ לוֹ חֲטָאָיו בָּעוֹלָם הַזֶּה, וְהָיָה דָּן אוֹתוֹ בְּעוֹלַם הַנְּשָׁמוֹת בְּיִסּוּרֵי גֵיהִנֹּם; אוֹ מֵחֲמַת חֶטְאוֹ יִמְעַט לְנִשְׁמָתוֹ מִן מַעֲלָתָהּ בְּעוֹלַם הַנְּשָׁמוֹת וְהִדַּבְּקָהּ לַזִּיו הָעֶלְיוֹן, אֲשֶׁר לָזֶה הָאוֹר אֵין

buy a precious stone." Thus saying, he went and returned the stone to the Ishmaelite, who thereupon proclaimed: "Blessed is Hashem, the God of Shimon ben Shatach." There is a similar instance in *Yerushalmi* (*Bava Metzia* 2:5): Some wise old sages bought wheat from the gentiles and found in it a bundle of money, which they returned. The gentiles exclaimed: "Blessed is the God of the Jews." There are many similar accounts there of such restoration on behalf of sanctification of the Name.

And where there is truth on the earth below, the Exalted One will look with righteousness upon the earth, as it is written (*Tehillim* 85:12): "Truth will sprout from the earth, and righteousness will look down from Heaven." Therefore, take hold of the truth, regardless of the state of your affairs, good or bad. Do not forsake the truth, and rely upon the Faithful God, as it is written (*Devarim* 7:9): "And you shall know that Hashem your God is God, the faithful God, who keeps the covenant and the lovingkindness to those who love Him and to those who observe His mitzvos." And what is His faithfulness? His keeping the covenant. If a righteous man commits a minor transgression, He exacts recompense in this world. And this is clear: It is much better for the righteous man to be judged even with afflictions like Iyov all of his days — in his body, a lowly thing, in this world in which he has such a short time to live — so that goodly reward may be given to his soul, which is majestic, in the World-to-Come, to attain to the highest plane in the celestial world for all enduring time, which never ceases. This is much better for the righteous man than if he were whole and retribution were not exacted for his sins in this world, and he would be judged in the next world with the afflictions of Gehinnom, or if, because of his sin, his soul would be diminished in its exaltation in the world of the souls and in its cleaving to the Celestial Radiance, which is without

לוֹ עֵרֶךְ וְדִמְיוֹן. וְלָרְשָׁעִים נָתַן לָהֶם גְּמוּלָם בַּהֲנָאָה מֻעֶטֶת, הַפּוֹסֶקֶת, וּבָעוֹלָם הַקָּצָר, הוּא הָעוֹלָם הַזֶּה, וְחֶטְאָם שָׁמוּר לָעוֹלָם הָאָרֹךְ, וּבְצַעַר גָּדוֹל שֶׁהוּא הַגֵּיהִנֹּם, אֲשֶׁר לְאוֹתוֹ צַעַר אֵין עָרוֹךְ. וּמִקְרָא מָלֵא הוּא, שֶׁנֶּאֱמַר: "וּמְשַׁלֵּם לְשֹׂנְאָיו אֶל פָּנָיו לְהַאֲבִידוֹ" (דברים ז, י); פֵּרוּשׁ: הַקָּדוֹשׁ בָּרוּךְ הוּא מְשַׁלֵּם לָרָשָׁע זְכֻיּוֹתָיו בָּעוֹלָם הַזֶּה, כְּדֵי לְהַאֲבִידוֹ לָעוֹלָם הַבָּא.

הָרַחֲמָן יַדְרִיכֵנוּ בַּאֲמִתּוֹ וִיבִיאֵנוּ לַחֲדָרָיו, לְהַגִּיעַ לָאוֹר הָעֶלְיוֹן, אֲשֶׁר שָׁם חֶבְיוֹן עֻזּוֹ וּצְבִי תִפְאַרְתּוֹ.

assessment or parallel. And the wicked are given their reward with slight, terminal pleasure, in a brief world — this world — and their sin is preserved for the long world and for the great, unparalleled affliction of Gehinnom. And it is explicitly written (*Devarim* 7:10): "And He pays His master to his face to destroy him." That is, the Holy One Blessed be He rewards the wicked man for his merits in this world in order to destroy him for the World-to-Come.

May the Merciful One lead us in His truth and bring us to His chambers, where we may attain to the Celestial Radiance, wherein resides the store of His strength and the beauty of His glory.

שַׁעַר עֶשְׂרִים וְאַרְבָּעָה

שַׁעַר הַחֲנִיפוּת

הַחֲנִיפוּת נֶחֱלֶקֶת לְתִשְׁעָה חֲלָקִים:

הָרִאשׁוֹן — מִי שֶׁהוּא מַכִּיר בַּחֲבֵרוֹ שֶׁהוּא רָשָׁע וְרַמַּאי, וְשֶׁהוּא מוֹצִיא שֵׁם רַע עַל הַכְּשֵׁרִים, וְשֶׁהוּא גוֹזֵל מָמוֹן חֲבֵרוֹ, וּבָא זֶה וּמַחֲנִיף לוֹ — לֹא שֶׁהוּא מַחֲנִיף לוֹ וּמְשַׁבְּחוֹ, אֶלָּא שֶׁהוּא מַחֲלִיק לוֹ לָשׁוֹן, לֵאמֹר: לֹא פָּעַלְתָּ אָוֶן בַּמֶּה שֶׁעָשִׂיתָ — בַּדָּבָר הַזֶּה יֵשׁ כַּמָּה עֲבֵרוֹת וְהַרְבֵּה עֳנָשִׁים. הָאֶחָד — שֶׁהָיָה לוֹ לְהוֹכִיחוֹ עַל חֲטָאָיו, וְלֹא דַי שֶׁאֵינוֹ מוֹכִיחוֹ, אֶלָּא אוֹמֵר לוֹ: לֹא חָטָאתָ, וּמַחֲזִיק יְדֵי מְרֵעִים. וְיֵשׁ לְזֶה הֶחָנֵף עֹנֶשׁ, שֶׁלֹּא קִנֵּא עַל הָאֱמֶת, וְעוֹד, שֶׁמְּסַיֵּעַ לַשֶּׁקֶר; וְיֵשׁ לוֹ עוֹד עֹנֶשׁ, שֶׁזֶּה הֶחָנֵף נוֹתֵן מִכְשׁוֹל לִפְנֵי הַחוֹטֵא — כְּשֶׁאוֹמֵר לוֹ לֹא חָטָאתָ, לֹא יָשׁוּב מֵרָעָתוֹ וְיוֹסִיף עוֹד לַחֲטֹא יוֹתֵר; מִלְּבַד הָעֹנֶשׁ שֶׁנֶּעֱנָשׁ עַל נֶזֶק וְצַעַר בְּנֵי אָדָם שֶׁהִזִּיק וְצִעֵר הַחוֹטֵא, וְלֹא יְשַׁלֵּם לָהֶם וְלֹא יְפַיְּסֵם מֵחֲמַת הַחֲנִיפוּת שֶׁל זֶה. וּמַצְדִּיק רָשָׁע, וְנֶאֱמַר: "מַצְדִּיק רָשָׁע וּמַרְשִׁיעַ צַדִּיק תּוֹעֲבַת יְיָ גַּם שְׁנֵיהֶם" (משלי יז, טו). כָּל שֶׁכֵּן אִם עֲוֹן זֶה־הַחוֹטֵא גָּלוּי לָרַבִּים, וְזֶה הֶחֱנִיף לוֹ בָּרַבִּים, וְאָמַר לוֹ: זַךְ וְיָשָׁר אַתָּה — אָז חִלֵּל הַשֵּׁם יִתְבָּרֵךְ, וּבְזֶה

THE TWENTY-FOURTH GATE

The Gate of Flattery

Flattery is divided into nine categories.

The first category consists of the flatterer who recognizes his fellowman as wicked and deceitful, as spreading evil reports about the innocent, and as stealing from others, and who, nevertheless, comes and flatters him — not flattering and praising him, but smoothing over his tongue for him, saying: "You committed no wrong in what you did." In this there are several transgressions and many punishments. First, he should have rebuked him for his sins. Not only does he not rebuke him, but he tells him, "You have not sinned," thus strengthening the hand of the evildoer. This flatterer further incurs punishment for not having been zealous on behalf of the truth and for abetting falsehood. And he is punished, in addition, for placing a stumbling block before the sinner, who, when being told that he has not sinned, does not repent of his evil and sins even more. Aside from the punishment he incurs because of the injury and affliction suffered by those the sinner has wronged, he will not reimburse or placate them because of his flattery. And he justifies a wicked man, about which it is written (*Mishlei* 17:15): "He who justifies the wicked and condemns the righteous — both of them are the abomination of Hashem." This applies all the more when the wrong of this sinner is known to others, and this one flatters him in public, telling him: "You are pure and

דָּת וָדִין. וְחַיָּב אָדָם לִמְסֹר עַצְמוֹ לַסַּכָּנָה וְלֹא יָשִׂים עַצְמוֹ בְּעָוֹן זֶה. וְאָמְרוּ רַבּוֹתֵינוּ, זִכְרוֹנָם לִבְרָכָה, עַל אַגְרִיפָּס, שֶׁהָיָה קוֹרֵא בַּתּוֹרָה, וּכְשֶׁהִגִּיעַ לַפָּסוּק: "לֹא תוּכַל לָתֵת עָלֶיךָ אִישׁ נָכְרִי אֲשֶׁר לֹא אָחִיךָ הוּא" (דברים יז, טו), זָלְגוּ עֵינָיו דְּמָעוֹת. אָמְרוּ לוֹ: אַל תִּתְיָרֵא, אַגְרִיפָּס, אָחִינוּ אַתָּה! בְּאוֹתָהּ שָׁעָה נִתְחַיְּבוּ שׂוֹנְאֵי יִשְׂרָאֵל כְּלָיָה, שֶׁהֶחֱנִיפוּ לוֹ לְאַגְרִיפָּס (סוטה מא ע"א וע"ב). גַּם הַיּוֹשֵׁב עַל הַדִּין אַל יִפְחַד מֵאִישׁ, כְּמוֹ שֶׁנֶּאֱמַר: "לֹא תָגוּרוּ מִפְּנֵי אִישׁ" (דברים א, יז).

וּבְזוֹ הַחֲנִיפוּת יֵשׁ בָּהּ עֹנֶשׁ שֶׁקֶר וַחֲנִיפוּת.

הַשֵּׁנִי — הֶחָנֵף הַמְשַׁבֵּחַ רָשָׁע בִּפְנֵי בְנֵי אָדָם, בְּפָנָיו אוֹ שֶׁלֹּא בְּפָנָיו, וְאַף עַל פִּי שֶׁלֹּא יַצְדִּיק אוֹתוֹ עַל מַעֲשָׂיו הָרָעִים, אֶלָּא יֹאמַר בִּסְתָם: אִישׁ טוֹב הוּא, עַל זֶה נֶאֱמַר: "עֹזְבֵי תוֹרָה יְהַלְלוּ רָשָׁע" (משלי כח, ד); כִּי זֶה הַמְשַׁבֵּחַ, לוּלֵא שֶׁעָזַב אֶת הַתּוֹרָה, לֹא הִלֵּל לָזֶה שֶׁעוֹבֵר עָלֶיהָ וְעַל דְּבָרֶיהָ. גַּם כִּי לֹא יְשַׁבַּח אֶת הָרָשָׁע, אֶלָּא יָלִיץ עָלָיו בִּפְנֵי בְּנֵי אָדָם, לוֹמַר: הֲלֹא הוּא עָשָׂה טוֹבָה זֹאת, לָכֵן תַּחְמְלוּ עָלָיו — מִי שֶׁעוֹשֶׂה כָּךְ זֶהוּ רַע מְאֹד, כִּי הַשּׁוֹמְעִים סְבוּרִים שֶׁהוּא צַדִּיק, וְיִתְּנוּ לוֹ כָּבוֹד; וְיֵשׁ מִכְשׁוֹלִים גְּדוֹלִים בִּכְבוֹד הָרְשָׁעִים. כִּי כְּשֶׁיֵּשׁ כָּבוֹד לַחֲכָמִים הַצַּדִּיקִים וְהֵם עֶלְיוֹנִים — אָז כָּל הָעָם יִשְׁמְעוּ לַעֲצָתָם; וְעוֹד, שֶׁאֲחֵרִים יְקַנְּאוּ בְּמַעֲשֵׂיהֶם הַטּוֹבִים וְיוֹסִיפוּ לֶקַח, וְתִרְבֶּה הַדַּעַת, וּמִתּוֹךְ שֶׁלֹּא לִשְׁמָהּ בָּא לִשְׁמָהּ (פסחים נ ע"ב); וְעוֹד, יֵשׁ הַרְבֵּה בְּנֵי אָדָם, בִּרְאוֹתָם הֲדַר הַתּוֹרָה, יַכִּירוּ מַעֲלָתָהּ וְיָבוֹא חִשְׁקָהּ בְּלִבָּם, וְיִלְמְדוּ לְשֵׁם הַקָּדוֹשׁ בָּרוּךְ

upright." He thereby desecrates the Blessed One's name and demeans law and judgment. A man must expose himself to danger rather than fall into this sin. Our Sages of blessed memory have told us (*Sotah* 41a-b) that once Agrippas [the King] was reading the Torah, and when he reached the verse (*Devarim* 17:15): "You may not put a foreigner over you, who is not your brother," his eyes streamed tears [since he was a descendant of slaves], at which those who were with him said: "Do not fear, Agrippas, you are our brother." At that moment the Jews brought down upon themselves the sentence of destruction, because they flattered Agrippas. Also one who sits in judgment must not fear any man, as it is written (*Devarim* 1:17): "You shall not be afraid of any man." And flattery in this area incurs punishment both for falsehood and flattery.

The second category consists of he who flatters the evildoer before others, whether or not in his presence, even though he does not justify his evil deeds, but simply says that he is a good man. About this it is written (*Mishlei* 28:4): "They that forsake the law praise the wicked." For this flatterer, if he had not forsaken the Torah, would not praise one who transgressed it and its words. Even if one does not praise the wicked one, but commends him to others, saying: "He has done this and this good, therefore have pity on him," doing this is very bad, for those who hear will think that he is righteous and will honor him. There are many stumbling blocks in the honoring of the wicked. For when the Sages and the righteous are honored, and *they* are the exalted ones, then all of the people heed their counsel. Furthermore, others envy their good deeds and thus learn from them and grow in knowledge. And, doing so not for the sake of Heaven, they will come to do so for the sake of Heaven (*Pesachim* 50b). More so, there are many people who, when they see the glory of the Torah, will come to recognize its greatness and conceive a

הוּא בְלֵב שָׁלֵם. וְעוֹד יֵשׁ טַעַם טוֹב בִּכְבוֹד הַחֲכָמִים הַצַּדִּיקִים, כִּי יְסוֹד נֶפֶשׁ הָאָדָם הוּא, לִהְיוֹת בּוֹ עֲבוֹדָתוֹ וְיִרְאָתוֹ וְתוֹרָתוֹ שֶׁל הַקָּדוֹשׁ בָּרוּךְ הוּא, וַעֲבוּר זֶה בָּרָא הַקָּדוֹשׁ בָּרוּךְ הוּא כָּל הָעוֹלָם; נִמְצָא, הַמְכַבֵּד הַצַּדִּיקִים, הוּא מַעֲמִיד וּמְקַיֵּם כַּוָּנַת הַקָּדוֹשׁ בָּרוּךְ הוּא בִּבְרִיאַת הָעוֹלָם, וְהַבּוֹזֶה לְתַלְמִיד חָכָם וְלִירֵא שָׁמַיִם, בָּזֶה יְבַטֵּל כַּוָּנַת הַקָּדוֹשׁ בָּרוּךְ הוּא, וְהוּא כְּמִי שֶׁאָמַר: אֵין עֲבוֹדַת הַבּוֹרֵא עִקָּר! עַל כֵּן יְכַבְּדוּ עוֹבְדֵי הַקָּדוֹשׁ בָּרוּךְ הוּא אֶת חַכְמֵי הַתּוֹרָה לִכְבוֹד הַקָּדוֹשׁ בָּרוּךְ הוּא, לְהוֹדִיעַ כִּי עֲבוֹדָתוֹ לְבַדָּהּ הִיא עִקָּר. אֲבָל בִּכְבוֹד הָרְשָׁעִים יֵשׁ חִלּוּל הַתּוֹרָה וְהָעֲבוֹדָה, וְזוֹהִי עֲבֵרָה הַמְכַלָּה מִנֶּפֶשׁ וְעַד בָּשָׂר; וְעוֹד, רַבִּים נִמְשָׁכִים אַחֲרֵיהֶם וְעוֹשִׂים כְּמַעֲשֵׂיהֶם, וַאֲפִלּוּ אִם אֵינָם עוֹשִׂים כְּמַעֲשֵׂיהֶם, מְקַבְּלִים פֻּרְעָנוּת כַּיּוֹצֵא בָהֶם, וְכַיּוֹצֵא בָזֶה אָמְרוּ: אוֹי לָרָשָׁע אוֹי לִשְׁכֵנוֹ (נגעים פי״ב מ״ו). וְעוֹד, בִּכְבוֹד הָרְשָׁעִים מַשְׁפָּל כְּבוֹד הַצַּדִּיקִים, וְאֵין כָּבוֹד לַצַּדִּיקִים אֶלָּא לְאַחַר הַשְׁפָּלַת הָרְשָׁעִים. וְעַתָּה, אַחֲרֵי שֶׁיֵּשׁ מִכְשׁוֹל לָעוֹלָם בִּכְבוֹד הָרְשָׁעִים, יִזָּהֵר שֶׁלֹּא יְסַפֵּר טוֹבָה מֵרְשָׁעִים אִם לֹא יַזְכִּיר גַּם אֶת הָרָעָה שֶׁלָּהֶם, שֶׁנֶּאֱמַר: ״וְשֵׁם רְשָׁעִים יִרְקָב״ (משלי י, ז), וּכְתִיב: ״תּוֹעֲבַת צַדִּיקִים אִישׁ עָוֶל״ (שם כט, כז). וְאִם אֵינוֹ רוֹצֶה לְסַפֵּר רִשְׁעוֹ, גַּם טוֹבָתוֹ לֹא יְסַפֵּר.

הַשְּׁלִישִׁי — הֶחָנֵף הַמְשַׁבֵּחַ רָשָׁע בְּפָנָיו, וְאוֹמֵר לוֹ:

כַּמָּה אִישׁ נֶחְמָד וְאָדָם טוֹב אַתָּה! אַף כִּי אֵינוֹ מְסַפֵּר בְּשִׁבְחוֹ בָּרַבִּים, שֶׁלֹּא יִהְיֶה לָרַבִּים לְמוֹקֵשׁ; גַּם זֶה הֶחָנֵף גָּדוֹל עֲוֹנוֹ, דִּכְתִיב: ״בְּפֶה חָנֵף יַשְׁחִת רֵעֵהוּ וּבְדַעַת

desire for it, and they will study it for the sake of the Holy One Blessed be He, with a whole heart. There is yet another reason for honoring Sages and the righteous. For the foundation of one's soul is that there be in it the service, fear, and Torah of the Holy One Blessed be He, for which reason He created the world. It is found, then, that one who honors the righteous confirms and establishes the Holy One's intent in the creation of the universe. And one who despises a Torah scholar and a fearer of Heaven thereby nullifies the Holy One's intent, as if to say that serving Him is not the primary goal. Therefore, the servants of the Holy One Blessed be He should honor Torah Sages for His honor, to make it known that His service alone is primary. But in honoring the wicked, there is desecration of Torah and Divine service, and this is a transgression that consumes from soul to flesh. Furthermore, many are thereby drawn after them and emulate their deeds. And even if they do not emulate their deeds, they incur punishment like they [the wicked] do. In this respect it is said (*Nega'im* 12:6): "Woe to the wicked one, and woe to his neighbor!" What is more, when the wicked are honored, the honor of the righteous is lowered; and there is no honor for the righteous except after the lowering of the wicked. Seeing, then, that the honoring of the wicked is a stumbling block for the world, one must take heed not to speak good of them without mentioning their evil too, as it is written (*Mishlei* 10:7): "May the name of the wicked rot!" and (ibid. 29:26): "The abomination of the righteous is the man of wrong." And if one is averse to speaking ill of them, neither should he speak good of them.

The third category consists of he who praises the evildoer to his face, saying: "What a wonderful, good man you are!" Though he does not praise him before others so that this praise does not prove a stumbling block to them, the transgression of such a flatterer, too, is very great, as it is

צַדִּיקִים יְחָלֵצוּ" (שם יא, ט); כִּי כְּשֶׁיְּשַׁבְּחֶנּוּ, יַאֲמִין לוֹ וְיַחְשֹׁב שֶׁהוּא טוֹב, וְיָרוּם לִבּוֹ וְיִתְגָּאֶה וְלֹא יָשׁוּב. כִּי כָּל מִי שֶׁאֵינוֹ צַדִּיק, כְּשֶׁמְּשַׁבְּחִים אוֹתוֹ יֹאמַר בְּלִבּוֹ: אָמְנָם יָדַעְתִּי כִּי כֵן הוּא! וְהִנֵּה זֶה נִשְׁחָת בַּחֲנִיפוּתוֹ שֶׁל זֶה. אֲבָל הַצַּדִּיק, אִם מְשַׁבֵּחַ אוֹתוֹ אָדָם, לֹא יִתְגָּאֶה בָּזֶה, עֲבוּר שֶׁאָמְרוּ רַבּוֹתֵינוּ, עֲלֵיהֶם הַשָּׁלוֹם: אֲפִלּוּ כָּל הָעוֹלָם כֻּלּוֹ אוֹמְרִים לְךָ "צַדִּיק אַתָּה" — הֱיֵה בְעֵינֶיךָ כְּרָשָׁע (נדה ל ע״ב); וְאָמְרוּ: אִם יֵשׁ לְךָ רֵעִים, מִקְצָתָם מְשַׁבְּחִים אוֹתְךָ וּמִקְצָתָם מְיַסְּרִים וּמוֹכִיחִים אוֹתְךָ — אֱהַב אֶת הַמּוֹכִיחִים וּשְׂנָא אֶת הַמְשַׁבְּחִים, כִּי אֵלֶּה לְחַיֵּי עוֹלָם הַבָּא יְבִיאוּךָ, וְאֵלֶּה בְּרָעָתְךָ יִשְׂמְחוּךָ כִּי יְשַׁבְּחוּךָ (אבות דרבי נתן כט, א). וְנֶאֱמַר: "וּפֶה חָלָק יַעֲשֶׂה מִדְחֶה" (משלי כו, כח); הִמְשִׁיל פֶּה חָלָק לְדֶרֶךְ חֲלַקְלַקּוֹת, כִּי כַּאֲשֶׁר יִפֹּל הָאָדָם וְיִדָּחֶה בְּלֶכְתּוֹ בְּדֶרֶךְ חֲלַקְלַקּוֹת, כָּעִנְיָן שֶׁנֶּאֱמַר: "וּמַלְאַךְ יְיָ דּוֹחֶה יְהִי דַרְכָּם חֹשֶׁךְ וַחֲלַקְלַקֹּת" (תהלים לה, ה-ו), כֵּן יִדָּחֶה הָאָדָם וְיִפֹּל בְּפֶה חָלָק, הוּא פֶּה חָנֵף מָלֵא חֵטְא, וְעַל זֶה נֶאֱמַר: "יַכְרֵת יְיָ כָּל שִׂפְתֵי חֲלָקוֹת לָשׁוֹן מְדַבֶּרֶת גְּדֹלוֹת" (שם יב, ד); קִלֵּל פֶּה חָלָק, כִּי מַשְׁחִית בּוֹ רֵעֵהוּ, וְקִלֵּל לָשׁוֹן הַקָּשָׁה, שֶׁהוּא הֵפּוּךְ הֶחָלָק, וְהוּא לְשׁוֹן הָרָע. וְיֵשׁ חֲנִיפוּת, שֶׁמַּחֲנִיפִים לְבַעֲלֵי זְרוֹעַ כְּדֵי שֶׁיֹּאהֲבוּ אוֹתָם וִינַשְּׂאוּ וִיגַדְּלוּ אוֹתָם; עַל זֶה אָמְרוּ רַבּוֹתֵינוּ: כָּל הַמַּחֲנִיף לַחֲבֵרוֹ לְשֵׁם כָּבוֹד — לְסוֹף נִפְטָר בְּקָלוֹן (אבות דרבי נתן כט, ד).

הָרְבִיעִי — הַמִּתְחַבֵּר לָרָשָׁע, אַף עַל פִּי שֶׁאֵינוֹ מַחֲנִיף לוֹ וְאֵינוֹ מְשַׁבְּחוֹ, אֶלָּא שֶׁהוּא מְקָרְבוֹ וּמִתְחַבֵּר

written (ibid. 11:9): "The flatterer destroys his fellowman with his mouth, but the righteous are delivered through knowledge." For when the wicked one is flattered, he will believe what is said of him. He will think that he is good, his heart will be uplifted in pride, and he will not repent. For all who are not righteous, when they are flattered, think in their hearts: "Yes, indeed, I knew it was so," and they are further corrupted by the flattery. But the righteous man does not become proud when he is praised; for our Sages, may peace be upon them, have said (*Niddah* 30b): "Though all the world tell you that you are a righteous man, be as a wicked man in your own eyes," and (*Avos d'Rabbi Nasan* 29:1): "If you have friends, some of whom praise you and some of whom afflict and chastise you, love the chastisers and hate the flatterers — for the former bring you to life in the World-to-Come, whereas the latter, by their praise, cause you to rejoice in your evil." And it is written (*Mishlei* 26:28): "And a smooth mouth causes stumbling." A smooth mouth is here likened to a slippery road. Just as a person falls and stumbles in walking upon a slippery road, as it is written (*Tehillim* 35:5-6): "The angel of Hashem thrusts them. Let their way be dark and slippery," so is a person made to fall and stumble by a smooth mouth, a flattering mouth full of sin. About this it is written (ibid. 12:4): "Let Hashem cut off all smooth lips, a tongue speaking great things." Herein is cursed a smooth mouth, which corrupts one's fellowman, and a hard tongue, opposite of the smooth — namely slander. And there are those who flatter powerful men in order to be honored and elevated by them. About this our Rabbis have said (*Avos d'Rabbi Nasan* 29:4): "The end of all those who flatter their fellowman for the sake of honor is to depart from him in shame."

The fourth category consists of he who befriends the wicked. Though he does not flatter or praise him, but

עִמּוֹ, יֵשׁ לוֹ עֹנֶשׁ. לֹא דַי שֶׁאֵינוֹ מוֹכִיחוֹ אֶלָּא שֶׁמְּקָרְבוֹ וְיֵשׁ לוֹ עֹנֶשׁ בָּזֶה, אֲבָל מוֹסִיף עוֹד עֹנֶשׁ עַל הַקְּרִיבוּת שֶׁהוּא מְקָרְבוֹ, שֶׁנֶּאֱמַר: "כְּהִתְחַבֶּרְךָ עִם אֲחַזְיָהוּ פָּרַץ יְיָ אֶת מַעֲשֶׂיךָ" (דברי הימים ב׳ כ, לז). וְהַצַּדִּיקִים מוֹאֲסִים הָרְשָׁעִים. וְאָמְרוּ רַבּוֹתֵינוּ, זִכְרוֹנָם לִבְרָכָה: לֹא לְחִנָּם הָלַךְ הַזַּרְזִיר אֵצֶל עוֹרֵב, אֶלָּא מִפְּנֵי שֶׁהוּא מִינוֹ, וְאוֹמֵר (בן סירא יג): "כָּל עוֹף לְמִינוֹ יִשְׁכֹּן וּבֶן אָדָם לְדוֹמֶה לוֹ" (בבא קמא צב ע״ב). וְאָמְרוּ: אָסוּר לְהִסְתַּכֵּל בִּדְמוּת אָדָם רָשָׁע, שֶׁנֶּאֱמַר: "לוּלֵי פְּנֵי יְהוֹשָׁפָט מֶלֶךְ יְהוּדָה אֲנִי נֹשֵׂא אִם אַבִּיט אֵלֶיךָ וְאִם אֶרְאֶךָּ" (מלכים ב׳ ג, יד); וְכָל הַמִּסְתַּכֵּל בִּדְמוּת אָדָם רָשָׁע — עֵינָיו כֵּהוֹת לְעֵת זִקְנָתוֹ, כְּיִצְחָק אָבִינוּ, עָלָיו הַשָּׁלוֹם, שֶׁכָּהוּ עֵינָיו מִפְּנֵי שֶׁהִסְתַּכֵּל בְּעֵשָׂו (מגילה כח ע״א), אַף עַל פִּי שֶׁלֹּא הָיָה מַכִּירוֹ בְּמַעֲשָׂיו. וְיֵשׁ מִכְשׁוֹלִים גְּדוֹלִים בְּחִבּוּר הָרְשָׁעִים. הָאֶחָד — מִפְּנֵי שֶׁהוּא אוֹהֵב שְׂנָאוֹ שֶׁל יוֹצֵר הַכֹּל, וְאֵין הָעֶבֶד הַנֶּאֱמָן לַאֲדֹנָיו מִתְחַבֵּר לְשׂנְאוֹ. הַשֵּׁנִי — שֶׁלּוֹמֵד מִמַּעֲשָׂיו. הַשְּׁלִישִׁי — שֶׁגַּם אֲחֵרִים יִתְחַבְּרוּ אִתּוֹ וְיַאֲמִינוּ לוֹ, וְהוּא יִגְזֹל אוֹתָם; וְגַם הֵם יִלְמְדוּ מִמַּעֲשָׂיו, וַאֲפִלּוּ אִם לֹא יִלְמְדוּ מִמֶּנּוּ, הֵם רוֹאִים מִמֶּנּוּ דְּבָרִים שֶׁאָסוּר לָהֶם לִרְאוֹתָם; וְגַם הוּא לֹא יָשׁוּב, כִּי אִם הָיוּ מוֹכִיחִים אוֹתוֹ וְהָיוּ נִבְדָּלִים מִמֶּנּוּ, הָיָה שָׁב מִדַּרְכּוֹ הָרָעָה. וּמִי שֶׁמִּתְחַבֵּר לְרָשָׁע, לְסוֹף הָרָשָׁע מוֹשֵׁל עָלָיו, וְזֶה רַע עַל כֻּלָּם, כִּי כֵיוָן שֶׁהוּא מוֹשֵׁל עָלָיו, לֹא יַנִּיחֶנּוּ לַעֲשׂוֹת טוֹב. הָרְבִיעִי — שֶׁזֶּה צָרִיךְ לְהַנִּיחַ, מֵחֲמַת יִרְאָה, לַעֲשׂוֹת כַּמָּה דְּבָרִים טוֹבִים. לָכֵן אַל יִתְחַבֵּר אָדָם אֶלָּא עִם

merely draws him near and befriends him, he incurs punishment. It is not enough that he does not reprove him, but he even draws him near! He is punished for this and incurs additional punishment for drawing him near, as it is written (II *Divrei Hayamim* 20:37): "Because you have joined yourself with Achaziahu, Hashem has made a breach in your works." The righteous despise the wicked. Our Sages of blessed memory have said (*Bava Kama* 92b): "Not in vain did the starling go to the raven, but because it is of a kind with it." And it is said (*Ben Sira* 13): "Every bird dwells with its kind, and every man with his kind." And our Sages have said (*Megillah* 28a): "It is forbidden to gaze upon the likeness of an evildoer, as it is written (II *Melachim* 3:14): 'Were it not that I have regard for the presence of Yehoshaphat the king of Yehudah, I would not look toward you [Yehoram] nor see you.'" And all those who gaze upon the likeness of an evildoer, their eyes become dim upon their growing old, as we find in the case of our father Yitzchak, may peace be upon him, whose eyes became dim because he had gazed at Esav, even though he had not recognized his deeds. There are great stumbling blocks in associating with the wicked: (1) Love is being shown to the hater of the Creator of All, and the servant who is true to his master does not associate with those who hate him. (2) His deeds will come to be emulated. (3) Others, too, will come to associate with him and trust him. He will rob them, and they will come to emulate his deeds. And even if they do not learn from him, they see in him things that they are forbidden to see. And he, too, will not repent. But if they reproved him and separated themselves from him, he would abandon his evil way. If one joins a wicked man, in the end he is governed by him; and this is worse than all else, for the wicked man, governing him, will not allow him to do good. (4) The good man will have to abstain from many good acts out of fear of the wicked one. There-

יְרֵא שָׁמַיִם, כִּי רֵישׁ לָקִישׁ עִם מִי שֶׁהָיָה מְדַבֵּר בַּשּׁוּק, הָיוּ מַאֲמִינִים לוֹ סְחוֹרָה בְּלֹא עֵדִים (יומא ט ע״ב), כִּי הָיוּ יוֹדְעִים בְּוַדַּאי, כֵּיוָן שֶׁדִּבֵּר עִמּוֹ בַּשּׁוּק, שֶׁהוּא נֶאֱמָן. הֲרֵי הַחִבּוּר הָוֵי כְּמוֹ חֲנִיפוּת.

הַחֲמִישִׁי — אִישׁ שֶׁהוּא נֶאֱמָן בְּעֵינֵי כָל הָעָם וְכֻלָּם שׁוֹמְעִים לוֹ, וְהוּא מַעֲמִיד קְרוֹבוֹ לִהְיוֹת פַּרְנָס אוֹ לִהְיוֹת רַב, וְאוֹמֵר עָלָיו שֶׁהוּא חָכָם, וְאֵינוֹ כֵן, וְכָל הָעָם סוֹמְכִים עָלָיו, עַל הוֹרָאוֹתָיו וְעַל הַנְהָגוֹתָיו; וְכֵן הָאוֹמֵר עַל מִי שֶׁאֵינוֹ מַכִּירוֹ, שֶׁהוּא נֶאֱמָן, וְהָעָם מַפְקִידִים בְּיָדוֹ פִּקְדוֹנוֹת, וּמְכַחֵשׁ. וְאָמְרוּ חֲכָמִים, זִכְרוֹנָם לִבְרָכָה: כָּל הַמַּעֲמִיד דַּיָּן שֶׁאֵינוֹ הָגוּן, כְּאִלּוּ נוֹטֵעַ אֲשֵׁרָה בְּיִשְׂרָאֵל; וּבִמְקוֹם שֶׁיֵּשׁ תַּלְמִידֵי חֲכָמִים, כְּאִלּוּ נְטָעָהּ אֵצֶל הַמִּזְבֵּחַ, וְעָתִיד הַקָּדוֹשׁ בָּרוּךְ הוּא לְהִפָּרַע מִמַּעֲמִידָיו (סנהדרין ז ע״ב).

הַשִּׁשִּׁי — מִי שֶׁיֵּשׁ בְּיָדוֹ לִמְחוֹת וְאֵינוֹ מוֹחֶה, וְאֵינוֹ נוֹתֵן לֵב עַל מַעֲשֵׂי הַחַטָּאִים, זֶה הַדָּבָר קָרוֹב לַחֲנִיפוּת; כִּי הֵם, הַחוֹטְאִים, חוֹשְׁבִים: כֵּיוָן שֶׁאֵינָם מוֹחִים בְּיָדֵינוּ וְאֵינָם מְקַנְטְרִים אוֹתָנוּ, כָּל מַעֲשֵׂינוּ הֵם טוֹבִים. וְנִצְטַוֵּינוּ לְבַעֵר הָרַע מִקִּרְבֵּנוּ, שֶׁנֶּאֱמַר: ״וּבִעַרְתָּ הָרָע מִקִּרְבֶּךָ״ (דברים יג, ו). וְאָמְרוּ רַבּוֹתֵינוּ, זִכְרוֹנָם לִבְרָכָה: כָּל מִי שֶׁאֶפְשָׁר לוֹ לִמְחוֹת עַל אַנְשֵׁי בֵיתוֹ וְאֵינוֹ מוֹחֶה, נִתְפָּס עַל אַנְשֵׁי בֵיתוֹ; בְּאַנְשֵׁי עִירוֹ וְאֵינוֹ מוֹחֶה, נִתְפָּס עַל אַנְשֵׁי עִירוֹ; בְּכָל הָעוֹלָם כֻּלּוֹ וְאֵינוֹ מוֹחֶה, נִתְפָּס עַל כָּל הָעוֹלָם

fore, one should associate only with one who fears Hashem. For if Resh Lakish would speak with someone in the marketplace, people would entrust the latter with merchandise without witnesses, for they knew for a certainty that if Resh Lakish spoke with him in the marketplace, he must be trustworthy (*Yoma* 9b). We see, then, that associating with someone can be regarded as flattering him.

The fifth category consists of one who is trusted by all men and who is heeded by all, and who sets up one of his relatives as a supervisor or a rabbi, saying about him: "I have appointed him because he is wise," when this is not the case and all rely upon him, upon his teachings and practices. Similar is the case of one who says about someone he does not know that he is trustworthy, causing people to deposit pledges with him, only to have him deny them. Our Sages of blessed memory have said (*Sanhedrin* 7b): "If one appoints an unqualified person to be a judge, it is as if he planted an *asherah* [a tree consecrated to idol worship] in Israel. And if a Torah scholar is found in that place, it is as if he planted it next to the altar." And the Holy One Blessed be He will exact retribution from those who appointed him.

The sixth category consists of one who is in a position to protest, but does not do so, and who does not take to heart the deeds of sinners. This is akin to flattery, for the sinners think: Since they do not protest and they do not rebuke us, all of our deeds must be good. And we have been commanded to remove evil from our midst, as it is written (*Devarim* 13:6): "And remove the evil from your midst." And our Sages of blessed memory have said (*Shabbos* 54b): "All those who are in a position to reprove the members of their household and do not do so are held accountable for the sins of the members of their household; those who are in a position to reprove the people of their city and do not do so, are held accountable for the

כֻּלּוֹ; שֶׁנֶּאֱמַר (ויקרא כו, לז): "וְכָשְׁלוּ אִישׁ בְּאָחִיו" (שבת נד ע"ב), וְדָרְשׁוּ רַבּוֹתֵינוּ, זִכְרוֹנָם לִבְרָכָה: אִישׁ בַּעֲוֹן אָחִיו — מְלַמֵּד, שֶׁכָּל יִשְׂרָאֵל עֲרֵבִים זֶה בָּזֶה (שבועות לט ע"א).

הַשְּׁבִיעִי — הָרוֹאֶה אֶת אַנְשֵׁי מְקוֹמוֹ עַם קְשֵׁי־עֹרֶף, וְאוֹמֵר בְּלִבּוֹ: אוּלַי לֹא יַקְשִׁיבוּ אִם אוֹכִיחֵם, וְעַל כֵּן הוּא מוֹנֵעַ מִלְּהוֹכִיחָם, גַּם זֶה חֵטְא, וַעֲוֹנוֹ יִשָּׂא, כִּי לֹא נִסָּה לְהַזְהִיר וּלְהוֹכִיחַ — אוּלַי יָשׁוּבוּ. וְעַל זֶה נֶעֶנְשׁוּ צַדִּיקִים גְּמוּרִים בַּחֻרְבָּן הָרִאשׁוֹן (עיין שבת נה ע"א). אֲבָל אִם הַדָּבָר גָּלוּי וְיָדוּעַ לַכֹּל וְנִבְחַן וְנֶחְקַר, כִּי הַחוֹטֵא שׂוֹנֵא מוּסָר וְלֹא יִשְׁמַע לְמוֹכִיחָיו, עַל זֶה נֶאֱמַר: "אַל תּוֹכַח לֵץ פֶּן יִשְׂנָאֶךָּ" (משלי ט, ח); וְאָמְרוּ: כְּשֵׁם שֶׁמִּצְוָה לוֹמַר דָּבָר הַנִּשְׁמָע, כָּךְ מִצְוָה שֶׁלֹּא לוֹמַר דָּבָר שֶׁאֵינוֹ נִשְׁמָע (יבמות סה ע"ב); וְאָמְרוּ: מוּטָב שֶׁיִּהְיוּ שׁוֹגְגִין וְאַל יִהְיוּ מְזִידִין (שבת קמח ע"ב).

הַשְּׁמִינִי — הַשּׁוֹמֵעַ מְדַבְּרֵי לְשׁוֹן הָרַע אוֹ נְבָלָה, אוֹ יוֹשֵׁב בְּסוֹד מְשַׂחֲקִים וּבוֹזֵי תּוֹרָה וּמִצְוֹת, וְיוֹדֵעַ שֶׁהֵם קְשֵׁי עֹרֶף וְלֹא יְקַבְּלוּ תוֹכָחָה, עַל כֵּן הוּא שׁוֹתֵק — גַּם זֶה יֵעָנֵשׁ, כִּי הָיָה לוֹ לַעֲנוֹת לָהֶם, שֶׁלֹּא יֹאמְרוּ כִּי הוּא כְּמוֹתָם, שֶׁהוּא מוֹדֶה לְדִבְרֵיהֶם כֵּיוָן שֶׁשּׁוֹתֵק. כִּי הוּא חַיָּב לִגְעֹר בָּהֶם, לָתֵת גְּדֻלָּה לַתּוֹרָה וְלַמִּצְוֹת, וּלְקַנֵּא לִכְבוֹד הַצַּדִּיק שֶׁהִרְשִׁיעוּ. וְזֶה אֶחָד מִן הַדְּבָרִים שֶׁבַּעֲבוּרָם חַיָּב הָאָדָם לַעֲזֹב חֶבְרַת הָרְשָׁעִים, כִּי הוּא נֶעֱנָשׁ כְּשֶׁשּׁוֹמֵעַ

sins of the people of their city; and those who are in a position to reprove all men and do not do so, are held accountable for the sins of all men." For it is written (*Vayikra* 26:37): "And they shall stumble one upon the other," which our Rabbis of blessed memory interpreted as "one, for the transgression of the other" — wherein we are taught that all Israel is responsible one for the other (*Shavuos* 39a).

The seventh category consists of one who sees the people of his place to be stiff-necked, but who says in his heart: Perhaps they will not listen if I rebuke them. Therefore, he abstains from rebuking them. This, too, is a sin, and he will bear his transgression for not having attempted to exhort and rebuke them on the possibility of their repenting. And for this the completely righteous were punished in the First Destruction (see *Shabbos* 55a). But if it is evident and known to all and tested and confirmed that the sinner hates instruction and will not listen to his reprovers, about this it is written (*Mishlei* 9:8): "Do not reprove the mocker, lest he hate you." And they have said (*Yevamos* 65b): "Just as it is a mitzvah to say what will be heeded, so is it a mitzvah not to say what will not be heeded," and (*Shabbos* 148b): "It is better that they sin unintentionally than that they sin intentionally."

The eighth category consists of one who hears speakers of slander or profanity, or who sits in the midst of scoffers and shamers of Torah and mitzvos, and knowing them to be stiff-necked and scorners of reproof keeps quiet. He, too, will be punished, for he should have answered them so that it not be said that his silence indicated that he was like the speakers, in accord with their words. He should have rebuked them to ascribe greatness to Torah and mitzvos and to be zealous for the honor of the righteous man that they maligned. This is one of the reasons for which it is incumbent upon a man to leave the company

דִּבְרֵיהֶם הָרָעִים תָּמִיד וְהוּא אֵינוֹ יָכוֹל לַעֲנוֹתָם. וְדָבָר זֶה מְפֹרָשׁ בְּדִבְרֵי שְׁלֹמֹה, עָלָיו הַשָּׁלוֹם: "אַל תְּקַנֵּא בְּאַנְשֵׁי רָעָה וְאַל תִּתְאָו לִהְיוֹת אִתָּם כִּי שֹׁד יֶהְגֶּה לִבָּם וְעָמָל שִׂפְתֵיהֶם תְּדַבֵּרְנָה" (משלי כד, א־ב); רָצָה לוֹמַר, שֶׁתִּשָּׂא חַטָּאתָם כִּי תִשְׁמַע דִּבְרֵיהֶם הָרָעִים תָּמִיד וְתִהְיֶה כְמַחֲרִישׁ.

הַתְּשִׁיעִי — הַמְכַבֵּד אֶת הָרְשָׁעִים מֵחֲמַת דֶּרֶךְ שָׁלוֹם.

אָמְנָם לֹא יְדַבֵּר טוֹב עַל הָרָשָׁע, וְלֹא יִתְנַהֵג בִּכְבוֹדוֹ עַל דֶּרֶךְ שֶׁיַּחְשְׁבוּ בְנֵי אָדָם שֶׁהוּא נִכְבָּד בְּעֵינָיו, כִּי לֹא יַחֲלֹק לוֹ כָבוֹד אֶלָּא כְדֶרֶךְ בְּנֵי אָדָם הַמְכַבְּדִים הָעֲשִׁירִים מִדֶּרֶךְ סִלְסוּל וּלְתִקְוַת תּוֹעֶלֶת בַּעֲבוּר כִּי צָלְחָה דַרְכָּם, וְלֹא מִפְּנֵי חִין עֶרְכָּם. וְאַף בָּזֶה יֵשׁ חֵטְא וְאַשְׁמָה, כִּי אִם הֻתַּר לְכַבֵּד הָעֲשִׁירִים, לֹא כֵן הָרְשָׁעִים, כִּי לֹא הֻתַּר לְכַבֵּד הָרְשָׁעִים אֶלָּא מֵחֲמַת מוֹרָא, שֶׁיִּרָא שֶׁיַּזִּיק לוֹ הָרָשָׁע וְיִגְרֹם לוֹ הֶפְסֵד בִּזְמַן שֶׁיַּד הָרְשָׁעִים תַּקִּיפָה, עַל כֵּן הֻתַּר לְכַבְּדוֹ כְּדֶרֶךְ שֶׁמְּכַבְּדִים בְּנֵי אָדָם בַּעֲלֵי זְרוֹעַ מִפַּחַד וְאֵימָה, בְּקִימָה וְהִדּוּר וְהַדּוֹמֶה לָהֶם, אַךְ לֹא יְשַׁבְּחֶנּוּ וְלֹא יְדַבֵּר עָלָיו טוֹב בִּפְנֵי בְנֵי אָדָם. וְכֵן אָמְרוּ רַבּוֹתֵינוּ, זִכְרוֹנָם לִבְרָכָה: מֻתָּר לְהַחֲנִיף אֶת הָרְשָׁעִים בָּעוֹלָם הַזֶּה (סוטה מא ע"ב). וְיֵשׁ רְשָׁעִים שֶׁאֵין מַחֲנִיפִים לָהֶם; מִנַּיִן? מִמָּרְדֳּכַי, שֶׁאָמְרוּ לוֹ: הַחֲנֵף לְהָמָן! וְהֵשִׁיב לָהֶם: "לֹא תִדְרֹשׁ שְׁלֹמָם וְטֹבָתָם" (דברים כג, ז). וְהָיוּ אוֹמְרִים לוֹ: שָׁנוּ רַבּוֹתֵינוּ: מַחֲנִיפִים אֶת הָרְשָׁעִים מִפְּנֵי דַרְכֵי שָׁלוֹם!? וְלֹא קִבֵּל עָלָיו, כִּדְכְתִיב: "וְלֹא קָם וְלֹא זָע מִמֶּנּוּ" (אסתר ה, ט).

וְיַחֲנִיף אָדָם לְאִשְׁתּוֹ, מִשּׁוּם שְׁלוֹם בַּיִת; **לְבַעַל חוֹבוֹ**, שֶׁלֹּא יִלְחָצֶנּוּ; **לְרַבּוֹ**, שֶׁיְּלַמְּדֶנּוּ

of the wicked, for he will be punished in always listening to their evil words and in not being able to answer them. This is explicitly stated by King Shelomo, may peace be upon him (*Mishlei* 24:1-2): "Do not be envious of evil men, nor desire to be with them. For their hearts study destruction and their lips talk of wrong." That is, you will bear their sin in constantly hearing their evil words and remaining silent.

The ninth category consists of one who honors the wicked by way of courtesy. He does not speak well of the wicked man and he does not honor him in such a way as to lead others to believe that he respects him, or he will apportion him honor only in the manner that men honor the rich, by way of "preening" and expectation of gain because their ways have prospered and not because of their intrinsic worth. But herein, too, lies sin and wrongdoing, for though it is permitted to honor the rich, it is not so with the wicked. It is permitted to honor the wicked only on the grounds of fear, fear that they will cause injury or loss at a time that they have the upper hand. It was thus permitted to honor them as men honor the powerful, out of fear and fright by standing, deferring, and the like, but it was not permitted to praise them or to speak well of them to others. And thus have our Rabbis of blessed memory said (*Sotah* 41b): "It is permitted to flatter the wicked in this world." And there are some wicked men whom it is not permitted to flatter, as we find in the case of Mordechai, who was told: "Flatter Haman," and who replied (*Devarim* 23:7): "Do not seek their peace or their good." And even when he was told: "Our Rabbis taught that it is permitted to flatter the wicked to keep the peace," he refused to accept it, as it is written (*Esther* 5:9): "And he did not stand or stir for him."

A man should flatter his wife to preserve household harmony; his creditor, that he not press him; and his teacher,

תּוֹרָה (ילקוט שמעוני, קונטרס אחרון, מאמרי "ילמדנו" פסקה כח). וּמִצְוָה גְדוֹלָה לְהַחֲנִיף לְתַלְמִידָיו וְלַחֲבֵרָיו כְּדֵי שֶׁיִּלְמְדוּ, וְיִשְׁמְעוּ לִדְבָרָיו לְקַבֵּל תּוֹכַחְתּוֹ לְקַיֵּם הַמִּצְווֹת. וְכֵן לְכָל אָדָם שֶׁהוּא סָבוּר שֶׁיְּמַשְׁכֶנּוּ אֵלָיו, שֶׁיִּשְׁמַע לוֹ לְקַיֵּם הַמִּצְווֹת, וְאִם יָבוֹא עָלָיו בְּכַעַס לֹא יִשְׁמַע לוֹ, אֶלָּא בַּחֲנִיפוּת יְקַבֵּל תּוֹכַחְתּוֹ — מִצְוָה גְדוֹלָה לְהַחֲנִיף לוֹ, כְּדֵי לְהוֹצִיא יָקָר מִזּוֹלֵל. כִּי יֵשׁ אָדָם שֶׁאֵינוֹ מְקַבֵּל תּוֹכָחָה בִּגְעָרָה, אֶלָּא בְּנַחַת, שֶׁנֶּאֱמַר: "דִּבְרֵי חֲכָמִים בְּנַחַת נִשְׁמָעִים" (קהלת ט, יז); וְיֵשׁ שֶׁצָּרִיךְ גְּעָרָה, שֶׁנֶּאֱמַר: "תֵּחַת גְּעָרָה בְמֵבִין" (משלי יז, י); וְיֵשׁ בְּמַלְקוֹת, שֶׁנֶּאֱמַר: "וּמַהֲלֻמוֹת לְגֵו כְּסִילִים" (שם יט, כט); וְיֵשׁ אֲפִלּוּ בְּהַכָּאוֹת לֹא יוֹעִיל, שֶׁנֶּאֱמַר: "מֵהַכּוֹת כְּסִיל מֵאָה" (שם יז, י) — אִם כֵּן, מַה נַּעֲשֶׂה לוֹ? אֵין לוֹ תַקָּנָה, אֶלָּא תְגָרְשֵׁהוּ.

וְיֵשׁ חֲנִיפוּת רָעָה מְאֹד, כְּגוֹן אָדָם הַמַּחֲנִיף לַחֲבֵרוֹ וּמְדַבֵּר עִמּוֹ דְּבָרִים מְתוּקִים כְּדֵי שֶׁיִּסְמֹךְ עָלָיו וְיַאֲמִין לוֹ, וְאַחַר שֶׁיַּאֲמִין לוֹ וְיִסְמֹךְ עָלָיו, הוֹלֵךְ עִמּוֹ בְּרַמָּאוּת, וְזֶה כָּעִנְיָן שֶׁנֶּאֱמַר: "כִּי חִנָּם מְזֹרָה הָרָשֶׁת בְּעֵינֵי כָּל בַּעַל כָּנָף וְהֵם לְדָמָם יֶאֱרֹבוּ יִצְפְּנוּ לְנַפְשֹׁתָם" (משלי א, יז-יח); פֵּרוּשׁ הַפָּסוּק כָּךְ הוּא: כִּי הַצַּיָּדִים-עוֹפוֹת זוֹרְקִים חִטִּים בָּרֶשֶׁת, וּבָאִים עוֹפוֹת לֶאֱכֹל הַחִטִּים עַל הָרֶשֶׁת, וְאָז יִהְיוּ נְצוּדִים, וְלָזֶה דּוֹמֶה הֶחָנֵף הַזֶּה. וְאָסְרוּ הַחֲכָמִים לְהַחֲנִיף וְאָמְרוּ, שֶׁלֹּא יִשְׁלַח אָדָם דּוֹרוֹן לַחֲבֵרוֹ וְיוֹדֵעַ שֶׁאֵינוֹ מְקַבֵּל, אוֹ יִקְרָא לַחֲבֵרוֹ לֶאֱכֹל אֶצְלוֹ וְיוֹדֵעַ שֶׁאֵינוֹ אוֹכֵל; וְכֵן אִם אָדָם רוֹצֶה לִפְתֹּחַ חָבִית יַיִן לִמְכֹּר, וּבָא חֲבֵרוֹ לִקְנוֹת יַיִן, לֹא יֹאמַר לוֹ: אֲנִי רוֹצֶה לִפְתֹּחַ חָבִית עֲבוּרְךָ. וְכָל זֶה וְכַיּוֹצֵא בָזֶה נִקְרָא גְּנֵבַת דַּעַת, וְאָסְרוּ חֲכָמִים,

that he teach him Torah. And it is a great mitzvah to flatter one's students and friends so that they learn and listen to his words, to accept his rebuke toward the fulfillment of the mitzvos. Similarly, any man that one thinks he can draw to himself to listen to him to fulfill the mitzvos, who will not respond to severity, but who will accept his chastisement if flattered — it is a great mitzvah to flatter such a man, to extract what is precious from what is base. For there are some men who accept chastisement not through rebuke but through gentle speech, as it is written (*Koheles* 9:17): "The words of the wise, spoken gently, are heard." And there are some who must be rebuked, as it is written (*Mishlei* 17:10): "A rebuke enters more deeply into an understanding man." And there are some who require stripes, as it is written (ibid. 19:29): "And stripes to the back of fools." And there are some who even blows will not help, as it is written (ibid. 17:10): "Than one hundred blows to the fool." If so, what can be done with him? There is no remedy for him but banishment.

And there is an extremely evil variety of flattery, flattering one and saying sweet things to him to gain his confidence and trust, and afterwards dealing deceitfully with him. This is the intent of (ibid. 1:17-18): "For in vain is the net spread in the eyes of all winged things; and they lie in wait for their blood. They lurk for their lives." That is, the fowlers scatter kernels in the net, which the birds come to eat upon the net and they are trapped. So it is with this type of flatterer. Our Sages forbade flattery, saying (*Chullin* 94a) that one should not send his fellowman a gift if he knows that he will not accept it, and that he should not call him to dine with him if he knows that he will not do so. Likewise, if one wishes to open a keg of wine in order to sell it, and his friend comes to buy wine, he should not tell him: "I want to open this keg for you." All this and everything like it is called "stealing one's mind," and our

זִכְרוֹנָם לִבְרָכָה, לְהַחֲנִיף וְלִגְנֹב דַּעַת הַבְּרִיּוֹת, וַאֲפִלּוּ דַּעְתּוֹ שֶׁל גּוֹי (חולין צד ע"א).

אָמַר רַבִּי שִׁמְעוֹן בֶּן חֲלַפְתָּא: מִיּוֹם שֶׁגָּבְרָה אֶגְרוֹפָהּ שֶׁל חֲנֻפָּה, נִתְעַוְּתוּ הַדִּינִים וְנִתְקַלְקְלוּ הַמַּעֲשִׂים, וְלֹא הָיָה אָדָם יָכוֹל לוֹמַר לַחֲבֵרוֹ: מַעֲשַׂי גְּדוֹלִים מִמַּעֲשֶׂיךָ. אָמַר רַבִּי אֶלְעָזָר: כָּל אָדָם שֶׁיֵּשׁ בּוֹ חֲנֻפָּה, מֵבִיא אַף לָעוֹלָם, שֶׁנֶּאֱמַר: "וְחַנְפֵי לֵב יָשִׂימוּ אָף" (איוב לו, יג), וְלֹא עוֹד, אֶלָּא שֶׁאֵין תְּפִלָּתוֹ נִשְׁמַעַת, שֶׁנֶּאֱמַר: "לֹא יְשַׁוְּעוּ כִּי אֲסָרָם" (שם), וַאֲפִלּוּ עֻבָּרִים שֶׁבִּמְעֵי אִמָּם מְקַלְּלִים אוֹתוֹ, וְהוּא נוֹפֵל בְּגֵיהִנֹּם. וְכָל הַמַּחֲנִיף לְרָשָׁע, סוֹפוֹ נוֹפֵל בְּיָדוֹ, וְאִם אֵינוֹ נוֹפֵל בְּיָדוֹ, נוֹפֵל בְּיַד בְּנוֹ, וְאִם אֵינוֹ נוֹפֵל בְּיַד בְּנוֹ, נוֹפֵל בְּיַד בֶּן בְּנוֹ (סוטה מא ע"ב). כָּל עֵדָה שֶׁיֵּשׁ בָּהּ חֲנֻפָּה, מְאוּסָה כַּנִּדָּה וּלְבַסּוֹף גּוֹלָה (שם מב ע"א).

לָכֵן, יִתְרַחֵק אָדָם מִן הַחֲנֻפָּה, וְלֹא יַחֲנִיף לְאָדָם לְהַחֲזִיק בְּרִשְׁעוֹ; גַּם אִם יֵשׁ לוֹ לְקַבֵּל טוֹבוֹת הַרְבֵּה מִמֶּנּוּ, לֹא יַחֲנִיף לוֹ. לֹא יַחֲנִיף לִקְרוֹבוֹ וְלֹא לְבָנָיו בִּזְמַן שֶׁאֵינָם הוֹלְכִים בְּדֶרֶךְ טוֹבָה, כִּי כַּמָּה בְנֵי אָדָם עוֹמְדִים בְּרִשְׁעָם, מֵחֲמַת שֶׁרוֹאִים שֶׁאֵין לָהֶם בּוּשָׁה עֲבוּר דַּרְכֵיהֶם הַמְכֹעָרוֹת, וַעֲבוּר שֶׁרוֹאִים שֶׁמַּחֲנִיפִים לָהֶם. וְאֵין דָּבָר בָּעוֹלָם הַנּוֹעֵל פִּתְחֵי הַתְּשׁוּבָה כְּמוֹ הַחֲנִיפוּת.

מַעֲשֶׂה בְּאָדָם אֶחָד, כָּשֵׁר, שֶׁהָיְתָה לוֹ בַּת לְהַשִּׂיא, וְהָיוּ בְּעִירוֹ שְׁנֵי בְנֵי אָדָם, אֲשֶׁר כָּל אֶחָד חָפֵץ לִשָּׂא בִתּוֹ. וְהָלַךְ הָאָדָם הַכָּשֵׁר וּבִקֵּשׁ מֵאָדָם אֶחָד לַעֲשׂוֹת עִמּוֹ מְרִיבָה, וּלְבַסּוֹף יִקַּח אוֹתָם שְׁנַיִם לָדוּן בֵּינֵיהֶם, כְּדֵי לְנַסּוֹתָם, וְעָשׂוּ כָךְ. וְאוֹתָם הַשְּׁנַיִם — אֶחָד מֵהֶם הָיָה מַחֲנִיף לְאוֹתוֹ אָדָם כָּשֵׁר, כְּדֵי שֶׁיַּשִּׂיאוֹ בִתּוֹ, וְהָיָה מְזַכֶּה אוֹתוֹ בְּכָל דְּבָרָיו. וְאָז

Sages of blessed memory have forbidden us to flatter and to steal the minds of men, even the minds of gentiles (ibid.).

Rabbi Shimon ben Chalafta said (*Sotah* 41b): "From the day that the fist of flattery grew strong, laws were perverted, deeds were rendered defective, and no one could say to his fellowman: 'My deeds are greater than yours.'" Rabbi Elazar said: "All men who have flattery in them bring wrath to the world, as it is written (*Iyov* 36:13): 'And those who have flattery in their hearts will bring down wrath.'" What is more, their prayers will not be heard, as it is written (ibid.): "Their prayers will not avail them when they are afflicted." Even fetuses in their mothers' wombs curse them, and they fall into Gehinnom. All who flatter a wicked man, in the end fall into his hand; and if not into his hand, then into the hand of his son; and if not into his son's hand, then into the hand of his grandson. Every community that has in it flattery is as despised as a *niddah* and in the end is exiled (*Sotah* 42a).

Therefore, one should remove himself from flattery and not flatter a man to confirm him in his evil, though he stands to gain many favors from him. He should flatter neither his relative nor his children when they are not walking in the right path, for many remain evil because they see no shame accruing to them for their ugly ways and because they see themselves being flattered. And there is nothing like flattery to lock the doors of repentance.

It once happened that a certain virtuous man had a daughter to marry off, and there were two suitors for her hand. The father went and asked someone to stir up a quarrel with him, so as to ask these two suitors to judge between them, in order to try them. They did so and one of the suitors flattered the father so that he could win his daughter, and he pronounced him right on every point. But the father gave his daughter to the other, who faulted

נָתַן בִּתּוֹ לְאוֹתוֹ שֶׁהָיָה מְחַיֵּב אוֹתוֹ, כִּי אָמַר: וַדַּאי הוּא אָדָם טוֹב, שֶׁלֹּא הֶחֱנִיף לִי וְלֹא נָשָׂא לִי פָּנִים.

לָכֵן, מִי שֶׁהוּא פַּרְנָס אוֹ דַּיָּן אוֹ גַּבַּאי צְדָקָה, צָרִיךְ שֶׁלֹּא יְהֵא חָנֵף, כִּי אִם יַחֲנִיף הַפַּרְנָס לְשׁוּם אָדָם, וְלֹא יוֹכִיחוֹ לַעֲשׂוֹת הַטּוֹב וְלָסוּר מִן הָרָע, אָז יִהְיוּ כָּל הַקָּהָל מְקַלְקְלִים, כִּי כָּל אֶחָד יֹאמַר: הַפַּרְנָס מַחֲנִיף לִפְלוֹנִי! וְלֹא יְקַבֵּל תּוֹכַחְתּוֹ. וְכֵן דַּיָּן הַמַּחֲנִיף לְאֶחָד מִבַּעֲלֵי הַדִּינִים, אָז יִסְתַּתְּמוּ דִּבְרֵי הַשֵּׁנִי וְלֹא יֵדַע לִטְעֹן כַּאֲשֶׁר רָאוּי לוֹ, נִמְצָא שֶׁלֹּא יֵצֵא הַדִּין לַאֲמִתּוֹ. וְכֵן גַּבָּאֵי צְדָקָה הַמַּחֲנִיפִים, וְיִתְּנוּ צְדָקָה לְאֶחָד הַמַּחֲנִיף לָהֶם אוֹ שֶׁהֵם מַחֲנִיפִים לוֹ, וְיִתְּנוּ לוֹ אַף אִם אֵינוֹ רָאוּי לְכָךְ. לָכֵן צָרִיךְ הַצַּדִּיק לְהִתְרַחֵק מְאֹד מִן הַחֲנִיפוּת, שֶׁלֹּא יַחֲנִיף וְלֹא יְקַבֵּל הַחֲנִיפוּת מֵאֲחֵרִים, וְיִזָּהֵר מְאֹד כְּשֶׁיַּעֲשֶׂה מַעֲשִׂים טוֹבִים, שֶׁלֹּא יִתְכַּוֵּן בָּהֶם לְהַחֲנִיף לַאֲחֵרִים, אֶלָּא לְשֵׁם שָׁמַיִם בִּלְבָד.

וְהַגְּרוּעָה שֶׁבְּכָל הַחֲנִיפוּת — הַמַּחֲנִיף לַחֲבֵרוֹ כְּדֵי לְהַחֲטִיאוֹ, כְּגוֹן שֶׁיֵּשׁ לוֹ מַחֲלֹקֶת עִם בְּנֵי אָדָם וְאֵין הַדִּין עִמּוֹ, וְהוּא מַחֲנִיף לִבְנֵי אָדָם לְסַיֵּעַ לוֹ וּלְחַזֵּק טָעוּתוֹ; אוֹ מִי שֶׁהוּא רוֹדֵף אַחַר עֲבֵרוֹת, כְּגוֹן זְנוּת וּשְׁאָר רָעוֹת, וְהוּא מַחֲנִיף לַחֲבֵרוֹ כְּדֵי שֶׁיַּעֲשֶׂה כָּמוֹהוּ. יָרָבְעָם בֶּן נְבָט זָכָה לִמְלוּכָה בִּשְׁבִיל שֶׁלֹּא הֶחֱנִיף לִשְׁלֹמֹה, אֶלָּא הוֹכִיחוֹ עַל עִנְיַן בִּנְיַן מִלּוֹא (ראה סנהדרין קא ע"ב).

הָרוֹצֶה לְהִנָּצֵל מִן הַחֲנִיפוּת, יִזָּהֵר לְהַרְחִיק עַצְמוֹ מִן הַכָּבוֹד, כִּי מִי שֶׁאֵינוֹ חוֹשֵׁשׁ לְהִתְכַּבֵּד, לֹא יִצְטָרֵךְ לְהַחֲנִיף. וְגַם צָרִיךְ לְהִזָּהֵר שֶׁלֹּא יֵהָנֶה מֵאֲחֵרִים, כִּי רֹב הַמַּחֲנִיפִים, מַחֲנִיפִים לְאָדָם שֶׁסְּבוּרִים שֶׁתִּהְיֶה לָהֶם הֲנָאָה מִמֶּנּוּ. לָכֵן מִי שֶׁמִּתְרַחֵק מֵאֵלּוּ שְׁנֵי הַדְּבָרִים, הֲנָאָה

him, saying: "He must be a good man if he did not flatter me and favor me."

Therefore, one who is a *parnas* [community leader], or a judge, or a disburser of charity must not be a flatterer. For if the *parnas* flatters someone instead of reproving him to do good and turn away from evil, the entire community will be spoiled, for each one will say: "The *parnas* flattered that man," and they will not accept his reproof. Similarly, if a judge flatters one of the litigants, the other will feel himself muzzled, he will not be able to present his case clearly, and a true verdict will not be reached. The same holds true with disbursers of charity who flatter and give charity to one who flatters them, or who flatter him and give him charity even though he is not deserving of it. Therefore, the righteous man must keep himself very far from flattery, neither to flatter others nor to accept flattery from them. And one must take great care in doing good deeds not to intend to flatter others through them, but to do them for the sake of Heaven alone.

The worst of all flatteries is flattering others to cause them to sin, as in the case of one having a dispute with someone and being in the wrong, and flattering others to aid him and thus confirm him in his wrong, or as in one's pursuing transgressions, such as illicit relations and other such evils and flattering others so that they do the like. Yaravam ben Nevat merited becoming a king for not having flattered Shelomo, but having rebuked him for the building of the Milo (see *Sanhedrin* 101b).

One who wishes to escape the sin of flattery should take care to keep himself far from honor, for one who is not solicitous of honor will not need to flatter. One must also take care not to derive benefit from others, for most of those who flatter do so in expectation of some benefit from those they flatter. Therefore, one who keeps himself far from these two things — desire of benefit and honor

וְכָבוֹד, נִצּוֹל מִכַּמָּה עֲבֵרוֹת. כִּי כַמָּה בְנֵי אָדָם עוֹשִׂים מַעֲשִׂים טוֹבִים כְּדֵי שֶׁיְּקַבְּלוּ כָבוֹד מִבְּנֵי אָדָם, וְזֶה הָעִנְיָן מְקַלְקֵל כָּל עֲבוֹדַת הָאָדָם. כִּי כַמָּה בְנֵי אָדָם שֶׁהֵם מִתְפַּלְּלִים וְיֵשׁ לָהֶם קוֹל עָרֵב, וּמְהַרְהֲרִים בְּלִבָּם בִּשְׁעַת הַתְּפִלָּה: כַּמָּה קוֹלִי עָרֵב הוּא, וּבְנֵי אָדָם נֶהֱנִים מִמֶּנִּי שֶׁשּׁוֹמְעִים אוֹתִי! וְכֵן דַּרְכּוֹ שֶׁל יֵצֶר הָרָע, עוֹשֶׂה כֵּן לְכָל הַמִּצְווֹת, לְהַפִּיל הָאָדָם בְּרִשְׁתּוֹ, שֶׁלֹּא יִהְיוּ מַעֲשָׂיו לְשֵׁם שָׁמַיִם. וְכֵן לְעִנְיַן הַהֲנָאָה: מִי שֶׁנֶּהֱנֶה מֵחֲבֵרוֹ, אֲפִלּוּ אִם יִרְאֵהוּ שֶׁעוֹבֵר עַל כָּל הָעֲבֵרוֹת שֶׁבָּעוֹלָם, לֹא יְהֵא רַשַּׁאי לְהוֹכִיחוֹ, כִּי יָרֵא שֶׁלֹּא יְהַנֵּהוּ עוֹד. וְעִנְיַן הַהוּא (תחלת) תְּקָלַת קְצָת חַכְמֵי הַדּוֹר הַזֶּה, כִּי הֵם רוֹדְפִים לֶהֱנוֹת מִן הָעָם, עַל כֵּן יַחֲנִיפוּ לָהֶם, כְּדֵי שֶׁיַּחֲזִיקוּ אוֹתָם בְּחֶזְקַת גְּדֻלָּה. וְלֹא דַי שֶׁאֵינָם מוֹכִיחִים אוֹתָם עַל עִנְיְנֵיהֶם, אֶלָּא מִתּוֹךְ שֶׁהֵם מַחֲנִיפִים לָהֶם, הֵם עַצְמָם אוֹחֲזִים מַעֲשֵׂיהֶם וְנִמְשָׁכִים אַחֲרֵיהֶם.

דֶּרֶךְ בְּרִיָּתוֹ שֶׁל אָדָם, לִהְיוֹת נִמְשָׁךְ בְּדֵעוֹתָיו וּבְמַעֲשָׂיו אַחַר רֵעָיו וַחֲבֵרָיו וְנוֹהֵג כְּמִנְהַג אַנְשֵׁי מְדִינָתוֹ, וְאֵיךְ שֶׁהֵם עוֹשִׂים יַעֲשֶׂה גַּם הוּא. לְפִיכָךְ צָרִיךְ הָאָדָם לְהִתְחַבֵּר לְצַדִּיקִים וְלֵישֵׁב אֵצֶל הַחֲכָמִים תָּמִיד, כְּדֵי שֶׁיִּלְמַד מִמַּעֲשֵׂיהֶם — וְיִתְרַחֵק מִן הָרְשָׁעִים הַהוֹלְכִים בַּחֹשֶׁךְ, כְּדֵי שֶׁלֹּא יִלְמַד מִמַּעֲשֵׂיהֶם; וְהוּא שֶׁשְּׁלֹמֹה הַמֶּלֶךְ, עָלָיו הַשָּׁלוֹם, אוֹמֵר: "הוֹלֵךְ אֶת חֲכָמִים יֶחְכָּם וְרֹעֶה כְסִילִים יֵרוֹעַ" (משלי יג, כ), וְאוֹמֵר: "אַשְׁרֵי הָאִישׁ אֲשֶׁר לֹא הָלַךְ בַּעֲצַת רְשָׁעִים" (תהלים א, א). וְכֵן אִם הָיָה בִּמְדִינָה שֶׁמִּנְהֲגֶיהָ רָעִים וְאֵין אֲנָשֶׁיהָ הוֹלְכִים בְּדֶרֶךְ יְשָׁרָה, יֵלֵךְ לְמָקוֹם שֶׁאֲנָשֶׁיהָ צַדִּיקִים וְנוֹהֲגִים בְּדֶרֶךְ טוֹבִים. וְאִם כָּל הַמְּדִינוֹת

— will be saved from many transgressions. For many men do good deeds in order to be honored by others, and this spoils all of one's Divine service. Many men who have a pleasant voice think while praying: How pleasant my voice is, and how pleasing it must be to those who are listening to me. This is the way of the evil inclination. He does so with all of the mitzvos to fling a man into his net, that his acts not be for the sake of Heaven. The same applies in relation to the derivation of benefit. One who derives benefit from his fellowman, though he sees him doing all the transgressions in the world, will not permit himself to rebuke him, fearing that he will not benefit from him again. And this is an area in which some of the Sages of our generation have gone astray. They pursue the derivation of benefit from the populace and, therefore, flatter them, to continue to be maintained in their eminent positions. And it is not enough that they do not rebuke them for their wrongs, but because they flatter them, they themselves adhere to their deeds and are drawn after them.

It is man's nature to be drawn after the opinions and practices of his friends and fellowmen and to follow the customs of his community, to do as they do. Therefore, one should associate with the righteous and dwell always among Sages in order to learn from their deeds; and he should keep far from the wicked who walk in darkness in order not to learn from their deeds. As was stated by King Shelomo, may peace be upon him (*Mishlei* 13:20): "He who walks with wise men will be wise, but the companion of fools will come to ill." And it is written (*Tehillim* 1:1): "Happy is the man who did not walk in the counsel of the wicked." Thus, if one finds himself in a community whose customs are evil and whose members do not follow the right path, he should go to a place where the people are righteous and customs are virtuous. And if all of the communities that he knows or has heard of do not conduct

שֶׁהוּא יוֹדְעָן וְשׁוֹמֵעַ שְׁמוּעָתָן, נוֹהֲגוֹת בְּדֶרֶךְ לֹא טוֹבָה, אוֹ אֵינוֹ יָכוֹל לָלֶכֶת לִמְדִינָה שֶׁמִּנְהֲגֶיהָ טוֹבִים, מִפְּנֵי הַגְּיָסוֹת אוֹ מִפְּנֵי הַחֹלִי, יֵשֵׁב לְבַדּוֹ יְחִידִי, כָּעִנְיָן שֶׁנֶּאֱמַר: "יֵשֵׁב בָּדָד וְיִדֹּם כִּי נָטַל עָלָיו" (איכה ג, כח). וְאִם הֵם רָעִים וְחַטָּאִים, שֶׁאֵין מַנִּיחִים אוֹתוֹ לֵישֵׁב בַּמְּדִינָה אֶלָּא אִם כֵּן מִתְעָרֵב עִמָּהֶם וְנוֹהֵג בְּמִנְהָגָם הָרָע, יֵצֵא לִמְעָרוֹת וְלַחֲוָחִים וּלְמִדְבָּרוֹת, וְאַל יַנְהִיג עַצְמוֹ בְּדֶרֶךְ חַטָּאִים, כָּעִנְיָן שֶׁנֶּאֱמַר: "מִי יִתְּנֵנִי בַמִּדְבָּר מְלוֹן אֹרְחִים" (ירמיה ט, א).

themselves correctly, or if he cannot go to such a community because of marauding bands or because of sickness, he should dwell in solitude, as it is written (*Eichah* 3:28): "Let him sit alone and be silent, for he has taken it upon himself." And if the members of his community are so evil and sinful that they do not allow him to remain there unless he mixes with them and follows their ways, then he should go out to caves, or rocky clefts, or deserts and not follow the ways of sinners, as it is written (*Yirmeyahu* 9:1): "Who would give me in the wilderness a wayfarer's lodging!"

שַׁעַר עֶשְׂרִים וַחֲמִשָּׁה

שַׁעַר לָשׁוֹן הָרָע

לָשׁוֹן הָרָע, הוּא הַמְסַפֵּר בִּגְנוּת חֲבֵרוֹ אַף עַל פִּי שֶׁאוֹמֵר אֱמֶת. אֲבָל הָאוֹמֵר שֶׁקֶר, נִקְרָא "מוֹצִיא שֵׁם רָע". אֲבָל "בַּעַל לָשׁוֹן הָרָע", זֶה שֶׁיּוֹשֵׁב וְאוֹמֵר: כָּךְ וְכָךְ עָשָׂה פְלוֹנִי, וְכָךְ וְכָךְ הָיוּ אֲבוֹתָיו, וְכָךְ וְכָךְ שָׁמַעְתִּי עָלָיו, וְאוֹמֵר דְּבָרִים שֶׁל גְּנַאי, עָלָיו הַכָּתוּב אוֹמֵר: "יַכְרֵת יְיָ כָּל שִׂפְתֵי חֲלָקוֹת לָשׁוֹן מְדַבֶּרֶת גְּדֹלוֹת" (תהלים יב, ד).

אָמְרוּ רַבּוֹתֵינוּ, זִכְרוֹנָם לִבְרָכָה: כָּל הַמְסַפֵּר לָשׁוֹן הָרָע כְּאִלּוּ כָפַר בָּעִקָּר, שֶׁנֶּאֱמַר (תהלים יב, ה): "אֲשֶׁר אָמְרוּ לִלְשֹׁנֵנוּ נַגְבִּיר שְׂפָתֵינוּ אִתָּנוּ מִי אָדוֹן לָנוּ" (ערכין טו ע"ב). וְלָכֵן חֲשָׁבוּהוּ כְּאִלּוּ כָפַר בָּעִקָּר, כִּי הוּא עוֹשֶׂה רָעָה גְדוֹלָה לַחֲבֵרוֹ, שֶׁהוּא מַבְאִישׁ רֵיחוֹ בְּעֵינֵי הָעָם וּבִשְׁאָר הֶפְסֵדוֹת, וְאֵין לוֹ רֶוַח לְבַעַל הַלָּשׁוֹן; וּבְוַדַּאי הָרָגִיל בְּלָשׁוֹן הָרָע פָּרַק עֹל שָׁמַיִם מֵעָלָיו, כִּי הוּא חוֹטֵא בְלִי הֲנָאָה, וְהוּא רַע יוֹתֵר מִגַּנָּב וְנוֹאֵף, שֶׁהֵם רוֹדְפִים אַחַר הֲנָאָתָם (שוחר טוב קכ, ג); וְאֵין פְּרִיקַת עֹל כְּמוֹ לָשׁוֹן הָרָע. וְעוֹד אָמְרוּ רַבּוֹתֵינוּ, זִכְרוֹנָם לִבְרָכָה: שְׁקוּלָה לָשׁוֹן הָרָע כְּנֶגֶד עֲבוֹדָה זָרָה וְגִלּוּי עֲרָיוֹת וּשְׁפִיכוּת דָּמִים (ערכין טו ע"ב). וְדָבָר זֶה תֵּמַהּ מְאֹד, שֶׁשְּׁקוּלָה לָשׁוֹן הָרָע כְּנֶגֶד אֵלּוּ

THE TWENTY-FIFTH GATE

The Gate of Slander

Slander is speaking ill of one's neighbor, even though speaking the truth; but speaking falsely of him is referred to as "bringing forth an evil name." The slanderer sits and says: "Thus and thus did this man do, and such and such were his ancestors, and this and this have I heard about him," uttering defamatory remarks. About such a one Scripture states (*Tehillim* 12:4): "Let Hashem cut off all smooth-talking lips, the tongue that speaks haughtily."

Our Sages of blessed memory have said (*Arachin* 15b): "If one speaks slander, it is as if he denies God, as it is written (*Tehillim* 12:5): 'Who have said: "Our tongue will we make mighty, our lips are with us: who is lord over us?"'" They account him as one who denies God because he brings about great evil to his neighbor by demeaning him in the eyes of the populace or by detracting from him in other ways. And he gains nothing whatsoever from this. Certainly, one who is given to slander removes from himself the yoke of Heaven, for he sins without pleasure and is worse than a thief or an adulterer, who pursue pleasure (*Shochar Tov* 120:3). There is no removal of the yoke of Heaven comparable to that of slander. And our Sages of blessed memory have said further (*Arachin* 15b): "Slander is weighed equally with three transgressions: idol worship, illicit relations, and the spilling of blood." It is indeed to be wondered at how slander can equal these transgressions

הָעֲבֵרוֹת, וְעַל כָּל אַחַת מֵהֶן יֵהָרֵג וְאַל יַעֲבֹר (סנהדרין עד ע״א); וְאָמְרוּ: חֲמוּרָה עֲבוֹדָה זָרָה, שֶׁכָּל הַמּוֹדֶה בָהּ כְּכוֹפֵר בְּכָל הַתּוֹרָה כֻּלָּהּ (ספרי, דברים יא, כח); וְאָמְרוּ: מוּמָר לַעֲבוֹדָה זָרָה הָוֵי מוּמָר לְכָל הַתּוֹרָה כֻּלָּהּ (חולין ה ע״א).

וְיֵשׁ לִתֵּן טַעַם בַּדָּבָר, כִּי בַעַל הַלָּשׁוֹן שׁוֹנֶה בְאִוַּלְתּוֹ; עֶשֶׂר פְּעָמִים וְיוֹתֵר בְּכָל יוֹם, מַכְלִים וּמְבַיֵּשׁ בְּנֵי אָדָם, מִלְּבַד מַה שֶּׁמַּזִּיק לְמִי שֶׁאוֹמֵר עָלָיו. וַאֲפִלּוּ עֲבֵרָה קַלָּה, כְּשֶׁאָדָם עוֹבֵר עָלֶיהָ כַּמָּה פְּעָמִים, הִיא נַעֲשֵׂית כְּבֵדָה; כִּי אֲפִלּוּ שֵׂעָר אֶחָד, שֶׁהוּא רַךְ וְחַלָּשׁ מְאֹד, כְּשֶׁתְּקַבֵּץ הַרְבֵּה שְׂעָרוֹת יַחַד, תַּעֲשֶׂה מֵהֶם חֶבֶל חָזָק. וּמַה שֶּׁאָמְרוּ, שֶׁשְּׁקוּלָה לָשׁוֹן הָרָע כְּנֶגֶד אוֹתָן שָׁלֹשׁ עֲבֵרוֹת — הַפֵּרוּשׁ כָּךְ: כְּנֶגֶד הָעוֹבֵר עַל אוֹתָן. שָׁלֹשׁ עֲבֵרוֹת פַּעַם אַחַת מֵחֲמַת רֹב הַיֵּצֶר, וְלֹא כְּנֶגֶד הַמְשֻׁמָּד, הַיּוֹצֵא מִן הַכְּלָל, לַעֲבֹר עֲלֵיהֶן בְּכָל עֵת. וְעוֹד, בַּעַל לָשׁוֹן הָרָע קָשֶׁה לוֹ לַעֲשׂוֹת תְּשׁוּבָה, כֵּיוָן שֶׁהוּא רָגִיל בְּכָךְ וְלִמֵּד לְשׁוֹנוֹ לְדַבֵּר שֶׁקֶר. וְעוֹד, הַחֵטְא קַל בְּעֵינָיו, כִּי יֹאמַר: לֹא עָשִׂיתִי! רַק דִּבּוּר בְּעָלְמָא! וְלֹא יִתֵּן לֵב לְרֹב הַנֵּזֶק שֶׁיַּעֲשֶׂה, וְלֹא יָשׁוּב; וַאֲפִלּוּ אִם יָשׁוּב, אֵין תְּשׁוּבָתוֹ שְׁלֵמָה, כִּי אֵינוֹ מַכִּיר גֹּדֶל הַחֵטְא אֲשֶׁר עָשָׂה. וְעוֹד, הוּא צָרִיךְ לְבַקֵּשׁ מְחִילָה מֵאוֹתָם שֶׁדִּבֵּר עֲלֵיהֶם, וְהוּא אֵינוֹ זוֹכֵר מִסְפַּר כֻּלָּם; וְיֵשׁ שֶׁדִּבֵּר עָלָיו וְעָשָׂה לוֹ רָעָה וְהִזִּיק לוֹ, וְהוּא אֵינוֹ יוֹדֵעַ מִי דִּבֵּר עָלָיו, כִּי לָשׁוֹן הָרָע מְכַסֶּה וּמַכָּה בַּסֵּתֶר, וְהוּא בְּכָאן וּמַכֶּה בִלְשׁוֹנוֹ אֶחָד הָרָחוֹק מִמֶּנּוּ (ערכין טו ע״ב; בראשית רבה צח, יט), וְזֶה הַחוֹטֵא מִתְבַּיֵּשׁ מִמֶּנּוּ לְהוֹדִיעוֹ שֶׁגְּמָלוֹ רָעָה.

with respect to each one of which one must give his life rather than transgress (*Sanhedrin* 74a). And they have stated (*Sifri, Devarim* 11:28): "Severe is idol worship, for one who professes it is as one who denies the entire Torah." And they have stated (*Chullin* 5a): "An apostate in respect of idolatry is considered to be an apostate in respect of the entire Torah."

The above may be accounted for by the fact that the slanderer repeats his wrong. Ten times or more a day he humiliates and shames people, aside from injuring the object of his slander. And even a "light" transgression, if repeated many times, is rendered "heavy." For even though a single hair is extremely soft and weak, when several such are woven together, they make a strong rope. Their saying that slander equals those three transgressions is with respect to one who transgresses them once because of great temptation, and not with respect to an apostate who has removed himself from the fold and transgresses them all the time. In addition, it is difficult for the slanderer to repent because he has become habituated to his sin and has taught his tongue to speak evil. What is more, the sin is light in his eyes, for he says: "I have done nothing more than to speak," and he will not pay heed to the great damage that he has done and he will not repent. And even if he will repent, his repentance will not be complete, for he will not recognize the severity of the sin he has committed. Furthermore, he must ask pardon from the objects of his slander, and he does not remember who all of them are. And it sometimes may happen that he has spoken ill of someone and done evil against him and caused him injury, the other not knowing who has spoken against him. For slander is concealed and strikes in secret, the speaker being in one place and hitting with his tongue another who is far from him (*Arachin* 15b; *Bereshis Rabbah* 98:19), and this sinner is ashamed to inform the other that he has done

וּפְעָמִים יְדַבֵּר עַל פְּגַם מִשְׁפָּחָה וְיַזִּיק לַדּוֹרוֹת הַבָּאִים אַחֲרָיו, וְאֵין לוֹ מְחִילָה לָזֶה, כִּי אָמְרוּ רַבּוֹתֵינוּ, זִכְרוֹנָם לִבְרָכָה: הַמְדַבֵּר בִּפְגַם מִשְׁפָּחָה, אֵין לוֹ מְחִילָה עוֹלָמִית (ירושלמי בבא קמא פ"ח ה"ז). וְעוֹד, מִי שֶׁהוּא רָגִיל בְּלָשׁוֹן הָרָע, פְּעָמִים יְדַבֵּר דְּבָרִים כְּלַפֵּי מַעְלָה, דִּכְתִיב: "שַׁתּוּ בַשָּׁמַיִם פִּיהֶם וּלְשׁוֹנָם תִּהֲלַךְ בָּאָרֶץ" (תהלים עג, ט); וְאֵין בְּכָל הָעֲבֵרוֹת עֹנֶשׁ, כְּעֹנֶשׁ מִי שֶׁמֵּטִיחַ דְּבָרִים כְּלַפֵּי מַעְלָה. וְאָמְרוּ רַבּוֹתֵינוּ, זִכְרוֹנָם לִבְרָכָה: עֲשָׂרָה נִסְיוֹנוֹת נִסּוּ אֲבוֹתֵינוּ וּבְכֻלָּם לֹא נֶחְתַּם גְּזַר דִּינָם, אֶלָּא עַל לָשׁוֹן הָרָע, שֶׁנֶּאֱמַר: "אִם לֹא כַּאֲשֶׁר דִּבַּרְתֶּם בְּאָזְנָי כֵּן אֶעֱשֶׂה לָכֶם" (במדבר יד, כח); וְאוֹמֵר (דברים א, לד): "וַיִּשְׁמַע יְיָ אֶת קוֹל דִּבְרֵיכֶם וַיִּקְצֹף וַיִּשָּׁבַע" (ערכין טו ע"א; שוחר טוב לט, א).

וְאֵין הַתּוֹרָה מְגִנָּה עַל בַּעֲלֵי לָשׁוֹן הָרָע. דֹּאֵג הָאֲדֹמִי, כֵּיוָן שֶׁסִּפֵּר לָשׁוֹן הָרָע, לֹא עָמְדָה לוֹ חָכְמָתוֹ וְלֹא הֵגֵנָּה עָלָיו תּוֹרָתוֹ (סוטה כא ע"א; סנהדרין קו ע"ב). וּמַה שֶּׁאָמְרוּ רַבּוֹתֵינוּ, זִכְרוֹנָם לִבְרָכָה: עֲבֵרָה מְכַבָּה מִצְוָה וְאֵין עֲבֵרָה מְכַבָּה תּוֹרָה, שֶׁנֶּאֱמַר (משלי ו, כג): "כִּי נֵר מִצְוָה וְתוֹרָה אוֹר" (סוטה כא ע"א) — עַל הָעוֹבֵר דֶּרֶךְ מִקְרֶה אָמְרוּ, וְלֹא עַל הַפּוֹרֵק עֹל אַזְהָרַת עֲבֵרָה.

וְאָמְרוּ רַבּוֹתֵינוּ, זִכְרוֹנָם לִבְרָכָה: כְּנֶסֶת יִשְׂרָאֵל אֲהוּבָה בְּקוֹלָהּ, שֶׁנֶּאֱמַר: "הַשְׁמִיעִנִי אֶת קוֹלֵךְ כִּי קוֹלֵךְ עָרֵב" (שיר השירים ב, יד), וּשְׂנוּאָה בְּקוֹלָהּ, שֶׁנֶּאֱמַר (ירמיה יב, ח): "נָתְנָה עָלַי בְּקוֹלָהּ עַל כֵּן שְׂנֵאתִיהָ" (שוחר טוב לט,

him evil. And sometimes one may speak of a defect in someone's family and cause harm to the succeeding generations, an offense for which there is no forgiveness; as our Sages of blessed memory have said (*Yerushalmi Bava Kama* 8:7): "One who speaks of a family defect has no forgiveness forever." Furthermore, one who is habituated to slander sometimes speaks against the Almighty, as it is written (*Tehillim* 73:9): "They have set their mouths against Heaven, and their tongues roam the earth." And there is no punishment among all the transgressions as great as that for venting words against the Almighty. And our Sages of blessed memory have said (*Arachin* 15a; *Shochar Tov* 39:1): "Our forefathers were tested with ten trials, but their decree was sealed only because of slander, as it is written (*Bemidbar* 14:28): 'Surely, as you have spoken in my ears, so will I do to you,' and it is written (*Devarim* 1:34): 'And Hashem heard the voice of your words and was angry and swore.'"

And Torah does not protect slanderers. In the case of Do'eg the Edomite, because he spoke slander, his wisdom did not avail him and his Torah did not protect him (*Sotah* 21a; *Sanhedrin* 106b). And as to our Rabbis of blessed memory saying (*Sotah* 21a): "A transgression extinguishes a mitzvah, but a transgression does not extinguish Torah, as it is written (*Mishlei* 6:23): 'For a mitzvah is a lamp and Torah is light'" — this applies to one who commits a transgression by chance and not to one who removes from himself the yoke of the exhortation against the transgression.

And our Rabbis of blessed memory have said (*Shochar Tov* 39:1): "The Congregation of Israel is beloved through its voice, as it is written (*Shir Hashirim* 2:14): 'Let me hear your voice, for your voice is sweet'; and it is despised through its voice, as it is written (*Yirmeyahu* 12:8): 'She has uttered against me with her voice, therefore I have hated

א). וְזֶה שֶׁאָמַר הַכָּתוּב: "מָוֶת וְחַיִּים בְּיַד לָשׁוֹן" (משלי יח, כא), וְנֶאֱמַר: "וְאֹהֲבֶיהָ יֹאכַל פִּרְיָהּ" (שם) — פֵּרוּשׁ: אוֹהֵב הַלָּשׁוֹן, הוּא הָאִישׁ הֶחָפֵץ לְדַבֵּר תָּמִיד — עֵצָה הֲגוּנָה וּנְכוֹנָה אֵלָיו: שֶׁיֹּאכַל פִּרְיָהּ; פֵּרוּשׁ: שֶׁלֹּא יְדַבֵּר דְּבָרִים בְּטֵלִים, רַק יְדַבֵּר בְּדִבְרֵי תוֹרָה, וַהֲבָאַת שָׁלוֹם, וּלְלַמֵּד לְרַבִּים לַעֲשׂוֹת טוֹבָה, וּלְהוֹרוֹת לָהֶם הַטּוֹב וּלְהַרְחִיקָם מִן הָרַע, וּלְקַנֵּא אֶל הָאֱמֶת; כִּי אֵין קֵץ לַמִּצְוֹות שֶׁיּוּכַל לַעֲשׂוֹת בַּלָּשׁוֹן, וְזֶהוּ: "וְחַיִּים בְּיַד לָשׁוֹן".

כַּח מְסַפְּרֵי לָשׁוֹן הָרָע נֶחֱלֶקֶת לְשִׁשָּׁה חֲלָקִים:

הָאֶחָד — מִי שֶׁאוֹמֵר רַע עַל בְּנֵי אָדָם: כֵּן עָשׂוּ, וְלֹא עָשׂוּ; וְלִפְעָמִים יֹאמַר דֹּפִי עַל אָדָם כָּשֵׁר וְנָקִי, אָז הוּא מְשַׁקֵּר וְגַם מְסַפֵּר לָשׁוֹן הָרָע. וְהָזְהַרְנוּ מִן הַתּוֹרָה שֶׁלֹּא לְקַבֵּל לְשׁוֹן הָרָע, אוּלַי הוּא שֶׁקֶר, שֶׁנֶּאֱמַר: "לֹא תִשָּׂא שֵׁמַע שָׁוְא" (שמות כג, א). וּמִי שֶׁמְּסַפֵּר לָשׁוֹן הָרָע גַּם יְמַהֵר לְקַבֵּל לָשׁוֹן הָרָע. וְדַע, כַּאֲשֶׁר יוֹדֶה הַשּׁוֹמֵעַ עַל לָשׁוֹן הָרָע, אָז הוּא כְּמוֹ הַמְסַפֵּר, כִּי כָל הַשּׁוֹמְעִים שֶׁהוּא מוֹדֶה, יֹאמְרוּ: כֵּיוָן שֶׁהוּא מוֹדֶה, אִם כֵּן אֱמֶת הוּא הַדָּבָר! וַאֲפִלּוּ אִם לֹא יוֹדֶה, אֶלָּא שׁוֹמֵעַ לְבַד וּמַרְאֶה עַצְמוֹ כְּמַקְשִׁיב אֶל הַדְּבָרִים וּמַאֲמִין לַדְּבָרִים הָהֵם בִּפְנֵי בְנֵי אָדָם, בָּזֶה יַאֲמִינוּ גַם אֲחֵרִים. וְגַם הוּא מְסַיֵּעַ לַמְסַפֵּר לָשׁוֹן הָרָע, כִּי אִם הָיָה גּוֹעֵר בַּמְסַפֵּר לָשׁוֹן הָרָע, הָיָה מוֹנֵעַ עַצְמוֹ מִלְּסַפֵּר לוֹ יוֹתֵר; אֲבָל עַתָּה, שֶׁהוּא מַקְשִׁיב וּמַרְאֶה לוֹ פָּנִים, אָז הוּא גּוֹרֵם לוֹ לְדַבֵּר יוֹתֵר. וְהִנֵּה הָזְהַרְנוּ בְּמַה שֶּׁכָּתוּב: "לֹא תִשָּׂא שֵׁמַע שָׁוְא", שֶׁלֹּא נַאֲמִין סִפּוּר לָשׁוֹן הָרָע בִּלְבָבֵנוּ, לְהַחֲזִיק בְּמַחְשְׁבוֹתֵינוּ שֶׁהַדְּבָרִים אֱמֶת, וּלְהַבְזוֹת בְּעֵינֵינוּ אֶת מִי שֶׁנֶּאֶמְרוּ עָלָיו.

her.' And it is written (*Mishlei* 18:21): 'Death and life are in the power of the tongue,' and (ibid.): 'And they that love it shall eat its fruit.'" The proper and fitting counsel for one who loves his tongue, that is the man who always wishes to speak, is to eat its fruits — that means not to engage in idle words, but in words of Torah, fostering peace, teaching many to do good deeds, teaching them what is good, keeping them far from evil, and causing them to be zealous for the truth. For there is no end to the mitzvos one can do through his tongue. This is the meaning of "And life is in the power of the tongue."

There are six categories of slanderers. The first category consists of one who speaks ill of others, saying: "Thus have they done," when they have not done so. And sometimes he imputes imperfections to the upright, innocent people. In such cases he is guilty of both falsehood and slander. The Torah has exhorted us not to accept slander because of the possibility of its being false, as it is written (*Shemos* 23:1): "And you shall not accept a false report." He who speaks slander will also hasten to accept it; and know that when the hearer acknowledges the slander, he is just like the speaker. For all who hear him acknowledging it will say that since he acknowledges it, it must be true. And even if he does not acknowledge it, but just listens to it and makes it appear to others as if he is giving ear to what is being said and believing it, he thereby causes the others to believe it, too, and he thereby also abets the speaker of the slander. For if he rebuked the slanderer, the latter would restrain himself from telling him more. But now that he listens to him and encourages him, he thereby causes him to speak more. And we have been exhorted through (ibid.): "And you shall not accept a false report," not to believe slander in our hearts — to impress upon our minds that the words are true and to cause the objects of the slander to be demeaned in our eyes.

הַשֵּׁנִי — כְּשֶׁאוֹמֵר לָשׁוֹן הָרָע שֶׁהוּא אֱמֶת, אִם יַזְכִּיר לוֹ בֵּינוֹ לְבֵין עַצְמוֹ מַעֲשֵׂה אֲבוֹתָיו הָרָעִים, עוֹבֵר עַל מַה שֶּׁכָּתוּב בַּתּוֹרָה: "וְלֹא תוֹנוּ אִישׁ אֶת עֲמִיתוֹ" (ויקרא כה, יז), בְּאוֹנָאַת דְּבָרִים הַכָּתוּב מְדַבֵּר (בבא מציעא נח ע"ב).

הַשְּׁלִישִׁי — אִם יַכְלִים אוֹתוֹ עַל מַעֲשֵׂה אֲבוֹתָיו בִּפְנֵי אֲחֵרִים, עַל זֶה אָמְרוּ רַבּוֹתֵינוּ, זִכְרוֹנָם לִבְרָכָה: כָּל הַמַּלְבִּין פְּנֵי חֲבֵרוֹ בָּרַבִּים אֵין לוֹ חֵלֶק לָעוֹלָם הַבָּא (אבות פ"ג מי"א).

הָרְבִיעִי — אִם הוּא מוֹדִיעַ תּוֹעֲבוֹת אֲבוֹתָיו בִּפְנֵי בְּנֵי אָדָם שֶׁלֹּא בְּפָנָיו, לְבַיְּשׁוֹ בְּעֵינֵי בְּנֵי אָדָם וּלְהַכְלִימוֹ וּלְהַשְׂנִיאוֹ, עַל זֶה אָמְרוּ: כַּת מְסַפְּרֵי לָשׁוֹן הָרָע אֵין מְקַבְּלִים פְּנֵי הַשְּׁכִינָה (סוטה מב ע"א).

הַחֲמִישִׁי — אִם הוּא בַּעַל תְּשׁוּבָה וּמְסַפֵּר עָלָיו עֲוֹנוֹת רִאשׁוֹנִים, בָּזֶה יֵשׁ לוֹ עֹנֶשׁ גָּדוֹל (עיין בבא מציעא נח ע"ב); כִּי הַשָּׁב מֵעֲוֹנוֹתָיו — אֲפִלּוּ עֲוֹנוֹת שֶׁלּוֹ נַעֲשִׂים כִּזְכֻיּוֹת (ירושלמי פאה, פ"א ה"א), וְזֶה מְבַיְּשׁוֹ בַּעֲבֵרוֹת שֶׁהֵן זְכֻיּוֹת. וְעוֹד, הוּא נוֹתֵן מִכְשׁוֹל לְפָנָיו, כִּי מְחַשֵּׁב בְּלִבּוֹ: כְּמוֹ שֶׁבִּיְּשַׁנִי גַּם אֲנִי אֲבַיְּשֶׁנּוּ! וְיִכָּנֵס עִמּוֹ בְּמַחֲלֹקֶת, וּמִתּוֹךְ כָּךְ יִתְקַלְקֵל בִּתְשׁוּבָתוֹ וְיַחֲזֹר לְעִנְיָן הָרִאשׁוֹן. וְעוֹד, אֲחֵרִים הַשּׁוֹמְעִים הַבּוּשָׁה שֶׁל זֶה הַבַּעַל תְּשׁוּבָה, יִמָּנְעוּ וְלֹא יַעֲשׂוּ תְשׁוּבָה, נִמְצָא שֶׁזֶּה נוֹעֵל דַּלְתֵי הַתְּשׁוּבָה. וְדַע, שֶׁאִם יִרְאֶה אִישׁ שֶׁחֲבֵרוֹ עָבַר עַל דְּבַר תּוֹרָה בַּסֵּתֶר, וְהוּא גִּלָּה לָרַבִּים, יֵשׁ לוֹ חֵטְא בָּזֶה, כִּי אוּלַי הַחוֹטֵא שָׁב מִדַּרְכּוֹ הָרָעָה; וְלֹא הָיָה לוֹ לְגַלּוֹת אֶלָּא לְחָכָם צָנוּעַ שֶׁלֹּא יְבַיְּשֶׁנּוּ כְּדֵי שֶׁיַּחֲזִיר

The second category consists of one who speaks slander that is true. If one man reminds another in private of the evil deeds of his forebears, he transgresses the Scriptural exhortation (*Vayikra* 25:17): "And you shall not wrong one another," the verse referring to wronging with words (*Bava Metzia* 58b).

The third category consists of those who shame one over the deeds of his forebears in the presence of others. About this our Sages of blessed memory have said (*Avos* 3:11): "All who shame their fellowman in public have no share in the World-to-Come."

The fourth category consists of those who mention the abominations of one's forebears before others, but not in his presence, with the object of shaming him in the eyes of others, and to humiliate him and make him hated. About this our Sages said (*Sotah* 42a): "The class of slanderers do not receive the Divine Presence."

The fifth category consists of those who bring up the former sins of one who has repented. They thereby bring upon themselves a great punishment (*Bava Metzia* 58b), for if one repents of his transgressions, even his transgressions are accounted as merits to him (*Yerushalmi Pe'ah* 1:1) and this onc shames him with transgressions that are merits! What is more, he places a stumbling block before him, for the accused thinks in his heart: Just as he shamed me, so will I shame him. And he will enter into controversy with him and because of this will fall short on his repentance and revert to his former behavior. In addition, others, hearing the penitent being humiliated, will themselves desist and not repent. The above slanderer, then, will be found to have shut the doors of repentance. And know that one who sees his neighbor sinning secretly and reveals it to others, sins thereby. For it may be that the sinner has since repented of his evil way, and he should have revealed it only to a discreet sage, who would not shame him so that

בִּתְשׁוּבָתוֹ, רַק הַרְחֵק יַרְחִיק מֵחֶבְרָתוֹ עַד שֶׁיִּוָּדַע כִּי שָׁב מִדַּרְכּוֹ הָרָעָה. וְאִם הַחוֹטֵא תַּלְמִיד חָכָם וְאִישׁ יְרֵא חֵטְא, רָאוּי לַחְשֹׁב עָלָיו בְּבֵרוּר שֶׁעָשָׂה תְּשׁוּבָה (ברכות יט ע״א), וְאִם תְּקָפוֹ יִצְרוֹ פַּעַם אַחַת, נִתְחָרֵט אַחֲרֵי כֵן.

וְהַמְסַפֵּר לָשׁוֹן הָרָע, נֶעֱנָשׁ עַל הַנֶּזֶק וְהַבֹּשֶׁת שֶׁהִזִּיק לַחֲבֵרוֹ, וְעוֹד עֹנֶשׁ עַל שֶׁשָּׂמַח בְּקָלוֹן חֲבֵרוֹ, דִּכְתִיב: ״וְאָהַבְתָּ לְרֵעֲךָ כָּמוֹךָ״ (ויקרא יט, יח), וּכְמוֹ שֶׁאוֹהֵב בִּכְבוֹד עַצְמוֹ, כֵּן יֶאֱהַב בִּכְבוֹד חֲבֵרוֹ (ראה אבות פ״ב מ״י); וּכְתִיב: ״שָׂמֵחַ לְאֵיד לֹא יִנָּקֶה״ (משלי יז, ה). וְיֵשׁ צַד שֶׁיִּגְדַּל עֲוֹן הַמְסַפֵּר לָשׁוֹן הָרָע עַל דְּבַר אֱמֶת מִן הַמְסַפֵּר עַל דֶּרֶךְ שֶׁקֶר; כִּי כְּשֶׁאָדָם מְסַפֵּר דְּבָרִים כֵּנִים עַל חֲבֵרוֹ, יַאֲמִינוּ לוֹ, וְיִהְיֶה לָבוּז בְּעֵינֵיהֶם אַחַר שֶׁנִּתְחָרֵט וְעָשָׂה תְּשׁוּבָה וְנִסְלַח לוֹ חַטָּאתוֹ; אֲבָל לָשׁוֹן הָרָע עַל דֶּרֶךְ שֶׁקֶר — יָבִינוּ כָּל הָעוֹלָם שֶׁהוּא שֶׁקֶר, וְלֹא יַאֲמִינוּ. אֲבָל לְעוֹלָם רֹב עִנְיְנֵי הַשֶּׁקֶר יֵשׁ בּוֹ עֹנֶשׁ יוֹתֵר מִן הָאֱמֶת.

הַשִּׁשִּׁי — הַמְסַפֵּר לָשׁוֹן הָרָע עַל גַּבָּאֵי צְדָקָה שֶׁהֵם כְּשֵׁרִים וְגוֹבִים בֶּאֱמוּנָה וְגַם מְחַלְּקִים בֶּאֱמוּנָה לָתֵת לְיִרְאֵי שָׁמַיִם — הַמְסַפֵּר לָשׁוֹן הָרָע עֲלֵיהֶם, שֶׁהֵם גּוֹנְבִים הַצְּדָקָה וְנוֹשְׂאִים פָּנִים וְנוֹתְנִים לְמִי שֶׁהֵם רוֹצִים וּמַרְבִּים לִקְרוֹבֵיהֶם — זֶהוּ לָשׁוֹן הָרָע שֶׁאֵין עָרוֹךְ לְעָנְשׁוֹ, כִּי גּוֹרֵם שֶׁאוֹתָם גַּבָּאִים הַכְּשֵׁרִים יִסְתַּלְּקוּ, וְיִתְמַנּוּ אֲחֵרִים, רָעִים, בִּמְקוֹמָם, וְנִמְצָא שֶׁמּוֹנֵעַ טוֹב מִן הַנּוֹתְנִים צְדָקָה וְגוֹזֵל הָעֲנִיִּים הַטּוֹבִים, כִּי אוֹתָם אֲחֵרִים הָרָעִים לֹא יַחְמְלוּ עַל הָעֲנִיִּים הַטּוֹבִים; וְנִמְצָא שֶׁזֶּה בִּטֵּל עֲבוֹדַת הַקָּדוֹשׁ בָּרוּךְ

he might turn from his repentance. He should, however, keep himself from his company until he knows that he has repented of his evil way. And if the sinner is a Torah scholar and a God-fearing man, he should be considered to have repented of a certainty (*Berachos* 19a), and even though his evil inclination may have ensnared him once, he assuredly regretted it thereafter.

The slanderer is punished for the injury and shame he caused his fellowman, and in addition, for having rejoiced in his neighbor's shame, for it is written (*Vayikra* 19:18): "And you shall love your fellowman as yourself." Just as one is solicitous of his own honor, he should be solicitous of his fellowman's (see *Avos* 2:10). And it is written (*Mishlei* 17:5): "He who rejoices in calamity shall not go unpunished." And there is a respect in which the sin of one who slanders with the truth is greater than that of one who slanders falsely. For when one speaks the truth against someone, he is apt to be believed and the object of the slander may be demeaned in the eyes of men even after he has regretted his sin and repented of it and been forgiven. But false slander is sensed as such by most people, and they will not believe it. For the most part, however, offenses through falsity carry a greater penalty than offenses through truth.

The sixth category consists of one who slanders collectors of charity, who are upright and honest in the collection of charity and also in its distribution to God-fearing men. If one slanders them — that they are stealing from charity and showing favoritism and giving to whom they want and giving more to their relatives — this is slander whose punishment is beyond measure, for he will cause those honest beadles to leave office and to have other, evil ones, appointed in their place. He will thereby keep good from the givers of charity and steal from the good, poor men, for the other evil ones will not pity the good, poor

הוּא, וּבַיֵּשׁ עַבְדֵי הַקָּדוֹשׁ בָּרוּךְ הוּא וּבְנֵיהֶם וּקְרוֹבֵיהֶם, כִּי תַחַת אֲשֶׁר הָיָה לוֹ לְכַבְּדָם, לֹא דַי לוֹ שֶׁלֹּא כִבְּדָם, אֶלָּא גַם הֵרַע לָהֶם; וְגַם מוֹנֵעַ שְׁאָר יִרְאֵי שָׁמַיִם מִלִּהְיוֹת גַּבָּאִים, כִּי יַחְשְׁבוּ: לָמָּה נַעֲשֶׂה דָבָר שֶׁיַּחְשְׁדוּ אוֹתָנוּ, כַּאֲשֶׁר נֶחְשְׁדוּ פְּלוֹנִי וּפְלוֹנִי יִרְאֵי שָׁמַיִם?

וְאָמְרוּ רַבּוֹתֵינוּ, זִכְרוֹנָם לִבְרָכָה: לָשׁוֹן הָרָע הוֹרֶגֶת שְׁלֹשָׁה בְּנֵי אָדָם: הָאוֹמְרוֹ וְהַמְקַבְּלוֹ וְאוֹתוֹ שֶׁנֶּאֱמַר עָלָיו (ערכין טו ע"ב); וְהַמְקַבְּלוֹ נֶעֱנַשׁ יוֹתֵר מִמִּי שֶׁאֲמָרוֹ. בַּעֲלֵי לָשׁוֹן הָרָע, אָסוּר לָדוּר בִּשְׁכוּנָתָם, וְכָל שֶׁכֵּן לֵישֵׁב עִמָּהֶם וְלִשְׁמֹעַ דִּבְרֵיהֶם; וְלֹא נֶחְתַּם גְּזַר דִּין עַל אֲבוֹתֵינוּ בַּמִּדְבָּר אֶלָּא עַל לָשׁוֹן הָרָע בִּלְבַד.

עוֹד יֵשׁ רָעָה בְּלָשׁוֹן הָרָע, כִּי הַמְסַפֵּר לָשׁוֹן הָרָע עַל חֲבֵרוֹ אָז הוּא מִתְגָּאֶה וְיִרְאֶה עַצְמוֹ צַדִּיק בְּעֵינָיו, כִּי יַחְשֹׁב: פְּלוֹנִי עָשָׂה כָּךְ וְכָךְ, וַאֲנִי לֹא עָשִׂיתִי! נִמְצָא שֶׁהוּא מִתְגָּאֶה וּמַחֲזִיק טוֹבָה לְעַצְמוֹ; וְאִלּוּ יַעֲשֶׂה מִצְוָה וְהֶחֱזִיק טוֹבָה לְעַצְמוֹ, הָיָה רַע מְאֹד, כָּל שֶׁכֵּן וְכָל שֶׁכֵּן שֶׁעוֹשֶׂה עֲבֵרָה גְדוֹלָה בְּלָשׁוֹן הָרָע וּמַחֲזִיק טוֹבָה לְעַצְמוֹ. וְאִם אָדָם מְסַפֵּר לָשׁוֹן הָרָע עַל הַיְתוֹמִים וְעַל הָאַלְמָנוֹת, אָז עָנְשׁוֹ עוֹד יוֹתֵר, כִּי בְּלָאו הָכִי הֵם מְצֻטְעָרִים, וְהוּא מְצַעֵר אוֹתָם יוֹתֵר.

מִי שֶׁאוֹמֵר לַחֲבֵרוֹ: הֵיכָן יֵשׁ אֵשׁ? אֶלָּא בְּבֵית פְּלוֹנִי, דִּשְׁכִיחַ בֵּהּ בָּשָׂר וְדָגִים! — אֲפִלּוּ זֶה הוּא לָשׁוֹן הָרָע (ערכין טו ע"ב). בּוֹא וּרְאֵה, אֵיךְ צָרִיךְ אָדָם לִזָּהֵר בִּדְבָרָיו! כִּי אֲפִלּוּ זֶה שֶׁלֹּא מַעֲלֶה אָדָם בְּלִבּוֹ שֶׁזֶּהוּ לָשׁוֹן הָרָע, אֲפִלּוּ הָכִי נִקְרָא לָשׁוֹן הָרָע; וְיֵשׁ אֲבַק לָשׁוֹן הָרָע, כְּגוֹן שֶׁאוֹמֵר: שִׁתְקוּ מִפְּלוֹנִי, אֵינִי רוֹצֶה לְהוֹדִיעַ מַה

men. He will be found, then, to have abolished the service of the Holy One Blessed be He and to have shamed His servants, their children, and their relatives. Instead of honoring them, not only did he not accord them honor, but he caused them evil as well and also discouraged other God-fearing men from becoming beadles, the latter thinking: Why should we do something to cause us to be suspected, as so and so, a God-fearing man, was suspected?

Our Rabbis of blessed memory have said (*Arachin* 15b): "Slander kills three persons: the speaker, the receiver, and the object" — and the receiver is punished more than the speaker. It is forbidden to live in the neighborhood of slanderers, and it goes without saying to sit with them and listen to their words. And the decree of our forefathers in the desert was sealed because of slander alone.

There is another evil in slander. For when one slanders his neighbor, he vaunts himself and sees himself as righteous in his own eyes, thinking: So and so did such and such, and I did not. He thus aggrandizes himself and imputes virtue to himself. Now, if he had performed a mitzvah and imputed virtue to himself, it would be very evil. How much more so now that he sins so greatly through slander and plumes himself upon it! And if one slanders orphans and widows, his punishment is even greater, for even without his slandering them they are aggrieved, and he aggrieves them further.

If one says to his neighbor: "Where is a fire to be found as in the house of such and such, where meat and fish are always to be found" — even this is considered slander (*Arachin* 15b). Come and see, then, how careful one must be with his words, for even this, which one would never think of as slander, indeed is. And there is also the "dust of slander," as in one's saying: "Do not talk about such and such. I don't want to tell you what I know about him," and the like. Our Rabbis of blessed memory have said further

שֶׁאֲנִי יוֹדֵעַ מִמֶּנּוּ! וְכֵן כָּל כַּיּוֹצֵא בָזֶה. וְעוֹד אָמְרוּ רַבּוֹתֵינוּ, זִכְרוֹנָם לִבְרָכָה: אַל יְסַפֵּר אָדָם בְּטוֹבָתוֹ שֶׁל חֲבֵרוֹ, שֶׁמִּתּוֹךְ טוֹבָתוֹ בָּא לִידֵי רָעָתוֹ (בבא בתרא קסד ע״ב; ערכין טז ע״א); פֵּרוּשׁ: אִם תְּסַפֵּר טוֹבָתוֹ בִּפְנֵי שׂוֹנְאוֹ, אָז הוּא יָשִׁיב: אֵיךְ תְּשַׁבְּחֵהוּ וְהוּא עוֹשֶׂה כָּךְ וָכָךְ?! וְעַל זֶה נֶאֱמַר: ״מְבָרֵךְ רֵעֵהוּ בְּקוֹל גָּדוֹל בַּבֹּקֶר הַשְׁכֵּים קְלָלָה תֵּחָשֶׁב לוֹ״ (משלי כז, יד). אֲבָל בִּפְנֵי אוֹהֲבָיו מֻתָּר, כִּדְתְנַן: חֲמִשָּׁה תַלְמִידִים הָיוּ לוֹ לְרַבָּן יוֹחָנָן בֶּן זַכַּאי, וְהוּא הָיָה מוֹנֶה שִׁבְחָן (אבות פ״ב מ״ח). וְכֵן הַמְסַפֵּר לָשׁוֹן הָרָע דֶּרֶךְ שְׂחֹק וְדֶרֶךְ קַלּוּת רֹאשׁ, כְּלוֹמַר, שֶׁאֵינוֹ מְדַבֵּר בְּשִׂנְאָה, הוּא שֶׁשְּׁלֹמֹה אָמַר בְּחָכְמָתוֹ: ״כְּמִתְלַהְלֵהַּ הַיֹּרֶה זִקִּים חִצִּים וָמָוֶת כֵּן אִישׁ רִמָּה אֶת רֵעֵהוּ וְאָמַר הֲלֹא מְשַׂחֵק אָנִי״ (משלי כו, יח־יט). וְכֵן הַמְסַפֵּר לָשׁוֹן הָרָע דֶּרֶךְ רַמָּאוּת, וְהוּא שֶׁמְּסַפֵּר לְתֻמּוֹ כְּאִלּוּ אֵינוֹ יוֹדֵעַ שֶׁדָּבָר זֶה לָשׁוֹן הָרָע הוּא, אֶלָּא כְשֶׁמּוֹכִיחִים בּוֹ, אוֹמֵר: אֵינִי יוֹדֵעַ שֶׁאֵלּוּ מַעֲשָׂיו שֶׁל פְּלוֹנִי, אוֹ שֶׁזֶּהוּ לָשׁוֹן הָרָע. הַמְסַפֵּר דְּבָרִים שֶׁגּוֹרְמִים, אִם נִשְׁמָע אִישׁ מִפִּי אִישׁ, לְהַזִּיק לַחֲבֵרוֹ, הֵן בְּגוּפוֹ הֵן בְּמָמוֹנוֹ, וַאֲפִלּוּ לְהָצֵר לוֹ אוֹ לְהַפְחִידוֹ, הֲרֵי זֶה לָשׁוֹן הָרָע. הָאוֹמֵר דְּבַר סוֹד לַחֲבֵרוֹ — אָסוּר לְגַלּוֹתוֹ בְּלֹא רְשׁוּתוֹ (יומא ד ע״ב); וְכָל הַנֶּאֱמָר בִּפְנֵי שְׁלֹשָׁה, אָז הוּא כְּמוֹ יָדוּעַ לַכֹּל, וְאִם סִפֵּר אֶחָד מִן הַשְּׁלֹשָׁה, אֵין בּוֹ מִשּׁוּם לָשׁוֹן הָרָע (ערכין טז ע״א); אֲבָל אִם הוּא מִתְכַּוֵּן לְגַלּוֹתוֹ יוֹתֵר, יֵשׁ בּוֹ מִשּׁוּם לָשׁוֹן הָרָע; וְאִם הָאוֹמֵר הִזְהִיר הַשּׁוֹמְעִים שֶׁלֹּא יְגַלּוּ, אֲפִלּוּ אֲמָרוֹ בִּפְנֵי רַבִּים, יֵשׁ בּוֹ מִשּׁוּם לָשׁוֹן הָרָע. כִּהַהוּא מַעֲשֶׂה בְּתַלְמִיד אֶחָד, שֶׁגִּלָּה דָּבָר שֶׁנֶּאֱמַר בְּבֵית הַמִּדְרָשׁ, אַחַר עֶשְׂרִים וּשְׁתַּיִם שָׁנָה, וְאַפְּקֵהּ רַבִּי אַמִּי מִבֵּי מִדְרָשָׁא, אֲמַר: דֵּן גַּלֵּי רָזַיָּא (סנהדרין לא ע״א).

(*Arachin* 16a): "One should not speak of the good of one's neighbor, for in speaking of his good, he will come to his evil." That is, if he speaks of his good in the presence of his foe, the latter will retort: "How can you praise him if he does such and such?" About this it is written (*Mishlei* 27:14): "He that blesses his friend with a loud voice, rising early in the morning, it shall be accounted a curse to him." But before those who love him it is permitted, as we have learned (*Avos* 2:8): "Rabbi Yochanan ben Zakkai had five disciples, whose virtues he would enumerate." Similarly, if one slanders in jest and levity, not speaking in hatred, of such a one King Shelomo wrote in his wisdom (*Mishlei* 26:18-19): "As a madman who casts firebrands, arrows, and death, so is the man who deceives his friend and says: 'Am I not jesting?'" Similarly, one who slanders deceitfully, speaking in innocence as if he did not know that what he spoke was slander, but, when being rebuked, says: "I do not know that these are the acts of such and such, or that this is slander." One who speaks things that cause harm to his friend if they are passed from mouth to mouth, whether to his person or to his possessions, even if he does so only to distress or frighten him [and not to injure him], such speech is regarded as slander. One who is told a secret by his friend may not reveal it without his permission (*Yoma* 4b); but if something is stated in the presence of three persons, it is considered to be known to all and if one of the three revealed it, this is not considered slander (*Arachin* 16a). If he seeks to reveal it more, however, this is considered slander. And if the speaker exhorted the listeners not to reveal, even if it was stated before many, revealing it constitutes slander, as in the instance of the disciple who revealed something that had been spoken in the *beis hamidrash* twenty-two years before and was evicted from the house of study by Rabbi Ammi, who said of him: "This is a revealer of secrets" (*Sanhedrin* 31a).

ועוד יֵשׁ עֲבֵרָה אַחַת, הַנִּקְרֵאת רְכִילוּת. אֵיזֶהוּ רָכִיל? זֶה שֶׁטוֹעֵן דְּבָרִים וְהוֹלֵךְ מִזֶּה לָזֶה וְאוֹמֵר: כָּךְ אָמַר פְּלוֹנִי; כָּךְ וְכָךְ שָׁמַעְתִּי עַל פְּלוֹנִי; אַף עַל פִּי שֶׁהוּא אֱמֶת, הֲרֵי זֶה מַחֲרִיב אֶת הָעוֹלָם. וְהָזְהַרְנוּ עַל זֶה, כִּדְכְתִיב: "לֹא תֵלֵךְ רָכִיל בְּעַמֶּיךָ" (ויקרא יט, טז). וְאֵיזוֹהִי רְכִילוּת? הַמְגַלֶּה לַחֲבֵרוֹ דְּבָרִים שֶׁדִּבְּרוּ מִמֶּנּוּ בַּסֵּתֶר. וְתַנְיָא: מִנַּיִן לַדַּיָּן, לִכְשֶׁיֵּצֵא, שֶׁלֹּא יֹאמַר: אֲנִי מְזַכֶּה וַחֲבֵרַי מְחַיְּבִים, אֲבָל מָה אֶעֱשֶׂה שֶׁחֲבֵרַי רַבּוּ עָלַי? לְכָךְ נֶאֱמַר: "לֹא תֵלֵךְ רָכִיל בְּעַמֶּיךָ"; וְאוֹמֵר (משלי יא, יג): "הוֹלֵךְ רָכִיל מְגַלֶּה סּוֹד" (סנהדרין לא ע"א).

הִזָּהֵר בְּךָ מְאֹד מִלָּשׁוֹן הָרָע, כִּי בָזֶה אַתָּה מְבַיֵּשׁ עַצְמְךָ, כִּי כָל הַפּוֹסֵל — פָּסוּל, וְאֵינוֹ מְדַבֵּר בְּשִׁבְחוֹ שֶׁל עוֹלָם, וְדַרְכּוֹ לִפְסֹל בְּנֵי אָדָם בְּמוּמוֹ (קדושין ע ע"א), כִּי מוּם שֶׁיֵּשׁ בּוֹ הוּא מֻנָּח תָּמִיד כָּל הַיּוֹם בְּלִבּוֹ, וְכֵיוָן שֶׁהוּא בְּלִבּוֹ הוּא מוֹצִיאוֹ בְּפִיו. כִּי כָל אָדָם נִבְחָן וְנִכָּר בִּדְבָרָיו — כֵּיצַד? אִם תִּרְאֶה אָדָם שֶׁהוּא רָגִיל לְשַׁבֵּחַ נָשִׁים וּלְדַבֵּר מֵהֶן תָּמִיד, דַּע לְךָ, שֶׁהוּא אוֹהֵב נָשִׁים; וְאִם הוּא מְשַׁבֵּחַ מַאֲכָלִים טוֹבִים וָיַיִן וּבָזֶה רָגִיל, דַּע לְךָ, שֶׁהוּא זוֹלֵל וְסוֹבֵא; וְכֵן בְּכָל דָּבָר. וּרְאָיָה מִן הַפָּסוּק: "מָה אָהַבְתִּי תוֹרָתֶךָ כָּל הַיּוֹם הִיא שִׂיחָתִי" (תהלים קיט, צז); פֵּרוּשׁ: בִּשְׁבִיל שֶׁאֲנִי אוֹהֵב אֶת הַתּוֹרָה, לְעוֹלָם אֲנִי מְדַבֵּר בָּהּ. כִּי כָל דָּבָר שֶׁאָדָם אוֹהֵב בְּלִבּוֹ, הוּא צָרִיךְ תָּמִיד לְדַבֵּר מִמֶּנּוּ.

בַּעַל הַלָּשׁוֹן מְחַפֵּשׂ לְעוֹלָם מוּמֵי בְנֵי אָדָם וּמְדַבֵּר בָּהֶם, וְהוּא דוֹמֶה לִזְבוּבִים, שֶׁהֵם יָנוּחוּ לְעוֹלָם עַל מְקוֹם הַלִּכְלוּךְ — אִם יֵשׁ בְּאָדָם שְׁחִין, הַזְּבוּבִים מַנִּיחִים אֶת הַגּוּף וְיֵשְׁבוּ עַל הַשְּׁחִין; וְכָךְ הוּא בַּעַל לָשׁוֹן הָרָע,

There is another transgression called "talebearing." Who is considered a talebearer? He who loads himself with talk and goes from one person to another, saying: "This and this is what such and such said. Thus and thus have I heard about such and such." Even though what he says is true, he thereby destroys the world. We have been exhorted against this (*Vayikra* 19:16): "Do not be a talebearer among your people." What is talebearing? Revealing to one's friend things that were said of him in secret. And we learned (*Sanhedrin* 31a): "How do we know that a judge emerging from a trial should not say: 'I ruled for nonliability and my colleagues for liability. What can I do if they are in the majority?' In this connection it is written: 'Do not be a talebearer among your people,' and (*Mishlei* 11:13): 'One who reveals a secret is a talebearer.'"

Guard yourself greatly against slander, for through it you shame yourself. All who void others are themselves unfit. They cannot speak well of others and tend to brand them with their own faults (*Kiddushin* 70a); the fact that they utter it with their mouths stems from the fact that it is always in their consciousness. For all men are perceived and recognized through their words. How so? If you see a man who is in the habit of praising women and who speaks of them always, know that he loves women. And if he habitually extols good foods and wines, know that he is a glutton. So with all things, as illustrated by the verse (*Tehillim* 119:97): "How I have loved your Torah; it is my converse all the day." Because I love Torah, I speak of it always. For whatever a man loves deeply he must speak of always.

The slanderer always seeks and speaks of one's blemishes as flies who always come to rest on the putrid spot. If a man has boils, they forego his body and rest on his boils. So with the slanderer. He foregoes all of the good in a man and speaks of evil. A man was once walking with a

מַנִּיחַ כָּל הַטּוֹב בָּאָדָם וּמְדַבֵּר מִן הָרָע. וּמַעֲשֶׂה בְּאָדָם אֶחָד, שֶׁהָלַךְ עִם חָכָם בַּשָּׂדֶה וְרָאוּ נְבֵלָה אַחַת מַסְרַחַת. אָמַר אוֹתוֹ הָאָדָם: כַּמָּה מַסְרַחַת נְבֵלָה זוֹ! אָמַר הֶחָכָם: כַּמָּה לְבָנִים שִׁנֶּיהָ! הֶחָכָם הוֹכִיחַ לְאוֹתוֹ אָדָם וְאָמַר לוֹ: לָמָּה תֹּאמַר הַגְּנַאי שֶׁלָּהּ? תֹּאמַר הַשֶּׁבַח! כִּי לְעוֹלָם יְסַפֵּר אָדָם בְּשִׁבְחוֹ שֶׁל עוֹלָם.

אִם תִּרְאֶה אָדָם אֲשֶׁר יְדַבֵּר דָּבָר אוֹ יַעֲשֶׂה מַעֲשֶׂה, וְיֵשׁ לָדוּן דְּבָרָיו וּמַעֲשָׂיו לְצַד חוֹבָה וּלְצַד זְכוּת — אִם הוּא יְרֵא אֱלֹהִים, נִתְחַיַּבְתָּ לְדוּנוֹ לְכַף זְכוּת עַל דֶּרֶךְ אֱמֶת, אֲפִלּוּ אִם הַדָּבָר נוֹטֶה הַרְבֵּה לְחוֹבָה יוֹתֵר מִלִּזְכוּת; וְאִם הוּא בֵּינוֹנִי, אֲשֶׁר נִזְהָר מִן הַחֵטְא וּפְעָמִים יִכָּשֵׁל בּוֹ, יֵשׁ עָלֶיךָ לְהַטּוֹת הַסָּפֵק וּלְהַכְרִיעוֹ לְכַף זְכוּת. וְאָמְרוּ רַבּוֹתֵינוּ, זִכְרוֹנָם לִבְרָכָה: הַדָּן אֶת חֲבֵרוֹ לְכַף זְכוּת, הַמָּקוֹם יִתְעַלֶּה יְדִינֵהוּ לְכַף זְכוּת (שבת קכז ע״ב), וְהִיא מִצְוַת־עֲשֵׂה מִן הַתּוֹרָה, שֶׁנֶּאֱמַר: ״בְּצֶדֶק תִּשְׁפֹּט עֲמִיתֶךָ״ (ויקרא יט, טו). וְאִם הַדָּבָר נוֹטֶה לְצַד חוֹבָה, יִהְיֶה הַדָּבָר אֶצְלְךָ כְּמוֹ סָפֵק, וְאַל תַּכְרִיעֵהוּ לְכַף חוֹבָה; וְאִם הָאִישׁ רַב מַעֲשָׂיו וּדְבָרָיו לְרָעָה, וְיָדַעְתָּ כִּי אֵין יִרְאַת הַשֵּׁם יִתְעַלֶּה בְּלִבּוֹ, תַּכְרִיעַ מַעֲשָׂיו וּדְבָרָיו לְכַף חוֹבָה.

אִם גִּלָּה אָדָם עַל חַטָּאתְךָ, אַל תֹּאמַר: כְּמוֹ שֶׁגִּלָּה חַטָּאתִי גַּם אֲנִי אֲגַלֶּה חַטָּאתוֹ! שֶׁנֶּאֱמַר: ״לֹא תִקֹּם וְלֹא תִטֹּר״ (שם שם, יח). גַּם לֹא תִתְפָּאֵר: אַף עַל פִּי שֶׁהוּא גִּלָּה עָלַי, אֲנִי לֹא אֲגַלֶּה עָלָיו! כִּי בְזֶה הַדִּבּוּר גִּלִּיתָ הַחֵצִי. וְזֶה הַדָּבָר עִקָּר גָּדוֹל בְּיִרְאַת שָׁמַיִם. וְאִם הַחוֹטֵא אֵינוֹ יְרֵא שָׁמַיִם, כְּמוֹ הַפּוֹרֵק עֹל מַלְכוּת שָׁמַיִם מֵעָלָיו וְאֵינוֹ נִזְהָר מֵעֲבֵרָה אַחַת אֲשֶׁר כָּל בְּנֵי עִירוֹ יוֹדְעִים שֶׁהִיא עֲבֵרָה,

Sage in the field when they saw a putrefying carcass. The first said: "What a stench this carcass gives forth!" The Sage responded: "How white are its teeth!" The Sage hereby rebuked the man: "Why mention its defect? Mention its positive feature!" For one should always speak positively of things.

If you see a man saying or doing something for which he may be judged either favorably or unfavorably — if he is a God-fearing man, you are obliged to judge him favorably in keeping with the truth, even if the indications are much more for an unfavorable than for a favorable judgment. And if he is in the middle range, generally keeping himself from sin, but sometimes stumbling into it, you should put aside the doubt and judge him favorably. Our Rabbis of blessed memory have said [*Shabbos* 127b]: "One who judges others on the scale of merit will be judged by the Almighty on the scale of merit." And this is a positive commandment of the Torah, as it is written (*Vayikra* 19:15): "In righteousness shall you judge your neighbor." And if the indications are for an unfavorable judgment, let the matter be doubtful in your eyes and do not judge him unfavorably. If most of the man's actions and words, however, are evil, and you know that there is no fear of the Exalted One in his heart, then an unfavorable judgment is to be placed upon his deeds and words.

If someone revealed your sin, do not say: "Just as he revealed my sin, I, too, will reveal his sin," for it is written (ibid. :18): "Do not take revenge and do not bear a grudge." And do not vaunt yourself, saying: "Although he revealed my sin, I will not reveal his," for in doing so you already reveal half. This is a great principle in the fear of Heaven. If this sinner, however, is not God-fearing, such as one who casts from himself the yoke of the Kingdom of Heaven, and does not keep himself from one transgression which all the people of his town know to be a transgression, then

מִצְוָה לְסַפֵּר בִּגְנוּתוֹ וּלְגַלּוֹת חֲטָאָיו וּלְהַבְאִישׁ בַּעֲלֵי עֲבֵרוֹת בְּעֵינֵי בְּנֵי אָדָם, בַּעֲבוּר שֶׁיִּשְׁמְעוּ הָעָם וְיִמְאֲסוּ בוֹ וְיַרְחִיקוּ עַצְמָם מִן הָעֲבֵרוֹת, שֶׁנֶּאֱמַר: "תּוֹעֲבַת צַדִּיקִים אִישׁ עָוֶל" (משלי כט, כז); וְנֶאֱמַר: "יִרְאַת יְיָ שְׂנֹאת רָע" (שם ח, יג); וְאָמְרוּ: רָשָׁע בֶּן צַדִּיק מֻתָּר לִקְרוֹתוֹ רָשָׁע בֶּן רָשָׁע; צַדִּיק בֶּן רָשָׁע מֻתָּר לִקְרוֹתוֹ צַדִּיק בֶּן צַדִּיק (סנהדרין נב ע"א). וְדַוְקָא עַל דֶּרֶךְ זוֹ מֻתָּר לְהַכְלִימוֹ, לְשֵׁם שָׁמַיִם; אֲבָל לְמִי שֶׁמִּתְקוֹטֵט עִמּוֹ, וּמְכַוֵּן לְחָרְפוֹ לַהֲנָאָתוֹ בִּלְבַד וְלֹא לְשֵׁם שָׁמַיִם, אֵין לוֹ לְגַלּוֹת חַטָּאתוֹ. וְכֵן אִם הַמְגַלֶּה הַזֶּה הוּא חוֹטֵא, אֵין לוֹ לְגַלּוֹת פֶּשַׁע שֶׁל חוֹטֵא אַחֵר, כִּי בְּוַדַּאי אֵין מְגַלֶּה מִסְתָּרָיו לְטוֹבָה — "וּדְבַר שְׂפָתַיִם אַךְ לְמַחְסוֹר" (משלי יד, כג).

אַךְ מְעוּט פְּעָמִים שֶׁלָּשׁוֹן הָרָע מִצְוָה. כְּגוֹן שְׁנֵי רְשָׁעִים שֶׁנִּתְיָעֲצוּ לַעֲשׂוֹת רָעָה, מֻתָּר לִגְרֹם בְּלָשׁוֹן הָרָע שֶׁיִּשְׂנְאוּ זֶה אֶת זֶה וְיַעֲשׂוּ רַע זֶה לָזֶה, שֶׁלֹּא יַעֲשֶׂה רַע לַטּוֹבִים. וְכֵן נוֹאֵף הַמְחַזֵּר אַחֲרֵי נוֹאֶפֶת, מִצְוָה לְדַבֵּר לָשׁוֹן הָרָע, שֶׁלֹּא יַעֲשׂוּ הָעֲבֵרָה. וּפְעָמִים אֲפִלּוּ כְּשֶׁהַחוֹטֵא רָשָׁע גָּמוּר אֵין לְהַכְלִימוֹ בָּרַבִּים, בְּמָקוֹם שֶׁיֵּשׁ לִדְאֹג שֶׁמָּא יֵצֵא לְתַרְבּוּת רָעָה. וּמֻתָּר לְסַפֵּר לָשׁוֹן הָרָע עַל בַּעֲלֵי מַחֲלֹקֶת, שֶׁנֶּאֱמַר (מלכים א׳ א, יד): "וַאֲנִי אָבוֹא אַחֲרַיִךְ וּמִלֵּאתִי אֶת דְּבָרָיִךְ" (ירושלמי פאה, פ"א ה"א).

עֲבוּר אֲשֶׁר הַרְבֵּה דְּבָרִים תְּלוּיִם בַּלָּשׁוֹן, צָרִיךְ לִשְׁמֹר לְשׁוֹנוֹ מְאֹד מְאֹד. וְעַל כֵּן אָמַר דָּוִד: "נְצֹר לְשׁוֹנְךָ מֵרָע" (תהלים לד, יד). וְאָמְרוּ רַבּוֹתֵינוּ, זִכְרוֹנָם לִבְרָכָה: מַעֲשֶׂה

it is a mitzvah to speak disparagingly of him and to reveal his sins and to demean transgressors in the eyes of men so that they hear and despise him and keep themselves far from transgression, as it is written (*Mishlei* 29:27): "The abomination of the righteous is a man of wrong," and (ibid. 8:13): "The fear of Hashem is to hate evil." And our Sages have said (*Sanhedrin* 52a): "An evildoer who is the son of a righteous man is permitted to be called 'evildoer, the son of an evildoer'; a righteous man who is the son of an evildoer is permitted to be called 'a righteous man, the son of a righteous man.'" And only in such an instance is it permitted to shame one for the sake of Heaven; but if one has a quarrel with another and he wishes to shame him for his benefit alone and not for the sake of Heaven, he should not reveal his sin. Likewise, if the prospective revealer himself is a sinner, he should not reveal the offenses of another, for he would certainly not be revealing his secrets for the good, and (*Mishlei* 14:23): "The word of the lips is only for detraction."

But there are some isolated cases in which slander is a mitzvah, as in the case of two wicked men who are conspiring to do evil. It is permitted to use slander to cause them to hate and do evil to each other so as not to do evil to good men. Similarly, if an adulterer is pursuing an adulteress, it is permitted to resort to slander so that they not commit the transgression. Sometimes, however, even if the sinner is a confirmed evildoer, he should not be shamed in public if it is feared that this may drive him to complete corruption. It is permitted to slander those who are given to contention, as it is written (I *Melachim* 1:14): "And I will come after you and confirm your words" (*Yerushalmi Pe'ah* 1:1).

Because many things hinge upon the tongue, one must be exceedingly heedful of it. It is for this reason that King David wrote (*Tehillim* 34:14): "Keep your tongue from evil."

בְּאָדָם אֶחָד שֶׁקָּרָא בָּרְחוֹב: מִי רוֹצֶה לִקְנוֹת סַם חַיִּים, יָבוֹא אֵלַי וְיִקְנֶה! בָּאוּ כָּל הָעוֹלָם לִקְנוֹת, וְהוֹצִיא סֵפֶר תְּהִלִּים וְהֶרְאָה לָהֶם מַה שֶּׁכָּתוּב בּוֹ: "מִי הָאִישׁ הֶחָפֵץ חַיִּים אֹהֵב יָמִים לִרְאוֹת טוֹב נְצֹר לְשׁוֹנְךָ מֵרָע" (שם). וּכְשֶׁרָאָה זֶה רַבִּי יַנַּאי, הִכְנִיסוֹ בְּבֵיתוֹ וְהֶאֱכִילוֹ וְהִשְׁקָהוּ וְנָתַן לוֹ מָעוֹת. בָּאוּ תַּלְמִידָיו וְאָמְרוּ לוֹ: עַד עַתָּה לֹא יָדַעְתָּ זֶה הַפָּסוּק?! אָמַר לָהֶם: יָדַעְתִּי, אֲבָל לֹא שַׂמְתִּי עַל לִבִּי לְהִזָּהֵר בְּדָבָר זֶה, וּכְשֶׁהָיִיתִי קוֹרֵא זֶה הַפָּסוּק, עָבַרְתִּי עָלָיו וְלֹא חַשְׁתִּי, וּבָא זֶה וְקִיְּמוֹ בְּיָדִי, וּמֵעַתָּה אֶזָּהֵר יוֹתֵר בִּלְשׁוֹנִי (ויקרא רבה טז, ב; שוחר טוב נב, ב).

לָכֵן, אָדָם שֶׁהֻרְגַּל בִּלְשׁוֹנוֹ לְהַחֲנִיף וּלְהִתְלוֹצֵץ וּלְסַפֵּר לָשׁוֹן הָרָע וּלְדַבֵּר כָּזָב וּדְבָרִים בְּטֵלִים, וְעַתָּה הוּא רוֹצֶה לְהִכָּנַע וְלִמְנֹעַ מִזֶּה וְלַעֲשׂוֹת תְּשׁוּבָה, צָרִיךְ לַעֲשׂוֹת גָּדֵר גְּדוֹלָה וַחֲזָקָה מְאֹד. וּמַהוּ הַגָּדֵר? שֶׁיִּתְרַחֵק מְאֹד מֵחֲבֵרָיו הָרִאשׁוֹנִים שֶׁהָיָה רָגִיל לְדַבֵּר עִמָּהֶם לֵיצָנוּת וַחֲנִיפוּת וְלָשׁוֹן הָרָע וָשֶׁקֶר, כִּי אִם יִתְקָרֵב אֶצְלָם, לֹא יוּכַל לִמְנֹעַ, כִּי הֵם יַתְחִילוּ לְדַבֵּר עִמּוֹ כְּמוֹ שֶׁהֻרְגְּלוּ, וְאָז לֹא יוּכַל לְהִתְאַפֵּק מִלְּדַבֵּר עִמָּהֶם כְּמוֹ שֶׁהֻרְגְּלוּ. וְצָרִיךְ לְהַרְגִּיל עַצְמוֹ בִּשְׁתִיקָה מְאֹד מְאֹד, כְּדֵי לְהַרְגִּיל עַצְמוֹ לְמַעֵט פְּתִיחַת פִּיו; וְיַרְבֶּה לֵישֵׁב בַּחֶדֶר לְבַדּוֹ וְלַעֲסֹק בַּתּוֹרָה, וְיִתְחַבֵּר עִם הַחֲסִידִים שֶׁאֵינָם מְדַבְּרִים כִּי אִם מִדִּבְרֵי תוֹרָה וְיִרְאַת שָׁמַיִם. וּבְזֶה הָעִנְיָן יַרְגִּיל עַצְמוֹ יָמִים רַבִּים, וְאָז יִמְצָא רְפוּאָה לְמַכָּתוֹ.

כְּתִיב: "מָוֶת וְחַיִּים בְּיַד לָשׁוֹן וְאֹהֲבֶיהָ יֹאכַל פִּרְיָהּ" (משלי יח, כא). מַעֲשֶׂה הָיָה בְּמֶלֶךְ פָּרַס, שֶׁחָלָה. אָמְרוּ לוֹ הָרוֹפְאִים: אֵין לְךָ רְפוּאָה, עַד שֶׁיָּבִיאוּ לְךָ חֲלֵב לְבִיאָה,

Our Rabbis of blessed memory told of a man who called out in the street: "Who wishes to buy the potion of life? Let him come to me and buy it." All came to buy, and he took out the book of *Tehillim* and showed them what was written in it (ibid. :13–14): "Who is the man who wishes life and loves days to see good? Keep your tongue from evil." And when Rabbi Yannai saw this, he took him into his house and fed him and gave him to drink and he gave him money. When his disciples came and asked him: "Did you not know this verse until now?" he answered: "I knew it but was not heedful of it, and when I read this verse I would pass over it and not take it to heart. Then this man came and impressed it upon me, and from now on I will be more heedful of my tongue" (*Vayikra Rabbah* 16:2; *Shochar Tov* 52:2).

Therefore, if one was accustomed to employing his tongue in flattery, levity, slander, deceit, and idle talk, and he now wishes to humble himself and to refrain from this and to repent, he must build a very great, strong fence against it. And what is that fence? He must remove himself from his former companions in whose company he liked to engage in levity, flattery, slander, and falsehood. For if he draws near to them, he will not be able to restrain himself. For they will begin to speak with him as they used to and then he will not be able to restrain himself from speaking with them as he used to. And one must accustom himself greatly to silence so that he trains himself in less frequently opening his mouth. And he must be more given to sitting in his room alone and studying Torah. He should frequent the company of saintly men, who speak only words of Torah and fear of Hashem. He should habituate himself in this many days and then he will find the cure for his ailment.

It is written (*Mishlei* 18:21): "Death and life are in the power of the tongue, and they that love it shall eat its fruit." A Persian king once took ill and his doctors said to

וְנַעֲשֶׂה לְךָ רְפוּאָה. עָנָה אֶחָד מֵהֶם וְאָמַר: אֲנִי אָבִיא לְךָ חֲלֵב לְבִיאָה, אִם רְצוֹנְךָ, וְתֵן לִי עֶשֶׂר עִזִּים. אָמַר הַמֶּלֶךְ לַעֲבָדָיו שֶׁיִּתְּנוּ לוֹ. נָתְנוּ לוֹ. הָלַךְ לְגֹב אֲרָיוֹת, וְהָיְתָה שָׁם לְבִיאָה אַחַת, מֵינֶקֶת גּוּרֶיהָ. יוֹם רִאשׁוֹן עָמַד מֵרָחוֹק וְהִשְׁלִיךְ לָהּ עֵז אַחַת, וַאֲכָלָתָהּ. יוֹם שֵׁנִי נִתְקָרֵב לָהּ מְעַט וְהִשְׁלִיךְ לָהּ אַחֶרֶת. וְכֵן הָיָה עוֹשֶׂה עַד שֶׁהָיָה מְשַׂחֵק עִמָּהּ, וְלָקַח מֵחֲלָבָהּ וְחָזַר לוֹ. כְּשֶׁהָיָה בַּדֶּרֶךְ, רָאָה בַחֲלוֹם וְהָיוּ אֵיבָרָיו מַתְרִיסִים זֶה עִם זֶה — הָרַגְלַיִם אוֹמְרוֹת: אֵין בְּכָל הָאֵיבָרִים דּוֹמִים לָנוּ! שֶׁאִם לֹא הָלַכְנוּ, לֹא הָיָה יָכוֹל לְהָבִיא מִן הֶחָלָב; וְהַיָּדַיִם אוֹמְרוֹת: אֵין כָּמוֹנוּ! שֶׁאִם לֹא הָיִינוּ עוֹשׂוֹת, לֹא הָיָה דָּבָר כְּלוּם; אָמַר הַלֵּב: אֵין כָּמוֹנִי! אִם לֹא נָתַתִּי הָעֵצָה, מָה הוֹעַלְתֶּם כֻּלְּכֶם? אָמְרוּ הָעֵינַיִם: אֵין בְּכֻלְּכֶם כָּמוֹנוּ! כִּי אָנוּ הֶרְאֵינוּכֶם אֶת הַדֶּרֶךְ וְאֶת הַגֹּב וְאֶת הַלְּבִיאָה; עָנְתָה הַלָּשׁוֹן: אֵין כָּמוֹנִי! שֶׁאִם לֹא אָמַרְתִּי אֶת הַדָּבָר, מִי הָיָה עוֹשֶׂה אוֹתוֹ? הֵשִׁיבוּ לָהּ כָּל הָאֵיבָרִים: אֵיךְ לֹא יָרֵאת לְהִדָּמוֹת אֵלֵינוּ?! הֲלֹא אַתְּ שׁוֹכֶבֶת בֵּין שְׁנֵי חוֹמוֹת בִּמְקוֹם חֹשֶׁךְ, וְאֵין בָּךְ עֶצֶם כַּאֲשֶׁר לִשְׁאָר הָאֵיבָרִים! אָמְרָה לָהֶם הַלָּשׁוֹן: הַיּוֹם תֹּאמְרוּ שֶׁאֲנִי שׁוֹלֶטֶת עֲלֵיכֶם! שָׁמַר הָאִישׁ אֶת הַדְּבָרִים. הָלַךְ אֵצֶל הַמֶּלֶךְ, אָמַר לוֹ: אֲדוֹנִי הַמֶּלֶךְ, הֵילָךְ חֲלֵב כַּלְבְּתָא. קָצַף הַמֶּלֶךְ וְצִוָּה לִתְלוֹתוֹ. כְּשֶׁהָלַךְ לְהִתָּלוֹת, הִתְחִילוּ הָאֵיבָרִים לִבְכּוֹת. אָמְרָה לָהֶם הַלָּשׁוֹן: הֲלֹא אָמַרְתִּי לָכֶם שֶׁאֵין בָּכֶם מַמָּשׁ! אִם אֲנִי מַצֶּלֶת אֶתְכֶם, תּוֹדוּ לִי שֶׁאֲנִי מֶלֶךְ עֲלֵיכֶם? אָמְרוּ לָהּ: הֵן! אָמְרָה

him: "You will not recover until there is brought to you the milk of a lioness, which will cure you." Upon hearing this, one of his courtiers called out: "I will bring you the milk of a lioness if you wish it; just give me ten goats." The king commanded his servants to give them to him and they did. He thereupon went to the lions' lair, where he found a lioness suckling her cubs. The first day he stood at a distance and threw her one goat, which she ate. The second day he drew a little closer to her and threw her another. He continued in this fashion until he could play with her, whereupon he milked her and started his return journey. On the way back he had a dream in which his limbs were contending with one another. His feet said: "There are none among all the limbs that can compare to us, for if we had not gone, he could not have brought the milk." The hands said: "There are none like us, for if we had not wrought, nothing would have been accomplished." The heart said: "None can compare to me for if I had not counseled the thing, of what avail would all of you have been?" The eyes said: "There are none among all of you like us, for we showed you the way and the lair and the lioness." The tongue countered: "There is none like me, for if I had not spoken the thing, who would have done it?" At this, all of the limbs retorted: "How can you not fear to compare yourself to us? Do you not lie between two walls in a place of darkness, lacking a bone, which the other limbs possess?" The tongue then said to them: "Today you will acknowledge that I am your ruler." The courtier remembered the dream. When he came to the king he said to him: "My lord the king, here is the milk of a female cur." The king was infuriated and ordered that he be hanged. As he went to be hanged his limbs began to weep. At this the tongue said to them: "Did I not tell you that there was nothing to you? If I rescue you, will you acknowledge that I am your king?" They responded in the affirma-

הַלָּשׁוֹן לַתּוֹלִים אוֹתוֹ: הֲשִׁיבוּנִי אֶל הַמֶּלֶךְ, אוּלַי אֶנָּצֵל. הֱשִׁיבוּהוּ אֵלָיו. אָמַר לוֹ: לָמָּה צִוִּיתָ לִתְלוֹתִי? אָמַר לוֹ: שֶׁהֵבֵאתָ לִי חֲלֵב כַּלְבְּתָא. אָמַר לוֹ: וּמָה אִכְפַּת לְךָ? וְיִהְיֶה לְךָ רְפוּאָה! וְעוֹד, לְבִיאָה — כַּלְבְּתָא קוֹרְאִים לָהּ! לָקְחוּ מִמֶּנּוּ וְנִסּוּ אוֹתוֹ, וְנִמְצָא חֲלֵב לְבִיאָה, וַיִּתְרַפֵּא הַמֶּלֶךְ מֵחָלְיוֹ. וַיְצַו הַמֶּלֶךְ לְהַחֲיוֹתוֹ וְלִתֵּן לוֹ מַתָּנוֹת יָפוֹת. אָז אָמְרוּ לָהּ הָאֵיבָרִים: עַכְשָׁו אָנוּ מוֹדִים לָךְ. וְזֶהוּ: "מָוֶת וְחַיִּים בְּיַד לָשׁוֹן". לְכָךְ אָמַר דָּוִד (תהלים לט, ב): "אֶשְׁמְרָה דְרָכַי מֵחֲטוֹא בִלְשׁוֹנִי" (שוחר טוב לט, ב־ג).

רְאֵה, הַלָּשׁוֹן טוֹבָה מְקָרְבָנוֹת, שֶׁנֶּאֱמַר: "אֲהַלְלָה שֵׁם אֱלֹהִים בְּשִׁיר וַאֲגַדְּלֶנּוּ בְתוֹדָה וְתִיטַב לַיְיָ מִשּׁוֹר פָּר מַקְרִן מַפְרִיס" (תהלים סט, לא־לב).

צָרִיךְ שֶׁתִּתְבּוֹנֵן וְתַבְחִין עִנְיַן הַלָּשׁוֹן, אֲשֶׁר כָּל עִנְיְנֵי הָאָדָם, לְרָעָה וּלְטוֹבָה, תְּלוּיִם בָּהּ. יָכוֹל אָדָם לַעֲשׂוֹת בַּלָּשׁוֹן עֲבֵרוֹת גְּדוֹלוֹת וַעֲצוּמוֹת אֵין מִסְפָּר, כְּגוֹן מַלְשִׁינוּת וּרְכִילוּת וְלֵיצָנוּת וַחֲנִיפוּת וְשֶׁקֶר וְכַיּוֹצֵא בָאֵלּוּ, וְכָל אֵלּוּ עֲבֵרוֹת גְּדוֹלוֹת, וְאֵין רֶוַח לְבַעַל הַלָּשׁוֹן. וְיָכוֹל לַעֲשׂוֹת מִצְווֹת לְאֵין חֵקֶר בִּלְשׁוֹנוֹ. וְיֵשׁ כַּמָּה בְּנֵי אָדָם הָאוֹמְרִים: מַה נּוּכַל לַעֲשׂוֹת מִצְוָה, הֲלֹא אֵין בְּיָדֵינוּ מָמוֹן לַעֲשׂוֹת צְדָקָה לַעֲנִיִּים! וְהֵם אֵינָם יוֹדְעִים אֲשֶׁר מְקוֹר הַמִּצְווֹת קָרוֹב לָהֶם מְאֹד, מְקוֹר חַיִּים בָּעוֹלָם הַזֶּה וּבָעוֹלָם הַבָּא, וְהוּא הַלָּשׁוֹן. וְכֵן אָמַר דָּוִד: מִי רוֹצֶה לִקְנוֹת חַיֵּי עוֹלָם הַזֶּה וְעוֹלָם הַבָּא? אָמְרוּ לוֹ: אֵין אָדָם יָכוֹל לַעֲמֹד

tive. He thereupon said to the hangmen: "Take me back to the king; perhaps I can save myself." When they brought him back, he asked the king: "Why did you command that I be hanged?" The king replied: "Because you brought me the milk of a female cur." The courtier countered: "What difference does it make to you? It will cure you anyway. And, besides, a lioness can be called a 'female cur.'" They thereupon took the milk from him and upon examination found it to be that of a lioness. When the king was cured of his illness, he commanded that the servant be maintained and given fine gifts, whereupon the limbs said to the tongue: "Now we acknowledge you." This is the meaning of: "Death and life are in the power of the tongue." And it is in this regard that King David wrote (*Tehillim* 39:2): "I shall heed my ways, not to sin with my tongue" (*Shochar Tov* 39:2-3).

Consider that the tongue is better than sacrifices, as it is written (*Tehillim* 69:31-32): "I will praise the name of Hashem in song and I will exalt Him with thanksgiving; and it will be better to Hashem than a horned, hoofed bullock."

One must reflect upon and examine the phenomenon of the tongue, upon which all of man's affairs, good or evil, depend. With his tongue a man can commit countless extremely severe transgressions, such as informing, talebearing, levity, flattery, lying, and the like. And all of these are great transgressions and there is no profit to "the man of the tongue." And with his tongue a man can perform an infinite number of mitzvos. Some men say: "With what can we do a mitzvah? We have no money with which to give charity to the poor!" They do not realize that the source of the mitzvos is extremely close to them, the source of life in this world and in the next — the tongue. And thus did King David say: "Who wishes to buy life in this world and the next?" They answered: "One cannot have

בִּשְׁנֵיהֶם. אָמַר לָהֶם: בְּזוֹל הוּא מְאֹד, דִּכְתִיב: "מִי הָאִישׁ הֶחָפֵץ חַיִּים" (תהלים לד, יג). אָמְרוּ לוֹ: מִי יָכוֹל לִקְנוֹת חַיִּים? אָמַר לָהֶם (שם שם, יד): "נְצֹר לְשׁוֹנְךָ מֵרָע" (מדרש תהלים, מהדורת בובר, לט, ד)

וְיַרְגִּיל עַצְמוֹ בַּלָּשׁוֹן לְדַבֵּר דִּבְרֵי תוֹרָה וְיִרְאַת שָׁמַיִם, וּלְהוֹכִיחַ בְּנֵי אָדָם וּלְצַוּוֹת בָּנָיו אַחֲרָיו לִשְׁמֹר וְלַעֲשׂוֹת, וּלְנַחֵם אֲבֵלִים וּלְנַחֵם עֲנִיִּים וּלְדַבֵּר עַל לִבָּם דְּבָרִים שֶׁל תַּנְחוּמִים טוֹבִים, וּלְדַבֵּר אֱמֶת, וּלְהִתְרַגֵּל בְּשִׁירוֹת וְתִשְׁבָּחוֹת, וְאָז יִהְיֶה אָהוּב לְמַטָּה וְנֶחְמָד לְמַעְלָה, וְיִהְיֶה שְׂכָרוֹ בְּרֹב טוּב הַצָּפוּן לַצַּדִּיקִים.

both." To this he replied: "It is very inexpensive, as it is written (*Tehillim* 34:13): 'Who is the man who wishes life?'" They questioned: "Who can buy life?" And he answered (ibid :14): "Keep your tongue from evil" (*Midrash Tehillim*, Buber edition, 39:4).

One should habituate his tongue to speak words of Torah and fear of Hashem, to chastise men, to command his sons after him to keep and perform the mitzvos, to console mourners, to comfort the poor by soothing their hearts with words of goodly consolation, to speak the truth, and to utter forth song and praise of Hashem. He will then be beloved on earth and treasured in Heaven, and his reward will be the great good that is stored away for the righteous.

שַׁעַר עֶשְׂרִים וְשִׁשָּׁה

שַׁעַר הַתְּשׁוּבָה

אָמַר רַבִּי לֵוִי: גְּדוֹלָה תְּשׁוּבָה, שֶׁמַּגַּעַת עַד כִּסֵּא הַכָּבוֹד, שֶׁנֶּאֱמַר (הושע יד, ב): "שׁוּבָה יִשְׂרָאֵל עַד יְיָ אֱלֹהֶיךָ" (יומא פו ע"א). וְאָמְרוּ רַבּוֹתֵינוּ, זִכְרוֹנָם לִבְרָכָה: כְּשֶׁעָלָה מֹשֶׁה לָרָקִיעַ הָרִאשׁוֹן, מָצָא כִּתּוֹת שֶׁל מַלְאָכִים. פָּתְחוּ לְפָנָיו סֵפֶר תּוֹרָה וְקָרְאוּ מַעֲשֵׂה יוֹם רִאשׁוֹן וּפָסְקוּ וְהִתְחִילוּ לְסַפֵּר בְּשִׁבְחָהּ שֶׁל תּוֹרָה; עָלָה לַשֵּׁנִי וּמָצָא חֲבִילוֹת שֶׁל מַלְאָכִים וְקוֹרִין מַעֲשֵׂה יוֹם שֵׁנִי וּפָסְקוּ וְהִתְחִילוּ לְסַפֵּר בְּשִׁבְחָהּ שֶׁל תּוֹרָה וְשֶׁל יִשְׂרָאֵל; עָלָה לַשְּׁלִישִׁי וּמָצָא מַלְאָכִים וּגְדוּדִים קוֹרִין בְּמַעֲשֵׂה יוֹם שְׁלִישִׁי וּפָסְקוּ וְהִתְחִילוּ לְסַפֵּר בְּשִׁבְחָהּ שֶׁל יְרוּשָׁלַיִם; עָלָה לָרְבִיעִי וּמָצָא אֶרְאֶלִּים קוֹרִין בְּמַעֲשֵׂה יוֹם רְבִיעִי וּפָסְקוּ וְהִתְחִילוּ לְסַפֵּר בְּשִׁבְחוֹ שֶׁל מָשִׁיחַ; עָלָה לַחֲמִישִׁי וּמָצָא מַחֲנוֹת מַחֲנוֹת קוֹרִין בְּמַעֲשֵׂה יוֹם חֲמִישִׁי וּפָסְקוּ וְהִתְחִילוּ לְסַפֵּר בְּעִצְבוֹנָהּ שֶׁל גֵּיהִנֹּם; עָלָה לַשִּׁשִּׁי וּמָצָא שָׁם מַלְאָכִים, וְהָיוּ קוֹרִין בְּמַעֲשֵׂה יוֹם שִׁשִּׁי וּפָסְקוּ וְהִתְחִילוּ לְסַפֵּר בְּמַעֲשֵׂה גַּן עֵדֶן, וּמְבַקְּשִׁים לִפְנֵי הַקָּדוֹשׁ בָּרוּךְ הוּא לִתֵּן חֶלְקָם שֶׁל יִשְׂרָאֵל בְּגַן עֵדֶן; עָלָה לַשְּׁבִיעִי וּמָצָא אוֹפַנִּים וּשְׂרָפִים וְגַלְגַּלִּים וּמַלְאֲכֵי רַחֲמִים וּמַלְאֲכֵי חֶסֶד וּצְדָקָה וּמַלְאֲכֵי רֶתֶת

THE TWENTY-SIXTH GATE

The Gate of Repentance

Rabbi Levi said: "Great is repentance, that it reaches up until the Throne of Glory, as it is written (*Hoshea* 14:2): 'Return, O Israel, until Hashem, your God'" (*Yoma* 86a). And our Rabbis of blessed memory have said: "When Moshe ascended to the first firmament he found classes of angels, who opened a Torah scroll before him, read about the first day of Creation, discontinued, and began speaking in praise of Torah. When he ascended to the second firmament he found clusters of angels, who read about the second day of Creation, discontinued, and began speaking in praise of Torah and Israel. When he ascended to the third firmament he found angels and troops, who read about the third day of Creation, discontinued, and began speaking in praise of Jerusalem. When he ascended to the fourth firmament he found mighty angels, who read about the fourth day of Creation, discontinued, and began speaking in praise of the *Mashiach*. When he ascended to the fifth firmament he found camps upon camps, who read about the fifth day of Creation, discontinued, and began to speak about the anguish of Gehinnom. When he ascended to the sixth firmament he found angels, who read about the sixth day of Creation, discontinued, and began to speak about the Garden of Eden and to implore the Holy One Blessed be He to place the portion of the Jews in Gan Eden. When he ascended to the seventh firmament he found *ofanim*, *serafim*, *galgalim*, angels of mercy, angels of lovingkindness

וְזִיעַ — מִיָּד אָחַז מֹשֶׁה בְּכִסֵּא הַכָּבוֹד. הִתְחִילוּ לִקְרֹא בְּמַעֲשֵׂה יוֹם שְׁבִיעִי "וַיְכֻלּוּ" וּפָסְקוּ וְהִתְחִילוּ לְסַפֵּר בְּשִׁבְחָהּ שֶׁל תְּשׁוּבָה. לְלַמֶּדְךָ שֶׁתְּשׁוּבָה מַגַּעַת עַד כִּסֵּא הַכָּבוֹד, שֶׁנֶּאֱמַר: "שׁוּבָה יִשְׂרָאֵל עַד יְיָ אֱלֹהֶיךָ".

אָמַר רַבִּי עֲקִיבָא: שִׁבְעָה דְבָרִים קָדְמוּ לָעוֹלָם, וְאֵלּוּ הֵם: תּוֹרָה, תְּשׁוּבָה, גַּן עֵדֶן, גֵּיהִנֹּם, כִּסֵּא הַכָּבוֹד, בֵּית הַמִּקְדָּשׁ וּשְׁמוֹ שֶׁל מָשִׁיחַ (פסחים נד ע"א). וְלָמָּה אֵלּוּ שִׁבְעָה? דַּע לְךָ, שֶׁעִקַּר בְּרִיאַת הָעוֹלָם הוּא בִּשְׁבִיל הָאָדָם, כִּי אֵין צֹרֶךְ בָּעוֹלָם הַתַּחְתּוֹן אֶלָּא בָּאָדָם, וְהוּא מוֹשֵׁל בְּכָל הָעוֹלָם הַתַּחְתּוֹן: בַּבְּהֵמוֹת וְחַיּוֹת וְעוֹפוֹת וְדָגִים וּשְׁרָצִים. וּמֵאַחַר שֶׁעִקַּר הַבְּרִיאָה בִּשְׁבִיל הָאָדָם, אִם כֵּן הָצְרַךְ לְהַקְדִּים הַתּוֹרָה שֶׁהִיא קִיּוּם הָעוֹלָם, דִּכְתִיב: "אִם לֹא בְרִיתִי יוֹמָם וָלָיְלָה חֻקּוֹת שָׁמַיִם וָאָרֶץ לֹא שָׂמְתִּי" (ירמיה לג, כה). וְכֵיוָן שֶׁהִקְדִּים הַתּוֹרָה, הָצְרַךְ כְּמוֹ כֵן לְהַקְדִּים הַתְּשׁוּבָה, כִּי כֵיוָן שֶׁיֵּשׁ בַּתּוֹרָה עֲשֵׂה וְלֹא־תַעֲשֶׂה וַעֲנָשִׁים הַמְפֹרָשִׁים בַּתּוֹרָה, הָצְרַךְ עַל כָּל פָּנִים לְהַקְדִּים הַתְּשׁוּבָה, שֶׁאִם יֶחֱטָא אָדָם, שֶׁיִּהְיֶה לוֹ זְמַן לָשׁוּב, שֶׁאִם לֹא כֵן, לֹא הָיָה הָעוֹלָם קַיָּם דּוֹר אֶחָד — "כִּי אָדָם אֵין צַדִּיק בָּאָרֶץ אֲשֶׁר יַעֲשֶׂה טּוֹב וְלֹא יֶחֱטָא" (קהלת ז, כ), וּמִיָּד כְּשֶׁהַדּוֹר חוֹטֵא, רָאוּי הוּא לְכַלּוֹתוֹ וּלְהַשְׁמִידוֹ. וּלְכָךְ נִכְתַּב מַעֲשֵׂה סְדֹם בַּתּוֹרָה, לְהוֹדִיעַ לַחוֹטְאִים שֶׁהֵם רְאוּיִם לִהְיוֹת כָּלִים, הֵם וְכָל אֲשֶׁר לָהֶם, וְגַם הָאָרֶץ הִיא רְאוּיָה לְהִתְהַפֵּךְ כְּמוֹ סְדֹם, אֶלָּא שֶׁהַקָּדוֹשׁ בָּרוּךְ הוּא הִקְדִּים תְּשׁוּבָה וּמַמְתִּין דּוֹר

and charity, and angels of shuddering and trembling, whereupon he grasped the Throne of Glory. They began reading about the seventh day of Creation — "And heaven and earth were completed..." — discontinued, and began to speak in praise of repentance. It is hereby seen that repentance reaches up until the Throne of Glory, as it is written (*Hoshea* 14:2): "Return, O Israel, until Hashem, your God."

Rabbi Akiva said: "Seven things preceded the world: Torah, repentance, Paradise, Gehinnom, the Throne of Glory, the Temple, and the name of the *Mashiach*" (*Pesachim* 54a). Why these seven? Know that the universe was created primarily for man, for there is no need of the terrestrial world except for man. He rules over the entire terrestrial world, over beasts, animals, birds, fish, and creeping things. And since the prime purpose of Creation is man, it was necessary that he be preceded by Torah, which is the sustenance of the universe, as it is written (*Yirmeyahu* 33:25): "If not for my covenant [Torah], day and night, I would not have made the ordinances of heaven and earth." And since Torah preceded the universe, it was accordingly necessary that repentance precede it. For since the Torah contains positive and negative commandments and the punishments set forth therein, it was patently necessary that repentance precede, so that if one sinned he would have time to repent. For if it were not so, the world could not exist even one generation, "for there is no man so righteous upon the earth as to do good and never sin" (*Koheles* 7:20). And, immediately, if a generation sins, it deserves to be destroyed and wiped out. It is for this reason that the episode of Sodom is recorded in the Torah — to make it known to sinners that they and all that is theirs deserve to be wiped out, and that the earth, too, deserves to be overturned, just as Sodom was; but the Holy One Blessed be He had repentance precede the universe, and He waits, genera-

אַחַר דּוֹר. וְכֵיוָן שֶׁהִקְדִּים תּוֹרָה וּתְשׁוּבָה, הֻצְרַךְ לְהַקְדִּים כְּמוֹ כֵן גַּן עֵדֶן וְגֵיהִנֹּם וְכִסֵּא הַכָּבוֹד, שֶׁהֵם מְקוֹמוֹת לְשַׁלֵּם לְאִישׁ כְּמַעֲשָׂיו. וְכֵיוָן שֶׁהִקְדִּים כָּל אֵלּוּ, הֻצְרַךְ לְהַקְדִּים בֵּית הַמִּקְדָּשׁ וּשְׁמוֹ שֶׁל מָשִׁיחַ, כִּי בַּיָּמִים הָהֵמָּה תִּמָּלֵא הָאָרֶץ דֵּעָה, וְלֹא יִהְיֶה יֵצֶר הָרַע בִּבְנֵי אָדָם (סוכה נב ע״א), וְכֻלָּם, גְּדוֹלִים וּקְטַנִּים, יֵדְעוּ הַשֵּׁם יִתְעַלֶּה יְדִיעָה גְדוֹלָה, וְאָז יֵדְעוּ כֻּלָּם שֶׁעִקַּר בְּרִיאַת הָעוֹלָם בִּשְׁבִיל עֲבוֹדַת הַבּוֹרֵא יִתְעַלֶּה. לָכֵן הִקְדִּים אֵלּוּ הַשִּׁבְעָה לָעוֹלָם. ״וְעָלוּ מוֹשִׁעִים בְּהַר צִיּוֹן״ (עובדיה א, כא), ״וּבָא לְצִיּוֹן גּוֹאֵל וּלְשָׁבֵי פֶשַׁע בְּיַעֲקֹב״ (ישעיה נט, כ), אָמֵן, וְכֵן יְהִי רָצוֹן.

עֲבוּר שִׁבְעָה דְּבָרִים יַקְדִּים הָאָדָם לָשׁוּב בְּבַחֲרוּתוֹ כְּשֶׁהוּא בְחֹזֶק כֹּחוֹ:

הָאֶחָד — כִּי עֲבוֹדַת הַתּוֹרָה וְהַיִּרְאָה וְכָל הַמַּעֲלוֹת וְהַמַּעֲשִׂים שֶׁהָאָדָם חַיָּב, הֵן רַבּוֹת מְאֹד מְאֹד, וְעַל זֶה נֶאֱמַר: ״אֲרֻכָּה מֵאֶרֶץ מִדָּהּ וּרְחָבָה מִנִּי יָם״ (איוב יא, ט). ״וְהַיּוֹם קָצֵר״ (אבות פ״ב מט״ו) — כִּי הָעוֹלָם הַזֶּה הוּא יוֹם קָצָר מְאֹד, ״כַּצֵּל יָמֵינוּ עַל הָאָרֶץ״ (דברי הימים א׳ כט, טו), וְאָמְרוּ רַבּוֹתֵינוּ, זִכְרוֹנָם לִבְרָכָה: לֹא כְצֵל כֹּתֶל וְלֹא כְצֵל אִילָן, אֶלָּא כְצֵל עוֹף הַפּוֹרֵחַ בָּאֲוִיר (בראשית רבה צו, ב), ״וְהַפּוֹעֲלִים עֲצֵלִים (אבות שם) — זֶהוּ הָאָדָם, שֶׁיֵּשׁ בּוֹ מִדַּת הָעַצְלוּת. וְעַתָּה, הִתְבּוֹנֵן: אָדָם שֶׁמְּחֻיָּב לֵילֵךְ מַהֲלַךְ יוֹם אֶחָד, עֶשֶׂר פַּרְסָאוֹת וְיוֹתֵר, וְהַדֶּרֶךְ מְלֵאָה מִכְשׁוֹלִים מְטִיט וַאֲבָנִים, וְיֵשׁ לִסְטִים וְרוֹצְחִים בְּאוֹתָהּ הַדֶּרֶךְ, וְהוּא צָרִיךְ לָלֶכֶת עַל כָּל פָּנִים, כִּי כֵן צִוָּה לוֹ הַמֶּלֶךְ וְלֹא יוּכַל לִדְחוֹתוֹ — כַּמָּה צָרִיךְ הָאִישׁ לְהַקְדִּים בַּבֹּקֶר וְלַחְגֹּר

tion after generation. And since Torah and repentance preceded, it was necessary, likewise, that Paradise, Gehinnom, and the Throne of Glory precede, for they are places where man is paid according to his deeds. And since all of these preceded, it was necessary that the Temple and the name of the *Mashiach* precede. For in those days the earth will be filled with knowledge, there will be no evil inclination in man (*Sukkah* 52a), and all — young and old alike — will know the Exalted One with great knowledge; and then they will know that the end of the creation of the world is the worship of the Exalted Creator. It is for this reason that He caused these seven to precede the Creation. "And saviors will ascend Mount Zion" (*Ovadiah* 1:21): "And a redeemer will come to Zion and to those who repent of offense in Yaakov" (*Yeshayahu* 59:20). Amen, thus let it be His will.

Because of seven considerations one should be prompt to repent in his youth, while yet in full vigor:

First, the service of Torah and fear of Hashem and all the qualities he must attain and the activities incumbent upon him are extremely manifold. Concerning this it is written (*Iyov* 11:9): "Its measure is longer than the earth and broader than the sea"; "And the day is short" (*Avos* 2:15), for this world is an extremely short day; "As a shadow are our days upon the earth" (I *Divrei Hayamim* 29:15), concerning which our Rabbis of blessed memory have said (*Bereshis Rabbah* 96:2): "Not as the shadow of a wall or as the shadow of a tree, but as the shadow of a bird, flying overhead"; "And the workers are lazy" (*Avos*, ad loc.) — this refers to man, who has within him the negative trait of laziness. Now reflect: if a man must walk ten or more parasangs in one day, and the road is covered with obstacles, full of mire and stones, and there are highwaymen and murderers on the road, and he must go notwithstanding, this being the unalterable edict of the king — how

מָתְנָיו בִּזְרִיזוּת וְלָלֶכֶת בִּמְהִירוּת. לָכֵן יֵשׁ לְהַשְׁכִּים וּלְהַקְדִּים לַעֲבוֹדַת הַבּוֹרֵא יִתְעַלֶּה, וַאֲפִלּוּ כְּשֶׁיַּעֲשֶׂה כָּל יְכָלְתּוֹ, יַשִּׂיג מְעַט מִן הַמַּעֲלוֹת, כְּמוֹ שֶׁאָמְרוּ רַבּוֹתֵינוּ עַל מַה שֶּׁכָּתוּב: "כִּי הוּא יָדַע יִצְרֵנוּ" (תהלים קג, יד): מָשָׁל לְמֶלֶךְ שֶׁנָּתַן שָׂדֶה לַעֲבָדָיו, וְאָמַר לָהֶם לְעָבְדָהּ וּלְשָׁמְרָהּ וּלְהָבִיא מִמֶּנָּה שְׁלֹשִׁים כֹּר בְּכָל שָׁנָה, וְהֵם טָרְחוּ בָהּ וְעָבְדוּ אוֹתָהּ הֵיטֵב, וְהֵבִיאוּ מִמֶּנָּה לִפְנֵי הַמֶּלֶךְ חֲמִשָּׁה כֹּרִים. אָמַר לָהֶם: מַה זֹּאת עֲשִׂיתֶם? אָמְרוּ לוֹ: אֲדוֹנֵנוּ הַמֶּלֶךְ! הַשָּׂדֶה שֶׁנָּתַתָּ לָנוּ זִבּוּרִית הִיא, וַאֲנַחְנוּ בְּכָל כֹּחֵנוּ עֲבַדְנוּהָ, וְלֹא עָשְׂתָה יוֹתֵר מִזֶּה הַשִּׁעוּר (אבות דרבי נתן ט״ז, ג). כָּךְ הָאָדָם: אֲפִלּוּ כְּשֶׁיַּעֲבֹד בְּכָל כֹּחוֹ — עֲבוֹדָתוֹ קְטַנָּה; וְאִם יֹאמַר: אַמְתִּין עַד שֶׁאֶהְיֶה פָּנוּי וְעַד שֶׁאַרְוִיחַ כֶּסֶף דֵּי סִפּוּקִי — הִנֵּה טִרְדּוֹת הָעוֹלָם אֵינָן פּוֹסְקוֹת, כְּמוֹ שֶׁאָמְרוּ רַבּוֹתֵינוּ, זִכְרוֹנָם לִבְרָכָה: וְאַל תֹּאמַר לִכְשֶׁאֶפָּנֶה אֶשְׁנֶה, שֶׁמָּא לֹא תִּפָּנֶה (אבות פ״ב מ״ד).

הַשֵּׁנִי — אִם יְאַחֵר תְּשׁוּבָתוֹ עַד שֶׁיִּכְנֹס וְיֶאֱסֹף הוֹן, אָז יַחְמֹד וְיִכְסֹף יוֹתֵר, כְּמוֹ שֶׁאָמְרוּ רַבּוֹתֵינוּ, זִכְרוֹנָם לִבְרָכָה: אֵין אָדָם יוֹצֵא מִן הָעוֹלָם וַחֲצִי תַּאֲוָתוֹ בְּיָדוֹ: יֵשׁ בְּיָדוֹ מָנֶה — מִתְאַוֶּה לַעֲשׂוֹת מָאתַיִם; הִשִּׂיגָה יָדוֹ מָאתַיִם — מִתְאַוֶּה לַעֲשׂוֹת אַרְבַּע מֵאוֹת; וְכֵן כָּתוּב (קהלת ה, ט): "אֹהֵב כֶּסֶף לֹא יִשְׂבַּע כֶּסֶף" (קהלת רבה א, יג, אות לד). לָכֵן אַל יִדְחֶה הָאָדָם הַתְּשׁוּבָה בְּשׁוּם פָּנִים.

הַשְּׁלִישִׁי — הַזְּמַן מִתְמַעֵט וְהַמְּלָאכָה מְרֻבָּה, מְלֶאכֶת הַתּוֹרָה וְתִקּוּן הַנֶּפֶשׁ וְהַשָּׂגַת הַמַּעֲלוֹת, כְּמוֹ

much would this man be obliged to rise early in the morning, to gird his thighs with dispatch and walk with haste. It is thus necessary to awake early and arise to the service of the Exalted Creator. And though one does all in his power he will achieve but little of what is to be achieved, as our Rabbis stated concerning the verse (*Tehillim* 103:14): "'For He knows our inclination' — this is analogous to a king's having entrusted a field to his servants and having exhorted them to work it and guard it and to bring him thirty *kor* [a measure of grain] per year from it. They labored in it and worked it well and brought from it to the king only five *kor*. He said to them: 'What have you done?' and they answered: 'Our lord, the king, the field that you gave us is of poor quality. We worked it with all our might, but it produced no more than this amount of grain'" (*Avos d'Rabbi Nasan* 16:3). So with men in general. Even if one worked with all his might, his output would be small. And if he says: "I will wait until I am free and until I have earned enough money," the preoccupations of the world never end, as our Rabbis of blessed memory have said (*Avos* 2:4): "Do not say: When I have spare time I will learn. For you may never have spare time."

Second, if one delays his repentance until he has acquired and accumulated wealth, then he will desire and yearn for more, as our Rabbis of blessed memory have said (*Koheles Rabbah* 1:13, section 34): "No man leaves the world having realized half of his desires. If he has one hundred, he desires to make two hundred. If he attains two hundred, he desires to make four hundred, as it is written (*Koheles* 5:9): 'He that loves silver shall not be satisfied with silver.'" Therefore, under no circumstances must one delay repentance.

Third, time grows short and there is much work — the work of Torah, perfection of the soul, and acquisition of

הָאַהֲבָה, הַיִּרְאָה וְהַדְּבֵקוּת, כְּמוֹ שֶׁאָמְרוּ: "הַיּוֹם קָצָר וְהַמְּלָאכָה מְרֻבָּה" (אבות פ"ב מט"ו).

הָרְבִיעִי — כְּשֶׁיְּאַחֵר לְתַקֵּן נַפְשׁוֹ, אָז הַיֵּצֶר הוֹלֵךְ וּמִתְגַּבֵּר, וּמִתְקַשֶּׁה הַלֵּב וּכְבָר הָרְגַּל בַּעֲבֵרוֹת, וְכָל הָעֲבֵרוֹת הֵן בְּעֵינָיו כְּהֶתֵּר (יומא פו ע"ב), וְלֹא יוּכַל לְטַהֵר עַצְמוֹ.

הַחֲמִישִׁי — מִי שֶׁאֵינוֹ רוֹצֶה לְהַקְדִּים לָשׁוּב, אוּלַי לֹא יַאֲרִיךְ יָמִים וְיָמוּת טֶרֶם יָשׁוּב; עַל כֵּן הִזְהִיר: "בְּכָל עֵת יִהְיוּ בְגָדֶיךָ לְבָנִים" (קהלת ט, ח).

הַשִּׁשִּׁי — כְּשֶׁיְּאַחֵר לָשׁוּב, יִהְיוּ עֲוֹנוֹתָיו יְשָׁנִים וְיִשְׁכַּח יְגוֹנָם, וְלֹא יִדְאַג לָהֶם כַּאֲשֶׁר בַּתְּחִלָּה.

הַשְּׁבִיעִי — כְּשֶׁהוּא יָבוֹא בַּיָּמִים וְיֶחֱלַשׁ כֹּחַ הַיֵּצֶר, לֹא יְקַבֵּל שָׂכָר עַל הַתְּשׁוּבָה כְּאִלּוּ עָשָׂה תְשׁוּבָה בִּימֵי בַחֲרוּתוֹ כְּשֶׁהָיָה בְחֹזֶק כֹּחוֹ. וּבַעֲבוּר אֵלּוּ שִׁבְעָה דְבָרִים, יַקְדִּים אָדָם עַצְמוֹ לְתַקֵּן נַפְשׁוֹ לִפְנֵי מֶלֶךְ עֶלְיוֹן.

וְאַחַר שֶׁיַּעֲלֶה בְּלֵב הָאָדָם לַעֲשׂוֹת תְּשׁוּבָה, לֹא יוּכַל לַעֲשׂוֹת תְּשׁוּבָה שְׁלֵמָה אִם לֹא יָשִׂים עַל לִבּוֹ שִׁבְעָה דְבָרִים:

הָרִאשׁוֹן — שֶׁיֵּדַע הַשָּׁב אֶת מַעֲשָׂיו וְיִזְכְּרֵם כֻּלָּם. כִּי אָדָם שֶׁלֹּא הָרְגַּל לְקַיֵּם הַמִּצְוֹת מִנְּעוּרָיו, כָּל יָמָיו יַעֲשֶׂה עֲבֵרוֹת. וְכַמָּה בְנֵי אָדָם סְבוּרִים, שֶׁאֵין אָדָם צָרִיךְ לַעֲשׂוֹת תְּשׁוּבָה אֶלָּא אִם כֵּן בָּא עַל אֵשֶׁת אִישׁ אוֹ עַל גּוֹיָה, אוֹ יָצָא לְתַרְבּוּת רָעָה, וְכַיּוֹצֵא בָאֵלֶּה מֵעֲבֵרוֹת גְּדוֹלוֹת, אֲבָל בִּשְׁאָר עֲבֵרוֹת אֵין יוֹדְעִים שֶׁיֵּשׁ לָשׁוּב עֲלֵיהֶן — וְזֶה אֵינוֹ כֵן, כִּי עַל מַה שֶּׁהִזְהִירָה הַתּוֹרָה הַקְּדוֹשָׁה, מִצְוֹת עֲשֵׂה וּמִצְוֹת לֹא־תַעֲשֶׂה, וְכָל מַה שֶּׁהִזְהִירוּ רַבּוֹתֵינוּ

traits such as love, fear, and cleaving to God. As our Sages of blessed memory have said (*Avos* 2:15): "The day is short and there is much work to be done."

Fourth, if one delays perfection of his soul, his evil inclination grows progressively stronger and hardens his heart; and because he will have habituated himself to transgressions he will come to regard all of them as permissible (*Yoma* 86b), and will not be able to purify himself.

Fifth, if one does not wish to be prompt in repentance it may be that his days will not be prolonged and that he will die before he can repent. It is for this reason that Shelomo exhorted (*Koheles* 9:8): "Let your garments always be white."

Sixth, if one defers repentance, his transgressions age and lose their sting, and he does not worry over them as in the beginning.

Seventh, when one grows old and his evil inclination grows weak, he is not rewarded for repentance as if he had repented in his youth, when in full vigor. Because of these seven considerations, one should be quick to perfect his soul before the Exalted King.

After one is awakened to repentance, he will not be able to repent fully unless he impresses seven things upon himself:

First, the penitent must know his deeds and remember all of them. For one who was not accustomed to doing mitzvos in his youth will transgress all of his days. And some men think that one is not obligated to repent unless he has lived with a married woman, or with a gentile woman, or has steeped himself in corruption, or has committed similar severe transgressions. But such men are not cognizant of the need for repentance with respect to the other transgressions. This is an error, for repentance is required for transgression of all positive and negative commandments stated in the holy Torah, and for transgressions of

עֲלֵיהֶם, צָרִיךְ לָשׁוּב. וְיוֹתֵר חָמוּר דִּבְרֵי חֲכָמִים מִדִּבְרֵי תוֹרָה, כִּי כָּל הָעוֹבֵר עַל דִּבְרֵי חֲכָמִים חַיָּב מִיתָה (ברכות ד ע״ב). וְכָל מִי שֶׁעוֹבֵר עַל דִּבְרֵי תוֹרָה אוֹ דִבְרֵי חֲכָמִים, צָרִיךְ לָשׁוּב.

וְעַתָּה, שְׁמַע, בְּנִי, כִּי רֹב הָעוֹלָם אֵין נִזְהָרִים מִדְּבָרִים בְּטֵלִים וּמִלְּהִסְתַּכֵּל בְּנָשִׁים וּמִלְּדַבֵּר עִמָּהֶן שֶׁלֹּא לְצֹרֶךְ. גַּם לֹא נִזְהֲרוּ לְהִתְפַּלֵּל בְּכַוָּנָה וּמִלְּדַבֵּר בְּבֵית הַכְּנֶסֶת וּמִשְּׂחֹק וּמִקַּלּוּת רֹאשׁ; גַּם לֹא נִזְהֲרוּ בִּצְדָקָה, לָתֵת אוֹתָהּ לְמִי שֶׁהָגוּן לָהּ, וּמִלְּאַמֵּץ הַלֵּב וּמִלִּקְפֹּץ הַיָּד וּמִלְּדַבֵּר דְּבָרִים קָשִׁים לָעֲנִיִּים. גַּם לֹא נִזְהֲרוּ מִשְּׁבוּעַת חִנָּם וּמִלְּקַלֵּל חֲבֵרוֹ אוֹ עַצְמוֹ בַּשֵּׁם וּמֵהַזְכָּרַת שֵׁם שָׁמַיִם לְבַטָּלָה אוֹ בְּמָקוֹם שֶׁאֵינוֹ טָהוֹר אוֹ בְּיָדַיִם שֶׁאֵינָן נְקִיּוֹת וּמִבִּטּוּל תַּלְמוּד תּוֹרָה כְּנֶגֶד כֻּלָּם. גַּם לֹא נִזְהֲרוּ מִקִּנְאָה וְשִׂנְאָה וְלָשׁוֹן הָרָע וְגַאֲוָה וְכַעַס וּמִכָּל הַמִּדּוֹת הָאֲמוּרוֹת בַּסֵּפֶר הַזֶּה. גַּם לֹא נִזְהֲרוּ בְּעִנְיְנֵי קִיּוּם הַמִּצְווֹת הַתְּלוּיוֹת בְּמַעֲשֶׂה, כְּגוֹן נְטִילַת יָדַיִם, וּבְעִנְיְנֵי נְזִיקִין בֵּין אָדָם לַחֲבֵרוֹ וּבְקִיּוּם שַׁבָּת כַּדִּין, וְרַבִּים נִכְשָׁלִים בָּזֶה. כִּי דָּבָר פָּשׁוּט הוּא מְאֹד — מִי שֶׁאֵינוֹ בָּקִי בַּמִּצְוֹת, נִכְשָׁל בְּהַרְבֵּה מְקוֹמוֹת, וְכַהֵנָּה עוֹשֶׂה אָדָם עֲבֵרוֹת כָּל יָמָיו וְלֹא מַרְגִּישׁ; לָכֵן צָרִיךְ הַשָּׁב לֵידַע הָעֲבֵרוֹת שֶׁעָשָׂה. וְהֵיאַךְ יָכוֹל לָדַעַת? יִלְמַד הַמִּצְווֹת, וְיָבִין בְּכָל מִצְוָה וּמִצְוָה מַה חִסֵּר מִמֶּנָּה שֶׁלֹּא קִיֵּם, וּבַמֶּה עָבַר. וְאִם לֹא יֵדַע בַּמֶּה עָבַר, אֵיךְ יִתְחָרֵט? אֶלָּא אִם כֵּן יֵדַע הָעֲבֵרָה

all things that the Rabbis have exhorted us against. And the words of the Rabbis are even more stringent than those of the Torah. For all who transgress the words of the Sages incur the death penalty (*Berachos* 4b), and all who transgress either the words of the Torah or the words of the Sages, must repent.

And now hear, my son, that most men do not guard themselves against idle talk, or gazing at women or speaking with them unnecessarily. They have also not been sufficiently heedful to pray with intent, not to speak in the synagogue and not to engage in jesting and levity. Nor have they been circumspect in relation to charity: to give it to the deserving, not to harden their hearts or to close their fists or to speak hard words to the poor. They have also not guarded themselves against vain oaths, or against cursing their neighbors or themselves with the Name of God, or of mentioning God's name in vain or in an unclean place or with unclean hands, or against neglect of Torah study, the most egregious of them all. They have also not guarded themselves against envy, hatred, slander, pride, anger and all of the other negative traits mentioned in this book. Nor have they been heedful with respect to the fulfillment of those mitzvos involving an act, such as the washing of one's hands, or with respect to damages involving man and his neighbor, or with respect to the proper observance of the Sabbath, and many go astray in this. For it is axiomatic that one who is not fully conversant with the mitzvos will go astray in many areas. In this way a man commits transgressions all of his days without being aware that he is doing so. It is, therefore, essential that the penitent know the transgressions that he has committed. And how can he know? Let him study the mitzvos and understand where he has fallen short in the fulfillment of each mitzvah and wherein he has transgressed. If he does not know wherein he has transgressed, how can he regret what he has done?

שֶׁיִּתְחָרֵט עָלֶיהָ, כְּמוֹ שֶׁאָמַר הַכָּתוּב: "כִּי פְשָׁעַי אֲנִי אֵדָע וְחַטָּאתִי נֶגְדִּי תָמִיד" (תהלים נא, ה).

הַשֵּׁנִי — אֲפִלּוּ כְּשֶׁהוּא יוֹדֵעַ עֲבֵרוֹת שֶׁעָשָׂה, לֹא יִתְחָרֵט עֲלֵיהֶן אִם לֹא יֵדַע בְּוַדַּאי רָעַת הָעֲבֵרוֹת שֶׁעָבַר. כִּי אִם יַחְשֹׁב: מַה בְּכָךְ אִם נֶהֱנֵיתִי מִן הָעוֹלָם הַזֶּה בְּלֹא בְרָכָה, אוֹ אִם בִּטַּלְתִּי מִן הַתּוֹרָה? אֵין זֶה דָּבָר רַע כָּל כָּךְ! — מִי שֶׁחוֹשֵׁב כָּךְ, לְעוֹלָם לֹא יִתְחָרֵט וְלֹא יָשׁוּב בְּלֵב שָׁלֵם. אֶלָּא צָרִיךְ לַחֲשֹׁב: אֵין שׁוּם דָּבָר רַע בְּכָל הָעוֹלָם כְּמוֹ מִי שֶׁאֵינוֹ חוֹשֵׁשׁ עַל מִצְוַת הַמֶּלֶךְ הַמְּרוֹמָם, כִּי הָעוֹבֵר עַל מִצְוַת מֶלֶךְ בָּשָׂר וָדָם כַּמָּה הוּא רָע, קַל וָחֹמֶר עַל מִצְוַת הַשֵּׁם יִתְבָּרֵךְ, הָעוֹבֵר צִוּוּיו, שֶׁהוּא דָּבָר רָע.

הַשְּׁלִישִׁי — צָרִיךְ הַחוֹטֵא לֵידַע וּלְהַאֲמִין מֵעֹמֶק הַלֵּב, שֶׁיֵּשׁ לוֹ גְּמוּל וָעֹנֶשׁ בְּדִינִים קָשִׁים עַל הָעֲבֵרוֹת שֶׁעָשָׂה, וְאִם לֹא יֵדַע זֶה, לֹא יָחוּשׁ לָשׁוּב לְעוֹלָם. אֲבָל אַחַר שֶׁיִּתְבָּרֵר אֶצְלוֹ הָעֹנֶשׁ, אָז יָשׁוּב וְיִתְחָרֵט וִיבַקֵּשׁ מֵאֵת הָאֵל הַמְהֻלָּל מְחִילָה, כְּמוֹ שֶׁנֶּאֱמַר: "סָמַר מִפַּחְדְּךָ בְשָׂרִי וּמִמִּשְׁפָּטֶיךָ יָרֵאתִי" (תהלים קיט, קכ).

הָרְבִיעִי — צָרִיךְ שֶׁיֵּדַע הַחוֹטֵא, שֶׁכָּל עֲבֵרוֹתָיו שֶׁעָבַר כָּל יָמָיו, עֲבֵרוֹת גְּדוֹלוֹת וּקְטַנּוֹת, וְכָל הַמַּחֲשָׁבוֹת הָרָעוֹת וּדְבָרִים בְּטֵלִים וְכָל עִנְיָנָיו, מִקָּטֹן וְעַד גָּדוֹל, הַכֹּל כָּתוּב בַּסֵּפֶר, וְאֵין שִׁכְחָה לִפְנֵי הַשֵּׁם יִתְעַלֶּה, דִּכְתִיב: "הֲלֹא הוּא כָּמֻס עִמָּדִי חָתוּם בְּאוֹצְרֹתָי" (דברים לב, לד), וְאוֹמֵר: "בְּיַד כָּל אָדָם יַחְתּוֹם לָדַעַת כָּל אַנְשֵׁי מַעֲשֵׂהוּ" (איוב לז, ז). כִּי אִם יַחְשֹׁב שֶׁיֵּשׁ שִׁכְחָה לַעֲוֹנוֹתָיו, לֹא יִתְחָרֵט וְלֹא יְבַקֵּשׁ מִמֶּנּוּ עֲלֵיהֶן מְחִילָה. כִּי רַבִּים חוֹשְׁבִים, בִּשְׁבִיל שֶׁהַקָּדוֹשׁ בָּרוּךְ הוּא מְאַחֵר כָּל כָּךְ לִפְרֹעַ הָעֲבֵרוֹת, שֶׁיִּשְׁתַּכְּחוּ וְלֹא יָבוֹאוּ

He can do so only if he knows the transgression that he must regret, as it is written (*Tehillim* 51:5): "For I know my offenses, and my sin is always before me."

Second, even if one knows *which* transgressions he has committed, he cannot regret them if he does not know for a certainty the *evil* of the transgressions he has committed. For if he thinks: What of it if I have benefited from this world without a blessing, or if I have neglected Torah study? It is not that terrible. He who thinks in this vein will never be regretful and will not repent with a full heart. But he must think that there is nothing worse in the entire world than not paying heed to the commandments of the Exalted King, deducing its severity *a fortiori* from that of disobeying a king of flesh and blood.

Third, the sinner must know and believe from the depths of his heart that there is compensation, and that there is punishment with dire judgments for the transgressions that he has committed. If he does not know this, he will never give heart to repenting. But after the punishment has become clear to him he will repent and regret and implore the Blessed God for forgiveness, as it is written (*Tehillim* 119:120): "My flesh shudders in awe of You and I have feared your judgments."

Fourth, the sinner must know that all of the transgressions that he has ever committed, both great and small, all of his evil thoughts and idle talk, all of his affairs — small or great — all are inscribed in a book, and there is no forgetfulness before the Exalted God, as it is written (*Devarim* 32:34): "Is this not stored up with Me, sealed up in My treasures?" and (*Iyov* 37:7): "With the hand of every man He seals it, to make every man know his deed." For if one thought that his sins would be forgotten, he would not regret them and would not ask forgiveness for them. Many think that because the Holy One Blessed be He defers the punishment for transgressions for so long, that they

לְדִין עֲלֵיהֶם, כְּמוֹ שֶׁנֶּאֱמַר: ״אֲשֶׁר אֵין נַעֲשָׂה פִתְגָם מַעֲשֵׂה הָרָעָה מְהֵרָה עַל כֵּן מָלֵא לֵב בְּנֵי הָאָדָם בָּהֶם לַעֲשׂוֹת רָע״ (קהלת ח, יא).

הַחֲמִישִׁי — שֶׁיֵּדַע בֶּאֱמֶת, שֶׁהַתְּשׁוּבָה הִיא רְפוּאָה שְׁלֵמָה לָעֲבֵרוֹת. כִּי הַחוֹלֶה שֶׁאֵינוֹ מַאֲמִין בָּרְפוּאָה שֶׁעוֹשִׂים לוֹ שֶׁהִיא תְּרַפֵּא אוֹתוֹ, לֹא יָחוּשׁ לֶאֱכֹל הָרְפוּאָה אוֹ לִשְׁתּוֹת הַמַּשְׁקֶה; אֲבָל כְּשֶׁהוּא יוֹדֵעַ בְּוַדַּאי תּוֹעֶלֶת הַסַּם וְהַמַּשְׁקֶה, אָז יִתְאַוֶּה לִסְבֹּל מְרִירוּת הָרְפוּאָה. כָּךְ, כְּשֶׁיֵּדַע בְּוַדַּאי תּוֹעֶלֶת הַתְּשׁוּבָה, אָז יִתְאַוֶּה לְהַגִּיעַ אֶל מַעֲלוֹת הַתְּשׁוּבָה.

הַשִּׁשִּׁי — צָרִיךְ לַחְשֹׁב בְּלִבּוֹ הַטּוֹבוֹת שֶׁעָשָׂה לוֹ הַבּוֹרֵא יִתְבָּרֵךְ מֵעוֹדוֹ וְעַד הַיּוֹם הַזֶּה, וְהָיָה לוֹ לְהוֹדוֹת עֲבוּר הַטּוֹבוֹת, וְהוּא לֹא עָשָׂה אֶת זֹאת אֶלָּא עָבַר מִצְווֹתָיו. וְיֵשׁ לוֹ לִשְׁקֹל עֹנֶשׁ הָעֲבֵרָה כְּנֶגֶד מְתִיקוּתָהּ וּשְׂכַר הַמִּצְוָה כְּנֶגֶד צַעֲרָהּ בָּעוֹלָם הַזֶּה, כְּמוֹ שֶׁאָמְרוּ חֲכָמֵינוּ: ״הֱוֵי מְחַשֵּׁב הֶפְסֵד מִצְוָה כְּנֶגֶד שְׂכָרָהּ וּשְׂכַר עֲבֵרָה כְּנֶגֶד הֶפְסֵדָהּ״ (אבות פ״ב מ״א).

הַשְּׁבִיעִי — צָרִיךְ שֶׁיֵּדַע לְהִתְחַזֵּק מְאֹד וְלִסְבֹּל סֵבֶל גָּדוֹל, לְהִמָּנַע מִן הָרַע אֲשֶׁר הִרְגִּיל בּוֹ. כִּי זֶה דָּבָר פָּשׁוּט מְאֹד: עֲבֵרָה שֶׁהֻרְגַּל בָּהּ כָּל יָמָיו, נַעֲשֵׂית לוֹ כְּהֶתֵּר (יומא פו ע״ב), וְקָשֶׁה לוֹ מְאֹד לִפְרֹשׁ מִמֶּנָּה. וְעַל כֵּן צָרִיךְ אָדָם חִזּוּק גָּדוֹל וּגְדָרִים גְּדוֹלִים לִפְרֹשׁ מִמַּה שֶּׁהֻרְגַּל בָּהּ, וְצָרִיךְ הַסְכָּמָה גְדוֹלָה בְּכָל לִבּוֹ וּבְכָל נַפְשׁוֹ לְהִמָּנַע, וְיָסִיר הַהֶרְגֵּל מִלִּבּוֹ כְּאִלּוּ לֹא הֻרְגַּל, וְיִגְעַל וְיִמְאַס בְּלִבּוֹ

will be forgotten and no accounting will be exacted for them, as it is written (*Koheles* 8:11): "Because punishment for the evil deed is not meted out quickly, therefore, the hearts of men are full within them to do evil."

Fifth, one must know in truth that repentance is the complete cure for transgressions. For the sick man who does not believe that the medicine prepared for him will cure him will not be intent upon ingesting the drug or drinking the potion. But if he implicitly believes in the efficacy of the drug or the potion, he will yearn to bear the bitterness of the cure. Similarly, when one knows for a certainty the efficacy of repentance, he will yearn to attain its various levels.

Sixth, one must consider in his heart all of the good that the Blessed Creator has done with him from his birth until the present day, and be thankful for all this good. And [he must know that] he has not done so, but has transgressed His mitzvos. And he must weigh the punishment for the sin against the sweetness of the transgression and the reward of the mitzvah against the suffering in this world [that its performance entails], as our Sages have said (*Avos* 2:1): "Reckon the loss [suffering] of a mitzvah against its reward, and the reward [pleasure] of a transgression against its loss [suffering]."

Seventh, one must know how to strengthen himself greatly and how to bear resolutely to desist from the evil to which he has become accustomed. For this is axiomatic: a transgression to which one has been accustomed all of his days comes to be regarded as permissible to him (*Yoma* 86b), and it is very difficult for him to depart from it. A man therefore needs great strengthening and great "fences" to separate himself from that to which he has become accustomed. And he requires complete conviction of heart and soul to desist from it. He must remove the habit from his heart as if he had never had it, and he must abominate

הָרָעוֹת, כְּמוֹ שֶׁנֶּאֱמַר: "וְקִרְעוּ לְבַבְכֶם וְאַל בִּגְדֵיכֶם" (יואל ב, יג). וּכְשֶׁהַחוֹטֵא קוֹבֵעַ בְּלִבּוֹ אֵלּוּ הַשִּׁבְעָה עִנְיָנִים, אָז הוּא קָרוֹב לְדֶרֶךְ הַתְּשׁוּבָה.

וְהִנֵּה, מַדְרֵגוֹת רַבּוֹת לַתְּשׁוּבָה, וּלְפִי הַמַּדְרֵגוֹת יִתְקָרֵב הָאָדָם אֶל הַשֵּׁם יִתְבָּרֵךְ. וּלְעוֹלָם אֵין הַנְּשָׁמָה טְהוֹרָה בְּטָהֳרָה שְׁלֵמָה, שֶׁיִּהְיוּ הָעֲוֹנוֹת כְּלֹא־הָיוּ, אֶלָּא אַחַר שֶׁיְּטַהֵר הָאָדָם אֶת לִבּוֹ; וּכְמוֹ הַבֶּגֶד הַמְטֻנָּף — אִם יְכַבֵּס אוֹתוֹ מְעַט, אָז יַעֲבֹר הַטִּנּוּף אֲבָל רֹשֶׁם וָכֶתֶם יִשָּׁאֲרוּ בוֹ, אַךְ לְפִי רֹב הַכִּבּוּס יִתְלַבֵּן לְגַמְרֵי, וְכֵן כָּתוּב: "הֶרֶב כַּבְּסֵנִי מֵעֲוֹנִי" (תהלים נא, ד). לָכֵן תְּכַבֵּס לִבְּךָ מִן הֶעָוֹן, שֶׁנֶּאֱמַר: "כַּבְּסִי מֵרָעָה לִבֵּךְ יְרוּשָׁלַיִם" (ירמיה ד, יד). וְעַתָּה, יֵשׁ לִי לִכְתֹּב לְךָ עֶשְׂרִים עִנְיָנִים שֶׁהֵם מֵעִקְּרֵי הַתְּשׁוּבָה.

הָרִאשׁוֹן — יִתְפֹּס בְּמִדַּת הַחֲרָטָה, וְיָשִׂים אֶל לִבּוֹ כִּי יֵשׁ עֹנֶשׁ גָּדוֹל לְמִי שֶׁעָבַר עַל מִצְוַת הַמֶּלֶךְ הַגָּדוֹל, כְּמוֹ שֶׁאָמַר הַכָּתוּב: "תְּנוּ לַיָי אֱלֹהֵיכֶם כָּבוֹד בְּטֶרֶם יַחְשִׁךְ"

(ירמיה יג, טז). וּכְשֶׁאָדָם יַחְשֹׁב יְמֵי חֹשֶׁךְ אֲשֶׁר יַגִּיעוּ לְמִי שֶׁפָּשַׁע בֵּאלֹהֵי יַעֲקֹב, אָז יִירָא מְאֹד וְיִתְחָרֵט עַל מַעֲשָׂיו, וְיֹאמַר בְּלִבּוֹ: מֶה עָשִׂיתִי? אֵיךְ לֹא הָיָה פַּחַד אֱלֹהִים לְנֶגֶד עֵינַי וְאֵיךְ לֹא יָגֹרְתִּי מִתּוֹכָחוֹת עַל עֲוֹנִי? וְאֵיךְ לֹא מָשַׁלְתִּי עַל יִצְרִי בַּהֲנָאַת רֶגַע אֶחָד וְאֵיךְ טִמֵּאתִי נִשְׁמָתִי הַטְּהוֹרָה אֲשֶׁר נֻפְּחָה בִי מִמְּקוֹר הַקֹּדֶשׁ? וְאֵיךְ הֶחֱלַפְתִּי עוֹלָם גָּדוֹל, הָעוֹמֵד וְקַיָּם לְעוֹלְמֵי עַד, בָּעוֹלָם הַקָּטָן הַכָּלֶה? וְאֵיךְ לֹא זָכַרְתִּי יוֹם הַמָּוֶת אֲשֶׁר לֹא יַשְׁאִיר לִפְנֵי נִשְׁמָתִי בִלְתִּי אִם גְּוִיָּתִי וְאַדְמָתִי? וְכֵן יַרְבֶּה בְלִבּוֹ מַחֲשָׁבוֹת מֵעִנְיָן זֶה. וְזֶה

and despise evil in his heart, as it is written (*Yoel* 2:13): "And tear your hearts and not your garments." When the sinner implants in his heart these seven considerations he is close to the path of repentance.

There are many levels of repentance, in accordance with which one draws closer to the Blessed One. And the soul is never entirely pure — as pure as if the transgressions had never been committed — until one purifies his heart. This is analogous to the state of a sullied garment, which will be rid of filth with a superficial washing but will still be left with an impression of this filth and a stain. It is only much washing that will cleanse it entirely, as it is written (*Tehillim* 51:4): "Wash me thoroughly of my iniquity." Therefore, wash your heart of sin, as it is written (*Yirmeyahu* 4:14): "Wash your heart of evil, Jerusalem." I must now set down for you twenty points which are among the fundamentals of repentance:

(1) One must seize upon the trait of regret and impress it upon his heart that there is great punishment awaiting him who has transgressed the commandment of the Great King, as it is written (*Yirmeyahu* 13:16): "Give honor to Hashem your God before it grows dark." If a man considers the days of darkness that will descend upon him who offended the God of Yaakov, he will fear greatly, and regret his deeds, and say in his heart: What have I done? How could the awe of God not have been before my eyes, how could I not have feared the reproofs against my transgression, how could I not have subdued my evil inclination because of momentary pleasure, how could I have sullied my pure soul, which was inspired within me from the Source of Holiness, how could I have bartered a great, eternally enduring world for a small, ephemeral world, how could I not have remembered the day of death, which will leave before my soul only my corpse and my dust? A man must multiply thoughts of this kind in his heart. This is what

הָעִנְיָן, הוּא אֲשֶׁר דִּבֵּר יִרְמְיָהוּ: "אֵין אִישׁ נִחָם עַל רָעָתוֹ לֵאמֹר מֶה עָשִׂיתִי" (שם ח, ו) — מַשְׁמַע, שֶׁיֵּשׁ לְכָל אָדָם לוֹמַר: מֶה עָשִׂיתִי.

הַשֵּׁנִי — עֲזִיבַת הַחֵטְא. שֶׁיַּעֲזֹב הַחוֹטֵא דְּרָכָיו הָרָעִים, וְיִגְמֹר בְּכָל לִבּוֹ שֶׁלֹּא יוֹסִיף לָבוֹא בַּדֶּרֶךְ הַהוּא עוֹד. וְזֶה רֵאשִׁית הַתְּשׁוּבָה — לַעֲזֹב דְּרָכָיו וּמַחְשְׁבוֹתָיו הָרָעוֹת, לְהַסְכִּים בְּלִבּוֹ וּלְקַבֵּל עָלָיו שֶׁלֹּא יוֹסִיף לַחֲטֹא, וְיָשִׁיב מַחֲשַׁבְתּוֹ הָרָעָה אֲשֶׁר חָשַׁב, וְיַכְרִית מַעֲשָׂיו הָרָעִים מִיָּדוֹ.

הַשְּׁלִישִׁי — הַיָּגוֹן; שֶׁיֵּאָנַח בִּמְרִירוּת הַלֵּב. כִּי אִם אָדָם הִפְסִיד דִּינָר, קָשֶׁה לוֹ; וְאִם אָבַד עָשְׁרוֹ, יִתְאַבֵּל וְלִבּוֹ מַר בְּקִרְבּוֹ; וְכֵן אִם יִפְגְּעוּהוּ שְׁאָר צָרוֹת, יִצְטַעֵר מְאֹד; קַל וָחֹמֶר שֶׁיִּצְטַעֵר מִי שֶׁמָּרַד בָּאָדוֹן הַגָּדוֹל וְהִשְׁחִית דַּרְכּוֹ לְפָנָיו, וְהוּא עָשָׂה לוֹ חֶסֶד — כָּל שֶׁכֵּן שֶׁיִּצְטַעֵר בְּכָל רֶגַע. וְדַע, שֶׁמַּדְרֵגוֹת הַתְּשׁוּבָה וּמַעֲלוֹתֶיהָ, לְפִי גֹּדֶל הַמְּרִירוּת וְהַצַּעַר עַל הָעֲבֵרוֹת שֶׁעָשָׂה; כִּי הַצַּעַר בָּא מְטַהֶרֶת הַנְּשָׁמָה הָעֶלְיוֹנָה, וְהַקָּדוֹשׁ בָּרוּךְ הוּא מְרַחֵם עַל הָאָדָם בִּהְיוֹת נִשְׁמָתוֹ שְׁרוּיָה בְּצַעַר עַל פְּשָׁעָיו, יוֹתֵר מֵאֲשֶׁר תֵּרָצֶה בְּרֹב יִסּוּרֵי הַגּוּף וּמַכְאוֹבָיו. וְהַמָּשָׁל עַל זֶה, כִּי הַמֶּלֶךְ יְרַחֵם יוֹתֵר עַל יְלִידֵי בֵיתוֹ הַקְּרוֹבִים אֵלָיו וְהֵם מֵאֲצִילֵי הָאָרֶץ הַנִּכְבָּדִים, מִמַּה שֶּׁיְּרַחֵם עַל הַכְּפָרִיִּים. לָכֵן, כְּשֶׁהַנְּשָׁמָה, שֶׁנִּפְרְדָה מִלְמַעְלָה מִמָּקוֹם קָדוֹשׁ, כְּשֶׁהִיא מִצְטַעֶרֶת עַל עֲוֹנָהּ, אָז יְקַבְּלֶנָּה מְהֵרָה יוֹצֵר הַכֹּל.

הָרְבִיעִי — יָגוֹן וָצַעַר בְּמַעֲשֶׂה. עַד כָּאן דִּבַּרְנוּ מִצַּעַר וְיָגוֹן בַּלֵּב, וְזֶה הָעִנְיָן הוּא הַצַּעַר וְהַיָּגוֹן בְּמַעֲשֶׂה,

Yirmeyahu intended in the verse (*Yirmeyahu* 8:6): "No man repents of his evil, saying: 'What have I done?'" — the implication being that every man must say: "What have I done?"

(2) The forsaking of sin. The sinner must forsake his evil ways and resolve with all his heart not to embark upon them again. This is the beginning of repentance — to abandon one's evil ways and thoughts, to resolve within his heart and to take upon himself not to sin again. He must abandon his evil thoughts and put an end to the evil deeds from his hands.

(3) Sorrow. One must sigh in bitterness of heart. For if a man loses a dinar, it is distressing to him, and if he loses all of his wealth he mourns and his heart is bitter within him. And if other troubles befall him he is extremely aggrieved. How much more so should one be aggrieved for having rebelled against the Almighty and having corrupted his way before Him, when He has accorded him lovingkindness; how much more so should he grieve every moment, and know that the levels of repentance and its degrees are in accordance with the bitterness and grief one feels over the transgressions he has committed. For grief stems from the purity of the Heavenly soul, and the Holy One Blessed be He has more mercy upon a man when his soul is steeped in grief for his offenses than when it is reconciled through an abundance of bodily affliction and pain. The situation is analogous to that of a king, who is more merciful to those born and bred in his household, those close to him; and the most honored noblemen in the land, than he is to the peasants. Therefore, when the soul, which emanates from Above, from the Source of Holiness, is aggrieved over its transgression, the Creator of All quickly receives her.

(4) Sorrow and grief in deed. Thus far we have spoken of grief and sorrow in the heart; we shall now speak of it

כְּמוֹ שֶׁנֶּאֱמַר: "וְגַם עַתָּה נְאֻם יְיָ שֻׁבוּ עָדַי בְּכָל לְבַבְכֶם וּבְצוֹם וּבִבְכִי וּבְמִסְפֵּד" (יואל ב, יב). וְצָרִיךְ לְהַרְאוֹת סִמָּנֵי צַעַר וְיָגוֹן בְּמַלְבּוּשָׁיו, כְּגוֹן לַחֲגֹר שַׂק, כְּמוֹ שֶׁנֶּאֱמַר: "עַל זֹאת חִגְרוּ שַׂקִּים סִפְדוּ וְהֵילִילוּ" (ירמיה ד, ח), וּכְמוֹ שֶׁנֶּאֱמַר: "וְיִתְכַּסּוּ שַׂקִּים הָאָדָם וְהַבְּהֵמָה" (יונה ג, ח). וְיָסִיר בְּגָדָיו הַחֲמוּדִים מִמֶּנּוּ, וִימַעֵט תַּעֲנוּגִים בְּמִינֵי הַמַּאֲכָל וְהַמִּשְׁתֶּה וְהַמִּשְׁכָּב וְהַטִּיּוּלִים. וְאָמְרוּ רַבּוֹתֵינוּ, זִכְרוֹנָם לִבְרָכָה: הַלֵּב וְהָעֵינַיִם — שְׁנֵי סַרְסוּרֵי הַחֵטְא; וְכֵן כָּתוּב: (במדבר טו, לט): "וְלֹא תָתוּרוּ אַחֲרֵי לְבַבְכֶם וְאַחֲרֵי עֵינֵיכֶם" (ירושלמי ברכות, פ"א ה"ה). לָכֵן בְּזֹאת יְכֻפַּר עֲוֹן הַסַּרְסוּרִים: עֲוֹן סַרְסְרוּת הַלֵּב — בִּמְרִירוּת וָצַעַר, וַעֲוֹן סַרְסְרוּת הָעֵינַיִם יְכֻפַּר בִּדְמָעוֹת, שֶׁנֶּאֱמַר: "פַּלְגֵי מַיִם יָרְדוּ עֵינָי עַל לֹא שָׁמְרוּ תוֹרָתֶךָ" (תהלים קיט, קלו) — לֹא אָמַר "עַל לֹא שָׁמַרְתִּי", אֶלָּא "עַל לֹא שָׁמְרוּ", פֵּרוּשׁ: הָעֵינַיִם הֵן הָיוּ מְרַגְּלוֹת לָתוּר הַחֵטְא, עַל כֵּן הוֹרַדְתִּי פַּלְגֵי מַיִם. וּכְשֶׁיִּבְכֶּה עַל פְּשָׁעָיו, יֹאמַר: דִּמְעוֹתַי יְכַבּוּ חֲרוֹן אַפְּךָ, וּתְשׁוּבַת מַעֲשַׂי יָשִׁיבוּ אַפְּךָ מִמֶּנִּי; וְעֵרֶךְ שֻׁלְחָנִי אֲשֶׁר לֹא עָרַכְתִּי, יֵחָשֵׁב כְּמִזְבֵּחַ עָרוּךְ, וְהַסִּיר אֲשֶׁר לֹא הִצַּגְתִּי עַל גֶּחָלִים, כָּאֵשׁ תּוּקַד עַל מִזְבְּחֶךָ; וְחֶסְרוֹן דָּמִי יְכֻפַּר כְּדָם עַל קַרְנוֹת הַמִּזְבֵּחַ, וּמִעוּט חֶלְבִּי כְּחֵלֶב אֵמוּרִים; וְקוֹל בִּכְיִי כְּקוֹל שִׁירִים מְשׁוֹרְרִים, וְרֵיחַ רַעֲבוֹן נַפְשִׁי כְּרֵיחַ הַקְּטֹרֶת, וְחַלְשׁוּת אֵיבָרַי כְּנֵתַח קָרְבָּן; וְשִׁבְרוֹן לִבִּי יִקְרַע הַסְּפָרִים שֶׁכְּתוּבִים בָּהֶם עֲוֹנוֹתַי; וְשִׁנּוּי

as manifested in deed, as it is written (*Yoel* 2:12): "Yet even now, says Hashem, turn to me with all your heart, and with fasting, and with weeping, and with lamentation." One must show signs of grief and sorrow in his clothing, such as by wearing sackcloth, as it is written (*Yirmeyahu* 4:8): "For this, gird yourself with sackcloth, lament and wail," and (*Yonah* 3:8): "And let them be covered with sackcloth, both man and beast" and one must divest himself of his comely apparel and minimize pleasures in food, drink, cohabitation, and excursions. Our Sages of blessed memory have said (*Yerushalmi Berachos* 1:5): "The heart and the eyes are the two agents of sin," as it is written (*Bemidbar* 15:39): "And do not go astray after your hearts and after your eyes." Therefore, the sins of these agents are thus to be atoned for: the sin of the agency of the heart, through bitterness and grief; and the sin of the agency of the eyes, through tears, as it is written (*Tehillim* 119:136): "My eyes have run with rivers of water because they have not fulfilled your Torah." It is not written "because I have not fulfilled," but "because they have not fulfilled." That is, because my eyes saw the sin, I have caused them to run with rivers of water. And when one cries over his sins he should say: "May my tears extinguish Your burning wrath and the recanting of my deeds withdraw Your wrath from me, and my unset table [unset because of my fast] be accounted as an altar set before You, and the pot which I have not placed upon the fire, as a flame burning upon your altar; and may the diminution of my blood [through fasting] atone for me as the blood upon the corners of the altar, and the diminution of my fats be as the fats of the sacrificial portions, and the sound of my crying as the sound of the Temple songs, and the aroma of the hunger of my soul as the aroma of the incense, and the weakness of my limbs as the cutting of the sacrifice; and let the breaking of my heart tear asunder the scrolls in which my sins have been recorded, and the chang-

בְּגָדֵי הַחֲמוּדִים כְּבִגְדֵי כְהֻנָּה, וּמְנִיעַת רְחִיצָה כְקִדּוּשׁ יָדַיִם וְרַגְלַיִם. וּתְשׁוּבוֹתַי יְשִׁיבוּךְ אֵלַי וְתִרְצֵנִי, כִּי נִחַמְתִּי עַל רֹעַ מַעֲלָלַי שֶׁעָשִׂיתִי, וְלֹא אָשׁוּב לְהָרַע לְפָנֶיךָ.

הַחֲמִישִׁי — הַדְּאָגָה. שֶׁיִּדְאַג מֵעֹנֶשׁ עֲוֹנוֹתָיו, כִּי יֵשׁ עֲוֹנוֹת שֶׁהַתְּשׁוּבָה תוֹלָה כַפָּרָתָם וְיִסּוּרִים מְמָרְקִים (יומא פו ע״א), כְּמוֹ שֶׁנֶּאֱמַר: ״כִּי עֲוֹנִי אַגִּיד אֶדְאַג מֵחַטָּאתִי״ (תהלים לח, יט). וּמַה חִלּוּק יֵשׁ בֵּין הַיָּגוֹן וְהַדְּאָגָה? כִּי הַיָּגוֹן — עַל מַה שֶּׁעָבַר כְּבָר, וְהַדְּאָגָה — עַל הֶעָתִיד. וְיִדְאַג לְעוֹלָם אוּלַי יְקַצֵּר בְּעִנְיַן הַתְּשׁוּבָה וְלֹא יַשְׁלִים חֹק הַתְּשׁוּבָה. וְיִדְאַג שֶׁמָּא יִתְגַּבֵּר יִצְרוֹ עָלָיו, כְּמוֹ שֶׁאָמְרוּ רַבּוֹתֵינוּ, זִכְרוֹנָם לִבְרָכָה: אַל תַּאֲמֵן בְּעַצְמְךָ עַד יוֹם מוֹתְךָ (אבות פ״ב מ״ד).

הַשִּׁשִּׁי — הַבּוּשָׁה. כְּמוֹ שֶׁנֶּאֱמַר: ״בֹּשְׁתִּי וְגַם נִכְלַמְתִּי כִּי נָשָׂאתִי חֶרְפַּת נְעוּרָי״ (ירמיה לא, יח). וְהִנֵּה, הַחוֹטֵא יִתְבַּיֵּשׁ מְאֹד לַעֲבֹר עֲבֵרָה לִפְנֵי בְנֵי אָדָם (השוה ברכות כח ע״ב), וְאֵיךְ לֹא יֵבוֹשׁ לִפְנֵי הַקָּדוֹשׁ בָּרוּךְ הוּא? וּכְבָר בֵּאַרְנוּ עִנְיַן הַבּוּשָׁה בְּשַׁעַר הַבּוּשָׁה.

הַשְּׁבִיעִי — הַהַכְנָעָה בְּכָל לֵב וְהַשִּׁפְלוּת. כִּי הַמַּכִּיר אֶת בּוֹרְאוֹ, יֵדַע כַּמָּה הָעוֹבֵר עַל דְּבָרָיו שַׁח וְשָׁפֵל וְנִגְרָע מֵעֶרְכּוֹ, עַל כֵּן יִכָּנַע וִיהִי שָׁפֵל בְּעֵינָיו. וְדָוִד, עָלָיו הַשָּׁלוֹם, בְּהִתְוַדּוֹתוֹ עַל חֶטְאוֹ בְּבוֹא אֵלָיו נָתָן הַנָּבִיא, אָמַר: ״זִבְחֵי אֱלֹהִים רוּחַ נִשְׁבָּרָה לֵב נִשְׁבָּר וְנִדְכֶּה אֱלֹהִים לֹא תִבְזֶה״ (תהלים נא, יט) — ״רוּחַ נִשְׁבָּרָה״, הִיא רוּחַ נְמוּכָה. לָמַדְנוּ מִזֶּה כִּי הַהַכְנָעָה הִיא מֵעִקְּרֵי הַתְּשׁוּבָה, כִּי הַמִּזְמוֹר הַזֶּה יְסוֹד מוּסָד לְעִקְּרֵי הַתְּשׁוּבָה. וּבְהַכְנָעָה יִתְרַצֶּה הָאָדָם אֶל הַשֵּׁם בָּרוּךְ הוּא, שֶׁנֶּאֱמַר: ״וְאֶל זֶה אַבִּיט אֶל עָנִי וּנְכֵה

ing of my comely garments be regarded as the donning of the priestly vestments, and my abstention from washing as the sanctification of hands and feet; and may my acts of penitence return You to me to accept me, for I have repented of the wickedness of my deeds and I will not be evil before You again."

(5) Worry. One must worry over the punishment for his sins, for there are sins whose atonement is suspended by repentance and which are purged by suffering (*Yoma* 86a), as it is written (*Tehillim* 38:19): "Because I declare my transgression and worry over my sin." What is the difference between sorrow and worry? Sorrow relates to the past and worry to the future. One must constantly worry lest he fall short in repentance and not fulfill all of its requirements. And he must worry lest his evil inclination assert itself over him, as our Rabbis of blessed memory have said (*Avos* 2:4): "And do not believe in yourself until the day of your death."

(6) Shame. As it is written (*Yirmeyahu* 31:18): "I was ashamed and humiliated because I bore the reproach of my youth." The sinner is greatly ashamed to transgress in the presence of others. How, then, can he not be ashamed before the Holy One Blessed be He? We have already treated the subject of shame in "The Gate of Shame."

(7) Humbling oneself with all one's heart and lowering oneself. One who recognizes his Creator knows how humble, lowly, and defective is the transgressor of His words, for which reason he will humble himself and be lowly in his eyes. And David, may peace be upon him, in confessing his sin when Nathan the prophet came to him, said (*Tehillim* 51:19): "The sacrifices of God are a broken spirit; a broken and contrite heart, O God, You will not despise." A "broken spirit" is a humbled spirit, whence we derive that humility is one of the fundamentals of repentance. This psalm is the classic source for the principles of repentance, and through humility one is reconciled to the Blessed

רוּחַ" (ישעיה סו, ב). וְהַמַּדְרֵגָה הָעֶלְיוֹנָה בַּהַכְנָעָה הַמְחֻיֶּבֶת מִדֶּרֶךְ הַתְּשׁוּבָה — שֶׁיַּגְדִּיל וְיַאְדִּיר עֲבוֹדַת הַבּוֹרֵא וְלֹא יַחֲזִיק טוֹבָה לְעַצְמוֹ, אֶלָּא הַכֹּל יִקְטַן בְּעֵינָיו כְּנֶגֶד מַה שֶּׁהוּא חַיָּב בַּעֲבוֹדַת הַשֵּׁם יִתְבָּרֵךְ. עַל כֵּן יִכָּנַע וְיַעֲבֹד בְּהַצְנֵעַ, וְלֹא יַחְמֹד כָּבוֹד עַל מַעֲשָׂיו הַטּוֹבִים.

הַשְּׁמִינִי — הַהַכְנָעָה בַּמַּעֲשֶׂה; שֶׁיִּתְנַהֵג בְּמַעֲנֶה רַךְ. אִם חֵרֵף אוֹתוֹ אָדָם עַל מַעֲשָׂיו הָרִאשׁוֹנִים, יִשְׁתֹּק, אוֹ יֹאמַר: יָדַעְתִּי כִּי חָטָאתִי. וְלֹא יַעֲשֶׂה מַלְבּוּשִׁים נָאִים וְתַכְשִׁיטִים, כְּמוֹ שֶׁנֶּאֱמַר: "וְעַתָּה הוֹרֵד עֶדְיְךָ מֵעָלֶיךָ" (שמות לג, ה). וְיִהְיוּ תָּמִיד עֵינָיו שַׁחוֹת, כְּמוֹ שֶׁנֶּאֱמַר: "וְשַׁח עֵינַיִם יוֹשִׁעַ" (איוב כב, כט). וְסִמָּנֵי הַהַכְנָעָה: מַעֲנֶה רַךְ, וְקוֹל נָמוּךְ, וְשַׁחוּת הָעַיִן. וְאֵלּוּ הָעִנְיָנִים מַכְנִיעִים אֶת הַלֵּב.

הַתְּשִׁיעִי — שְׁבִירַת הַתַּאֲוָה. יָשִׂים אֶל לִבּוֹ כִּי הַתַּאֲוָה מְקַלְקֶלֶת כָּל הַמַּעֲשִׂים, וְיִפְרֹשׁ מִן הַמּוּתָּרוֹת אֲפִלּוּ בְּדָבָר הַמֻּתָּר לוֹ, וְיִתְנַהֵג בְּדַרְכֵי הַפְּרִישׁוּת, וְלֹא יֹאכַל רַק לְשֹׂבַע נַפְשׁוֹ וּלְקַיֵּם גּוּפוֹ, וְכֵן לְעִנְיַן הָאִשָּׁה. כִּי כָל זְמַן שֶׁהָאָדָם הוֹלֵךְ אַחַר הַתַּאֲוָה, נִמְשָׁךְ אַחַר תּוֹלְדוֹת הַגּוּף וְיִתְרַחֵק מִדֶּרֶךְ הַנֶּפֶשׁ הַמַּשְׂכֶּלֶת, וְאָז יִתְגַּבֵּר יִצְרוֹ עָלָיו, כִּדְכְתִיב: "וַיִּשְׁמַן יְשֻׁרוּן וַיִּבְעָט" (דברים לב, טו); וּכְתִיב: "פֶּן אֶשְׂבַּע וְכִחַשְׁתִּי וְאָמַרְתִּי מִי יְיָ" (משלי ל, ט). וְהִנֵּה, הַתַּאֲוָה הַנְּתוּנָה בְּלֵב הָאָדָם הִיא שֹׁרֶשׁ כָּל הַפְּעֻלּוֹת, לָכֵן יְמַהֵר לְתַקֵּן אֶת הַתַּאֲוָה, וּכְבָר הֶאֱרַכְנוּ לְעֵיל. וְיֵשׁ בִּשְׁבִירַת הַתַּאֲוָה תּוֹעֶלֶת גְּדוֹלָה, כִּי בָזֶה יְגַלֶּה שֶׁלִּבּוֹ טוֹב וְיָשָׁר, כִּי

One, as it is written (*Yeshayahu* 66:2): "But I will look upon this one, upon the one that is poor and of a contrite spirit." And the highest level of humility, which is dictated by the process of repentance, is magnifying and glorifying the service of God; taking no credit for oneself, but minimizing everything in one's eyes in consideration of one's obligations in the service of the Blessed One. One should, therefore, humble himself and serve God modestly, desiring no honor for his worthy deeds.

(8) Humility in deed. One must be given to responding with soft answers. If someone shames him about his early deeds, he should be still, or he should say: "I know that I have sinned." And he should not fashion beautiful garments and ornaments, as it is written (*Shemos* 33:5): "And, now, put off your ornaments from you." And his eyes should be constantly lowered, as it is written (*Iyov* 22:29): "And He saves him whose eyes are lowered." The signs of humility are a soft answer, a low voice, and lowered eyes. These humble the heart.

(9) The breaking of desire. One must impress upon himself that desire vitiates all deeds. He must withdraw from luxuries, even those which are permissible. He must follow the ways of separation and eat only to sate his soul and maintain his body. The same applies to his conjugal relations. For as long as a man follows desire, he is influenced by material considerations and is drawn away from the path of reason, at which juncture his evil inclination overpowers him, as it is written (*Devarim* 32:15): "When Yeshurun waxed fat, he kicked," and (*Mishlei* 30:9): "Lest I be full and deny and say, 'Who is Hashem?'" The desire which is implanted in a man's heart is the root of all his actions. He should, therefore, hasten to properly order his desire, as we have described at length above. And there is another great benefit in the breaking of desire, for through it one demonstrates that his heart is good and just and

הוּא מוֹאֵס הַטֶּבַע אֲשֶׁר גָּרַם לוֹ הַחֵטְא. וְהַפּוֹרֵשׁ אֲפִלּוּ מִן הַמֻּתָּר, הוּא גֶּדֶר גָּדוֹל שֶׁלֹּא יִגַּע בְּאִסּוּר; כִּי יֹאמַר בְּלִבּוֹ: הֵן אֲפִלּוּ בַּמֻּתָּר לֹא אֲמַלֵּא תַאֲוָתִי, וְאֵיךְ אֶשְׁלַח יָדִי בְּאִסּוּר.

הָעֲשִׂירִי — לְהֵיטִיב פְּעָלָיו בַּדָּבָר אֲשֶׁר זָדָה עָלָיו. כֵּיצַד? הִסְתַּכֵּל בַּעֲרָיוֹת — יִתְנַהֵג בְּשַׁחוּת הָעֵינַיִם; בִּלְשׁוֹן הָרָע — יַעֲסֹק בַּתּוֹרָה (ערכין טו ע״ב); וּבְכָל אֵיבָרִים שֶׁחָטָא, יִשְׁתַּדֵּל לְקַיֵּם בָּהֶם מִצְווֹת (עיין ילקוט שמעוני, שופטים, רֶמֶז מב). וְכֵן אָמְרוּ חֲכָמֵינוּ: הַצַּדִּיקִים — בְּאוֹתוֹ דָבָר שֶׁחוֹטְאִים, בּוֹ מִתְרַצִּים (השוה תנחומא בשלח, כד). וְעוֹד אָמְרוּ חֲכָמֵינוּ: אִם עָשִׂיתָ חֲבִילוֹת שֶׁל עֲבֵרוֹת, עֲשֵׂה כְּנֶגְדָּן חֲבִילוֹת שֶׁל מִצְווֹת: רַגְלַיִם מְמַהֲרוֹת לָרוּץ לַעֲבֵרָה — יְמַהֲרוּ לָרוּץ לִדְבַר מִצְוָה; פֶּה שֶׁדִּבֵּר סָרָה — אֱמֶת יֶהְגֶּה חִכּוֹ וּפִיו יִפְתַּח בְּחָכְמָה; יָדַיִם שׁוֹפְכוֹת דָּם נָקִי — יִפְתַּח יָדוֹ לֶעָנִי; עֵינַיִם רָמוֹת — יְהֵא דַכָּא וְשַׁח עֵינַיִם; לֵב חוֹרֵשׁ מַחְשְׁבוֹת אָוֶן — בְּלִבּוֹ יִצְפֹּן אִמְרֵי תוֹרָה (ויקרא רבה כא, ה).

הָאַחַד־עָשָׂר — חִפּוּשׂ דְּרָכָיו, כְּמוֹ שֶׁנֶּאֱמַר: ״נַחְפְּשָׂה דְרָכֵינוּ וְנַחְקֹרָה וְנָשׁוּבָה עַד יְיָ״ (איכה ג, מ). וְהַחִפּוּשׂ הוּא, שֶׁיִּבְדֹּק עַצְמוֹ מִכָּל הָעֲבֵרוֹת שֶׁפָּשַׁע כָּל יָמָיו. וְיֵשׁ בָּזֶה תּוֹעֶלֶת לִשְׁלֹשָׁה דְבָרִים: הָאֶחָד — שֶׁיִּזְכֹּר כָּל הַדְּבָרִים שֶׁחָטָא בָהֶם וְיִתְוַדֶּה עַל כֻּלָּם, כִּי הַוִּדּוּי מֵעִקְּרֵי הַכַּפָּרָה; הַשֵּׁנִי — שֶׁיֵּדַע כַּמָּה לוֹ עֲוֹנוֹת וַחֲטָאִים, וּבָזֶה יוֹסִיף הַכְנָעָה; הַשְּׁלִישִׁי — כִּי אַף עַל פִּי שֶׁהוּא מְקַבֵּל

that he despises the physical nature which caused him to sin. And if one separates himself even from what is permissible, he thereby constructs a great fence against contact with the forbidden, reasoning: "If I do not fulfill my appetite with what is permitted, how, then, can I stretch forth my hand to that which is forbidden?"

(10) Correcting one's deeds with the object of his abuse. How is this realized? If he has been guilty of immodest gazing, he should go about with lowered eyes. If he has slandered someone, he should occupy himself with studying the words of Torah (*Arachin* 15b). He should seek to fulfill mitzvos with all the organs of his body with which he has sinned (see *Yalkut Shoftim* 42). And thus have our Sages said (see *Tanchuma Beshalach* 24): "The righteous are reconciled to God by means of the very thing with which they have sinned." They have said further (*Vayikra Rabbah* 21:5): "If you have heaped up bundles of transgressions, heap up against them bundles of mitzvos. Feet that are swift in running to sin — let them run to perform mitzvos. A mouth that has spoken perversely — let it speak truth, and let your mouth be opened in wisdom. Hands that shed innocent blood — open your hand to the poor. Haughty eyes — be humble and lower your eyes. A heart that devises wicked thoughts — lay up words of Torah and thoughts of understanding in your heart."

(11) The searching of one's ways, as it is written (*Eichah* 3:40):"Let us search and try our ways and return to Hashem." "Searching" consists of examining one's self for all sins that he has committed in his lifetime. There are three reasons for doing so: first, to remind himself of all the things in relation to which he has sinned so that he might confess all of them, confession being one of the principles of atonement; second, to realize how many transgressions and sins he has committed, so that he might become even more humble; and third, even though he

עָלָיו לַעֲזֹב כָּל חֵטְא, צָרִיךְ לֵידַע הַדְּבָרִים שֶׁחָטָא עֲלֵיהֶם, כְּדֵי לַעֲשׂוֹת גָּדֵר לְהִזָּהֵר מֵאוֹתָם הַדְּבָרִים שֶׁנִּכְשַׁל בָּהֶם, כִּי צָרִיךְ הָאָדָם יוֹתֵר שְׁמִירָה מֵאוֹתָם עֲבֵרוֹת שֶׁהֻרְגַּל בָּהֶן וְשֶׁהֵן קַלּוֹת בְּעֵינָיו לַעֲבֹר עֲלֵיהֶן וְהַיֵּצֶר שׁוֹלֵט בָּהֶן. וְהוּא כְּחוֹלֶה, שֶׁכְּשֶׁהוּא מַתְחִיל לְהַבְרִיא, צָרִיךְ לְהִזָּהֵר מִכַּמָּה עִנְיָנִים, שֶׁלֹּא יַחֲזִירוּהוּ לְחָלְיוֹ — כָּךְ מִי שֶׁהוּא חוֹלֶה מִן הָעֲבֵרוֹת, כְּשֶׁיַּתְחִיל לָשׁוּב, צָרִיךְ לְהִזָּהֵר מְאֹד.

הַשְּׁנֵים־עָשָׂר — שֶׁיַּחְקֹר וְיֵדַע גֹּדֶל הָעֹנֶשׁ לְכָל אֶחָד מֵעֲוֹנוֹתָיו, וּבְאֵיזֶה עֲבֵרָה יֵשׁ מַלְקוֹת אוֹ מִיתַת בֵּית דִּין אוֹ כָרֵת. וּכְשֶׁיֵּדַע גֹּדֶל הַחֵטְא, יְמָרֵר לִבּוֹ בְּוִדּוּי וְיוֹסִיף הַכְנָעָה.

הַשְּׁלֹשָׁה־עָשָׂר — שֶׁיִּהְיוּ הָעֲבֵרוֹת הַקַּלּוֹת בְּעֵינָיו כַּחֲמוּרוֹת, כְּגוֹן הִסְתַּכְּלוּת בְּנָשִׁים וּלְהַרְבּוֹת עִמָּהֶן דְּבָרִים, אוֹ דְּבָרִים בְּטֵלִים, אוֹ לֵילֵךְ בָּטֵל, אוֹ לְהַזְכִּיר שֵׁם שָׁמַיִם לְבַטָּלָה — כָּל אֵלּוּ וְעוֹד רַבּוֹת כָּהֵן, בְּעֵינֵי אֲנָשִׁים רַבִּים, וַאֲפִלּוּ בְּעֵינֵי גְּדוֹלֵי הַדּוֹר הַזֶּה, הֵן נֶחְשָׁבוֹת קַלּוֹת — כָּל אֵלּוּ יִהְיוּ נֶחְשָׁבוֹת לוֹ חֲמוּרוֹת מְאֹד. וְיֵשׁ בָּזֶה אַרְבָּעָה טְעָמִים: הָאֶחָד — שֶׁאֵין לְהַבִּיט לְקַטְנוּת הָעֲבֵרָה, אֶלָּא יַבִּיט לִגְדֻלַּת מִי שֶׁהִזְהִיר עָלֶיהָ. מָשָׁל לְמֶלֶךְ שֶׁצִּוָּה לִשְׁנֵי עֲבָדָיו — לְאֶחָד צִוָּה לְהָבִיא לוֹ לִשְׁתּוֹת, כִּי הוּא צָמֵא מְאֹד, וְלַשֵּׁנִי צִוָּה לַעֲשׂוֹת דָּבָר שֶׁאֵינוֹ צָרִיךְ כָּל כָּךְ; וְהִזְהִיר כָּל אֶחָד בְּנַפְשׁוֹ. בְּוַדַּאי כָּל מִי שֶׁעוֹבֵר חַיָּב מִיתָה, כִּי תּוֹלִים אוֹתוֹ שֶׁגָּנַב דִּינָר אֶחָד כְּמוֹ שֶׁתּוֹלִים אוֹתוֹ שֶׁגָּנַב אֶלֶף, כִּי כָּל אֶחָד עָבַר מִצְוַת הַמֶּלֶךְ.

takes it upon himself to forsake every sin, to know those things in which he has sinned, in order to make a fence to protect himself against those things wherein he has gone astray. For one is in need of protection against those sins to which he has become accustomed, the acts having become insignificant in his eyes, and which are under the domination of the evil inclination. Just as one who is beginning to recover from an illness must guard himself against many things so as not to suffer a relapse, so one who is sick with transgression, must guard himself exceedingly when he begins to repent.

(12) Investigating and knowing the magnitude of [the punishment for] each of one's transgressions — which of them are punishable by lashes, which by judicial death penalty, and which by Divine severance of existence. And when one has become aware of the magnitude of his sin, he must make his heart bitter with confession and he must increase his humility.

(13) The regarding of the lesser transgressions as severe ones, such as gazing at women or over-engaging in conversation with them, idle talk, idling, or mentioning God's Name in vain. All of these and many others like these, which are considered minor in the eyes of many — even in the eyes of the great men of this generation — all of these should be regarded by the penitent as extremely severe, for four reasons: First, one should consider not the smallness of the transgression, but the greatness of Him who warned against it. This is analogous to a king's commanding two of his subjects — one to bring him something to drink to slake his great thirst, and the other to do something that he is not greatly in need of, exhorting each one upon his life to fulfill his respective task. It goes without saying that either of them who transgressed would incur the death penalty — the stealer of one dinar being hanged just as one who has stolen a thousand dinars, each one

כָּךְ עַל כָּל הַתּוֹרָה הִזְהִיר: "שָׁמֹר אֶת כָּל הַמִּצְוָה אֲשֶׁר אָנֹכִי מְצַוֶּה אֶתְכֶם הַיּוֹם" (דברים כז, א); וּכְתִיב: "אָרוּר אֲשֶׁר לֹא יָקִים אֶת דִּבְרֵי הַתּוֹרָה הַזֹּאת לַעֲשׂוֹת אוֹתָם" (שם שם, כו). הַשֵּׁנִי — כִּי מִי שֶׁעוֹבֵר הַקַּלָּה הַרְבֵּה פְּעָמִים אָז הִיא חֲמוּרָה, כִּי יִצְטָרֵף עֹנֶשׁ עַל כָּל פַּעַם וָפַעַם. הַשְּׁלִישִׁי — כִּי כְּשֶׁהוּא מֻרְגָּל בַּעֲבֵרוֹת וְהֵן לוֹ כְּהֶתֵּר וְלֹא יִשְׁתַּמֵּר מֵהֶן, נֶחְשָׁב עִם פּוֹרְקֵי עֹל וּמוּמָר לְדָבָר אֶחָד. הָרְבִיעִי — כִּי דֶּרֶךְ הַיֵּצֶר, כְּשֶׁהוּא נִצָּח בְּדָבָר קַל, אָז יְנַצַּח בְּדָבָר חָמוּר. לָכֵן אָמְרוּ חֲכָמִים: וֶהֱוֵי זָהִיר בְּמִצְוָה קַלָּה כְּבַחֲמוּרָה (אבות פ"ב מ"א); וְאָמְרוּ עוֹד: שֶׁמִּצְוָה גוֹרֶרֶת מִצְוָה וַעֲבֵרָה גוֹרֶרֶת עֲבֵרָה (שם פ"ד מ"ב).

הָאַרְבָּעָה־עָשָׂר — הַוִּדּוּי, שֶׁנֶּאֱמַר: "וְהִתְוַדָּה אֲשֶׁר חָטָא עָלֶיהָ" (ויקרא ה, ה). וְיֵשׁ חוֹבָה עָלָיו לְהַזְכִּיר עֲוֹנוֹתָיו וַעֲוֹנוֹת אֲבוֹתָיו. וְלָמָּה יִתְוַדֶּה עַל חַטֹּאת אֲבוֹתָיו? מִשּׁוּם שֶׁהָיָה נֶעֱנָשׁ כְּשֶׁאוֹחֵז מַעֲשֵׂה אֲבוֹתָיו בְּיָדוֹ, וְכֵן כָּתוּב: "וְהִתְוַדּוּ אֶת עֲוֹנָם וְאֶת עֲוֹן אֲבֹתָם" (שם כו, מ). וְיִזָּהֵר מְאֹד בְּעֵת הַוִּדּוּי שֶׁיִּגְמֹר בְּלִבּוֹ לַעֲזֹב דְּרָכָיו הָרָעוֹת, כִּי אִם דַּעְתּוֹ לַחֲזֹר עֲלֵיהֶן, אָז הוּא כְּטוֹבֵל וְשֶׁרֶץ בְּיָדוֹ (תענית טז ע"א), כִּי הַוִּדּוּי הוּא כַּטְּבִילָה, וְהַחֵטְא כַּשֶּׁרֶץ. וְזֶה דָּבָר בָּרוּר, שֶׁאֵין טְבִילָה מוֹעֶלֶת לְאוֹחֵז שֶׁרֶץ.

הַחֲמִשָּׁה־עָשָׂר — הַתְּפִלָּה. שֶׁיִּתְפַּלֵּל הַחוֹטֵא לַשֵּׁם בָּרוּךְ הוּא וִיבַקֵּשׁ רַחֲמִים עַל כָּל עֲוֹנוֹתָיו,

having transgressed the king's command. So, in respect to all of the Torah, we have been commanded (*Devarim* 27:1): "Observe all of the mitzvah that I command you today," and (ibid. :26): "Cursed is he who does not fulfill the words of this Torah to do them." Second, if one commits a minor transgression many times it comes to be regarded as major, the punishment accumulating for each violation. Third, when one is accustomed to certain transgressions, he comes to see them as permissible and does not guard against them, so that he comes to be numbered among those who cast from themselves the yoke of Heaven and are considered apostates in a particular respect. Fourth, it is the way of the evil inclination that if it is victorious in a minor matter, it will likewise be victorious in a grave one. Our Sages have, therefore, said (*Avos* 2:1): "Be as heedful of a lesser mitzvah as of a greater one," and (ibid. 4:2): "For a mitzvah draws a mitzvah in its wake, and a transgression draws a transgression."

(14) Confession, as it is written (*Vayikra* 5:5): "He shall confess that wherein he has sinned." And he must mention both his own sins and those of his ancestors. Why those of his ancestors? Because he is punished if he continues in their ways; and it is thus written (ibid. 26:40): "And they shall confess their transgressions and the transgression of their fathers." And he must take great care during confession to resolve in his heart to forsake his evil ways. For if he intends to return to them and does not forsake them then he is reckoned as one who undergoes [purifying] ritual immersion with a creeping [defiling] thing in his hand (*Ta'anis* 16a); for confession is analogous to ritual immersion, and a sin, to a creeping thing, and it goes without saying that ritual immersion is of no avail to one who holds such a thing.

(15) Prayer. The sinner must pray to the Blessed One, imploring mercy for all of his transgressions, and pardon

וִיבַקֵּשׁ רַחֲמִים עֲלֵיהֶם וּמְחִילָה וְכַפָּרָה. וִיבַקֵּשׁ מֵאֵת הַשֵּׁם בָּרוּךְ הוּא שֶׁיַּעְזְרֵהוּ עַל תְּשׁוּבָתוֹ וְיִפְתַּח לוֹ שַׁעֲרֵי טָהֳרָה.

הַשִּׁשָּׁה־עָשָׂר — תִּקּוּן הַמְעֻוָּת. שֶׁיְּתַקֵּן כָּל מַה שֶּׁעִוֵּת, כְּגוֹן, אִם גָּזַל אָדָם, יָשִׁיב הַגְּזֵלָה. וְיַעֲשֶׂה כֵן קֹדֶם הַוִּדּוּי, כְּדֵי שֶׁיִּתְרַצֶּה בְוִדּוּיוֹ. וְאִם גָּזַל אֶת הָאָדָם וְאֵין לוֹ לִפְרֹעַ, יִתְפַּלֵּל לֵאלֹהִים שֶׁיִּתֵּן לוֹ הַשָּׂגַת יָד שֶׁיִּפְרַע.

הַשִּׁבְעָה־עָשָׂר — לִרְדֹּף פְּעֻלּוֹת הַחֶסֶד וְהָאֱמֶת, שֶׁנֶּאֱמַר: "בְּחֶסֶד וֶאֱמֶת יְכֻפַּר עָוֹן" (משלי טז, ו). וְאִם הַחוֹטֵא לֹא שָׁב אֶל הַשֵּׁם יִתְבָּרַךְ, לֹא יִתְכַּפֵּר עֲוֹנוֹ בְּפֹעַל חֶסֶד, כְּמוֹ שֶׁנֶּאֱמַר: "אֲשֶׁר לֹא יִשָּׂא פָנִים וְלֹא יִקַּח שֹׁחַד" (דברים י, יז), וּפֵרְשׁוּ חֲכָמִים: לֹא יִקַּח שֹׁחַד מִצְוָה לְהַעֲבִיר עַל הָעֲוֹנוֹת (עיין ילקוט שמעוני, משלי, רֶמֶז תתקמז), וְזֶה הַפָּסוּק "בְּחֶסֶד וֶאֱמֶת יְכֻפַּר עָוֹן", עַל בַּעֲלֵי תְשׁוּבָה דִבֵּר, כִּי יֵשׁ עֲבֵרוֹת שֶׁהַתְּשׁוּבָה וְיוֹם הַכִּפּוּרִים תּוֹלִים וְיִסּוּרִים מְמָרְקִים (יומא פו ע"א), וְהִנֵּה הַחֶסֶד יָגֵן בְּעַד הַחוֹטֵא וְיִשְׁמֹר עָלָיו מִן הַיִּסּוּרִים, וְגַם יַצִּילֶנּוּ מִן הַמָּוֶת, כְּמוֹ שֶׁנֶּאֱמַר: "וּצְדָקָה תַּצִּיל מִמָּוֶת" (משלי י, ב). וְעוֹד יֵשׁ עָוֹן, וְהוּא עֲוֹן חִלּוּל הַשֵּׁם, שֶׁהַתְּשׁוּבָה וְיוֹם הַכִּפּוּרִים וְיִסּוּרִים תּוֹלִים וּמִיתָה מְמָרֶקֶת, כְּמוֹ שֶׁנֶּאֱמַר (ישעיה כב, יד): "אִם יְכֻפַּר הֶעָוֹן הַזֶּה לָכֶם עַד תְּמֻתוּן" (יומא פו ע"א), וּכְשֶׁאָדָם מִשְׁתַּדֵּל לֶאֱחֹז בְּיָדוֹ הָאֱמֶת, וִיחַזֵּק יְדֵי אַנְשֵׁי אֱמֶת וְיִשָּׂא רֹאשָׁם, וְיַשְׁפִּיל אַנְשֵׁי הַשֶּׁקֶר וְיַגִּיעֵם עַד הֶעָפָר — הִנֵּה אֵלֶּה דַּרְכֵי קִדּוּשׁ הַשֵּׁם; וְהִנֵּה, כְּשֶׁיִּתְעוֹרֵר אָדָם בְּמִדַּת הָאֱמֶת, אָז נִסְלָח לוֹ עֲוֹן הַחִלּוּל עִם הַתְּשׁוּבָה.

הַשְּׁמוֹנָה־עָשָׂר — שֶׁיִּהְיוּ חֲטָאָיו נֶגְדּוֹ תָּמִיד וְלֹא יִשְׁכַּח

and atonement for them, and imploring the Blessed One to assist him in his repentance and to open to him the gates of purity.

(16) Correcting the misdeed. One must correct all that he has disordered. So that if he has stolen, he must return the theft. And he must do so before he confesses, in order to be reconciled to God through his confession. And if he has stolen from someone and lacks the wherewithal for restitution, he should pray to God to enable him to pay.

(17) The pursuit of acts of lovingkindness and truth, as it is written (*Mishlei* 16:6): "By lovingkindness and truth, transgression is expiated." But if the sinner does not return to the Blessed One, his sin will not be atoned by an act of lovingkindness, as it is written (*Devarim* 10:17): "Who does not show favor and does not take graft," which our Sages have interpreted (*Yalkut Shimoni, Mishlei* 947): "He does not take mitzvos as a bribe for overlooking transgressions." The verse: "By lovingkindness and truth overlooking transgression is expiated" applies to a penitent. For there are sins which repentance and the Day of Atonement suspend and afflictions purge (*Yoma* 86a), and lovingkindness shields the sinner, guarding him from afflictions as it shields him from death, as it is written (*Mishlei* 10:2): "And charity saves from death." There is yet another transgression, desecration of the Name, which repentance, the Day of Atonement, and afflictions suspend, and which death purges (*Yoma* 86a), as it is written (*Yeshayahu* 22:14): "Surely, this transgression will not be expiated by you until you die." And when one exerts himself to uphold truth, and strengthens men of truth and elevates them, and lowers men of falsehood unto the very dust, he engages thereby in the sanctification of the Name. And when a man rouses himself in the trait of truth, his sin of desecration is forgiven through repentance.

(18) Keeping one's sins constantly before him, and not

אוֹתָם, כְּמוֹ שֶׁנֶּאֱמַר: "כִּי פְשָׁעַי אֲנִי אֵדָע וְחַטָּאתִי נֶגְדִּי תָמִיד" (תהלים נא, ה).

הַתִּשְׁעָה־עָשָׂר — עֲזִיבַת הַחֵטְא, כְּשֶׁבָּא הַחֵטְא לְיָדוֹ וְהוּא בְחֹזֶק תַּאֲוָתוֹ. וְאָמְרוּ חֲכָמִים: אֵיזֶהוּ בַּעַל תְּשׁוּבָה אֲשֶׁר תְּשׁוּבָתוֹ מַגַּעַת עַד כִּסֵּא הַכָּבוֹד? זֶהוּ אֲשֶׁר נִבְחַן וְיָצָא נָקִי בְּאוֹתוֹ פֶּרֶק וּבְאוֹתוֹ מָקוֹם וּבְאוֹתָהּ אִשָּׁה (יומא פו ע"ב); פֵּרוּשׁ: כְּשֶׁיִּזְדַּמֵּן הַחֵטְא לְיָדוֹ וְהוּא בְּתֹקֶף יִצְרוֹ, וְכָבַשׁ יִצְרוֹ בַּעֲבוּר יִרְאַת הַשֵּׁם בָּרוּךְ הוּא. וְאִם לֹא נִזְדַּמֵּן לְיָדוֹ בְּעִנְיָן זֶה, יוֹסִיף בְּנַפְשׁוֹ יִרְאַת הַשֵּׁם בָּרוּךְ הוּא דְּבַר יוֹם בְּיוֹמוֹ. כָּכָה יַעֲשֶׂה כָּל הַיָּמִים, וְזוֹהִי הַמַּדְרֵגָה הָעֶלְיוֹנָה מִן הַתְּשׁוּבָה.

הָעֶשְׂרִים — לְהָשִׁיב רַבִּים מֵעָוֹן כַּאֲשֶׁר תַּשִּׂיג יָדוֹ, שֶׁנֶּאֱמַר: "שׁוּבוּ וְהָשִׁיבוּ מִכָּל פִּשְׁעֵיכֶם" (יחזקאל יח, ל) — לָמַדְנוּ שֶׁזֶּה מֵעִקְּרֵי הַתְּשׁוּבָה. וְנֶאֱמַר: "הוֹכֵחַ תּוֹכִיחַ אֶת עֲמִיתֶךָ וְלֹא תִשָּׂא עָלָיו חֵטְא" (ויקרא יט, יז) — לָמַדְנוּ שֶׁאִם לֹא יוֹכִיחֶנּוּ, יֵעָנֵשׁ עַל חֲטָאָיו. וְכֵן אָמַר דָּוִד: "אֲלַמְּדָה פֹשְׁעִים דְּרָכֶיךָ וְחַטָּאִים אֵלֶיךָ יָשׁוּבוּ" (תהלים נא, טו).

אַרְבָּעָה וְעֶשְׂרִים דְּבָרִים מְעַכְּבִים אֶת הַתְּשׁוּבָה. אַרְבָּעָה מֵהֶם עָוֹן גָּדוֹל, וְהָעוֹשֶׂה אֶחָד מֵהֶם אֵין הַקָּדוֹשׁ בָּרוּךְ הוּא מַסְפִּיק בְּיָדוֹ לַעֲשׂוֹת תְּשׁוּבָה לְפִי גֹדֶל חֶטְאוֹ. וְאֵלּוּ הֵם: א) הַמַּחֲטִיא אֶת הָרַבִּים. וּבִכְלַל עָוֹן זֶה, הַמְעַכֵּב אֶת הָרַבִּים מִלַּעֲשׂוֹת מִצְוָה. ב) וְהַמַּטֶּה אֶת חֲבֵרוֹ מִדֶּרֶךְ טוֹבָה לְדֶרֶךְ רָעָה, כְּגוֹן מֵסִית וּמַדִּיחַ. ג) וְהָרוֹאֶה אֶת בְּנוֹ יוֹצֵא לְתַרְבּוּת רָעָה וְאֵינוֹ מוֹחֶה בְיָדוֹ. כִּי הוֹאִיל וּבְנוֹ בִרְשׁוּתוֹ, לוּ הָיָה מוֹחֶה בְיָדוֹ הָיָה פוֹרֵשׁ, וְנִמְצָא כְּמַחֲטִיא אוֹתוֹ. וּבִכְלַל עָוֹן זֶה, כָּל שֶׁאֶפְשָׁר בְּיָדוֹ לִמְחוֹת בַּאֲחֵרִים, בֵּין

forgetting them, as it is written (*Tehillim* 51:5): "For I know my offenses, and my sin is ever before me."

(19) The forsaking of one's sin upon its presenting itself to him when desire is strong within him. Our Sages have said (*Yoma* 86b): "Who is the penitent whose repentance ascends until the Throne of Glory? One who is tested and emerges guiltless — within the same period, in the same place, and with the same woman" — that is, one to whom the sin presents itself while he is in the grip of his evil inclination and who nevertheless conquers his inclination through his fear of the Blessed One. One who is not thus confronted with the transgression must daily increase the fear of God in his soul and persist in doing so all of his days. This is the highest level of repentance.

(20) Turning as many as possible away from transgression, as it is written (*Yechezkel* 18:30): "Return and turn others from all your offenses." We are hereby taught that this is one of the principles of repentance. And it is written (*Vayikra* 19:17): "You shall surely rebuke your fellowman, and not bear sin because of him." This teaches us that if one does not rebuke the other he is punished for his sins. And David said, likewise (*Tehillim* 51:15): "I will teach offenders Your ways and sinners will return to You."

There are twenty-four deterrents to repentance. Four of them are such grave transgressions that if one is guilty of one of them, the Holy One Blessed be He does not grant him the wherewithal to repent: (1) causing the populace to sin, included in which is the sin of preventing the populace from performing a mitzvah; (2) causing one's fellowman to deviate from a good to a wicked path, as by inciting to corruption; (3) seeing one's son corrupting his ways and not protesting — for since one has authority over his son and protesting would turn him from his path, he is accounted as having caused him to sin by his silence. Included in this category are all those who are in a position

יָחִיד בֵּין רַבִּים, וְאֵינוֹ מוֹחֶה אֶלָּא מַנִּיחַ אוֹתָם בְּכִשְׁלוֹנָם. ד) וְהָאוֹמֵר: אֶחֱטָא וְאָשׁוּב. וּבִכְלַל זֶה, הָאוֹמֵר: אֶחֱטָא וְיוֹם הַכִּפּוּרִים מְכַפֵּר; כִּי כָל הַמְחַשֵּׁב כָּךְ, תְּשׁוּבָתוֹ קָשָׁה מְאֹד, כִּי לְעוֹלָם יֶחֱטָא כֵּיוָן שֶׁחוֹשֵׁב שֶׁיָּשׁוּב, אָז הָעֲבֵרָה קַלָּה בְּעֵינָיו.

וּמֵאוֹתָם עֶשְׂרִים וְאַרְבָּעָה דְבָרִים, יֵשׁ חֲמִשָּׁה שֶׁהֵם נוֹעֲלִים דַּרְכֵי הַתְּשׁוּבָה בִּפְנֵי עוֹשֵׂיהֶם, וְאֵלּוּ הֵם: א) הַפּוֹרֵשׁ מִן הַצִּבּוּר כְּשֶׁעוֹשִׂים תְּשׁוּבָה, וְהוּא אוֹמֵר: שָׁלוֹם עָלַי נַפְשִׁי, וְאֵינוֹ מִצְטַעֵר בְּצַעַר הַצִּבּוּר, לָכֵן אֵינוֹ זוֹכֶה בִּזְכוּת שֶׁעוֹשִׂים. ב) וְהַחוֹלֵק עַל דִּבְרֵי חֲכָמִים. לְפִי שֶׁהַמַּחֲלֹקֶת גּוֹרֶמֶת לוֹ לִפְרֹשׁ מֵהֶם, וְאֵינוֹ יוֹדֵעַ דַּרְכֵי הַתְּשׁוּבָה. ג) וְהַמַּלְעִיג עַל הַמִּצְווֹת. שֶׁכֵּיוָן שֶׁנִּתְבַּזּוּ בְּעֵינָיו אֵינוֹ רוֹדֵף אַחֲרֵיהֶן לַעֲשׂוֹתָן, וְאִם לֹא יַעֲשֶׂה בַּמֶּה יִזְכֶּה? ד) וְהַמְבַזֶּה רַבּוֹתָיו. שֶׁדָּבָר זֶה

גּוֹרֵם לְדָחֳפוֹ וּלְטָרְדוֹ מִן הָעוֹלָם, כְּאוֹתוֹ הָאִישׁ; וּבִזְמַן שֶׁנִּטְרָד, לֹא יִמְצָא מְלַמֵּד שֶׁמּוֹרֶה לוֹ דֶּרֶךְ הָאֱמֶת. ה) וְהַשּׂוֹנֵא אֶת הַתּוֹכָחוֹת. שֶׁהֲרֵי לֹא הִנִּיחַ לוֹ דֶּרֶךְ תְּשׁוּבָה, שֶׁהַתּוֹכָחָה גּוֹרֶמֶת לִתְשׁוּבָה; שֶׁבִּזְמַן שֶׁמּוֹדִיעִים לָאָדָם חֲטָאָיו וּמַכְלִימִים אוֹתוֹ, חוֹזֵר בִּתְשׁוּבָה, כְּמוֹ שֶׁכָּתוּב: "זְכֹר אַל תִּשְׁכַּח אֵת אֲשֶׁר הִקְצַפְתָּ ... מַמְרִים הֱיִיתֶם עִם יְיָ" (דברים ט, ז); "וְלֹא נָתַן יְיָ לָכֶם לֵב לָדַעַת" (שם כט, ג); "עַם נָבָל וְלֹא חָכָם" (שם לב, ו). וְכֵן יְשַׁעְיָהוּ הַנָּבִיא הוֹכִיחַ אֶת יִשְׂרָאֵל, וְכֵן כָּל הַנְּבִיאִים הוֹכִיחוּ לְיִשְׂרָאֵל, עַד שֶׁחָזְרוּ בִתְשׁוּבָה. לְפִיכָךְ צָרִיךְ כָּל קָהָל וְקָהָל לְהַעֲמִיד אַחַד מֵחַכְמֵיהֶם, זָקֵן וִירֵא שָׁמַיִם מִנְּעוּרָיו וְאָהוּב לָהֶם, שֶׁיְּהֵא מוֹכִיחַ לָרַבִּים, לְהַחֲזִירָם

to rebuke others, whether particular individuals or many, and do not do so, but leave them to their wrong; and (4) saying: "I will sin and repent," included in which is saying: "I will sin and the Day of Atonement will atone for me." For all who reason thus will find repentance extremely difficult; they will always sin, expecting to gain atonement, and the transgression will be regarded as slight in their eyes.

And among these twenty-four transgressions there are five that close the paths of repentance to those who are guilty of them: (1) separating oneself from one's fellow men when they repent, saying: "I have nothing to worry about," such a person not benefiting by their merits because he does not share their sorrows; (2) contesting the words of the Sages, such contention causing him to disassociate himself from them, and, as a consequence, to be ignorant of the ways of repentance; (3) scoffing at the mitzvos, in that since they are insignificant in his eyes he does not pursue them, and not doing them, what can he merit? (4) shaming one's teachers, such effrontery driving him out of the world, as it did in the case of "that man," in which condition he cannot find one to teach him the way of truth; and (5) scorning reproof, since one has not left for himself a way to repentance, reproof being conducive to repentance in that when a man is apprised of his transgressions, and humiliated because of them he turns to repentance, as it is written (*Devarim* 9:7): "Remember, do not forget, how you angered Hashem...You rebelled against Hashem"; "But Hashem has not given you a heart to know..." (ibid. 29:3); and "a people that is foolish and not wise..." (ibid. 32:6). And the prophet Yeshayahu similarly rebuked Israel, [as did all the others,] until they repented. Therefore, every congregation must set up one of their wise men — an elder, who has feared God from his youth and who is beloved by them — to rebuke the popu-

בִּתְשׁוּבָה; וְזֶה שֶׁשּׂוֹנֵא אֶת הַתּוֹכָחוֹת אֵינוֹ בָא לַמּוֹכִיחַ וְלֹא שׁוֹמֵעַ דְּבָרָיו, וּלְפִיכָךְ יַעֲמֹד בַּחֲטָאָיו, שֶׁהֵם טוֹבִים בְּעֵינָיו.

וּמֵאוֹתָם עֶשְׂרִים וְאַרְבָּעָה דְּבָרִים יֵשׁ חֲמִשָּׁה — הָעוֹשֶׂה אוֹתָם אִי אֶפְשָׁר לוֹ שֶׁיָּשׁוּב בִּתְשׁוּבָה גְּמוּרָה, לְפִי שֶׁהֵם עֲוֹנוֹת שֶׁבֵּין אָדָם לַחֲבֵרוֹ, וְאֵינוֹ יוֹדֵעַ חֲבֵרוֹ שֶׁחָטָא לוֹ כְּדֵי שֶׁיַּחֲזִיר לוֹ, אוֹ שֶׁיְּבַקֵּשׁ מִמֶּנּוּ מְחִילָה. וְאֵלּוּ הֵם: א) הַמְקַלֵּל אֶת הָרַבִּים, וְלֹא קִלֵּל אָדָם יָדוּעַ שֶׁיְּבַקֵּשׁ מִמֶּנּוּ מְחִילָה. ב) וְהַחוֹלֵק עִם גַּנָּב. כִּי הוּא חוֹשֵׁב שֶׁאֵין זוֹ גְּנֵבָה, כִּי — "אֲנִי לֹא גָנַבְתִּי!". וַאֲפִלּוּ אִם יִרְצֶה לָשׁוּב וּלְהַחֲזִיר, לְמִי יַחֲזִיר? כִּי הוּא אֵינוֹ יוֹדֵעַ מִמִּי גָּנַב הַגַּנָּב. וְעוֹד, כִּי הוּא מַחֲזִיק יְדֵי הַגַּנָּב וּמַחֲטִיא אוֹתוֹ. ג) וְהַמּוֹצֵא אֲבֵדָה וְאֵינוֹ מַכְרִיז עָלֶיהָ לְהַחֲזִירָהּ לִבְעָלֶיהָ, וּכְשֶׁרוֹצֶה לַעֲשׂוֹת תְּשׁוּבָה, אֵינוֹ יוֹדֵעַ שֶׁל מִי הָיְתָה. ד) וְהָאוֹכֵל שׁוֹר עֲנִיִּים, יְתוֹמִים וְאַלְמָנוֹת. אֵלּוּ בְּנֵי אָדָם אֻמְלָלִים הֵם, וְאֵינָם יְדוּעִים וּמְפֻרְסָמִים וְגוֹלִים מֵעִיר לְעִיר — וְזֶה הָאוֹכֵל, אֵינוֹ יוֹדֵעַ שֶׁל מִי הוּא שֶׁיַּחֲזִיר לוֹ. וְיֵשׁ אוֹמְרִים: "שֹׁד", בדל"ת, לְשׁוֹן דֹּחַק; פֵּרוּשׁ: שֶׁהוּא דוֹחֵק אֵלּוּ הָעֲנִיִּים בְּחוֹב שֶׁהֵם חַיָּבִים לוֹ, עַד שֶׁמַּחְלִיטִים לוֹ קַרְקְעוֹתֵיהֶם אוֹ מִטַּלְטְלִים שֶׁלָּהֶם בְּפָחוֹת מִשָּׁוְיָם, וְאֵינוֹ חוֹשֵׁב שֶׁיֵּשׁ בָּזֶה חֵטְא, כִּי אוֹמֵר: שֶׁלִּי אֲנִי נוֹטֵל. ה) וְהַמְקַבֵּל שֹׁחַד לְהַטּוֹת דִּין, וְאֵינוֹ יוֹדֵעַ עַד הֵיכָן מַגִּיעָה הַטָּיָה זוֹ וְכַמָּה כֹּחָהּ, כְּדֵי שֶׁיַּחֲזִיר הַדָּבָר, שֶׁהַדָּבָר יֵשׁ לוֹ רַגְלַיִם; וְעוֹד, שֶׁהוּא מַחֲזִיק יְדֵי זֶה שֶׁהִטָּה לוֹ הַדִּין וּמַחֲטִיא אוֹתוֹ.

lace towards repentance. But one who hates reproof will not come to the reprover and will not hear his words and will therefore persist in his sins, which are good in his eyes.

And among these twenty-four there are five, the transgressor of which cannot perform a complete repentance, these being transgressions between man and his fellowman in which the transgressor is not aware of the particular individual against whom he has sinned, so that he cannot return a stolen object or ask him for forgiveness: (1) cursing the populace, not having cursed a particular individual whose forgiveness he could implore; (2) sharing stolen goods with the thief, in which case one thinks: "This is not theft, for I myself have not stolen." And even if one wishes to repent and return the stolen object, to whom would he return it, not knowing from whom it has been stolen? Furthermore, he strengthens the hand of the thief and causes him to sin; (3) finding a lost object and not announcing the fact so that it could be claimed by its owner, in which case, if he wanted to repent, he would not know whose object it was; (4) eating the ox of paupers, orphans and widows, and unfortunate ones, who are not known and who wander from village to village, so that this transgressor does not know to whom he must make restitution. There are some who, instead of *shor* ("ox") read *shod* ("oppression") — that is, pressing these poor ones to pay back what they owe him until they hand over their lands or chattel for less than their value — in which case one does not feel that he has sinned, thinking: "I am only taking what is rightfully mine"; and (5) taking a bribe in order to pervert judgment, and not knowing the extent of this perversion and what inroads it has made, so that he cannot make proper restitution, and, further, strengthening the hand of him for whose sake he has perverted judgment, and thereby causing him to sin.

וּמֵאוֹתָם עֶשְׂרִים וְאַרְבָּעָה דְּבָרִים יֵשׁ חֲמִשָּׁה דְּבָרִים — הָעוֹשֶׂה אוֹתָם אֵין חֶזְקָתוֹ לָשׁוּב מֵהֶם, לְפִי שֶׁהֵם דְּבָרִים קַלִּים בְּעֵינֵי רֹב בְּנֵי אָדָם, וְנִמְצָא חוֹטֵא, וְהוּא נִרְאֶה לוֹ שֶׁאֵין זֶה חֵטְא. וְאֵלּוּ הֵם: א) הָאוֹכֵל מִסְּעֻדָּה שֶׁאֵינָהּ מַסְפֶּקֶת לִבְעָלֶיהָ, שֶׁזֶּה אֲבַק גָּזֵל הוּא. כְּגוֹן, אָדָם שֶׁנִּכְנַס לְבֵית עָנִי וְהוּא מַזְמִין לוֹ הַרְבֵּה, וְאֵינוֹ עוֹשֶׂה בִּרְצוֹן לִבּוֹ אֶלָּא שֶׁהוּא מִתְבַּיֵּשׁ מִמֶּנּוּ לְהַזְמִין מְעַט, וְזֶה נִרְאֶה לוֹ שֶׁלֹּא חָטָא בָזֶה, כִּי הוּא חוֹשֵׁב שֶׁאוֹכֵל בִּרְשׁוּתוֹ וְלֹא בְּעַל כָּרְחוֹ. ב) וְהַמִּשְׁתַּמֵּשׁ בַּעֲבוֹטוֹ שֶׁל עָנִי, אֲפִלּוּ אֵינוֹ אֶלָּא קַרְדֹּם וּמַחֲרֵשָׁה, וְאוֹמֵר בְּלִבּוֹ: לֹא חִסַּרְתִּי מֵהֶם וַהֲרֵי לֹא גָזַלְתִּי. ג) וְהַמִּסְתַּכֵּל בַּעֲרָיוֹת. כִּי הַמִּסְתַּכֵּל חוֹשֵׁב בְּלִבּוֹ שֶׁאֵין בְּכָךְ כְּלוּם, שֶׁהוּא אוֹמֵר: וְכִי בָעַלְתִּי אוֹ קָרַבְתִּי אֶצְלָהּ? וְהוּא אֵינוֹ יוֹדֵעַ שֶׁרְאִיַּת הָעַיִן עָוֹן גָּדוֹל, שֶׁהִיא גוֹרֶמֶת לְגוּפָן שֶׁל עֲרָיוֹת, שֶׁנֶּאֱמַר: "וְלֹא תָתוּרוּ אַחֲרֵי לְבַבְכֶם וְאַחֲרֵי עֵינֵיכֶם" (במדבר טו, לט). ד) וְהַמִּתְכַּבֵּד בִּקְלוֹן חֲבֵרוֹ. אוֹמֵר בְּלִבּוֹ שֶׁאֵינוֹ חֵטְא, לְפִי שֶׁאֵין חֲבֵרוֹ עוֹמֵד אֶצְלוֹ, וְלֹא הִגִּיעָה לוֹ בֹּשֶׁת וְלֹא בִיּשׁוֹ, אֶלָּא הוּא עָרַךְ מַעֲשָׂיו הַטּוֹבִים וְחָכְמָתוֹ וַחֲרִיפוּתוֹ, לְמוּל מַעֲשֶׂה חֲבֵרוֹ וְחָכְמָתוֹ וַחֲרִיפוּתוֹ, וּבְעֵינֵי הַשּׁוֹמֵעַ דְּבָרָיו, יִהְיֶה הוּא מְכֻבָּד וַחֲבֵרוֹ בָּזוּי. ה) וְהַחוֹשֵׁד בִּכְשֵׁרִים אוֹמֵר בְּלִבּוֹ שֶׁאֵינוֹ חֵטְא, לְפִי שֶׁהוּא אוֹמֵר: מַה עָשִׂיתִי לוֹ? וַהֲלֹא לֹא עָשִׂיתִי שׁוּם דָּבָר אֶלָּא חֲשַׁד בְּעָלְמָא הוּא! וְהוּא אֵינוֹ יוֹדֵעַ שֶׁזֶּה עָוֹן גָּדוֹל, שֶׁמֵּשִׂים אָדָם כָּשֵׁר, בְּדַעְתּוֹ, כְּבַעַל עֲבֵרוֹת.

וּמֵאוֹתָם עֶשְׂרִים וְאַרְבָּעָה דְּבָרִים יֵשׁ חֲמִשָּׁה: הָעוֹשֶׂה אוֹתָם נִמְשָׁךְ אַחֲרֵיהֶם תָּמִיד, וְקָשִׁים הֵם לִפְרֹשׁ מֵהֶם; לְפִיכָךְ צָרִיךְ הָאָדָם לְהִזָּהֵר מֵהֶם מְאֹד שֶׁמָּא יִדְבַּק בָּהֶם, וְהֵם כֻּלָּם דֵּעוֹת רָעוֹת עַד מְאֹד. וְאֵלּוּ הֵם: רְכִילוּת

And among these twenty-four there are five for which the transgressor is not apt to repent, in that they are taken lightly by most people, so that the sinner does not actually regard them as a sin: (1) eating of a meal which is not [even] sufficient for those who served it, which is the "dust" of theft, as in the case of one's entering a poor man's house and having food in abundance set before him, not out of the goodwill of the poor man, but rather because he is ashamed to offer his guest a small portion — in which case the guest feels he has not sinned, the poor man having fed him voluntarily and not having been coerced to do so; (2) making use of a pauper's pledge — even if only an axe or a plow, in which case he says in his heart: "I have not spoiled them or stolen anything"; (3) immodest gazing [at a woman], the gazer thinking that he is guilty of no wrong, saying to himself: "Have I fornicated or approached her?" — not realizing it is written (*Bemidbar* 15:39): "And do not go astray after your heart and after your eyes"; (4) aggrandizing oneself through the disparagement of one's fellowman, in which case he thinks that he has not sinned, his fellowman not standing in his presence so that no shame has come to him, and that he has not shamed him, having done no more than contrast his own greater good deeds, wisdom, and acuteness with that of his fellowman — so that in the ears of the hearer he emerges honored and his fellowman shamed; and (5) suspecting the innocent, in that one says: "What have I done to him? I have done no more than suspect him" — without knowing that this is a great sin, thinking of an innocent man as a transgressor.

And among these twenty-four there are five, toward which the transgressor is constantly drawn and from which he finds it very difficult to separate himself, for which reason one must be extremely heedful not to espouse them, all of them constituting extremely evil traits: (1) tale-bearing, (2)

וְלָשׁוֹן הָרָע וּבַעַל חֵמָה וּבַעַל מַחֲשָׁבָה רָעָה, וְהַמִּתְחַבֵּר לָרָשָׁע, מִפְּנֵי שֶׁהוּא לוֹמֵד מִמַּעֲשָׂיו, כִּי כְּשֶׁהוּא תָּמִיד אֵצֶל הָרָשָׁע וְרוֹאֶה מַעֲשָׂיו, אָז הֵם נִרְשָׁמִים בְּלִבּוֹ, וְהוּא שֶׁאָמַר שְׁלֹמֹה: "וְרֹעֶה כְסִילִים יֵרוֹעַ" (משלי יג, כ).

כָּל אֵלּוּ הַדְּבָרִים וְכַיּוֹצֵא בָּהֶם, אַף עַל פִּי שֶׁמְּעַכְּבִים אֶת הַתְּשׁוּבָה, מִכָּל מָקוֹם אֵינָם מוֹנְעִים אוֹתָהּ, אֶלָּא אִם עָשָׂה אָדָם תְּשׁוּבָה מֵהֶם, הֲרֵי הוּא בַּעַל תְּשׁוּבָה וְיֵשׁ לוֹ חֵלֶק לָעוֹלָם הַבָּא.

הָעֲוֹנוֹת — שְׁנֵי מִינִים הֵם. הָאֶחָד — שֶׁבֵּינוֹ לְבֵין הַמָּקוֹם בָּרוּךְ הוּא לְבַד, כְּגוֹן, תְּפִלִּין וְצִיצִית וְסֻכָּה וְכַיּוֹצֵא בָּאֵלּוּ; וְהַמִּין הַשֵּׁנִי — שֶׁבֵּין אָדָם לַחֲבֵרוֹ. אוֹתָם הָעֲבֵרוֹת שֶׁבֵּין אָדָם לַמָּקוֹם בָּרוּךְ הוּא, יַעֲשֶׂה תְּשׁוּבָה בְּאוֹתוֹ עִנְיָן שֶׁעָבַר, כְּגוֹן, אִם לֹא קִיֵּם מִצְוַת עֲשֵׂה, יִשְׁתַּדֵּל לְקַיֵּם; אִם לֹא עָסַק בִּגְמִילוּת חֲסָדִים, יִטְרַח מֵעֵת הַתְּשׁוּבָה וָאֵילָךְ לִגְמֹל חֶסֶד; וְאִם עָבַר עַל מִצְוַת לֹא־תַעֲשֶׂה, יִתֵּן בְּלִבּוֹ שֶׁלֹּא יַעֲבֹר מֵעַתָּה וָאֵילָךְ. כְּלָלוֹ שֶׁל דָּבָר: מִי שֶׁרוֹצֶה לִהְיוֹת מִבַּעֲלֵי הַתְּשׁוּבָה הַשְּׁלֵמִים, צָרִיךְ לַעֲרֹךְ מִלְחָמָה גְדוֹלָה בְּלִבּוֹ. וְאֵין הָעִנְיָן כְּמוֹ שֶׁחוֹשְׁבִים הָעוֹלָם, כִּי לֹא יֵחָשְׁבוּ בַּעֲלֵי תְשׁוּבָה אֶלָּא מִי שֶׁעָבַר עֲבֵרוֹת יְדוּעוֹת, כְּגוֹן, מִי שֶׁבָּא עַל גּוֹיָה אוֹ עַל אֵשֶׁת אִישׁ אוֹ שֶׁגָּנַב אוֹ כַיּוֹצֵא בָאֵלּוּ — אֵין הָעִנְיָן כֵּן, כִּי יֵשׁ גַּזְלָנִים הַרְבֵּה שֶׁאֵינָם יוֹדְעִים שֶׁהֵם גַּזְלָנִים, כְּגוֹן, מִי שֶׁקּוֹרֵא חֲבֵרוֹ לָדוּן עִמּוֹ וְיוֹדֵעַ שֶׁאֵינוֹ חַיָּב לוֹ מְאוּמָה, אֲבָל הוּא מִתְכַּוֵּן לְהַקְנִיטוֹ וּלְצַעֲרוֹ וּלְהַפְסִידוֹ, שֶׁיְּפַזֵּר מָעוֹתָיו, וְהוּא אֵינוֹ מַעֲלֶה בְלִבּוֹ שֶׁזֶּה הַדָּבָר הוּא גָּזֵל; אוֹ אָדָם הַמַּשְׁבִּיעַ אֶת חֲבֵרוֹ שְׁבוּעָה, אֲפִלּוּ בַדִּין, יֵשׁ לוֹ עֹנֶשׁ עַל זֶה (שבועות לט ע"ב). וּכְעִנְיָן זֶה

slander, (3) irascibility, (4) the harboring of evil thoughts, and (5) association with the wicked, in which case one is influenced by their deeds. For since he is always in the company of the wicked and always observing their deeds, they are imprinted in his heart, as Shelomo said (*Mishlei* 13:20): "And the companion of fools shall grow wicked."

All of these things and their like, though they are deterrents to repentance, do not prevent it; but if one repents of them he is considered a bona fide penitent and has a share in the World-to-Come.

There are two classes of transgressions: the first, those between man and his Maker alone, such as: *tefillin, tzitzis, sukkah,* and the like; the second, those between man and his fellowman. Regarding those transgressions between man and his Maker, one must repent in the area in which he has sinned; so that if he has not fulfilled a certain positive commandment he should exert himself to do so; if he has not engaged in lovingkindness, he should exert himself from the time of his repentance to do so. And if he has transgressed a negative commandment he should resolve in his heart to never again do so. In sum, one who wishes to be reckoned among the true penitents must wage a great war in his heart. It is not as most people think, that the only one who can be called "a penitent" is one who has repented of blatant transgressions, such as living with a gentile woman or a married woman, or stealing, or the like. This is not the case, for there are many thieves who do not realize that they are thieves, such as one who summons his fellowman before a court [with a false claim], knowing that the man owes him nothing, but intending to antagonize and annoy him and cause him a monetary loss by provoking him to part with his money wastefully — not realizing that this is robbery. Or the man who makes his fellowman take an oath, even lawfully, in which case he incurs punishment for this (*Shevuos* 39b). And in this way,

אָדָם עוֹשֶׂה בְּכָל יוֹם וּבְכָל שָׁעָה חֲבִילוֹת חֲבִילוֹת שֶׁל עֲבֵרוֹת. כֵּיצַד? אָדָם חַיָּב לְהִתְפַּלֵּל בְּכַוָּנָה וּלְבָרֵךְ כָּל הַבְּרָכוֹת בְּכַוָּנָה, וְיֵשׁ מְעַטִּים בָּעוֹלָם הַמְכַוְּנִים בְּכָל לִבָּם. וְכָכָה יֵשׁ בְּכָל הַמִּצְווֹת עִנְיָנִים רַבִּים, שֶׁאֲפִלּוּ גְדוֹלֵי הַדּוֹר הַזֶּה וַחֲכָמָיו אֵינָם נִזְהָרִים בָּהֶם, מֵחֲמַת שֶׁאֵינָם שָׂמִים עַל לִבָּם וּמֵחֲמַת שֶׁאֵינָם לוֹמְדִים הַמִּצְווֹת וְהַמִּדּוֹת הַטּוֹבוֹת. לָכֵן, מִי שֶׁנְּדָבוֹ לִבּוֹ לַעֲשׂוֹת תְּשׁוּבָה שְׁלֵמָה, יִהְיֶה רָגִיל לַהֲגוֹת בְּסֵפֶר הַמִּדּוֹת הַזֶּה, וּבוֹ יִרְאֶה טָעוּתוֹ בַּמֶּה שֶׁטָּעָה כָּל יָמָיו, וְיִתְבּוֹנֵן עַל כָּל דָּבָר וְדָבָר שֶׁיִּקְרָא, אִם קִיֵּם אוֹתוֹ וְאִם לָאו; וְאִם יִרְאֶה בּוֹ דָּבָר שֶׁלֹּא קִיֵּם, יִשְׁתַּדֵּל וְיִטְרַח בְּכָל כֹּחוֹ כְּדֵי לְקַיְּמוֹ. וְגַם יִהְיֶה רָגִיל בְּ״סֵפֶר הַמִּצְווֹת״, לַהֲגוֹת בּוֹ וּלְהָבִין כָּל מִצְוָה כְּמִשְׁפָּטָהּ, וְיִתֵּן לֵב עַל כָּל מִצְוָה לְקַיֵּם כְּמַאֲמָרָהּ. וְזֶה הָעִנְיָן הוּא הַדֶּרֶךְ הַגְּדוֹלָה בְּדַרְכֵי הַתְּשׁוּבָה, לַעֲשׂוֹת תְּשׁוּבָה מִכָּל דָּבָר וְדָבָר בִּפְנֵי עַצְמוֹ.

יֵשׁ עֲבֵרוֹת שֶׁבֵּין אָדָם לַחֲבֵרוֹ אֲשֶׁר הֵן קָשׁוֹת מְאֹד לְתַקֵּן וְלַעֲשׂוֹת תְּשׁוּבָה, כְּגוֹן אָדָם שֶׁהֻרְגַּל בְּגָזֵל כָּל יָמָיו, וְאֵינוֹ יוֹדֵעַ מִמִּי גָּזַל, אוֹ אֵינוֹ יוֹדֵעַ הֵיכָן הוּא דָּר, אוֹ שֶׁמָּא הָלַךְ לוֹ לִמְדִינַת הַיָּם, אוֹ שֶׁמָּא אָבַד הַמָּמוֹן שֶׁגָּזַל וְאֵין לוֹ לְהָשִׁיב; וְיֵשׁ שֶׁנָּהַג בַּעֲבֵרוֹת כָּל יָמָיו עַד שֶׁהוּא מֻרְגָּל בָּהֶן וּמְלֻמָּד, כְּמוֹ שֶׁאָמַר: ״לִמְּדוּ לְשׁוֹנָם דַּבֶּר שֶׁקֶר הַעֲוֵה נִלְאוּ״ (ירמיה ט, ד); וְיֵשׁ מִי שֶׁבָּא עַל הָעֶרְוָה וְהוֹלִיד מִמֶּנָּה בֵּן, וְהַחֶרְפָּה לֹא תָמוּשׁ; וְיֵשׁ מִי שֶׁרָגִיל בְּדִבְרֵי כָזָב וּלְסַפֵּר גְּנַאי עַל בְּנֵי אָדָם; וְיֵשׁ מִי שֶׁהִדִּיחַ בְּנֵי אָדָם וְהִתְעָה

every day and every moment, one heaps up bundles and bundles of sins. How so? A man is obliged to pray with intent and to recite all the benedictions with intent, but there are very few men in the world who do so with all their hearts. And, likewise, with respect to all the mitzvos there are many things which even the great men of this generation and its Sages are not heedful of, in that they do not take them to heart and do not study the mitzvos and the desirable traits. Therefore, one whose heart impels him to repent completely should habituate himself to the study of this book of character traits, in which he will see wherein he has erred all of his days and reflect upon all that he reads to determine whether he has fulfilled it or not. And if he finds something that he has not fulfilled, he should exert himself and strive with all of his power to fulfill it. And he should also habituate himself to the reading of the *Sefer Hamitzvos*, to study it, understand each mitzvah fully, and resolve to fulfill each mitzvah as stated. This is the great way, in the ways of repentance — to repent of each sin in particular.

There are transgressions between man and his fellow-man which are very difficult to correct and to repent for: as in the case of a man who has been accustomed to stealing all of his days, and does not remember all those whom he has stolen from, or where they live, aside from the possibility that they may have gone abroad or that the stolen money has been lost and he cannot make restitution. And there are those who have become so habituated to certain transgressions that they have become second nature to them, as it is written (*Yirmeyahu* 9:4): "They have taught their tongues to speak falsehood; they have become weary with iniquity." There is one who has begotten a child from an illicit relationship, so that the shame never departs; another who has habituated himself to deceit and to defaming others; another who has led men astray and

אוֹתָם לְדָבָר אִסּוּר; וְיֵשׁ מִי שֶׁרוֹאֶה בְּנֵי אָדָם הוֹלְכִים בְּדֶרֶךְ רָעָה וְתָעוּ מִן הַדֶּרֶךְ הַיְשָׁרָה, וְזֶה הָיָה יָרֵא מֵהֶם לְהוֹכִיחָם, אוֹ הָיָה מִתְבַּיֵּשׁ מֵהֶם עַד שֶׁנִּמְנַע לְהוֹרוֹת לָהֶם הַדֶּרֶךְ הַיְשָׁרָה, עָלָיו הַכָּתוּב אוֹמֵר: "הוּא רָשָׁע בַּעֲוֹנוֹ יָמוּת וְדָמוֹ מִיָּדְךָ אֲבַקֵּשׁ" (יחזקאל ג, יח). בְּכָל אֵלֶּה הַדְּבָרִים וְכַיּוֹצֵא בָהֶם, קָשָׁה בָהֶם מְאֹד הַתְּשׁוּבָה, אַךְ יֵשׁ תַּקָּנָה גְדוֹלָה לְתַקֵּן הַכֹּל: מִתְּחִלָּה יָשׁוּב הַחוֹטֵא בְּכָל עִנְיְנֵי הַתְּשׁוּבָה, וְיִרְאֶה וְיָבִין בְּכָל חֶלְקֵי הַתְּשׁוּבָה, וְיִמְסֹר נַפְשׁוֹ לַעֲשׂוֹת כְּכָל מַה שֶּׁיּוּכַל לַעֲשׂוֹת, וְהַכֹּל יַעֲשֶׂה לְשֵׁם שָׁמַיִם בְּכָל כֹּחוֹ וּבְכָל לִבּוֹ בַּסֵּתֶר וּבַגָּלוּי — אָז הַקָּדוֹשׁ בָּרוּךְ הוּא מֵקֵל עָלָיו עִנְיְנֵי הַתְּשׁוּבָה וּמַדְרִיכוֹ לְדֶרֶךְ יְשָׁרָה לִתְשׁוּבָה; כְּגוֹן, אִם הוֹלִיד בֵּן מֵעֲרָיוֹת, הַקָּדוֹשׁ בָּרוּךְ הוּא יַכְרִית אוֹתוֹ הַזֶּרַע וְיִשְׁתַּכַּח הַדָּבָר כְּאִלּוּ לֹא הָיָה; וְאִם גָּזַל מָמוֹן, הַקָּדוֹשׁ בָּרוּךְ הוּא יַזְמִין לוֹ מָמוֹן וְיִפְרַע לַנִּגְזָל וִירַצֶּנּוּ, וְיִמְחַל לוֹ; וְאִם הֵרַע לְאָדָם בְּגוּפוֹ אוֹ בְמָמוֹנוֹ, יַכְנִיס לוֹ הַבּוֹרֵא יִתְבָּרֵךְ רָצוֹן וְאַהֲבָה בְלִבּוֹ עַד שֶׁיִּמְחַל לוֹ, כְּמוֹ שֶׁאָמַר: "בִּרְצוֹת יְיָ דַּרְכֵי אִישׁ גַּם אוֹיְבָיו יַשְׁלִם אִתּוֹ" (משלי טז, ז); וְאִם אוֹתוֹ הַנִּגְזָל רָחוֹק מִמֶּנּוּ, הַקָּדוֹשׁ בָּרוּךְ הוּא יְקָרְבֶנּוּ אֶצְלוֹ, עַד שֶׁיְּרַצֵּהוּ, וְיִמְחַל לוֹ; וְאִם לֹא יָדַע חֶשְׁבּוֹן הַמָּמוֹן וְאֵינוֹ מַכִּיר הָאֲנָשִׁים אֲשֶׁר גָּזַל, יִתֵּן לוֹ הַקָּדוֹשׁ בָּרוּךְ הוּא בְלִבּוֹ שֶׁיַּעֲשֶׂה צָרְכֵי רַבִּים, כְּגוֹן לִבְנוֹת גֶּשֶׁר אוֹ לַחְפֹּר בְּאֵרוֹת אוֹ לִבְנוֹת בָּתֵּי כְנֵסִיּוֹת אוֹ שְׁאָר צָרְכֵי רַבִּים, וְתִהְיֶה הֲנָאָה מִמֶּנּוּ לְכָל הָעוֹלָם, לְמִי שֶׁגָּזַל מִמֶּנּוּ וְגַם לַאֲחֵרִים (ביצה כט ע"ב); וְאִם

turned them to what is forbidden; and yet another who has seen men walking in an evil way and straying from the righteous path and has been afraid to rebuke them, or ashamed, so that he desisted from pointing out the just path to them. Of such it is written (*Yechezkel* 3:18): "He is wicked and shall die for his sin, but I shall require his blood from your hand." In all of these and the like, repentance is very difficult, but there is one great remedy which can correct all. First, let the sinner repent with all the provisions of repentance and let him scrutinize and understand all the facets of repentance and give his all to do as much as he can, doing everything for the sake of Heaven with all of his strength, and with all of his heart, in secret and in the open — then the Holy One Blessed be He will ease for him the processes of repentance and guide him to the proper path of repentance. So that if he has begotten a child from an illicit relationship, the Holy One Blessed be He will cut off that seed and the matter will be forgotten, as if it had never existed. And if he has stolen money, the Holy One Blessed be He will provide him with money so that he can pay back the one he has robbed and be reconciled to him and forgiven by him. And if he has caused a person bodily or monetary damage, the Blessed One will inject favor and love into the latter's heart and he will forgive him, as it is written (*Mishlei* 16:7): "When Hashem is pleased by a man's ways, his foes, too, make peace with him." And if the one he has robbed is far from him, the Holy One Blessed be He will bring him close to him so that he can be reconciled to him and gain his forgiveness. And if he does not know how much he owes, or whom he has stolen from, the Holy One Blessed be He will cause him to work for the welfare of the public, as in the construction of a bridge, the digging of wells, the building of synagogues, or in other public projects, which will be of benefit to all, both to him he has robbed and to

יָמוּת הַנִּגְזָל, יָשִׁיב הַמָּמוֹן לְיוֹרְשָׁיו (בבא קמא קג ע"א). הִזִּיקוֹ בְגוּפוֹ אוֹ דִבֵּר עָלָיו דֹּפִי — יֵלֵךְ עַל קִבְרוֹ בְמַעֲמַד עֲשָׂרָה בְנֵי אָדָם, וִיבַקֵּשׁ מְחִילָה מֵאֵת הַשֵּׁם יִתְבָּרֵךְ וּמֵאִתּוֹ (יומא פז ע"א), וְהַקָּדוֹשׁ בָּרוּךְ הוּא יִמְחַל לוֹ.

וְאָמְרוּ רַבּוֹתֵינוּ, זִכְרוֹנָם לִבְרָכָה, שֶׁאֵין הַתְּשׁוּבָה נִמְנַעַת מִן הַחוֹטֵא אֶלָּא מִפְּנֵי רֹעַ לִבּוֹ, אֲבָל מִי שֶׁרוֹצֶה לְהִתְקָרֵב אֶל הָאֱלֹהִים, לֹא יִסְגֹּר שַׁעֲרֵי הַתְּשׁוּבָה לְפָנָיו, אַף פּוֹתֵחַ לוֹ שַׁעֲרֵי תְשׁוּבָה וּמוֹרֶה לוֹ הַדֶּרֶךְ הַיְשָׁרָה, שֶׁנֶּאֱמַר: "טוֹב וְיָשָׁר יְיָ עַל כֵּן יוֹרֶה חַטָּאִים בַּדָּרֶךְ" (תהלים כה, ח); וְאוֹמֵר: "וּבִקַּשְׁתֶּם מִשָּׁם אֶת יְיָ אֱלֹהֶיךָ וּמָצָאתָ כִּי תִדְרְשֶׁנּוּ בְּכָל לְבָבְךָ וּבְכָל נַפְשֶׁךָ" (דברים ד, כט); וְאוֹמֵר: "כִּי קָרוֹב אֵלֶיךָ הַדָּבָר מְאֹד בְּפִיךָ וּבִלְבָבְךָ לַעֲשֹׂתוֹ" (שם ל, יד); וְאוֹמֵר: "קָרוֹב יְיָ לְכָל קֹרְאָיו לְכֹל אֲשֶׁר יִקְרָאֻהוּ בֶאֱמֶת" (תהלים קמה, יח).

טוֹבָה גְדוֹלָה הֵיטִיב הַקָּדוֹשׁ בָּרוּךְ הוּא עִם בְּנֵי הָאָדָם, אֲשֶׁר הֵכִין דֶּרֶךְ לַפּוֹשְׁעִים וְלַחוֹטְאִים לָנוּס מֵחֹשֶׁךְ לָאוֹר, וְלֹא סָגַר בַּעֲדָם דַּלְתֵי הַתְּשׁוּבָה אַף אִם הִרְבּוּ לִפְשֹׁעַ, שֶׁנֶּאֱמַר: "שׁוּבוּ בָּנִים שׁוֹבָבִים אֶרְפָּה מְשׁוּבֹתֵיכֶם" (ירמיה ג, כב). וְהַתְּשׁוּבָה מְקֻבֶּלֶת גַּם אִם יָשׁוּב הַחוֹטֵא מֵרֹב צָרוֹתָיו, כָּל שֶׁכֵּן אִם יָשׁוּב מִיִּרְאַת הַשֵּׁם וְאַהֲבָתוֹ, כְּמוֹ שֶׁנֶּאֱמַר: "בַּצַּר לְךָ וּמְצָאוּךָ כֹּל הַדְּבָרִים הָאֵלֶּה בְּאַחֲרִית הַיָּמִים וְשַׁבְתָּ עַד יְיָ אֱלֹהֶיךָ וְשָׁמַעְתָּ בְּקֹלוֹ" (דברים ד, ל). וְהַקָּדוֹשׁ בָּרוּךְ הוּא עוֹזֵר לַשָּׁבִים לַעֲשׂוֹת תְּשׁוּבָה, אֲפִלּוּ בְדָבָר שֶׁאֵין כֹּחוֹ שֶׁל אָדָם יָכוֹל לְהַשִּׂיג, וּמְחַדֵּשׁ בְּקִרְבָּם רוּחַ טְהוֹרָה לְהַשִּׂיג עִנְיְנֵי הַתְּשׁוּבָה וּמַעֲלוֹת אַהֲבָתוֹ,

others (*Betzah* 29b). And if the one he has robbed has died, he will be able to return the money to his heirs (*Bava Kama* 103a). If he had caused him bodily injury or slandered him, he will be able to go to his grave in the company of ten men and implore forgiveness from the Blessed One and from him whom he robbed (*Yoma* 87a) — and the Holy One Blessed be He will forgive him.

Our Sages of blessed memory have said that repentance fails a sinner only because of the evil of his heart. Hashem will not close the gates of repentance to the one who desires to come close to Him, but He will open them to him and show him the just path, as it is written (*Tehillim* 25:8): "Hashem is good and just; therefore, He guides sinners in the path"; and (*Devarim* 4:29): "And you will seek Hashem your God from there, and you will find Him if you seek him with all your heart and all your soul"; and (ibid. 30:14): "For this thing is very close to you, in your mouth and in your heart to do it"; and (*Tehillim* 145:18): "Hashem is close to all who call upon Him, to all who call upon Him in truth."

The Holy One Blessed be He has wrought a great good for mankind by preparing the way for offenders and sinners to flee from darkness to light; and He has not shut the doors of repentance to them even if they have multiplied offense, as it is written (*Yirmeyahu* 3:22): "Return, you backsliding children, I will heal your backslidings." Penance is accepted even when the sinner repents because of his many troubles, and much more so when his repentance proceeds from the fear [and love] of God, as it is written (*Devarim* 4:30): "In your distress, when all these things come upon you, in the end of days, you will return to Hashem your God and listen to His voice." The Holy One Blessed be He assists the penitent to repent and to attain even what is not within man's power, and he forms within the penitents a spirit of purity to attain the components of repen-

שֶׁנֶּאֱמַר: "וְשַׁבְתָּ עַד יְיָ אֱלֹהֶיךָ וְשָׁמַעְתָּ בְקֹלוֹ כְּכֹל אֲשֶׁר אָנֹכִי מְצַוְּךָ הַיּוֹם אַתָּה וּבָנֶיךָ בְּכָל לְבָבְךָ וּבְכָל נַפְשֶׁךָ" (שם ל, ב); וְאוֹמֵר בְּגוּף הָעִנְיָן: "וּמָל יְיָ אֱלֹהֶיךָ אֶת לְבָבְךָ וְאֶת לְבַב זַרְעֶךָ לְאַהֲבָה אֶת יְיָ אֱלֹהֶיךָ" (שם שם, ו); פֵּרוּשׁ: אֲפִלּוּ בְּדָבָר שֶׁאֵין בְּךָ כֹּחַ לְהַשִּׂיג, הַקָּדוֹשׁ בָּרוּךְ הוּא יָמוּל לְבָבְךָ וְיִתֵּן לְךָ כֹּחַ לַעֲשׂוֹתוֹ.

וְיֵשׁ אַרְבָּעָה דְבָרִים בְּעִנְיַן הֶעָרַת הַתְּשׁוּבָה:

הָאֶחָד — שֶׁשָּׁב מֵחֹזֶק הַכָּרָתוֹ אֶת אֱלֹהָיו. וְהוּא כְּעֶבֶד הַבּוֹרֵחַ מֵאֲדוֹנָיו, וּכְשֶׁחוֹשֵׁב בַּטּוֹב אֲשֶׁר גְּמָלוֹ, יָשׁוּב אֵלָיו מֵרְצוֹנוֹ לְבַקֵּשׁ מְחִילָה מִמֶּנּוּ, וּבְכָמוֹהוּ אוֹמֵר הַכָּתוּב: "אִם תָּשׁוּב יִשְׂרָאֵל נְאֻם יְיָ אֵלַי תָּשׁוּב" (ירמיה ד, א), קֹדֶם בּוֹא הָעֹנֶשׁ; וְאוֹמֵר: "שׁוּבוּ אֵלַי וְאָשׁוּבָה אֲלֵיכֶם" (מלאכי ג, ז).

הַשֵּׁנִי — שֶׁשָּׁב מֵחֲמַת שֶׁיֵּשׁ לוֹ מוֹכִיחִים הַמַּכְלִימִים אוֹתוֹ עַד שֶׁיָּשׁוּב. וְהוּא כְּעֶבֶד שֶׁבָּרַח מֵאֲדוֹנָיו, וּפָגַע בּוֹ עֶבֶד נֶאֱמָן וְהוֹכִיחוֹ וְהִכְלִימוֹ עַל שֶׁבָּרַח, וְיָעַץ אוֹתוֹ לָשׁוּב, וְהִבְטִיחוֹ שֶׁיִּמְחַל לוֹ אֲדוֹנָיו, וְשָׁב אֵלָיו וְנִכְנַע.

הַשְּׁלִישִׁי — כְּשֶׁהוּא רוֹאֶה עֳנָשִׁים שֶׁהַבּוֹרֵא יִתְבָּרֵךְ מַעֲנִישׁ לְמִי שֶׁיָּצָא מִדְּרָכָיו, אָז יָשׁוּב אֶל הַשֵּׁם מִיִּרְאַת עָנְשׁוֹ. וְהוּא כְּעֶבֶד הַבּוֹרֵחַ מֵאֲדוֹנָיו, כְּשֶׁיִּשְׁמַע הָעֳנָשִׁים שֶׁעָשָׂה לְמִי שֶׁבָּרַח מִמֶּנּוּ, וְאָז יָשׁוּב אֵלָיו.

הָרְבִיעִי — שֶׁבָּאוּ עָלָיו עֹנֶשׁ וְצָרוֹת, וְשָׁב. וְהוּא כְּעֶבֶד שֶׁבָּרַח, וּפָגְעוּ בוֹ לִסְטִים וּתְפָשׂוּהוּ וְיִסְּרוּ אוֹתוֹ

tance [and the qualities of his love], as it is written (ibid. 30:2): "And you shall return to Hashem your God and listen to His voice according to all that I command you this day, you and your children, with all your heart and with all your soul." And in this context it is written (ibid. :6): "And Hashem your God will circumcise your heart and the heart of your children, to love Hashem your God" — that is, even with respect to what you lack the power to attain, the Holy One Blessed be He will circumcise your heart and give you the power to attain it.

There are four considerations prompting repentance:

The first is the force of one's recognition of his God, as in the case of a servant who has fled from his master, and who, bethinking himself of all the good his master has accorded him, returns to him of his own volition in order to implore his forgiveness. In this regard it is written (*Yirmeyahu* 4:1): "If you return, O Israel, says Hashem, return to Me" — before the punishment is administered, and (*Malachi* 3:7): "Return to me and I will return to you."

The second is being rebuked and humiliated into repentance, as in the case of a servant who has fled from his master and is met by a faithful servant who rebukes and shames him for having fled, and counsels him to return, assuring him that his master will forgive him — whereupon he returns and humbles himself before him.

The third is seeing the punishments that the Blessed One brings upon those who have deviated from His paths, and returning to Hashem from fear of His punishment, as in the case of a servant who has fled from his master, and who returns to him upon hearing of the punishment meted out to another who fled.

The fourth is experiencing punishment and suffering and repenting because of it, as in the case of a servant who has fled and been set upon and seized by highwaymen who tortured him upon his having fled, because of which he

עַל בְּרִיחָתוֹ, וְשָׁב. וְהַמַּשְׂכִּיל יֶאֱחֹז תְּשׁוּבָתוֹ בַּדֶּרֶךְ הָרִאשׁוֹנָה וְיָשׁוּב מֵאַהֲבַת גְּדֻלָּתוֹ.

שִׁשָּׁה דְרָכִים יְעוֹרְרוּ לֵב הָאָדָם לָשׁוּב:

הָאֶחָד — כַּאֲשֶׁר תִּמְצֶאנָה אֶת הָאִישׁ צָרוֹת, יָשִׁיב אֶל לִבּוֹ וְיֹאמַר, אֵין זֶה כִּי אִם מֵחֲמַת עֲוֹנוֹתָיו וּדְרָכָיו הָרָעוֹת, וְיָשׁוּב אֶל הַשֵּׁם וִירַחֲמֵהוּ, כְּעִנְיָן שֶׁנֶּאֱמַר: "וּמְצָאֻהוּ רָעוֹת רַבּוֹת וְצָרוֹת וְאָמַר בַּיּוֹם הַהוּא הֲלֹא עַל כִּי אֵין אֱלֹהַי בְּקִרְבִּי מְצָאוּנִי הָרָעוֹת הָאֵלֶּה" (דברים לא, יז). וְהַתְּשׁוּבָה הַזֹּאת מְקֻבֶּלֶת לִפְנֵי הַשֵּׁם — לֹא כְּמִנְהַג בָּשָׂר וָדָם. כִּי כְּשֶׁיֶּחֱטָא אִישׁ לְאִישׁ, וּבְעֵת צָרָתוֹ יִתְחָרֵט וְיִכָּנַע אֵלָיו מִפְּנֵי שֶׁהוּא צָרִיךְ לְעֶזְרָתוֹ — זֹאת הַחֲרָטָה תִּהְיֶה גְּרוּעָה בְּעֵינָיו, כְּמוֹ שֶׁאָמַר יִפְתָּח: "וּמַדּוּעַ בָּאתֶם אֵלַי עַתָּה כַּאֲשֶׁר צַר לָכֶם" (שופטים יא, ז); אֲבָל מֵחַסְדֵי הָאֵל יִתְבָּרַךְ, שֶׁהוּא מְקַבֵּל הַתְּשׁוּבָה מִתּוֹךְ צָרָה וְהוּא מִתְרַצֶּה בָּהּ, שֶׁנֶּאֱמַר: "שׁוּבָה יִשְׂרָאֵל עַד יְיָ אֱלֹהֶיךָ כִּי כָשַׁלְתָּ בַּעֲוֹנֶךָ וְגוֹ'" (הושע יד, ב), "אֶרְפָּא מְשׁוּבָתָם אֹהֲבֵם נְדָבָה" (שם שם, ה); וּכְתִיב: "כִּי אֶת אֲשֶׁר יֶאֱהַב יְיָ יוֹכִיחַ וּכְאָב אֶת בֵּן יִרְצֶה" (משלי ג, יב). וְאִם לֹא יַעֲשֶׂה הָאָדָם תְּשׁוּבָה בְּעֵת צָרָתוֹ, אָז עָנְשׁוֹ יִכְפַּל; כְּמוֹ מֶלֶךְ בָּשָׂר וָדָם, אִם אִישׁ חָטָא לוֹ, וְהוּא מְיַסֵּר אוֹתוֹ, וְאֵינוֹ רוֹצֶה לְקַבֵּל מוּסָרוֹ, יוֹסִיף לְיַסְּרוֹ וְיַכְבִּיד עֻלּוֹ, כֵּן מִדַּת הַקָּדוֹשׁ בָּרוּךְ הוּא, כִּדְכְתִיב: "וְאִם עַד אֵלֶּה לֹא תִשְׁמְעוּ לִי וְיָסַפְתִּי לְיַסְּרָה אֶתְכֶם" (ויקרא כו, יח). וְאִם לֹא יִתְבּוֹנֵן שֶׁהָרָעוֹת בָּאוֹת עָלָיו מִפְּנֵי חֲטָאָיו, אֶלָּא יֹאמַר מִקְרֶה הוּא, בָּזֶה יִהְיֶה

returns to his master. The wise man will be prompted by the first consideration and will repent out of the love of His greatness.

There are six motivations to repentance:

(1) When many troubles come upon a man he should commune with his heart, acknowledging that these troubles are the fruits of his ways and actions, and that his sins and evil ways have brought them upon him; and he should return to God, who will be compassionate to him, as it is written (*Devarim* 31:17): "And many evils and troubles shall come upon them, so that they will say on that day: 'Have these evils not come upon us because our God is not among us?'" And this kind of repentance is accepted by God. This is not the case with men, for if one man sins against another and, when in dire straits, is regretful and humbles himself before him, requiring his help, this regret will be scorned by the other, as Yiftach said (*Shoftim* 11:7): "And why have you come to me now when you are in distress?" But it is among the lovingkindnesses of the Blessed One that He accepts repentance resulting from affliction and that it finds favor with Him, as it is written (*Hoshea* 14:2): "Return, O Israel, to Hashem your God, for you have stumbled in your transgression," and (ibid. :5): "I shall heal their backslidings; I shall love them freely." And it is written (*Mishlei* 3:12): "For whom Hashem loves He chastises, and is reconciled with, as a father with his son." But if one does not repent in his affliction then his punishment is doubled, as in the case of a king of flesh and blood. If he chastises one who has sinned against him and the other refuses to accept this chastisement, he will chastise him even more and place an even heavier yoke upon him. So with the Holy One Blessed be He, as it is written (*Vayikra* 26:18): "And if you will not for all this listen to me, then I will afflict you even more." And if he does not reflect that these evils come upon him because of his sins but

קֶצֶף גָּדוֹל עַל הָאִישׁ הַהוּא, שֶׁאֵינוֹ מַאֲמִין שֶׁמֵּחֲמַת עֲוֹנוֹתָיו בָּאִים לוֹ יִסּוּרִים.

תֵּדַע וְתַשְׂכִּיל כִּי מוּסַר הַשֵּׁם בָּרוּךְ הוּא שֶׁהוּא מְיַסֵּר אֶת הָאָדָם, לְטוֹבַת הָאָדָם הוּא עוֹשֶׂה, לְהֵיטִיב לוֹ שְׁתֵּי טוֹבוֹת: הָאַחַת — לְכַפֵּר עַל חֲטָאָיו, כְּמוֹ שֶׁנֶּאֱמַר: "רְאֵה עָנְיִי וַעֲמָלִי וְשָׂא לְכָל חַטֹּאותָי" (תהלים כה, יח); וְהַשְּׁנִיָּה — כְּדֵי לְהוֹכִיחוֹ וְלַהֲשִׁיבוֹ מִדְּרָכָיו הָרָעוֹת, כְּמוֹ שֶׁנֶּאֱמַר: "אַךְ תִּירְאִי אוֹתִי תִּקְחִי מוּסָר" (צפניה ג, ז). וְאִם לֹא עָשָׂה תְשׁוּבָה מִפְּנֵי הַצָּרוֹת, אָז אוֹי לוֹ שֶׁסָּבַל יִסּוּרִים וְלֹא נִתְכַּפְּרוּ עֲוֹנוֹתָיו, וְעוֹד נִכְפָּל עָנְשׁוֹ, שֶׁאֵינוֹ מַאֲמִין שֶׁבַּעֲבוּר חֲטָאָיו נִתְיַסֵּר.

וְיֵשׁ עַל הַבּוֹטֵחַ בַּשֵּׁם בָּרוּךְ הוּא לֵידַע, כִּי הַצָּרוֹת הַבָּאוֹת עָלָיו אֵינָן אֶלָּא לְטוֹבָתוֹ וּלְהֵיטִיבוֹ בְּאַחֲרִיתוֹ, שֶׁנֶּאֱמַר: "אַל תִּשְׂמְחִי אֹיַבְתִּי לִי כִּי נָפַלְתִּי קָמְתִּי כִּי אֵשֵׁב בַּחֹשֶׁךְ יְיָ אוֹר לִי" (מיכה ז, ח) — וְאָמְרוּ רַבּוֹתֵינוּ, זִכְרוֹנָם לִבְרָכָה: אִלְמָלֵא שֶׁנָּפַלְתִּי לֹא קַמְתִּי וְאִלְמָלֵא שֶׁיָּשַׁבְתִּי בַּחֹשֶׁךְ לֹא הָיָה אוֹר לִי (השוה מדרש תהלים כב, ז). לָכֵן כָּל אִישׁ כְּשֶׁיֵּשׁ לוֹ צָרָה בְּגוּפוֹ אוֹ בְמָמוֹנוֹ אוֹ בְּבָנָיו, יִתֵּן לִבּוֹ לְהִתְעַנּוֹת עִם הַתְּשׁוּבָה, כְּמוֹ שֶׁהַצִּבּוּר חַיָּבִים לְהִתְעַנּוֹת בְּעֵת צָרָתָם, כַּאֲשֶׁר תִּקְּנוּ חֲכָמֵינוּ, זִכְרוֹנָם לִבְרָכָה (תענית יד ע"ב; יט ע"א). לָכֵן בְּעֵת צָרָה יְפַשְׁפֵּשׁ בְּמַעֲשָׂיו; חִפֵּשׂ וְלֹא מָצָא בְיָדוֹ עָוֹן, בְּיָדוּעַ שֶׁיִּסּוּרִים שֶׁל אַהֲבָה הֵן (ברכות ה ע"א).

הַשֵּׁנִי — כַּאֲשֶׁר יָבוֹאוּ יְמֵי הַזִּקְנָה וְיִרְאֶה חֻלְשׁוּת כֹּחוֹ, אָז יָבִין לְאַחֲרִיתוֹ וְיִזְכֹּר קִצּוֹ וְיָשׁוּב אֶל הַשֵּׁם וִירַחֲמֵהוּ. וּמִי שֶׁאֵינוֹ חוֹזֵר בִּתְשׁוּבָה לְעֵת זִקְנָתוֹ יִהְיֶה עָנְשׁוֹ

considers them a chance happening, then he will be the object of great wrath, since he does not believe that he is being afflicted because of his sins.

Know and understand that the chastisements of the Blessed One, whereby He afflicts a man, are intended for his good, to provide him with two benefits: the first, to atone for his sins, as it is written (*Tehillim* 25:18): "See my affliction and my travail, and forgive all my sins"; the second, to chastise him and to turn him from his evil ways, as it is written (*Tzefaniah* 3:7): "But fear Me and receive correction." And if his afflictions do not lead him to repentance, then he is unfortunate, indeed, for he has suffered affliction and his sins have not been atoned; and, what is more, his punishment has been doubled because of his not believing that his sins are the cause of his afflictions.

He who trusts in Hashem should know that the afflictions that are come upon him are only for his good and to benefit him in his latter end, as it is written (*Michah* 7:8): "Do not rejoice against me, my enemy; though I have fallen, I shall arise. Though I sit in darkness, Hashem is a light to me." And our Sages of blessed memory have said (*Midrash Tehillim*, Psalm 22:7): "If I had not fallen, I would not have risen; if I had not sat in darkness, it would not have been light unto me." Therefore, every man, when he is afflicted — in his body, in his property, or in his children — should set his heart upon fasting with repentance, just as the congregation is duty-bound to fast and to afflict itself in its time of trouble, as decreed by our Sages of blessed memory (*Ta'anis* 14b, 19a). Therefore, in a time of affliction one should examine his deeds. If he has done so and has found no transgression, he may rest assured that they are "afflictions of love" (*Berachos* 5a).

(2) When old age begins to approach and one perceives his strength waning, he should give thought to his latter end, remember that his days are numbered, and return to

כָּפוּל, כְּמוֹ שֶׁאָמְרוּ חֲכָמֵינוּ, זִכְרוֹנָם לִבְרָכָה: אַרְבָּעָה אֵין הַדַּעַת סוֹבַלְתָּן, וְאֵלּוּ הֵם: דַּל־גֵּאֶה, וְעָשִׁיר־מְכַחֵשׁ, וְזָקֵן־מְנָאֵף וּפַרְנָס מִתְגָּאֶה עַל הַצִּבּוּר בְּחִנָּם (פסחים קיג ע״ב). וּכְשֶׁאָדָם רוֹאֶה שֶׁיָּמָיו הוֹלְכִים וּבִנְיַן גּוּפוֹ מִתְדַּלְדֵּל וְהוֹלֵךְ — וְזוֹהִי הַתְחָלַת הַנְּסִיעָה שֶׁהוּא נוֹסֵעַ לְבֵית עוֹלָמוֹ הָלֹךְ וְנָסֹעַ יוֹמָם וָלַיְלָה — זוֹהִי תְמִיהָה גְדוֹלָה, אֵיךְ לֹא יִתֵּן אֶל לִבּוֹ לְהָכִין צֵדָה לְדַרְכּוֹ הַגְּדוֹלָה וְהָרְחוֹקָה?! אֵין זֶה בָּא אֶלָּא מֵחֲמַת מִעוּט אֱמוּנָה.

וְיֵשׁ אֲנָשִׁים שֶׁלֹּא יִרְאוּ אוֹר הַתְּשׁוּבָה כִּי הֵם זַכָּאִים וּטְהוֹרִים בְּעֵינֵיהֶם, וְהֵם חַטָּאִים לַשֵּׁם בָּרוּךְ הוּא מְאֹד. וְהֵם כְּמוֹ הַחוֹלֶה שֶׁאֵינוֹ מַרְגִּישׁ בְּחָלְיוֹ, וּמִתּוֹךְ שֶׁאֵינוֹ מַרְגִּישׁ בְּחָלְיוֹ לֹא יַחְשֹׁב עַל הָרְפוּאָה — כָּךְ זֶה הָאִישׁ אֵינוֹ מַרְגִּישׁ חֲטָאָיו וְאֵינוֹ מִתְבּוֹנֵן לְקִצּוֹ, וְעַל כֵּן לֹא יָחוּשׁ לְתַקֵּן עִנְיָנָיו. וְיֵשׁ אֲנָשִׁים אֲשֶׁר כָּל חֶפְצָם וְכָל מַחְשְׁבוֹתֵיהֶם וְכָל מַעֲשֵׂיהֶם עַל עִנְיְנֵי גוּפָם, וְעוֹסְקִים כָּל הַיּוֹם בְּהַבְלֵי הָעוֹלָם, וְלֹא יִתְּנוּ חֵלֶק לַתּוֹרָה וּלְיִרְאָה אֶת הַשֵּׁם בָּרוּךְ הוּא — כַּמָּה הֵם בַּמַּדְרֵגָה הַתַּחְתּוֹנָה! לָכֵן מִי שֶׁהָלַךְ בִּשְׁרִירוּת לִבּוֹ בִנְעוּרָיו, לְעֵת הַזִּקְנָה יִתֵּן אֶל לִבּוֹ לְגָרֵשׁ מִקִּרְבּוֹ עִנְיְנֵי הָעוֹלָם הַזֶּה, וְיִתְיַחֵד תָּמִיד לְהִתְבּוֹנֵן בְּיִרְאַת הַשֵּׁם וּלְבַקֵּשׁ תּוֹרָה וּמִצְוֹת.

הַשְּׁלִישִׁי — כַּאֲשֶׁר יִשְׁמַע מוּסַר הַחֲכָמִים וְהַמּוֹכִיחִים אוֹתוֹ, וְזֶה יְעוֹרֵר לִבּוֹ לַחֲזֹר בִּתְשׁוּבָה, וִיקַבֵּל עָלָיו כָּל דִּבְרֵי הַתּוֹכָחוֹת; וּמֵעֵת שֶׁקִּבֵּל, זָכָה זֶה הָאִישׁ זְכוּת גְּדוֹלָה, וּבְשָׁעָה קְטַנָּה יָצָא מֵאֲפֵלָה לְאוֹר גָּדוֹל, וְיֵשׁ לוֹ שָׂכָר וּזְכוּת עַל כָּל הַמִּצְוֹת וְהַמּוּסָרִים, כֵּיוָן שֶׁגָּמַר בְּמַחֲשַׁבְתּוֹ לְקַבְּלָם עָלָיו; וְאַשְׁרֵי לָזֶה הַמְקַבֵּל, שֶׁזָּכָה בְשָׁעָה קַלָּה. וְכֵן

God, Who will have mercy upon him. If one does not repent upon growing old, his punishment is doubled, as our Sages of blessed memory have said (*Pesachim* 113b): "Four cannot be tolerated by the human mind — a haughty poor man, a miserly rich man, an adulterous old man, and a community official who vaunts himself over the congregation in vain." And when one sees his days dwindling and his body deteriorating and knows that this is the beginning of his continuing journey to his eternal home — how can he not take it to heart to store up provisions for his great, distant journey! This can result only from an insufficiency of belief.

There are men who will not see the light of repentance, for they are righteous and pure in their own eyes, while in fact they sin greatly against the Blessed One. They are like a sick man who is unaware of his illness, and thus gives no thought to curing himself. So this man — because he does not feel his sins and does not reflect upon his end, takes no care to correct himself. And there are some men, all of whose desires, thoughts, and acts are centered upon physical matters, who spend all the day in the world's vanities and allot no portion to Torah and fear of the Blessed One. What a lowly level they are on! Therefore, he who has followed the promptings of his heart in his youth should take it to heart in his old age to drive from his midst the affairs of this world, and always seek solitude to reflect upon the fear of God and to seek Torah and mitzvos.

(3) When one hears chastisement from the wise and from those who reprove him, his heart should be aroused to repent and he should accept upon himself all the words of rebuke. When he does so, this man achieves great merit, and in a moment he goes from darkness to a great light, and receives reward and merit for all the mitzvos and chastisements, for having resolved in his heart to take them upon himself. Fortunate is this accepter, who has achieved

אָמְרוּ חֲכָמֵינוּ, זִכְרוֹנָם לִבְרָכָה: "וַיֵּלְכוּ וַיַּעֲשׂוּ בְּנֵי יִשְׂרָאֵל" (שמות יב, כח) — וְכִי מִיָּד עָשׂוּ? וַהֲלֹא לֹא עָשׂוּ עַד הָאַרְבָּעָה־עָשָׂר לַחֹדֶשׁ?! אֶלָּא כֵּיוָן שֶׁקִּבְּלוּ עֲלֵיהֶם לַעֲשׂוֹת, מַעֲלֶה עֲלֵיהֶם הַכָּתוּב כְּאִלּוּ עָשׂוּ (מכילתא שמות, שם). וְכֵן אָמְרוּ חֲכָמֵינוּ, זִכְרוֹנָם לִבְרָכָה: כָּל שֶׁמַּעֲשָׂיו מְרֻבִּין מֵחָכְמָתוֹ, חָכְמָתוֹ מִתְקַיֶּמֶת (אבות פ״ג מ״ט), שֶׁנֶּאֱמַר (שמות כד, ז): "נַעֲשֶׂה וְנִשְׁמָע" (אבות דרבי נתן כ״ב, א). פֵּרוּשׁ הָעִנְיָן: כִּי אָדָם שֶׁקִּבֵּל עַל נַפְשׁוֹ בְּלֵב נֶאֱמָן, לִשְׁמֹר וְלַעֲשׂוֹת אֶת כָּל דִּבְרֵי הַתּוֹרָה וְלַעֲשׂוֹת כַּאֲשֶׁר יֹאמְרוּ לוֹ הַחֲכָמִים, וְאַחֲרֵי אֲשֶׁר קִבֵּל עָלָיו לְקַיֵּם הַכֹּל, דּוֹרֵשׁ וְחוֹקֵר וְשׁוֹאֵל לַחֲכָמִים מַה לַּעֲשׂוֹת, אָז יֵשׁ לוֹ שָׂכָר אֲפִלּוּ מֵאוֹתָם הַמִּצְווֹת וְהַמּוּסָרִים שֶׁאֵינוֹ יוֹדֵעַ, כֵּיוָן שֶׁקִּבֵּל עָלָיו וְגָמַר בְּלִבּוֹ לַעֲשׂוֹתָם, כְּמוֹ שֶׁאָמְרוּ יִשְׂרָאֵל עַל הַר סִינַי "נַעֲשֶׂה וְנִשְׁמָע", שֶׁהִקְדִּימוּ עֲשִׂיָּה לִשְׁמִיעָה (שבת פח ע״א). וּבְעִנְיָן אַחֵר לֹא יִתָּכֵן שֶׁיִּהְיוּ מַעֲשָׂיו מְרֻבִּים מֵחָכְמָתוֹ. וּכְעִנְיָן זֶה נֶאֱמַר בְּדָנִיֵּאל אִישׁ חֲמֻדוֹת, כִּדְכְתִיב: "אַל תִּירָא דָנִיֵּאל כִּי מִן הַיּוֹם הָרִאשׁוֹן אֲשֶׁר נָתַתָּ אֶת לִבְּךָ לְהָבִין וּלְהִתְעַנּוֹת לִפְנֵי אֱלֹהֶיךָ נִשְׁמְעוּ דְבָרֶיךָ" (דניאל י, יב). אַלְמָא, כְּשֶׁאָדָם נוֹתֵן אֶל לִבּוֹ לַעֲשׂוֹת הַטּוֹב, מִיָּד מִתְקַבֵּל לְרָצוֹן לִפְנֵי הַשֵּׁם בָּרוּךְ הוּא. וּמִי שֶׁאֵינוֹ מִתְעוֹרֵר לָשׁוּב מֵחֲמַת מוֹכִיחָיו, הֲלֹא יִכְפַּל עָנְשׁוֹ.

הָרְבִיעִי — כְּשֶׁיֶּהְגֶּה הָאָדָם בְּתוֹרַת הָאֵל, וְיִקְרָא בַּנְּבִיאִים וּבַכְּתוּבִים וּבְדִבְרֵי חַכְמֵי הַתַּלְמוּד, וְיִרְאֶה הָאַזְהָרוֹת וְהָעֳנָשִׁים וְיָבִין הַמּוּסָרִים הַנְּעִימִים, אָז יִתְעוֹרֵר בְּלִבּוֹ וְיַחְשֹׁב: אֵיךְ אֶקְרָא עִנְיַן הַתּוֹרָה כְּמָשָׁל בְּעָלְמָא?! אַךְ אֶתֵּן אֶל לִבִּי דִּבְרֵי הַתּוֹרָה לִשְׁמֹר וְלַעֲשׂוֹת כְּכֹל אֲשֶׁר אֶקְרָא; כְּמוֹ שֶׁכָּתוּב בְּעִנְיַן יֹאשִׁיָּהוּ: "וַיְהִי כִּשְׁמֹעַ הַמֶּלֶךְ אֶת

merit in a moment. In this connection our Sages of blessed memory have said (*Mechilta Shemos* 12:28, regarding the Pesach sacrifice): "'And the Children of Israel went and did so' — Now did they do so immediately? Did they not do so only upon the fourteenth of the month? But since they took it upon themselves to do so, the Torah accredits it to them as if they had done so immediately." And they said further (*Avos* 3:9): "One whose deeds exceed his wisdom, his wisdom endures, as it is written (*Shemos* 24:7): 'We shall do and we shall hear'" (*Avos d'Rabbi Nasan* 22:1). That is, when one takes it upon himself in faithfulness of heart to observe and do all that is stated in the Torah, and to carry out what the Sages tell him, and, after having taken it upon himself to fulfill everything, seeks, and inquires, and asks of the Sages what to do — such a man receives reward even for those mitzvos and admonitions of which he is unaware, having resolved in his heart to fulfill them. This corresponds to Israel's declaring at Sinai: "We shall do and we shall hear," placing doing before hearing (*Shabbos* 88a). It is not conceivable otherwise that one's deeds could exceed his wisdom. And likewise it is written of the beloved Daniel (*Daniel* 10:12): "Do not fear, Daniel, for from thc first day that you took it upon yourself to reflect and afflict yourself before your God, your words have been accepted." We see, then, that when a man takes it upon himself to do good, he is immediately accepted with favor by the Blessed One — but if one is not aroused to repentance by his reprovers, his punishment is doubled.

(4) When one studies God's Torah and reads the Prophets and the Writings and the words of the Sages of the Talmud, and he sees the exhortations and the punishments and understands the apt reproofs, then his heart will be aroused and he will reflect: "How can I read the Torah as a mere parable? I must take the words of Torah to heart, to observe and do all that I read," as it is written with

דִּבְרֵי סֵפֶר הַתּוֹרָה וַיִּקְרַע אֶת בְּגָדָיו" (מלכים ב׳ כב, יא); וּבְעִנְיַן עֶזְרָא נֶאֱמַר: "כִּי בוֹכִים כָּל הָעָם כְּשָׁמְעָם אֶת דִּבְרֵי הַתּוֹרָה" (נחמיה ח, ט). וַאֲשֶׁר לֹא יָשִׁית לִבּוֹ לְדִבְרֵי הַשֵּׁם בָּרוּךְ הוּא, יִרְבּוּ עַל זֶה פְּשָׁעָיו, כְּמוֹ שֶׁנֶּאֱמַר: "וְלֹא פָחֲדוּ וְלֹא קָרְעוּ אֶת בִּגְדֵיהֶם" (ירמיה לו, כד). וְאָמְרוּ חֲכָמֵינוּ, זִכְרוֹנָם לִבְרָכָה: כָּל הַלּוֹמֵד וְאֵינוֹ מְקַיֵּם, נוֹחַ לוֹ שֶׁנֶּהֶפְכָה שִׁלְיָתוֹ עַל פָּנָיו וְלֹא יָצָא לַאֲוִיר הָעוֹלָם (ירושלמי ברכות פ״א ה״ב); וְנֶאֱמַר: "אֶכְתָּב לוֹ רֻבֵּי תּוֹרָתִי כְּמוֹ זָר נֶחְשָׁבוּ" (הושע ח, יב); וְנֶאֱמַר: "אֵיכָה תֹאמְרוּ חֲכָמִים אֲנַחְנוּ וְתוֹרַת יְיָ אִתָּנוּ אָכֵן הִנֵּה לַשֶּׁקֶר עָשָׂה עֵט שֶׁקֶר סֹפְרִים" (ירמיה ח, ח).

הַחֲמִישִׁי — כַּאֲשֶׁר יַגִּיעוּ עֲשֶׂרֶת יְמֵי תְּשׁוּבָה, אָז כָּל אָדָם יְעוֹרֵר לִבּוֹ וְיִזְדַּעֲזַע נֶגֶד יוֹם הַדִּין, כִּי יַחְשֹׁב, כִּי כָּל מַעֲשָׂיו בְּסֵפֶר נִכְתָּבִים, וּבָעֵת הַהִיא הָאֱלֹהִים יָבִיא בְמִשְׁפָּט אֶת כָּל מַעֲשֶׂה וְכָל נֶעְלָם, אִם טוֹב וְאִם רָע, כִּי הָאָדָם נִדּוֹן בְּרֹאשׁ הַשָּׁנָה וּגְזַר דִּין שֶׁלּוֹ נֶחְתָּם בְּיוֹם הַכִּפּוּרִים (ראש השנה טז ע״א). הֲלֹא בְשָׁעָה שֶׁמְּבִיאִים הָאָדָם לַמִּשְׁפָּט לִפְנֵי מֶלֶךְ בָּשָׂר וָדָם, הֲלֹא יֶחֱרַד חֲרָדָה גְדוֹלָה וְיָשִׁית עֵצוֹת בְּנַפְשׁוֹ, וְלֹא יַעֲלֶה עַל לִבּוֹ לַעֲשׂוֹת שׁוּם דָּבָר אַחֵר זוּלָתִי לִמְצֹא זְכוּת אֵיךְ יִנָּצֵל מִן הַמִּשְׁפָּט. לָכֵן מַה נּוֹאֲלוּ וּמַה נִּשְׁתַּטּוּ אֵלּוּ שֶׁאֵינָם יוֹדְעִים אֵיךְ יִהְיֶה מִשְׁפָּטָם, וְעוֹסְקִים בִּדְבָרִים אֲחֵרִים זוּלָתִי הַתְּשׁוּבָה לִמְצֹא חֵן לִפְנֵי הַדַּיָּן הַגָּדוֹל. לָכֵן רָאוּי לְכָל יְרֵא שָׁמַיִם לְמַעֵט בַּעֲסָקָיו, וְלִהְיוֹת רַעְיוֹנָיו נְחוּתִים, וְלִקְבֹּעַ בַּיּוֹם וּבַלַּיְלָה עִתִּים, לְהִתְבּוֹדֵד בַּחֲדָרָיו וּלְחַפֵּשׂ דְּרָכָיו וְלַחְקֹר, וּלְקַדֵּם אַשְׁמוּרוֹת

respect to Yoshiyahu (II *Melachim* 22:11): "And it was, when the king heard the words of the Scroll of the Law, that he rent his garments." And in the episode of Ezra it is written (*Nechemiah* 8:9): "For all the people cried when they heard the words of the Torah." And if one does not fix his heart upon the Blessed One's words, his offenses are intensified, as it is written (*Yirmeyahu* 36:24): "And they did not fear and they did not rend their garments." And our Sages of blessed memory have said (*Midrash Tanchuma, Ekev* 6): "If one learns Torah without fulfilling it, it would have been better had his placenta been overturned upon his face and he had never entered the world" (*Yerushalmi, Berachos* 1:2). And it is written (*Hoshea* 8:12): "Though I write for him the multitude of my Torah, it is considered as a stranger," and (*Yirmeyahu* 8:8): "How can you say: 'We are wise and the Law of Hashem is with us'? In vain has wrought the vain pen of the scribes."

(5) When the Ten Days of Repentance arrive, every man must arouse his heart and tremble before the Day of Judgment, reflecting that all of his deeds are inscribed in a book and that during that period God brings into judgment every deed and every hidden thing, good or evil. For a man is judged on Rosh Hashanah and his judgment is sealed on Yom Kippur (*Rosh Hashanah* 16a). When a man is brought before a judge of flesh and blood does he not begin trembling greatly and start devising defenses for himself, and does he think of anything else but finding some merit to rescue himself from judgment? How foolish and simple, then, are those who, unaware of their judgment, occupy themselves with matters other than that of repentance, to the end of finding favor before the Great Judge! Therefore, it befits every God-fearing man to minimize his affairs and humble his thoughts and set aside times in the daytime and in the evening to be alone in his rooms to seek out and examine his ways, and to rise before

וּלְהִתְעַסֵּק בְּדַרְכֵי הַתְּשׁוּבָה. וְלֹא שֶׁיַּעֲשֶׂה כְּעִנְיְנֵי הָעוֹלָם, שֶׁמִּתְעַנִּים וּמַקְדִּימִים לְהִתְפַּלֵּל, אֲבָל אֵינָם עוֹרְכִים מַעֲרָכוֹת נֶגֶד הָעֲוֹנוֹת לְסַלֵּק מֵהֶם כָּל דָּבָר מְכֹעָר — כִּי כָל אִישׁ שֶׁמִּתְפַּלֵּל וּמִתְעַנֶּה וּמִתְוַדֶּה וְאוֹחֵז דְּרָכָיו הָרִאשׁוֹנוֹת, אֵין זֶה דֶּרֶךְ הַתְּשׁוּבָה; אֶלָּא יִתְעוֹרֵר הָאָדָם לָשׁוּב בִּתְשׁוּבָה שְׁלֵמָה, כִּי עֲשֶׂרֶת יְמֵי הַתְּשׁוּבָה הֵם עֵת רָצוֹן, וְהַתְּפִלָּה נִשְׁמַעַת בָּהֶם, כְּמוֹ שֶׁנֶּאֱמַר: "בְּעֵת רָצוֹן עֲנִיתִיךָ וּבְיוֹם יְשׁוּעָה עֲזַרְתִּיךָ" (ישעיה מט, ח); וְאָמְרוּ רַבּוֹתֵינוּ, זִכְרוֹנָם לִבְרָכָה: "דִּרְשׁוּ יְיָ בְּהִמָּצְאוֹ" (שם נה, ו) — אֵלּוּ עֲשֶׂרֶת יָמִים שֶׁבֵּין רֹאשׁ הַשָּׁנָה לְיוֹם הַכִּפּוּרִים (ראש השנה יח ע"א). וְאָמְרוּ רַבּוֹתֵינוּ, זִכְרוֹנָם לִבְרָכָה, כִּי יוֹם הַכִּפּוּרִים מְכַפֵּר עִם הַתְּשׁוּבָה (יומא פה ע"ב), עַל כֵּן הִזְהִירָנוּ הַכָּתוּב שֶׁנָּשׁוּב וְנִטָּהֵר לִפְנֵי הַשֵּׁם בָּרוּךְ הוּא בִּתְשׁוּבָתֵנוּ, שֶׁנֶּאֱמַר: "מִכֹּל חַטֹּאתֵיכֶם לִפְנֵי יְיָ תִּטְהָרוּ" (ויקרא טז, ל), וְהוּא יְכַפֵּר עָלֵינוּ בַּיּוֹם הַזֶּה לְטַהֵר אוֹתָנוּ.

הַשִּׁשִּׁי — לְעוֹלָם יִרְאֶה אָדָם עַצְמוֹ כְּאִלּוּ הוּא נוֹטֶה לָמוּת, וְלֹא יֹאמַר כְּשֶׁאַזְקִין אָשׁוּב, שֶׁמָּא יָמוּת קֹדֶם שֶׁיַּזְקִין; עַל כֵּן בְּכָל עֵת יִכּוֹן לִקְרַאת אֱלֹהָיו, כִּי אֵין אָדָם יוֹדֵעַ עִתּוֹ. עַל כֵּן יְעוֹרֵר אֶת נַפְשׁוֹ לִהְיוֹת טָהוֹר, לְהָשִׁיב רוּחוֹ בְּטָהֳרָה אֶל הָאֱלֹהִים אֲשֶׁר נְתָנָהּ בּוֹ, וִיחַפֵּשׂ מַעֲשָׂיו בְּכָל רֶגַע, כְּמַאֲמַר רַבִּי אֱלִיעֶזֶר: שׁוּב יוֹם אֶחָד לִפְנֵי מִיתָתְךָ. אָמְרוּ לוֹ תַּלְמִידָיו: רַבֵּנוּ, וְכִי אָדָם יוֹדֵעַ אֵיזֶה יוֹם יָמוּת? אָמַר לָהֶם: וְכָל שֶׁכֵּן! יָשׁוּב הַיּוֹם, שֶׁמָּא יָמוּת לְמָחָר! וְנִמְצָא כָל יָמָיו בִּתְשׁוּבָה (שבת קנג ע"א; קהלת רבה ט, ח, אות ו). וִיהֵא מִתְקַשֵּׁט בְּכָל שָׁעָה, כְּאִלּוּ עַתָּה יָבוֹא לִפְנֵי

the morning watches to occupy himself in the ways of repentance. We should not be as those who fast and arise early to pray, but do not wage battle against their sins to eradicate all ugliness from their deeds. For every man who prays and fasts and confesses, but still clings to his former deeds, is not pursuing the paths of repentance. A man should arouse himself to complete repentance, for the Ten Days of Repentance are a time of favor in which prayer is heard, as it is written (*Yeshayahu* 49:8): "In a time of favor I have answered you, and in a day of salvation I have helped you." And our Sages of blessed memory have said (*Rosh Hashanah* 18a): "'Seek Hashem while He may be found' (*Yeshayahu* 55:6) — these are the ten days between Rosh Hashanah and Yom Kippur." And our Rabbis of blessed memory have said (*Yoma* 85b) that Yom Kippur atones in conjunction with repentance. Scripture therefore exhorts us to repent and purify ourselves before the Blessed One through our repentance, as it is written (*Vayikra* 16:30): "From all of your sins shall you be clean before Hashem." And He will grant us atonement on this day and cause us to be clean.

(6) One should always regard himself as approaching death, and he should not say: "When I get older I will repent," for he may die before he reaches old age. Therefore, he should ready himself before his God at every moment, for a man does not know his time. One should, therefore, arouse his soul to purity, to return his spirit in purity to God, who gave it to him. And he must examine his deeds every moment, as Rabbi Eliezer said (*Shabbos* 153a; *Koheles Rabbah* 9:8,6): "Repent one day before your death" — whereupon his disciples asked him: "Our teacher, does a man then know on which day he will die?" To this he answered: "All the more so, then; let him repent today, for he might die tomorrow, and all of his days will have been passed in repentance." One must adorn himself ev-

הַמֶּלֶךְ הַגָּדוֹל (השוה קהלת רבה שם). לָכֵן יִדְאַג אָדָם לְעוֹלָם, אֲפִלּוּ כְשֶׁהוּא שַׁאֲנָן וְשָׁלֵו, וְיִרְעַד מִיּוֹם הַמָּוֶת, שֶׁאָז צָרִיךְ לִתֵּן דִּין וְחֶשְׁבּוֹן. וְיִתְוַדֶּה בְּכָל עֵת בְּלֵב נִשְׁבָּר וְנִדְכָּא, כְּאִלּוּ עַתָּה יָמוּת, וִיהֵא מוֹרָא שָׁמַיִם עָלָיו. וְיֵשׁ לָאָדָם לְחַדֵּשׁ מִצְווֹת בְּכָל יוֹם, אוּלַי הִגִּיעַ עֵת מוֹתוֹ; וְאִם יַעֲשֶׂה כָךְ, אָז אֵינוֹ חָסֵר מִכָּל הַמִּצְווֹת אֲפִלּוּ אַחַת, כִּי אָמְרוּ רַבּוֹתֵינוּ, זִכְרוֹנָם לִבְרָכָה: כָּל הָעוֹשֶׂה מִצְוָה אַחַת סָמוּךְ לְמִיתָתוֹ, דּוֹמֶה שֶׁקִּיֵּם כָּל הַתּוֹרָה וְלֹא הָיָה חָסֵר אֶלָּא אוֹתָהּ מִצְוָה, וְכָל הָעוֹשֶׂה עֲבֵרָה אַחַת סָמוּךְ לְמִיתָתוֹ דּוֹמֶה כְּאִלּוּ בִּטֵּל כָּל הַתּוֹרָה כֻּלָּהּ (השוה קהלת רבה ג, יח, אות כד). לָכֵן יָקוּץ אָדָם מִשְּׁנַת תַּרְדֵּמָתוֹ וְיִתְעוֹרֵר לְהָכִין אַחֲרִיתוֹ, לְקַשֵּׁט עַצְמוֹ בְּתַכְשִׁיטֵי הַמִּצְווֹת, לִהְיוֹת לִפְנֵי הָאֱלֹהִים בְּכָל רֶגַע.

אַרְבָּעָה מִינֵי תְשׁוּבוֹת הֵם: תְּשׁוּבַת הַבָּאָה, תְּשׁוּבַת הַגָּדֵר, תְּשׁוּבַת הַמִּשְׁקָל, וּתְשׁוּבַת הַכָּתוּב.

תְּשׁוּבַת הַבָּאָה כֵּיצַד? אִם חָטָא בְּאִשָּׁה אוֹ בִגְנֵבָה אוֹ בְשׁוּם עָוֹן, וּבָא הָאִשָּׁה אוֹ אוֹתוֹ עָוֹן לְיָדוֹ, וְהָיָה יָכוֹל לַחֲטֹא כְּבָרִאשׁוֹנָה, וְהוּא עֲדַיִן בְּחֹזֶק תַּאֲוָתוֹ וּבְחֵשֶׁק יִצְרוֹ וְגַם הִיא, וְלִבּוֹ בּוֹעֵר אַחֲרֶיהָ וְהִיא מִתְרַצֵּית לוֹ, וְעוֹצֵר רוּחוֹ וּמְנַתֵּק תַּאֲוָתוֹ מִיִּרְאַת שָׁמַיִם לְבַד — זוֹהִי תְשׁוּבָה שְׁלֵמָה.

תְּשׁוּבַת הַגָּדֵר כֵּיצַד? לֹא יִרְאֶה שְׂחֹק נָשִׁים וּבְתוּלוֹת, וְלֹא יִסְתַּכֵּל בְּאִשָּׁה בְּפָנֶיהָ אוֹ בֵין דַּדֶּיהָ, וַאֲפִלּוּ

ery moment as if he were expecting to be immediately brought into the presence of the Great King (see *Koheles Rabbah*, ibid.). Therefore, one must always worry — even in the midst of peace and tranquillity — and tremble before the day of death, for then he will have to render judgment and accounting. And one must confess at all times with a broken and contrite heart, as if he were on the brink of death, and the fear of Heaven must be upon him. And a man must originate mitzvos for himself each day, because the day of his death may have arrived. And if he does so, he is not lacking even one of all the mitzvos, as our Rabbis of blessed memory have said (ibid. 3:18,24): "If a man performs one mitzvah close to his death, it is considered as if he had fulfilled all the Torah and had been lacking only that mitzvah. And if a man commits one transgression close to his death, it is considered as if he had violated the entire Torah" (see *Koheles Rabbah* 3:18, 24). One should, therefore, awaken from his slumber and arouse himself to prepare for his ultimate end, to bedeck himself with the adornments of the mitzvos in anticipation of being called before God at any moment.

There are four types of repentance, which are called: repentance of coming, repentance of a fence, repentance of weighing, and repentance of Scripture.

What is repentance of coming? If one sinned with a woman or if he stole or committed any other sin, and that woman or that sin comes to hand again, and he has the opportunity of sinning as at first, and he as well as she is still in the grip of his lust and the craving of his desire, and his heart burns for her, and she consents to him — and, in spite of all this, he restrains his spirit and cuts off his lust through fear of Heaven alone — this is complete repentance.

What is repentance of a fence? Not looking upon the frivolity of women or young girls, not gazing upon a

בְאִשְׁתּוֹ בְעוֹד שֶׁלֹּא טָבְלָה; וְכֵן יַעֲשֶׂה גָדֵר לְכָל הַמִּצְווֹת. וְכָתַב רַבֵּנוּ אַבְרָהָם בֶּן דָּוִד, זִכְרוֹנוֹ לִבְרָכָה: וְרָאִינוּ לְרַבּוֹתֵינוּ, שֶׁהָיוּ חֲסִידִים גְּמוּרִים, וְהָיוּ גוֹדְרִים עַצְמָם בְּכַמָּה גְדָרִים; וְהָיָה מֵהֶם מִי שֶׁפָּרַשׁ מֵאִשְׁתּוֹ אַחֲרֵי שֶׁקִּיֵּם מִצְוַת פְּרִיָּה וּרְבִיָּה, וְכָל אֶחָד וְאֶחָד הָיָה גוֹדֵר עַצְמוֹ לְפִי מַה שֶׁהָיָה מַכִּיר אֶת טִבְעוֹ. כִּי יֵשׁ אָדָם שֶׁיֵּשׁ לוֹ תַאֲוָה לַעֲבֵרָה אַחַת וְאֵין לוֹ תַאֲוָה לַעֲבֵרָה אַחֶרֶת, כְּגוֹן לְאֶחָד יֵשׁ תַּאֲוָה לִזְנוּת וְלֹא לִגְנֹב וְלַשֵּׁנִי יֵשׁ תַּאֲוָה לִגְנֹב וְלֹא לִזְנוּת, לָכֵן כָּל אֶחָד יַעֲשֶׂה גְדָרִים לְפִי מַה שֶּׁרוֹאֶה שֶׁיִּצְרוֹ מִתְגַּבֵּר עָלָיו — אִם דַּעְתּוֹ נִמְשֶׁכֶת לִגְנֵבָה, יִתְרַחֵק מִלְּקַבֵּל פִּקְדוֹנוֹת וּלְהִשְׁתַּדֵּל בְּשֶׁל אֲחֵרִים, וְכֵן יַעֲשֶׂה גְדָרִים לְכָל דָּבָר. וְכֵן אָמְרוּ רַבּוֹתֵינוּ, זִכְרוֹנָם לִבְרָכָה, עַל אַבְרָהָם, שֶׁהַיֵּצֶר הִשְׁלִים עִמּוֹ, וְעַל זֶה נֶאֱמַר: "בִּרְצוֹת יְיָ דַּרְכֵי אִישׁ גַּם אוֹיְבָיו יַשְׁלִם אִתּוֹ" (משלי טז ז), וְדָוִד הַמֶּלֶךְ עָשָׂה מִלְחָמָה עִם יִצְרוֹ, וְרָאָה שֶׁלֹּא הָיָה יִצְרוֹ רַךְ וְטִבְעוֹ נוֹחַ וְלֹא הָיָה יָכוֹל לוֹ, וְעָמַד עָלָיו וַהֲרָגוֹ, שֶׁנֶּאֱמַר: "וְלִבִּי חָלַל בְּקִרְבִּי" (תהלים קט, כב); פֵּרוּשׁ: אַבְרָהָם, הָיָה יִצְרוֹ רַךְ וְטִבְעוֹ נוֹחַ וְעָרֵב, וְלֹא הָיָה צָרִיךְ לַעֲשׂוֹת עִמּוֹ מִלְחָמָה, כִּדְאָמְרִינַן: בַּתְּחִלָּה הִמְלִיכוֹ הַקָּדוֹשׁ בָּרוּךְ הוּא לְאַבְרָהָם עַל מָאתַיִם וְאַרְבָּעִים וּשְׁלֹשָׁה אֵיבָרִים, וְלִבְסוֹף הִמְלִיכוֹ עַל מָאתַיִם אַרְבָּעִים וּשְׁמוֹנָה אֵיבָרִים, וְהוֹסִיף לוֹ מֶמְשָׁלָה עַל שְׁתֵּי עֵינַיִם וּשְׁתֵּי אָזְנַיִם וְרֹאשׁ הַגְּוִיָּה (נדרים לב ע"ב); אֲבָל דָּוִד, הָיָה לְעוֹלָם יִצְרוֹ קָשֶׁה וְחָזָק, וְהָיָה צָרִיךְ לַעֲשׂוֹת עִמּוֹ מִלְחָמָה בְּכָל יוֹם,

woman's face or between her breasts — even his own wife when she has not yet undergone ritual immersion. And one should act accordingly in respect to all the mitzvos. Rabbi Avraham ben David of blessed memory wrote: "We have seen our Rabbis to be completely saintly and to have made many fences for themselves. And there were those among them who separated from their wives after having fulfilled the commandment to be fruitful and multiply. Each one of them would make a fence for himself based upon his self-knowledge." For there are some who are lustful with respect to one transgression and not in respect to another. One man may lust to fornicate, but not to steal, and another to steal, but not to fornicate. Therefore, each one must make fences in the area where he sees his evil inclination asserting itself over him. If he is inclined towards stealing, he should keep himself far from accepting pledges and undertaking commissions for others. And he should do so in relation to all matters. And thus have our Rabbis of blessed memory stated in relation to our father Avraham, may peace be upon him, that the evil inclination "made peace" with him. In this respect it is written (*Mishlei* 16:7): "When Hashem is pleased with a man's ways, his foes, too, make peace with him." And King David waged war against his evil inclination, and seeing that it was not pliable and amenable and that he could not overpower it, he arose and killed it, as it is written (*Tehillim* 109:22): "And my heart is empty [of the evil inclination] within me." That is, the inclination of our father Avraham was pliant and its nature malleable and manageable, so that it was not necessary for him to battle it, as stated (*Nedarim* 32b): "In the beginning the Holy One Blessed be He enthroned Avraham over two hundred and forty-three organs, and in the end, over two hundred and forty-eight, adding dominance over the two eyes, the two ears, and the prepuce." But David's inclination was always hard and stub-

וְכַאֲשֶׁר רָאָה שֶׁאֵינוֹ יָכוֹל לַעֲמֹד בּוֹ, עָמַד עָלָיו וַהֲרָגוֹ — יֵשׁ אוֹמְרִים שֶׁהֲרָגוֹ בְתַעֲנִית, וְיֵשׁ אוֹמְרִים שֶׁפָּרַשׁ מִן הָאִשָּׁה לְגַמְרֵי — כִּי רָאָה, שֶׁמִּתּוֹךְ הַהֶתֵּר הִסִּיתוֹ אֶל הָאִסּוּר; בֵּין כְּדִבְרֵי זֶה וּבֵין כְּדִבְרֵי זֶה — אַחֲרֵי שֶׁרָאָה שֶׁיִּצְרוֹ מִתְגַּבֵּר עָלָיו, שָׂם פָּנָיו לְהַכְרִיעוֹ וּלְהִלָּחֵם עִמּוֹ, עַד שֶׁהִכְנִיעוֹ וְהִכְרִיתוֹ.

הַגָּדֵר הַמְעֻלָּה לְהַכְנָעַת הַיֵּצֶר הוּא רַעֲבוֹן הַנֶּפֶשׁ — לְמַעֵט הַתַּעֲנוּגִים וְהַהֲנָאוֹת בַּמַּאֲכָל וּבַמִּשְׁתֶּה, רַק שֶׁיֵּהָנֶה מִן הָרֵיחַ הַטּוֹב; וּמִן רְחִיצַת חַמִּים, לְפִי שֶׁהַחַמִּים עֲרֵבִים עָלָיו; וְהַמַּאֲכָל הַמְּעַט יִהְיֶה מְתֻבָּל וּמְתֻקָּן יָפֶה, בַּעֲבוּר שֶׁיֶּעֱרַב עָלָיו וְתִהְיֶה נַפְשׁוֹ מְקַבַּלְתּוֹ וּמִתְפַּיֶּסֶת בִּמְעַט מִמֶּנּוּ; וּלְעוֹלָם יַנִּיחַ מְעַט מִכְּדֵי צָרְכּוֹ וּמֵהַשְׁלָמַת תַּאֲוָתוֹ, וְלֹא יִשְׁתֶּה יַיִן כִּי אִם מָזוּג, כְּדֵי שֶׁלֹּא יִשְׁתַּכֵּר — וְעַל זֶה אָמְרוּ רַבּוֹתֵינוּ, זִכְרוֹנָם לִבְרָכָה: סְעֻדָּה שֶׁהֲנָאָתְךָ מִמֶּנָּה, מְשֹׁךְ יָדְךָ מִמֶּנָּה (גיטין ע ע״א). וּשְׁתֵּי תַקָּנוֹת יֵשׁ בָּעִנְיָן: הָאַחַת — שֶׁלֹּא תַזִּיקֶנּוּ אֲכִילָתוֹ, וְהַשְּׁנִיָּה — הִיא כְּנִיעַת הַיֵּצֶר וּשְׁבִירַת הַתַּאֲוָה. וּכְמוֹ שֶׁבֵּאַרְתִּי בִּסְעֻדָּה, כֵּן הַדֶּרֶךְ בְּכָל הַהֲנָאוֹת וְהַתַּעֲנוּגִים שֶׁבָּעוֹלָם — שֶׁלֹּא יְמַלֵּא אָדָם מֵהֶן כָּל תַּאֲוָתוֹ. וְאֵין צָרִיךְ לוֹמַר שֶׁיִּשְׁמֹר אָדָם עַצְמוֹ מִן הַמַּאֲכָלִים שֶׁהוּא מַכִּיר שֶׁהֵם מַזִּיקִים אוֹתוֹ, כִּי הָאוֹכֵל דְּבָרִים שֶׁמַּזִּיקִים אוֹתוֹ וְאֶפְשָׁר לוֹ בְּמַאֲכָל אַחֵר, הֲרֵי הוּא פּוֹשֵׁעַ בְּגוּפוֹ וּפוֹשֵׁעַ בְּנַפְשׁוֹ, מִפְּנֵי שֶׁהוֹלֵךְ אַחַר תַּאֲוָתוֹ וְאֵינוֹ חוֹשֵׁשׁ עַל אֲבֵדַת גּוּפוֹ, וַהֲרֵי זוֹהִי דֶּרֶךְ יֵצֶר הָרַע וַעֲצָתוֹ, שֶׁמַּסִּיתוֹ מִדֶּרֶךְ הַחַיִּים אֶל דֶּרֶךְ הַמָּוֶת.

וְיֵדַע כָּל חַי מְדַבֵּר, שֶׁאֵין דֶּרֶךְ לְיֵצֶר הָרַע אֶלָּא מִדֶּרֶךְ הַהֶתֵּר וּפֶתַח דַּרְכּוֹ מִן הַמֻּתָּר אֶצְלוֹ,

born, so that it was necessary for him to wage war against it every day; and when he saw that he could not withstand it, he arose and killed it. There are some who say that he killed it by fasting, and others, that he separated himself completely from conjugal relations, seeing that the licit enticed him to the illicit. According to either view, after he saw his evil inclination gaining ascendancy over him, he took it upon himself to contest it and wage war against it until he humbled it and uprooted it.

The most effective fence in humbling the evil inclination is letting oneself go hungry, minimizing pleasures and enjoyments in eating and drinking. One should limit himself to deriving pleasure from fragrant aromas and from warm baths, for these are indeed pleasurable to him, and the little that he eats should be well-seasoned and prepared, so that he can enjoy it in order to partake and be content with just a little. And one should always leave over a little from what he needs and from the complete satisfaction of his appetite. And he should drink only diluted wine so as not to get drunk. About this our Sages have said (*Gittin* 70a): "Leave off from eating a meal that you are enjoying." There are two advantages in this: the first, not being ill-affected by the meal; the second, the humbling of the evil inclination and the breaking of appetite. What I have said about eating applies to all of the enjoyments and pleasures of the world — one should not satisfy all of his appetite with them. It goes without saying that one must guard himself against those foods which he knows to affect him adversely, for one who eats such foods when others are available sins against his body and his soul, being solicitous only of his appetite and not of the preservation of his body. This is the way and counsel of the evil inclination, which turns a man from the ways of life to those of death.

All living, speaking men must know that the only way of the evil inclination is to begin with what is permitted —

וְאִם יִשְׁמֹר אֶת הַפֶּתַח, אֵינוֹ צָרִיךְ שִׁמּוּר אַחֵר. כִּי דֶרֶךְ הַיּוֹעֵץ הַבְּלִיַּעַל — מַתְחִלָּה מַסִּיתוֹ אֶל הַמֻּתָּר, לְמַלֵּא תַּאֲוָתוֹ, וְאַחַר שֶׁהֻרְגַּל לְמַלֵּא תַּאֲוָתוֹ מִן הַהֶתֵּר וְהִרְעִיב נַפְשׁוֹ לִהְיוֹת שׁוֹקֵקָה בְּכָל עֵת לְמַלֹּאת תַּאֲוָתוֹ, אָז מַסִּיתוֹ אֶל הָאִסּוּר הַקַּל, וּמִן הַקַּל אֶל הֶחָמוּר. עַל כֵּן הִזָּהֵר בַּהֶתֵּר, לַעֲשׂוֹת גָּדֵר לְמַעֵט הַתַּאֲוָה מִן הַמֻּתָּר — וְאָז אִם יַעֲלֶה עַל לִבְּךָ לְמַלֹּאת מִן הָאִסּוּר, מִיָּד אַתָּה נוֹשֵׂא קַל וָחֹמֶר בְּעַצְמְךָ: בַּמֻּתָּר לִי נֶאֱסַרְתִּי, בָּאָסוּר לִי לֹא כָל שֶׁכֵּן! וְכֵיוָן שֶׁאַתָּה נוֹשֵׂא קַל וָחֹמֶר זֶה עָלֶיךָ, מֻבְטָח לְךָ שֶׁאַתָּה פוֹרֵשׁ מִן הַהִרְהוּר, וְכָל שֶׁכֵּן מִן הַמַּעֲשֶׂה.

וְאַל יִתְעַנֶּה אָדָם עִנּוּיֵי נֶפֶשׁ, פֶּן יֶחֱלַשׁ לִבּוֹ וְיִתְעַרְבֵּב מֹחוֹ, וְיִהְיֶה הֶפְסֵדוֹ מְרֻבֶּה מִשְּׂכָרוֹ, כִּי יִבָּטֵל מִן הַתּוֹרָה וּמִן הַתְּפִלָּה, שֶׁיֵּלֵךְ בָּטֵל מִן הַחֲלָשׁוּת, וַאֲפִלּוּ בְשָׁעָה שֶׁיִּלְמַד לֹא יוּכַל לְדַקְדֵּק כָּרָאוּי וּלְהָבִין הָעִנְיָנִים, לְפִי שֶׁאֵין תּוֹרָה נִקְנֵית אֶלָּא מִתּוֹךְ שִׂמְחָה (שבת ל ע״ב). וְאַל יִמְנַע עַצְמוֹ מִכָּל שִׂמְחַת מִצְוָה וּמִכָּל הֲנָאַת מִצְוָה, רַק שֶׁיִּהְיוּ עֵינָיו פְּקוּחוֹת כְּנֶגֶד הַיֵּצֶר הָרַע וְיִהְיֶה נִזְהָר עָלָיו, פֶּן יְמַלֵּא כָל תַּאֲוָתוֹ. וְאִם יֶחֱלַשׁ לִבּוֹ עַל מִעוּט אֲכִילָתוֹ, טוֹב לוֹ שֶׁיֹּאכַל שְׁתֵּי פְעָמִים בַּיּוֹם מְעַט־מְעַט וְלֹא יְמַלֵּא כְרֵסוֹ בְּפַעַם אַחַת. וְאִם לֹא יִזְדַּמֵּן לוֹ לֶאֱכֹל שְׁתֵּי פְעָמִים, יִהְיֶה אֶצְלוֹ מִן הַמִּרְקַחַת הַמְשַׂמַּחַת הַלֵּב, וְיֹאכַל מִמֶּנָּה מְעַט וְיִתְחַזֵּק לִבּוֹ. גַּם אִם יִרְאֶה בְּעַצְמוֹ וּבְטִבְעוֹ שֶׁיִּהְיֶה צָרִיךְ לְהִתְעַנּוֹת יוֹם אוֹ יוֹמַיִם בַּשָּׁבוּעַ, יִתְעַנֶּה לְפִי תַקָּנָתוֹ, כִּי הַיּוֹשֵׁב בְּתַעֲנִית וְהוּא צָרִיךְ לָהּ נִקְרָא קָדוֹשׁ, וּבִלְבַד שֶׁלֹּא יִתְבַּטֵּל מִן הַתּוֹרָה וּמִן הַמִּצְוֹת עֲבוּרָהּ (תענית יא ע״א וע״ב).

that its door is what is permitted to a man, who, if he guards that door, requires no other safeguard. For it is the way of this treacherous counselor to first entice him to what is permitted, to the complete satisfaction of his appetite; and after one has become habituated to satisfying his appetite with the permitted and has starved his soul by causing it to agitate always for the fulfillment of his appetite, it turns him astray to a relatively minor prohibition, and from the minor to the major. Therefore, guard yourself in the realm of the permitted, to build a fence to diminish appetite therein; and then, if you are aroused to fulfill it from the forbidden, you will draw an *a fortiori* negation from your negation of the permitted, and you will be assured of departing from the thought of the forbidden, and certainly from the deed.

But one must not over-afflict himself with fasting, lest his heart grow weak and his mind distracted and his loss be more than his gain, his weakness causing him to neglect Torah study and prayer. And even if he would learn, he could not concentrate fully and he would not understand what he was learning, for Torah is acquired only through joy (*Shabbos* 30b). And one should not keep himself from any of the joy of a mitzvah and from any of the pleasure of a mitzvah; but his eyes should be vigilant against the evil inclination, that he take heed not to fulfill all of his desire. And if he finds himself weakening because of his eating little, it is better that he eat a little twice a day and not fill his stomach at one time. If he is not able to have two meals a day, he should have with him some satisfying snack from which he can partake a little to strengthen his heart. If he sees in himself and in his nature the need for fasting once or twice a week, he should do so according to his program. For one who fasts when fasting is called for is called "holy" (*Ta'anis* 11a–b), but he should take care not to neglect Torah study and mitzvos because of this.

כָּל אָדָם יָכוֹל לָדַעַת בְּעַצְמוֹ אֵיךְ יִגְדֹּר לְפִי עִנְיָנָיו, וְהָרֹאשׁ לְכָל הַגְּדָרִים — שֶׁיִּשְׁמֹר עֵינָיו, שֶׁלֹּא לִתֵּן עֵינָיו בְּמָה שֶׁאֵינוֹ שֶׁלּוֹ. וְאִם יְמַעֵט רְאִיָּתוֹ מִמַּה שֶּׁהוּא שֶׁלּוֹ, אָז נִקְרָא צָנוּעַ וּבַיְשָׁן — כְּמוֹ שֶׁאָמְרוּ עַל אוֹתָהּ אִשָּׁה שֶׁהָיְתָה גִּדֶּמֶת, וְלֹא הִכִּיר בָּהּ בַּעְלָהּ עַד יוֹם מוֹתָהּ, וְאָמְרוּ עָלָיו: כַּמָּה צָנוּעַ אִישׁ זֶה, שֶׁלֹּא הִכִּיר בְּאִשְׁתּוֹ! (שבת נג ע"ב). וְאִם יִשְׁמֹר עֵינָיו, נִמְצָא לִבּוֹ שָׁמוּר, וּמִתּוֹךְ שֶׁלִּבּוֹ וְעֵינָיו שְׁמוּרִים, נִמְצָא כֻּלּוֹ שָׁמוּר.

תְּשׁוּבַת הַמִּשְׁקָל כֵּיצַד? כְּפִי הֲנָאָה שֶׁנֶּהֱנָה מִן הָעֲבֵרָה, יַעֲשֶׂה לוֹ צַעַר בְּתַעֲנִית וּבְמִעוּט אֲכִילָה וּשְׁתִיָּה; וּבְעִנְיַן הַמִּשְׁכָּב וּבְעִנְיַן כָּל הַהֲנָאוֹת יְמַעֵט.

תְּשׁוּבַת הַכָּתוּב כֵּיצַד? אִם בָּא עַל הַנִּדָּה וְיֵשׁ לוֹ בָזֶה כָּרֵת, אוֹ שֶׁעָבַר עַל חַיָּבֵי מִיתוֹת בֵּית דִּין אוֹ מַלְקוּת, יְקַבֵּל עָלָיו לְהִצְטַעֵר וְלַעֲשׂוֹת צַעַר לְעַצְמוֹ כְּעִנְיַן הַכָּתוּב בַּתּוֹרָה. וְהִנֵּה הָרוֹקֵחַ כָּתַב, הֵיאַךְ יַעֲשֶׂה צַעַר לְעַצְמוֹ עַל כַּמָּה עֲבֵרוֹת. וְכֵן מָצִינוּ בַּתַּלְמוּד, שֶׁהָיוּ רְגִילִים בְּתַעֲנִיּוֹת אֲפִלּוּ עַל חֵטְא קַל מְאֹד, אֲפִלּוּ בְּדִבּוּר בְּעָלְמָא, כְּמוֹ שֶׁאָמַר חָכָם אֶחָד: בּוֹשְׁנִי מִדִּבְרֵיכֶם, בֵּית שַׁמַּאי! וְעַל זֶה יָשַׁב בְּתַעֲנִית עַד שֶׁהֻשְׁחֲרוּ שִׁנָּיו (חגיגה כב ע"ב). וְכֵן מַעֲשֶׂה בְּרַב חִסְדָּא שֶׁאָמַר לְרַב הוּנָא: תַּלְמִיד, וְרַבּוֹ צָרִיךְ לוֹ, מַהוּ שֶׁיַּעֲמֹד לְפָנָיו? אֲמַר לֵהּ רַב הוּנָא לְרַב חִסְדָּא: חִסְדָּא, חִסְדָּא! לָא צְרִיכְנָא לָךְ! וְעַל זֶה יָשְׁבוּ בְּתַעֲנִיּוֹת הַרְבֵּה (בבא מציעא לג ע"א). וְכֵן מָצִינוּ בְּדָוִד, שֶׁנִּסְתַּלְּקָה שְׁכִינָה וְרוּחַ הַקֹּדֶשׁ מִמֶּנּוּ עֶשְׂרִים וּשְׁתַּיִם שָׁנָה, וּבְכָל יוֹם וָיוֹם הָיָה מוֹרִיד דְּמָעוֹת וְהָיָה אוֹכֵל פִּתּוֹ בְּאֵפֶר, שֶׁנֶּאֱמַר: "כִּי אֵפֶר

Every man possesses the self-knowledge to make the fences suitable for him. The chief of all the fences is guarding one's eyes against what is not his. Furthermore, he who limits himself in viewing what *is* his is called "modest" and "shame-faced," as our Sages said about a certain man who did not know his wife to be an amputee until the day of her death (*Shabbos* 53b): "How modest is this man, who was not aware of his wife's condition!" If one guards his eyes, his heart is guarded; and if his heart and eyes are guarded, he is completely guarded.

What is repentance of weighing? In proportion to the pleasure one derived from a transgression, he should afflict himself by fasting and by limiting himself in eating and in drinking; and he should minimize conjugal relations and all other pleasures.

What is repentance of Scripture? If one lived with a *niddah* and incurred the penalty of Divine severance of existence, or if he transgressed in the area of the four judicial death penalties or of lashes, he should take it upon himself to suffer and to afflict himself in accordance with what is stated in Scripture. The Roke'ach indicated how one should afflict himself with respect to several transgressions. And we find similarly in the Talmud that they were wont to fast even for extremely slight sins, even for only speaking, as in the case of a certain sage who said (*Chagigah* 22b): "I am ashamed of your words, Beis Shammai," and who fasted because of it until his teeth turned black. And it is told (*Bava Metzia* 33a) that Rabbi Chisda once asked Rabbi Huna [his teacher] whether a disciple who is needed by his master must rise before him and the latter answered: "Chisda, Chisda, I don't need you" — whereupon they both undertook many fasts. And so we find with David (*Tanna d'Vei Eliyahu Rabbah* 2) that the Shechinah and the holy spirit departed from him for twenty-two years, and every day he would shed tears and eat his bread with ashes,

כַּלֶּחֶם אָכָלְתִּי וְשִׁקֻּוַי בִּבְכִי מָסָכְתִּי" (תהלים קב, י); אָמַר לְפָנָיו: רִבּוֹנוֹ שֶׁל עוֹלָם! קַבְּלֵנִי בִּתְשׁוּבָה שְׁלֵמָה לְפָנֶיךָ, כְּדֵי שֶׁתְּזַכֶּה אֶת הָרְשָׁעִים לָעוֹלָם הַבָּא, שֶׁנֶּאֱמַר: "אֲלַמְּדָה פֹשְׁעִים דְּרָכֶיךָ וְחַטָּאִים אֵלֶיךָ יָשׁוּבוּ" (שם נא, טו). כָּל אָדָם יִלְמַד מִדָּוִד בְּעִנְיַן הַתְּשׁוּבָה (תנא דבי אליהו רבה, פ"ב). וְכֵן מָצִינוּ בְּאָדָם הָרִאשׁוֹן, כֵּיוָן שֶׁרָאָה שֶׁנִּקְנְסָה מִיתָה עַל יָדוֹ, יָשַׁב מֵאָה וּשְׁלֹשִׁים שָׁנָה בְּתַעֲנִית, וּפָרַשׁ מִן הָאִשָּׁה, וְהֶעֱלָה זַרְזֵי תְאֵנִים עַל בְּשָׂרוֹ (ערובין יח ע"ב).

וְאִם אָדָם עָשָׂה תְשׁוּבָה וְחוֹזֵר לְסוּרוֹ, אֲפִלּוּ עוֹשֶׂה כֵן הַרְבֵּה פְעָמִים, לְעוֹלָם יָכוֹל לַעֲשׂוֹת תְּשׁוּבָה; אַךְ יֵשׁ לְהַחֲמִיר בִּתְשׁוּבָה שְׁנִיָּה וּשְׁלִישִׁית יוֹתֵר מִבָּרִאשׁוֹנָה. וְגָרְסִינַן בִּירוּשַׁלְמִי: מִי שֶׁהָיָה רָשָׁע כָּל יָמָיו וְעָשָׂה תְשׁוּבָה — הַקָּדוֹשׁ בָּרוּךְ הוּא מְקַבְּלוֹ. אָמַר רַבִּי יוֹחָנָן: וְלֹא עוֹד, אֶלָּא כָל עֲבֵרוֹת נֶחְשָׁבוֹת לוֹ כִזְכֻיּוֹת (ירושלמי פאה פ"א ה"א). וּבְפֶרֶק יוֹם הַכִּפּוּרִים מְפֹרָשׁ: אִם עָשָׂה תְשׁוּבָה מֵאַהֲבָה, זְדוֹנוֹת נַעֲשׂוֹת לוֹ כִזְכֻיּוֹת; מִיִּרְאָה — זְדוֹנוֹת נַעֲשׂוֹת לוֹ כִשְׁגָגוֹת (יומא פו ע"ב). וְכָל אוֹתָם שֶׁאֵין לָהֶם חֵלֶק לָעוֹלָם הַבָּא וְנִדּוֹנִים בַּגֵּיהִנֹּם לְדוֹרֵי־דוֹרוֹת — דַּוְקָא אוֹתָם שֶׁמֵּתוּ בְרִשְׁעָתָם, אֲבָל אִם עָשׂוּ תְשׁוּבָה — אֵין לְךָ דָּבָר שֶׁעוֹמֵד בִּפְנֵי הַתְּשׁוּבָה. וְלֹא יַחְשֹׁב אָדָם: הוֹאִיל וְחָטָאתִי וְהֶחֱטֵאתִי אֲחֵרִים, לֹא אוּכַל לָשׁוּב! וּמְרַפֶּה יָדוֹ מִן הַתְּשׁוּבָה. חָלִילָה מֵעֲשׂוֹת זֹאת! כִּי אָמְרוּ בְּפֶרֶק "חֵלֶק": אֲפִלּוּ יָרָבְעָם, שֶׁחָטָא וְהֶחֱטִיא אֶת הָרַבִּים, הַקָּדוֹשׁ בָּרוּךְ הוּא אָמַר לוֹ: עֲשֵׂה תְשׁוּבָה! וְלֹא רָצָה (סנהדרין קב ע"א). צֵא וּלְמַד מֵאַחְאָב, מֶלֶךְ יִשְׂרָאֵל, שֶׁגָּזַל וְחָמַד וְרָצַח, וְקָרָא לִיהוֹשָׁפָט, מֶלֶךְ יְהוּדָה, וְנָתַן לוֹ מַלְקוֹת בְּכָל יוֹם שָׁלֹשׁ פְּעָמִים, וּבְצוֹם

as it is written (*Tehillim* 102:10): "For I have eaten ashes as bread, and mixed my drink with weeping." He would say: "Hashem of the Universe, accept me with complete repentance before You, to make the wicked worthy of the World-to-Come [through repentance], as it is written (ibid. 51:15): 'I shall teach offenders Your ways, and sinners will return to You.'" Every man should emulate David with respect to repentance. And so we find with Adam. When he saw that death had been decreed upon the world because of him, he sat and fasted for one hundred and thirty years, and separated from his wife, and girded his body with fig leaves (*Eruvin* 18b).

If one repents and backslides, even if he does so many times, he can always repent again. But one must be more severe with himself on his second or third repentance than on his first. We learn (*Yerushalmi, Pe'ah* 1:1): "If one was wicked all of his days but he repents, the Holy One Blessed be He accepts him. Rabbi Yochanan said: 'And what is more, all of his transgressions are reckoned as merits.'" And in the chapter, "The Day of Atonement" (*Yoma* 86b) it is stated that if one repents out of love, his willful sins are accounted as merits; if out of fear, they are accounted as unwitting ones. And all of those who have no share in the World-to-Come, and who are judged forever in Gehinnom, are only those who died in their wickedness; but if they repented, there is nothing that stands in the way of repentance. And let one not think: Since I have sinned and caused others to sin, I cannot repent. And so thinking, he shall despair of repentance. God forbid that he do so! For it is stated in *Chelek* (*Sanhedrin* 102a): "Even Yerovam, who sinned and caused the populace to sin — the Holy One Blessed be He said to him: 'Repent!'" — but he did not wish to do so. Go and learn from Achav, king of Israel. We read (*Pirkei d'Rabbi Eliezer* 43): He stole and lusted and killed; but he called Yehoshafat, king of Yehudah, who flogged him three times

וּבִתְפִלָּה הָיָה מַשְׁכִּים וּמַעֲרִיב לִפְנֵי הַקָּדוֹשׁ בָּרוּךְ הוּא, וְלֹא שָׁב אֶל מַעֲשָׂיו הָרִאשׁוֹנִים, וְנִרְצֵית תְּשׁוּבָתוֹ, שֶׁנֶּאֱמַר (מלכים א׳ כא, כט): ״הֲרָאִיתָ כִּי נִכְנַע אַחְאָב מִלְּפָנָי יַעַן כִּי נִכְנַע מִפָּנַי לֹא אָבִיא הָרָעָה בְּיָמָיו״ (פרקי דרבי אליעזר פמ״ג). וְאָמְרוּ בַּפְּסִיקְתָּא: אִם הָיָה לָמוּד לֶאֱכֹל בְּשָׁלֹשׁ שָׁעוֹת, אוֹכֵל בְּשֵׁשׁ; וְאִם הָיָה אוֹכֵל בְּשֵׁשׁ, אוֹכֵל בְּתֵשַׁע. וּמַהוּ ״וַיְהַלֵּךְ אַט״ (מלכים א׳ כא, כז)? אָמַר רַבִּי יְהוֹשֻׁעַ בֶּן לֵוִי: שֶׁהָלַךְ יָחֵף (פסיקתא דרב כהנא, פיסקא דשובה; שיר השירים רבה א, ה, אות לו). וּמִמֶּנּוּ יִלְמַד כָּל אָדָם. וְעוֹד, צֵא וּלְמַד מִמְּנַשֶּׁה בֶּן חִזְקִיָּה, שֶׁעָשָׂה כָּל תּוֹעֵבוֹת רָעוֹת שֶׁבָּעוֹלָם, וְקִבְּלוֹ הַקָּדוֹשׁ בָּרוּךְ הוּא בִּתְשׁוּבָה (פרקי דרבי אליעזר, פמ״ג). וְעוֹד, אָמַר רַבִּי יוֹחָנָן: כָּל הָאוֹמֵר: מְנַשֶּׁה אֵין לוֹ חֵלֶק לָעוֹלָם הַבָּא — מְרַפֶּה יְדֵיהֶם שֶׁל בַּעֲלֵי תְשׁוּבָה; דִּתְנֵי תַּנָּא קַמֵּהּ דְּרַבִּי יוֹחָנָן: מְנַשֶּׁה עָשָׂה תְּשׁוּבָה שְׁלֹשִׁים וְשָׁלֹשׁ שָׁנָה, וְקִבְּלוֹ הַקָּדוֹשׁ בָּרוּךְ הוּא (סנהדרין קג ע״א).

וְעַתָּה, בַּדּוֹרוֹת הָאֵלֶּה, אֲשֶׁר בְּנֵי אָדָם חַלָּשִׁים מְאֹד בְּגוּפָם, וְאֵין לָהֶם כֹּחַ כְּבָרִאשׁוֹנָה — מַה יַּעֲשֶׂה אָדָם שֶׁחָטָא כָּל יָמָיו בִּלְשׁוֹן הָרָע וּבַחֲנִיפוּת וּבְכָל הַמִּדּוֹת הָרָעוֹת כֻּלָּן, וְלֹא נִזְהַר כָּל יָמָיו בְּגוּפֵי הַמִּצְוֹת, מֵחֲמַת שֶׁלֹּא רָאָה אָדָם שֶׁהָיָה מְקַיֵּם אוֹתָם שֶׁיִּלְמַד מִמֶּנּוּ, וְלֹא חָשׁ כָּל יָמָיו לְהִתְפַּלֵּל בְּכַוָּנָה וּלְבָרֵךְ הַבְּרָכוֹת, וְכֵן בְּכָל הַמִּצְוֹת — אֵיךְ יִסְבֹּל צַעַר לְפִי מַה שֶּׁעָבַר? כִּי הֲלֹא אֵין חֵקֶר וְאֵין מִסְפָּר לְרִבֵּי הָעֲבֵרוֹת, לְאָדָם שֶׁאֵינוֹ מְדַקְדֵּק בְּמַעֲשָׂיו! לָכֵן יֵשׁ לָשׂוּם דֶּרֶךְ לִפְנֵי בְּנֵי אָדָם הַמִּתְנַדְּבִים לָשׁוּב. וְיֵשׁ חִלּוּק בֵּין אָדָם לְאָדָם; כֵּיצַד? אִם זֶה הַחוֹטֵא בַּעַל תּוֹרָה,

a day, and he fasted and prayed early and late to the Holy One Blessed be He, and did not return to his previous deeds — and his repentance was accepted, as it is written (I *Melachim* 21:29): "Do you see that Achav has humbled himself before Me? Because he has humbled himself before Me, I will not bring the evil in his days." And they said in the *Pesikta d'Rav Kahana, Piska d'Shuvah*: "If he was accustomed to eating in the third hour, he ate in the sixth; and if in the sixth, he ate in the ninth. And what is the meaning of (I *Melachim* 21:27): 'And he went softly'? Rabbi Yehoshua ben Levi said: 'He walked barefoot'" (*Shir Hashirim Rabbah* 1:5, 36). Let all men learn from him. And go and learn from Menashe, the son of Chizkiyahu (*Pirkei d'Rabbi Eliezer* 43), who perpetrated all the evil abominations in the world and yet was accepted by the Holy One Blessed be He when he repented. And what is more, Rabbi Yochanan said (*Sanhedrin* 103a): "All who say that Menashe has no share in the World-to-Come weaken the hands of penitents, for a *tanna* taught in the presence of Rabbi Yochanan: 'Menashe repented for thirty-three years, and the Holy One Blessed be He accepted him.'"

But now, in these generations, when men are extremely frail of body and lack the strength of the earlier generations, what should one do who has sinned all his days through slander, and flattery, and all of the evil traits, who has not guarded himself all of his days in the corpus of the mitzvos, not having seen anyone whom he could emulate in this respect, and who has not taken care to pray with concentration all of his days and to make the benedictions, and so with all of the mitzvos? How could such a person bear affliction proportionate to the transgression, as there is no searching out or counting the multitude of transgressions of one who was lax in his ways? Therefore, a way must be provided for those who desire to repent. And a distinction must be made in this respect between

וְאִם יַכְבִּידוּ עָלָיו בְּעִנְיְנֵי הַצַּעַר וְהַתַּעֲנִית, אָז לֹא יוּכַל לִלְמֹד תּוֹרָה וּלְתַקֵּן מִדּוֹתָיו הָרָעוֹת — יֵשׁ לְהָקֵל עָלָיו בְּמִינֵי הַתַּעֲנִית וְהַצַּעַר, וְיֵשׁ לְהוֹרוֹת לוֹ שֶׁיַּעֲסֹק בַּתּוֹרָה בְּעֵסֶק גָּדוֹל. וְכֵן אָמְרוּ: אִם נִכְשַׁל אָדָם בַּעֲבֵרָה וְנִתְחַיֵּב מִיתָה בִּידֵי שָׁמַיִם, מַה יַּעֲשֶׂה וִיחְיֶה? אִם הָיָה לָמוּד לִקְרוֹת דַּף אֶחָד, יִקְרָא שְׁנֵי דַפִּים; לִשְׁנוֹת פֶּרֶק אֶחָד, יִשְׁנֶה שְׁנֵי פְרָקִים (ויקרא רבה כה, א), אַלְמָא — יֵשׁ כַּפָּרָה בְּרֹב לִמּוּד. וְיַעֲשֶׂה חֶסֶד וֶאֱמֶת וּבָזֶה יִתְכַּפְּרוּ עֲוֹנוֹתָיו, שֶׁנֶּאֱמַר: "בְּחֶסֶד וֶאֱמֶת יְכֻפַּר עָוֹן" (משלי טז, ו); וְיִטְרַח לַעֲשׂוֹת כָּל מִצְוָה וּמִצְוָה כְּמַאֲמָרָהּ, וְיִטְרַח לְזַכּוֹת הָרַבִּים וְלִגְמֹל חֲסָדִים לִבְנֵי אָדָם, וּלְהִתְפַּלֵּל בְּכַוָּנָה וּבְהַכְנָעָה וּבִקְרִיעַת הַלֵּב, וּלְבַקֵּשׁ מְחִילָה מֵאֵת הַשֵּׁם עַל כָּל פְּשָׁעָיו; וְיִמְנַע עַצְמוֹ מִשְּׂחֹק וְטִיּוּלִים וּדְבָרִים בְּטֵלִים וּמִלִּשְׁמֹעַ חִדּוּשֵׁי הָעוֹלָם; וְכֵן יִמְנַע עַצְמוֹ מִכָּל דְּבַר הֲנָאָה. וִישַׁעֵר בְּעַצְמוֹ בְּשִׁיעוּר מְכֻוָּן, אֵיזֶה דָבָר יוּכַל לַעֲשׂוֹת וּמַה יּוּכַל לִסְבֹּל עִם עֵסֶק הַתּוֹרָה וְהַמִּצְווֹת. וְיִשְׁתַּדֵּל לְעוֹלָם שֶׁיִּהְיֶה לִבּוֹ נִכְנָע לָאֱלֹהִים, וּלְכָל הַפָּחוֹת יוֹם אֶחָד בַּשָּׁבוּעַ יִתְעַנֶּה, וּבְאוֹתוֹ הַיּוֹם יְפַנֶּה עַצְמוֹ מִכָּל עֲסָקָיו וּמִכָּל דָּבָר שֶׁבָּעוֹלָם, וְיֵשֵׁב יָחִיד לְבַדּוֹ וְיַעֲרֹךְ מַחֲשָׁבוֹת בְּלִבּוֹ לָאֱלֹהִים לְהִדָּבֵק בּוֹ וְלִהְיוֹת מַר־רוּחַ עַל שֶׁעָמַד זְמַן רַב בְּמֶרֶד נֶגֶד הַמֶּלֶךְ הַגָּדוֹל, וְיִבְכֶּה וְיִתְאַבֵּל בְּשִׁבְרוֹן הַלֵּב וְיַרְבֶּה בְּתַחֲנוּנִים וְיַרְבֶּה בְּתִשְׁבָּחוֹת; וְיַלְקֶה עַצְמוֹ בְּאוֹתוֹ הַיּוֹם שָׁלֹשׁ פְּעָמִים, וּבְשָׁעָה שֶׁמַּלְקִים אוֹתוֹ יֹאמַר: "וְהוּא רַחוּם יְכַפֵּר עָוֹן וְלֹא יַשְׁחִית וְהִרְבָּה לְהָשִׁיב אַפּוֹ וְלֹא יָעִיר כָּל חֲמָתוֹ" (תהלים עח, לח), וְכֵן יֹאמַר בְּכָל

different types of men. How so? If the sinner is one who studies Torah and if overburdening him with afflictions and fasts will prevent him from studying Torah and from correcting his evil traits, then his regimen should be attenuated and he should be instructed to immerse himself in Torah study. As our Sages have said (*Vayikra Rabbah* 25:1): "If one has strayed into transgression and has incurred the penalty of death at the hands of Heaven, what should he do so that he might live? If he was wont to study one page, let him study two; to read one chapter, let him read two." We see, then, that there is atonement in much learning. And one should engage in lovingkindness and truth, by which his sins will be atoned, as it is written (*Mishlei* 16:6): "Through lovingkindness and truth sin is atoned." And he should exert himself to perform each mitzvah as stated, to bring merit to the community, to render lovingkindness to others, to pray with intent, contrition and a rent heart, and to implore forgiveness from the Blessed One for all of his sins. And he should keep himself from frivolity and excursions and idle talk, and from the desire to hear what is new in the world. He should thus keep himself from all pleasures. And he should appraise himself accurately to see what he can do and bear in conjunction with Torah and mitzvos. And he should exert himself always to humble his heart before God. At the very least he should fast one day a week, and on that day he should free himself from all his affairs and from all worldly matters, sit alone in solitude, order his thoughts for cleaving to God, be bitter of spirit for having persisted so long in rebellion against the Great King, cry and mourn with a broken heart, multiply entreaty, multiply praise, and have himself flogged three times during that day. And while he is being flogged he should say (*Tehillim* 78:38): "And He, the Merciful One, will atone the sin and not destroy, turning away His ire many times and not awakening all of His wrath." He should

מַלְקוּת וּמַלְקוּת שָׁלֹשׁ פְּעָמִים. וְכֵן יַעֲשֶׂה כָּל הַיָּמִים, עַד שֶׁיִּמְצָא חֵן לִפְנֵי הַמֶּלֶךְ הָעֶלְיוֹן.

וְאִם הַחוֹטֵא הַבָּא לַעֲשׂוֹת תְּשׁוּבָה הוּא אָדָם שֶׁאֵינוֹ יָכוֹל לִלְמֹד, אוֹ שֶׁהוּא מְטֻפָּל, אוֹ שֶׁהוּא עַם הָאָרֶץ, אוֹ שֶׁהוּא לַמְדָן אַךְ אֵינוֹ יָכוֹל לָכֹף אֶת עַצְמוֹ לִשְׁמֹר אֶת כָּל דִּבְרֵי הַסֵּפֶר הַזֶּה — לְכָל אֵלֶּה יֵשׁ לְהַחֲמִיר לִסְבֹּל יִסּוּרִים קָשִׁים. וְאֵין הַיִּסּוּרִים שָׁוִים לְכָל אָדָם, כִּי יֵשׁ אָדָם שֶׁהוּא בָּרִיא מְאֹד, וְיֵשׁ שֶׁהוּא חַלָּשׁ. הֲלֹא בִּהְיוֹת בֵּית דִּין בִּירוּשָׁלַיִם בְּלִשְׁכַּת הַגָּזִית, וְהָיוּ דָּנִים דִּינֵי נְפָשׁוֹת וּמַלְקִיּוֹת, הָיוּ אוֹמְדִים בַּמַּלְקִיּוֹת כְּפִי כֹּחַ הָאִישׁ הַנִּלְקֶה (מכות כב ע״א) — וְכֵן יֵשׁ לַעֲשׂוֹת עַכְשָׁו, הַכֹּל לְפִי עִנְיַן הָאִישׁ. יֵשׁ אָדָם, שֶׁאִם מַחֲמִירִים עָלָיו בְּעִנְיַן הַצַּעַר, יַעֲזֹב לְגַמְרֵי וְלֹא יַעֲשֶׂה תְּשׁוּבָה. לָכֵן צָרִיךְ הֶחָכָם לַחְקֹר עִנְיַן הָאִישׁ, וּלְהוֹרוֹת לוֹ לְפִי רְאוּת עֵינָיו.

וְעַתָּה, יֵשׁ לִכְתֹּב עִנְיְנֵי הַצַּעַר לְפִי כָל עֲבֵרָה וַעֲבֵרָה:

הַבָּא עַל הַגּוֹיָה — יִתְעַנֶּה וְיִלְקֶה, וְלֹא יֹאכַל בָּשָׂר וְלֹא יִשְׁתֶּה יַיִן לְכָל הַפָּחוֹת אַרְבָּעִים יוֹם, אוֹ יִתְעַנֶּה שְׁלֹשָׁה יָמִים לַיְלָה וָיוֹם, שָׁלֹשׁ שָׁנִים, פַּעַם לְשָׁנָה. וְאִם אַחַר הַתְּשׁוּבָה יַחֲזֹר לְסוּרוֹ, יַחֲמִיר יוֹתֵר עָלָיו — בִּימוֹת הַחַמָּה יֵלֵךְ בִּמְקוֹם נְמָלִים הַרְבֵּה וְיֵשֵׁב בֵּינֵיהֶם עָרֹם, וּבִימוֹת הַחֹרֶף יִשְׁבֹּר הַקֶּרַח וְיֵשֵׁב בַּמַּיִם עַד הַחֹטֶם. וְאִם עוֹד יַחֲזֹר לְסוּרוֹ, יַחֲמִיר עָלָיו יוֹתֵר וְיוֹתֵר.

הַמּוֹצִיא שִׁכְבַת זֶרַע לְבַטָּלָה — יִתְעַנֶּה אַרְבָּעִים יוֹם, וַאֲפִלּוּ אֵינָם רְצוּפִים, וְיֵשֵׁב בַּמַּיִם בִּימוֹת הַחֹרֶף,

PUBLISHER'S NOTE:
Regarding the "repentance of weighing," please see excerpt from *Iggros Moshe* by Rabbi Moshe Feinstein זצ״ל on page 648.

recite this three times during each flagellation, and he should follow this practice all of his days until he finds favor in the eyes of the Celestial King.

And if the sinner who desires to repent cannot learn, or if he is weighed down by other matters, or if he is a simple man or a scholar who cannot force himself to observe all that is herein stated — in regard to all of these, one should be severe in imposing stringent afflictions upon them. And afflictions are not the same for all men, for some men are very strong and others weak. When there was a *beis din* in Jerusalem in the *lishkas hagazis* ["the chamber of hewn stone"], and capital offenses and those punishable by lashes were adjudicated, they would estimate beforehand how many lashes a man could bear (*Makkos* 22a). The same practice should be followed now, all according to the individual in question. There are some men who, if severe afflictions are imposed upon them, will abandon the regimen entirely and not repent. The wise man must, therefore, carefully evaluate the individual and prescribe in accordance with his evaluation.

It now remains to set forth the afflictions for each transgression.

If one had relations with a gentile woman, he should fast and be flogged and not eat meat nor drink wine for at least forty days; or he should fast for three days, day and night, once each year over a three-year period. And if after he repents, he backslides, he must be even more severe with himself. In the summertime he should go where there are many ants and sit naked among them and in the winter he should break the ice of a river or lake and immerse himself up to his nose. And if he backslides again, he must be even more severe with himself.

One who emits semen in vain should fast for forty days, even if they are not consecutive, immerse himself in water in the wintertime for as long as it takes to roast an egg and

כְּדֵי צְלִיַּת בֵּיצָה וּגְמִיעָתָהּ, כָּל הָאַרְבָּעִים יוֹם; וְלֹא יֹאכַל בָּשָׂר וְלֹא יִשְׁתֶּה יַיִן וְדָבָר חַם, לְבַד מִשַּׁבָּתוֹת וְיָמִים טוֹבִים; וְיִרְחַץ הָרֹאשׁ מְעַט בְּמַיִם, פַּעֲמַיִם אוֹ שָׁלֹשׁ, כָּל אוֹתָם אַרְבָּעִים יוֹם.

וְאִם חִבֵּק אוֹ נִשֵּׁק אִשְׁתּוֹ נִדָּה, יִתְעַנֶּה אַרְבָּעִים יוֹם. **הַבָּא** עַל אִשְׁתּוֹ נִדָּה, יִתְעַנֶּה אַרְבָּעִים יוֹם רְצוּפִים וְיִלְקֶה בְּכָל יוֹם, וְלֹא יֹאכַל בָּשָׂר וְלֹא יִשְׁתֶּה יַיִן וְלֹא מַאֲכָל חַם לְבַד מִשַּׁבָּתוֹת וְיָמִים טוֹבִים, וְלֹא יִרְחַץ כָּל אוֹתָם הַיָּמִים, וְיִתְוַדֶּה בְּכָל יוֹם. הַמְנַשֵּׁק שְׁאָר נָשִׁים אוֹ מְחַבְּקָן, יִתְעַנֶּה שֵׁנִי וַחֲמִישִׁי וְשֵׁנִי, וְיִתְרַחֵק מִפֶּתַח בֵּיתָהּ. רָבַע בְּהֵמָה, חַיָּה אוֹ עוֹף, יִתְעַנֶּה וְלֹא יִרְחַץ אַרְבָּעִים יוֹם, וְלֹא יִסְתַּכֵּל בִּבְהֵמָה, חַיָּה וָעוֹף בְּשָׁעָה שֶׁנִּזְקָקִים זֶה לָזֶה.

רוֹצֵחַ — יֵלֵךְ בַּגּוֹלָה שָׁלֹשׁ שָׁנִים, וְיִלְקֶה בְּכָל עִיר וָעִיר, וְיֹאמַר: רוֹצֵחַ אָנִי! וְלֹא יֹאכַל בָּשָׂר וְלֹא יִשְׁתֶּה יַיִן וְלֹא יְגַלַּח שְׂעַר רֹאשׁוֹ וּזְקָנוֹ, וְלֹא יְכַבֵּס אֶת בְּגָדָיו וְלֹא יִרְחַץ אֶת בְּשָׂרוֹ, אַךְ יָחֹף רֹאשׁוֹ, וּזְקָנוֹ יִרְחַץ פַּעַם אַחַת בַּחֹדֶשׁ. וְיִקְשֹׁר יָדוֹ אֲשֶׁר רָצַח בָּהּ וּזְרוֹעוֹ בְּשַׁלְשֶׁלֶת בְּצַוָּארוֹ, וְיֵלֵךְ יָחֵף, וְיִבְכֶּה עַל חַטָּאתוֹ וְיִתְעַנֶּה בְּכָל יוֹם, עַד שֶׁיִּגְמֹר גָּלוּתוֹ, וְאַחַר כָּךְ יִתְעַנֶּה שָׁנָה אַחַת שֵׁנִי וַחֲמִישִׁי. אִם יְחָרְפוּהוּ, יִשְׁתֹּק. וְאוֹתָם שָׁלֹשׁ שָׁנִים לֹא יֵלֵךְ בְּטִיּוּל וּשְׂחֹק. וּכְשֶׁיִּגְלֶה, יַשְׁכִּיב עַצְמוֹ לִפְנֵי פֶּתַח בֵּית הַכְּנֶסֶת וְיַעַבְרוּ עָלָיו הָעוֹבְרִים וְשָׁבִים, אַךְ לֹא יִדְרְכוּהוּ.

מְשֻׁמָּד — יָסִיר מַלְבּוּשָׁיו הַנָּאִים, וְיִתְאַבֵּל וְיִבְכֶּה וְיִצְטַעֵר כָּל יְמֵי חַיָּיו, וְיַשְׁפִּיל רוּחוֹ וְגַאֲוָתוֹ, וְיִתְוַדֶּה שָׁלֹשׁ פְּעָמִים בְּכָל יוֹם; וְלֹא יֹאכַל בָּשָׂר וְלֹא יִשְׁתֶּה יַיִן כִּי אִם בַּשַּׁבָּתוֹת וְיָמִים טוֹבִים; וְיִרְחַץ מְעַט, וְלֹא יָחֹף רֹאשׁוֹ כִּי אִם

swallow it, all of the forty days, and not eat meat nor drink wine or warm things, except on Sabbaths and Festivals; and he should [abstain from bathing except to] wash his head a little with water twice or three times in all those forty days.

And if he embraced or kissed his wife when she was a *niddah*, he should fast for forty days. If one cohabited with his wife when she was a *niddah*, he should fast for forty consecutive days, be flogged every day, not eat meat nor drink wine or warm things, except on Sabbaths and Festivals, not wash all of those days, and confess each day. If one kissed or embraced other women, he should fast on a Monday, Thursday and the following Monday, and stay far from her door. If he cohabited with a beast, an animal, or a fowl, he should fast and not wash for forty days, and he should not gaze at these when they are mating.

A murderer should go into exile for three years and be flogged in every city [in which he sojourns] and declare: "I am a murderer." He should not eat meat nor drink wine, nor shave the hair of his head and beard, nor wash his clothes or his flesh. But he should shampoo his head and wash his beard once a month. He should tie in an arm-and-neck sling the hand with which he killed, and walk barefoot and mourn over his sin and fast every day until the termination of his exile. Thereafter, he should fast every Monday and Thursday for one year. If he is reviled, he should remain silent. During those three years he should desist from idle ambling and frivolity; and in his exile he should lie down at the entrance to the synagogue so that the passers-by walk over him — but they should not step upon him.

An apostate should remove his comely attire and mourn, weep, and afflict himself all of his days. He should humble his spirit and his pride and confess three times each day. He should not eat meat nor drink wine, except on Sab-

פַּעַם אַחַת אוֹ פַּעֲמַיִם בַּחֹדֶשׁ; וְלֹא יֵלֵךְ לִשְׂחֹק וְלֹא לְנִשּׂוּאִין כִּי אִם בְּבִרְכַּת נִשּׂוּאִין לְבַדָּהּ. וְיִתְרַחֵק מֵעֲבוֹדָה זָרָה וּמֵעוֹבְדֶיהָ, וְלֹא יֵשֵׁב אֵצֶל גַּלָּחִים וּכְמָרִים וְלֹא בְמָקוֹם שֶׁמְּדַבְּרִים דִּבְרֵי מִינוּת, וְיִתְרַחֵק מִפֶּתַח בֵּיתָם וְלֹא יֵהָנֶה מֵהֶם. וּמִיָּד כְּשֶׁיָּשׁוּב, צָרִיךְ טְבִילָה. וְיִסְבֹּל צַעַר וְיִסּוּרִים כְּנֶגֶד חֲטָאָיו, כִּי כָפַר בָּעִקָּר וְחִלֵּל שַׁבָּתוֹת וּבָעַל נָכְרִיּוֹת וְעָבַר כְּרִיתוֹת וּמִיתוֹת בֵּית דִּין, לָכֵן צָרִיךְ יִסּוּרִים גְּדוֹלִים וּתְשׁוּבָה גְּדוֹלָה.

הַבָּא עַל אֵשֶׁת אִישׁ אוֹ עַל נַעֲרָה הַמְאֹרָסָה, הֲרֵי זֶה אוֹסְרָהּ עַל בַּעְלָהּ כֵּיוָן שֶׁנִּתְרַצֵּית,

וְחַיָּב עָלֶיהָ מִיתַת בֵּית דִּין, לָכֵן יִסְבֹּל הַצַּעַר הַקָּשֶׁה כְּמִיתַת בֵּית דִּין — בִּימוֹת הַחֹרֶף יֵשֵׁב בַּשֶּׁלֶג אוֹ בַקֶּרַח בְּכָל יוֹם שָׁעָה אַחַת, פַּעַם אוֹ פַּעֲמַיִם אוֹ שָׁלֹשׁ פְּעָמִים, וּבִימוֹת הַחַמָּה יֵשֵׁב לִפְנֵי זְבוּבִים אוֹ לִפְנֵי דְבוֹרִים, אוֹ יִסְבֹּל שְׁאָר יִסּוּרִים הַקָּשִׁים כְּמִיתָה. וְיִתְוַדֶּה בְּכָל יוֹם בִּבְכִי וַאֲנָחָה. וְשָׁנָה תְמִימָה לֹא יֹאכַל בָּשָׂר וְלֹא יִשְׁתֶּה יַיִן לְבַד מִשַּׁבָּתוֹת וְיָמִים טוֹבִים וּפוּרִים, וְלֹא יֹאכַל מַאֲכָל חַם, וְלֹא יִרְחַץ כִּי אִם בְּעַרְבֵי שַׁבָּתוֹת וְיָמִים טוֹבִים מְעַט; וְלֹא יִרְאֶה שׁוּם שְׂחֹק, רַק לִשְׁמֹעַ בִּרְכַּת חֲתָנִים, וְלֹא יְעַדֵּן עַצְמוֹ בְשׁוּם דָּבָר; וְיִלְקֶה בְּכָל יוֹם, וְיִשְׁכַּב עַל הָאָרֶץ אוֹ עַל דַּף אֶחָד בְּלֹא כַר וָכֶסֶת, כִּי אִם בַּשַּׁבָּתוֹת וְיָמִים טוֹבִים יִשְׁכַּב עַל תֶּבֶן וָקַשׁ וְכַר תַּחַת רֹאשׁוֹ, עַד כִּי יָמִיר הָרוּחַ הַגַּסָּה שֶׁבּוֹ וְאוֹתָהּ הַתַּאֲוָה. וְחַיֵּי צַעַר יִחְיֶה וְיִלְבַּשׁ שַׂק עַל בְּשָׂרוֹ. וְלֹא יְדַבֵּר מֵעִנְיַן תַּאֲוַת נָשִׁים, וְלֹא יִסְתַּכֵּל בְּנָשִׁים וּבְמַלְבּוּשֵׁיהֶן

baths and Festivals. He should wash but little and shampoo his head only once or twice a month. He should not go to places of mirth or to marriage celebrations except for the wedding benedictions themselves. He should keep far from idolatry and its practitioners and not sit next to priests or church functionaries, or in places where people speak heresy. He should keep far from their doorways and derive no benefit from them. Immediately upon undertaking to repent, he requires ritual immersion; and he must take upon himself suffering and affliction commensurate with his sins. For he has denied the Most High, profaned Sabbaths, cohabited with gentile women, and transgressed sins punishable by Divine severance of existence and judicial death penalty. He therefore requires great afflictions and great repentance.

If one lived with a consenting married woman or betrothed maiden, he causes her to be forbidden to her partner and he incurs the judicial death penalty. He must, therefore, endure affliction as sore as a judicial death penalty. In the wintertime he should sit for a while in the snow or ice once, twice, or three times a day; and in the summertime he should sit before flies or bees, or undergo other afflictions as sore as death. He should confess each day with tears and sighs. And for a whole year he should not eat meat and not drink wine except on Sabbaths and Festivals and on Purim, and he should not eat warm foods and not bathe except a little for Sabbaths and Festivals. He should behold no mirth, except to hear the wedding benedictions. He should indulge in no pleasure, be flogged every day, and lie on the earth or on a single board without a pillow or cover, except on Sabbaths and Festivals, when he may lie down on straw or stubble with a pillow to his head, until the gross spirit leaves him, and the lust. He should live a life of suffering and wear sack on his flesh. He should not speak of lust for women nor gaze upon

וּבְתַכְשִׁיטֵיהֶן אֲפִלּוּ כְּשֶׁאֵינָן עֲלֵיהֶן, וְלֹא יִשְׁמַע קוֹל נִגּוּנָן, וְלֹא יִהְיֶה עִם הַנָּשִׁים כְּלָל, לֹא בִּרְמִיזָה וְלֹא בְּשׁוּם דָּבָר, וַאֲפִלּוּ עִם אִשְׁתּוֹ כְּשֶׁהִיא נִדָּה, וְלֹא יִתְיַחֵד עִם שׁוּם עֶרְוָה.

הַנִּשְׁבָּע לַשֶּׁקֶר אוֹ מָעַל בְּחֵרֶם, יֵשׁ לוֹ לִלְקוֹת כַּמָּה פְּעָמִים כָּל יְמֵי חַיָּיו, וְיִתְוַדֶּה יָמִים רַבִּים, וּלְאַחַר כֵּן יִזָּהֵר לְבִלְתִּי הִשָּׁבַע אֲפִלּוּ בָּאֱמֶת, לֹא בַּתּוֹרָה וְלֹא בְּנִשְׁמַת אֲבוֹתָיו, אַךְ יִדֹּר בְּחַיֵּי רֹאשׁוֹ. אֲבָל יִשָּׁבַע לְקַיֵּם אֶת הַמִּצְווֹת (נדרים ח ע״א). וְיִזָּהֵר שֶׁלֹּא יוֹצִיא שֵׁם שָׁמַיִם לְבַטָּלָה מִפִּיו, וְיִזְדַּעְזְעוּ אֵיבָרָיו כְּשֶׁיַּזְכִּיר אֶת הַשֵּׁם בָּרוּךְ הוּא. וְיִזָּהֵר בִּבְרָכָה לְבַטָּלָה; וְאִם שָׁגַג וּבֵרַךְ בְּרָכָה לְבַטָּלָה, יֹאמַר אַחֲרֶיהָ: ״בָּרוּךְ שֵׁם כְּבוֹד מַלְכוּתוֹ לְעוֹלָם וָעֶד״ (ירושלמי ברכות, פ״ו ה״א). וְאוֹתָם הַמַּרְגִּילִים בְּפִיהֶם וּבְפִי זַרְעָם לְהַזְכִּיר שֵׁם שָׁמַיִם בַּמֶּרְחָץ וּבִמְקוֹם הַטִּנֹּפֶת וּלְהַזְכִּיר שֵׁם שָׁמַיִם לְבַטָּלָה — אוֹי לְנַפְשָׁם וּלְזַרְעָם כִּי כֵן לִמְּדוּ לְשׁוֹנָם. לָכֵן יִשְׁמֹר וְיִגְדֹּר עַצְמוֹ וְזַרְעוֹ וַחֲבֵרָיו הַנִּשְׁמָעִים לוֹ, מִלְּהַזְכִּיר שֵׁם שָׁמַיִם לְבַטָּלָה. וְאִם הָצְרַךְ זֶה הַשָּׁב לַעֲשׂוֹת שְׁבוּעָה לְבַעַל חוֹבוֹ אֲפִלּוּ בָּאֱמֶת, יִתְעַנֶּה אוֹתוֹ הַיּוֹם בְּכָל שָׁנָה.

אִם הֻרְגַּל לְדַבֵּר בְּבֵית הַכְּנֶסֶת וְלַעֲשׂוֹת שְׂחוֹק וְקַלּוּת רֹאשׁ — מֵעֵת שֶׁיָּשׁוּב, יִזָּהֵר שֶׁלֹּא יְדַבֵּר בְּבֵית הַכְּנֶסֶת שׁוּם דָּבָר שֶׁל חֹל, וַאֲפִלּוּ שֶׁלֹּא בִשְׁעַת הַתְּפִלָּה, וְיֵשֵׁב בְּמוֹרָא גָדוֹל, וְיִתְפַּלֵּל בְּכַוָּנָה וּבְהַכְנָעָה. וְיִתְעַנֶּה אַרְבָּעִים יוֹם, בֵּין רְצוּפִים בֵּין מְפֻלָּגִים, וְיִלְקֶה בְּצִנְעָה בְּכָל יוֹם.

them or their clothes. Neither should he gaze upon their jewelry, even when they are not wearing it. He should not listen to their singing and should not associate with them at all, either through innuendo or otherwise, even with his wife when she is a *niddah*. And he should not be alone with any of his female relatives with whom relations are forbidden.

If one swears falsely or profanes what is consecrated, he should be flogged several times throughout his life and confess for many days; and he should thereafter take heed not to swear, even to the truth, neither by the Torah nor by the souls of his ancestors — although he may make a vow by his own life. But he may swear to fulfill the mitzvos (*Nedarim* 8a). And he must take heed not to utter the Name of Heaven in vain. His limbs should quake when he mentions the Blessed One's name, and he must take care not to utter a benediction in vain. If he inadvertently did so, he should say thereafter: "Blessed is the Name of the honor of His kingdom forever" (*Yerushalmi, Berachos* 6:1). And those who habituate themselves or their children to utter the Name of Heaven in the bathhouse or the toilet, or to take the Name of Heaven in vain — woe to their souls and to their children for having thus instructed their tongues! Therefore, one should take heed and fence himself, his children, and his friends who defer to him, from uttering the Name of Heaven in vain. If the penitent was compelled to swear to his creditor — even to the truth — he should fast on that day every year.

If he was accustomed to converse in the synagogue and to engage in jesting and frivolity, from the time he repents he should take heed not to speak of any mundane matter in the synagogue, even not during the time of prayer; and he should sit in great fear and pray with concentration and humility. He should fast for forty days, either consecutive or scattered, and be flogged in secret each day.

גָּנַב או לָקַח רִבִּית — יָשִׁיב, וִיבַקֵּשׁ מִמֶּנּוּ מְחִילָה. וְיִתְעַנֶּה אַרְבָּעִים יוֹם, וְיִתְוַדֶּה בְּכָל יוֹם. וְיִזָּהֵר מִלְּקַבֵּל פִּקְדוֹנוֹת, וְלֹא יַרְגִּיל לָלֶכֶת אֶל מָמוֹן חֲבֵרוֹ. וְיַעֲשֶׂה גְּמִילוּת חֶסֶד בְּגוּפוֹ וּבְמָמוֹנוֹ, וִיוַתֵּר מִשֶּׁלוֹ לַעֲמֵלֵי תוֹרָה יִרְאֵי הַשֵּׁם בָּרוּךְ הוּא. וְזֶה שֶׁלָּקַח רִבִּית — אִם הָיָה יָכוֹל שֶׁלֹּא לִטֹּל רִבִּית אֲפִלּוּ מִן הַגּוֹי, הָיָה טוֹב.

הַמַּלְשִׁין חֲבֵרוֹ, הֲרֵי הוּא מַשְׂנִיאוֹ בְּעֵינֵי הַשַּׂר, וּמַעֲלִיל עָלָיו וְלוֹקֵחַ מָמוֹנוֹ וּמֵמִית רֵעֵהוּ וְאִשְׁתּוֹ וּבָנָיו הַתְּלוּיִם בּוֹ — יִפְרַע לַחֲבֵרוֹ כָּל מַה שֶּׁהִפְסִיד וִיבַקֵּשׁ מִמֶּנּוּ מְחִילָה. וְיִלְקֶה וְיִתְעַנֶּה יוֹתֵר מִשְּׁנָתַיִם, וְיִתְוַדֶּה כָּל יְמֵי חַיָּיו, כִּי נֶחְשָׁב כְּאִלּוּ הָרַג חֲבֵרוֹ וְאִשְׁתּוֹ וּבָנָיו וְכַמָּה עֲבֵרוֹת עָשָׂה, עַל כֵּן יִשְׁבֹּר רוּחוֹ. וְאִם אֵין לוֹ מַה לְשַׁלֵּם, יַרְבֶּה עָלָיו רֵעִים וִיבַקֵּשׁ מִמֶּנּוּ מְחִילָה, וִיצַמְצֵם וְיִפְרַע לוֹ אוֹ לְיוֹרְשָׁיו.

הוֹלֵךְ רָכִיל — כַּיּוֹצֵא בוֹ, וְאֵין לוֹ רְפוּאָה אֶלָּא אִם כֵּן יְבַקֵּשׁ מִמֶּנּוּ מְחִילָה. וְיִתְעַנֶּה אַרְבָּעִים יוֹם אוֹ יוֹתֵר, וְיִלְקֶה בְּכָל יוֹם, וְיִתְוַדֶּה כָּל יְמֵי חַיָּיו. וְיִהְיוּ כָל עֲסָקָיו בְּמִצְווֹת וּבְעֵסֶק שָׁלוֹם בֵּין כָּל אָדָם וּבֵין אִישׁ לְאִשְׁתּוֹ.

הַמַּכֶּה חֲבֵרוֹ וְצִעֲרוֹ, בֵּין בְּמָמוֹן בֵּין בְּאוֹנָאַת דְּבָרִים, אֵין לוֹ כַּפָּרָה אִם לֹא יְרַצֶּה אֶת חֲבֵרוֹ. וְאֵין יוֹם הַכִּפּוּרִים מְכַפֵּר אֶלָּא עֲבֵרוֹת שֶׁבֵּינוֹ וּבֵין הַמָּקוֹם, אֲבָל שֶׁבֵּינוֹ וּבֵין חֲבֵרוֹ צָרִיךְ לְפַיְּסוֹ (יומא פה ע"ב). הַמַּגְבִּיהַּ

If he stole something or took interest he must return it and ask forgiveness of the owner and fast for forty days, confessing each day. He must be careful not to take pledges and he must become accustomed to barring himself from access to his fellowman's possessions. He should perform acts of lovingkindness with his person and his possessions, and give up what is his for the sake of the God-fearing men who labor in Torah. And one who took interest, if he can refrain from taking interest even from a gentile, it is desirable that he do so.

If one informs against his fellowman and puts him in disfavor with the ruling authority, who libels him and seizes his wealth, virtually killing him and his wife and children who are dependent upon him — one must restore to his fellowman all that he has lost and ask forgiveness of him, undergo flagellation and fast more than two years, and confess all the days of his life; for it is as if he has killed his fellowman, and his fellowman's wife, and his children. He has committed many transgressions and must, therefore, break his own spirit. If he lacks the wherewithal to compensate, he should solicit the intercession of many of his friends and implore his fellowman's forgiveness; and he should live frugally in order to repay him or his heirs.

A talebearer, similarly, has no remedy unless he implores forgiveness of him he has offended. He should fast forty days or more, be flogged each day, and confess all the days of his life. And all of his undertakings must consist of the performance of mitzvos and of making peace between men and between man and his wife.

One who struck his fellowman, or afflicted him through abuse of his wealth or through verbal abuse, has no atonement unless he conciliates him. The Day of Atonement atones only for those sins between man and God, but those between man and his fellowman require conciliation (*Yoma* 85b). One who lifts his hand against his fellowman, even

יָדוֹ עַל חֲבֵרוֹ, אַף עַל פִּי שֶׁלֹּא הִכָּהוּ, נִקְרָא רָשָׁע (סנהדרין נח ע״ב), וִיבַקֵּשׁ מִמֶּנּוּ מְחִילָה וְיִתְכַּפֵּר.

הַמַּלְבִּין פְּנֵי חֲבֵרוֹ, יִתְעַנֶּה אַרְבָּעִים יוֹם אוֹ יוֹתֵר, וְיִלְקֶה בְּכָל יוֹם, וְיִתְוַדֶּה כָּל יְמֵי חַיָּיו.

הַמְכַנֶּה שֵׁם לַחֲבֵרוֹ, יְבַקֵּשׁ מִמֶּנּוּ מְחִילָה בִּפְנֵי רַבִּים, וְיִלְקֶה וְיִתְעַנֶּה אַרְבָּעִים יוֹם, וְיִתְוַדֶּה בְּצִנְעָה בְּכָל יוֹם. **הַמְאַנֶּה אֶת הַגֵּר**, יְבַקֵּשׁ מִמֶּנּוּ מְחִילָה, וְיִלְקֶה וְיִתְוַדֶּה וְיִתְעַנֶּה אַרְבָּעִים יוֹם. **הַמַּקְנִיט אֶת חֲבֵרוֹ** — יָבִיא שָׁלֹשׁ שׁוּרוֹת שֶׁל שְׁלֹשָׁה בְּנֵי אָדָם, שֶׁנֶּאֱמַר: ״יָשֹׁר עַל אֲנָשִׁים וַיֹּאמֶר חָטָאתִי וְיָשָׁר הֶעֱוֵיתִי וְלֹא שָׁוָה לִי״ (איוב לג, כז), וְאֵין צָרִיךְ לְבַקֵּשׁ מִמֶּנּוּ יוֹתֵר מִשָּׁלֹשׁ פְּעָמִים. וְאִם מֵת — יוֹלִיךְ עֲשָׂרָה בְּנֵי אָדָם עַל קִבְרוֹ, וְיֹאמַר: חָטָאתִי לַשֵּׁם אֱלֹהֵי יִשְׂרָאֵל וְלִפְלוֹנִי זֶה שֶׁהִקְנַטְתִּי אוֹתוֹ (יומא פז ע״א). וּמִתְּחִלָּה יֵלֵךְ הַמַּקְנִיט לְמִי שֶׁהִקְנִיטוֹ, וְיֹאמַר לוֹ: פָּשַׁעְתִּי בְּךָ! וְאִם אֵינוֹ מְקַבֵּל, יָבִיא (עשרה) שְׁלֹשָׁה בְּנֵי אָדָם וִיבַקֵּשׁ מִמֶּנּוּ מְחִילָה בִּפְנֵיהֶם. וְדַוְקָא שֶׁלֹּא בִזָּהוּ בָרַבִּים, אֲבָל אִם בִּזָּהוּ בָרַבִּים, לֹא דַי שֶׁיְּבַקֵּשׁ מִמֶּנּוּ מְחִילָה בְּפִיּוּס בֵּינוֹ לְבֵינוֹ. וְלֹא יְהֵא הַמּוֹחֵל אַכְזָרִי (בבא קמא צב ע״א). וְאִם הִקְנִיטוֹ וְהוֹצִיא עָלָיו שֵׁם רָע, אֵין לוֹ מְחִילָה עוֹלָמִית (ירושלמי שם, פ״ח ה״ז), אֶלָּא אִם כֵּן יִתְעַנֶּה וְיִלְקֶה בֵּינוֹ לְבֵין עַצְמוֹ אַרְבָּעִים יוֹם אוֹ יוֹתֵר.

הַמְחַלֵּל אֶת הַשֵּׁם — חִלּוּל הַשֵּׁם הוּא עָוֹן גָּדוֹל מְאֹד. וּמַהוּ חִלּוּל הַשֵּׁם? אָמַר רַב: כְּגוֹן אֲנָא, דְּאָזֵלְנָא לְבֵי טַבָּחָא וְשָׁקֵלְנָא בִשְׂרָא וְלָא יָהֵבְנָא דְמֵי לְאַלְתַּר; פֵּרוּשׁ: מֵבִיא עַצְמוֹ לִידֵי זִלְזוּל דְּגָזֵל, וְהָעוֹלָם לוֹמְדִים מִמֶּנּוּ וּמְזַלְזְלִים יוֹתֵר. רַבִּי יוֹחָנָן אָמַר: כְּגוֹן אֲנָא, דְּמַסְגֵינָא אַרְבַּע אַמּוֹת בְּלֹא תוֹרָה וּבְלֹא תְפִלִּין; פֵּרוּשׁ:

if he does not strike him, is called wicked (*Sanhedrin* 58b), and he must ask his forgiveness for atonement.

If one shamed his fellowman he must fast forty days or more, be flogged each day, and confess all the days of his life. One who called his fellowman by an epithet must implore his forgiveness in public, undergo flagellation, fast forty days, and confess in private each day. If one afflicted a proselyte he must implore his forgiveness, be flogged, confess, and fast forty days. If one offended his fellowman, he should bring three rows of [three] men [each], as it is written (*Iyov* 33:27): "And he should pace before men and say: I have sinned and perverted what was right and it did not avail me." He is not required to ask his forgiveness more than three times. And if the latter died, he must take ten men to his grave and say: "I have sinned against Hashem the God of Israel and against this man whom I have offended" (*Yoma* 87a). First the offender must go to the one he offended and say: "I have sinned against you." If the latter does not accept this, he must then bring three men and ask his forgiveness in their presence. This applies only if he did not shame him in public, but if he did, it is not enough that he asks to be forgiven in private. And the offended person should not be cruel [by refusing pardon] (*Bava Kama* 92a). If one offended another by spreading an evil report about him, he can never be forgiven (*Yerushalmi*, ibid. 8:7), unless he fasts and is flogged in private for forty days or more.

One who desecrates the Name of Heaven is guilty of a great sin. What is desecration of the Name? We read (*Yoma* 86a): "Rav said: 'If one such as I would go to the butcher and buy meat and not pay for it immediately.'" That is, he would thereby be exhibiting laxity in the direction of theft, and others would learn from him and would be even more lax. Rabbi Yochanan said: "If one such as I would walk four ells without Torah and without *tefillin*." That is, people would

הָעוֹלָם מְזַלְזְלִים וְלוֹמְדִים מִמֶּנּוּ לְהָקֵל יוֹתֵר. יִצְחָק דְּבֵי רַבִּי יַנַּאי אָמַר: כֹּל שֶׁחֲבֵרָיו בּוֹשִׁים מֵחֲמַת שְׁמוּעָתוֹ; פֵּרוּשׁ: שֶׁאוֹמְרִים עָלָיו מַעֲשִׂים שֶׁאֵינָם מְהֻגָּנִים, וּבְנֵי אָדָם לוֹמְדִים מִמַּעֲשָׂיו וְנוֹשְׂאִים קַל וָחֹמֶר מִמֶּנּוּ, וּמוֹרִים הֶתֵּר עַל גּוּפֵי עֲבֵרוֹת (יומא פו ע״א). אָמַר רַבִּי אַבָּהוּ מִשּׁוּם רַבִּי חֲנִינָא: נוֹחַ לוֹ לְאָדָם שֶׁיַּעֲבֹר עֲבֵרָה בַּסֵּתֶר וְאַל יְחַלֵּל שֵׁם שָׁמַיִם בְּפַרְהֶסְיָא; פֵּרוּשׁ: שֶׁלֹּא יִלְמְדוּ בְּנֵי אָדָם מִמַּעֲשָׂיו (קדושין מ ע״א). וְאָמַר רַבִּי אִלְעַאי הַזָּקֵן: אִם רוֹאֶה אָדָם שֶׁיִּצְרוֹ מִתְגַּבֵּר עָלָיו, יֵלֵךְ לְמָקוֹם שֶׁאֵין מַכִּירִים אוֹתוֹ, וְיִלְבַּשׁ שְׁחֹרִים וְיִתְעַטֵּף שְׁחֹרִים וְיַעֲשֶׂה מַה שֶּׁלִּבּוֹ חָפֵץ, וְאַל יְחַלֵּל שֵׁם שָׁמַיִם בְּפַרְהֶסְיָא (קדושין מ ע״א; מועד קטן יז ע״א; חגיגה טז ע״א); וּפֵרַשׁ רַבֵּנוּ חֲנַנְאֵל (מו״ק שם): חַס וְשָׁלוֹם שֶׁהֻתַּר לוֹ לַעֲבֹר עֲבֵרָה! אֶלָּא הַחֲכָמִים אָמְרוּ כְּנֶגֶד יֵצֶר הָרַע שֶׁאֵינוֹ מִתְאַוֶּה אֶלָּא אֶל הָאִסּוּר וּלְמַלֹּאת תַּאֲוָתוֹ, וְכֵיוָן שֶׁהוֹלֵךְ לְמֶרְחוֹק וְלוֹבֵשׁ שְׁחֹרִים, אָז לִבּוֹ יִשָּׁבֵר וְיִכָּנַע, וְיִמָּנַע מִן הַחֵטְא; אֲבָל לַעֲשׂוֹת אִסּוּרִים — כְּלָל וּכְלָל לֹא! אַךְ מַעֲשִׂים הַלָּלוּ מְשַׁבְּרִים רֹעַ יֵצֶר הָרַע וּמוֹנְעִים אוֹתוֹ מִלַּעֲבֹר, כִּדְאָמַר רַבִּי אִלְעַאי, כִּי יְגִיעַת דְּרָכִים וְאַכְסַנְיוֹת וּלְבִישַׁת שְׁחֹרִים, מְשַׁבְּרוֹת יֵצֶר הָרַע וּמוֹנְעוֹת אֶת הָאָדָם מִן הָעֲבֵרָה. וְאָמְרוּ: כָּל שֶׁלֹּא חָס עַל כְּבוֹד קוֹנוֹ, רָאוּי לוֹ שֶׁלֹּא בָא לָעוֹלָם (חגיגה יא ע״ב), וְאָמְרוּ בַּגְּמָרָא: אָמַר רַב יוֹסֵף: זֶה הָעוֹבֵר עֲבֵרָה בַּסֵּתֶר, כִּדְאָמַר רַבִּי יִצְחָק: כָּל הָעוֹבֵר עֲבֵרָה בַּסֵּתֶר, כְּאִלּוּ דּוֹחֵק רַגְלֵי הַשְּׁכִינָה (שם טז ע״א).

be lax and would learn from him to be even less observant. Yitzchak of the school of Rabbi Yannai said: "All whose friends are ashamed of what is said of him" — that is, if evil reports are circulated about him — men reason *a fortiori* — from his conduct to permit patent transgressions to themselves. Rabbi Avahu said in the name of Rabbi Chanina (*Kiddushin* 40a): "It is better that one transgress in secret and not desecrate the Name of Heaven in public" — that is, so that people not learn from his deeds. And Rabbi Ilai the Elder said (*Mo'ed Katan* 17a): "If one sees his evil inclination threatening to overcome him, he should go to a place where he is unknown, don black attire and cloak himself in black, and do what his heart desires, but he should not desecrate the Name of Heaven in public." Rabbenu Chananel (ibid.) explains this in the following vein: God forbid that this be understood as license to commit a transgression. The meaning is, rather, that the Sages prescribed against the evil inclination which lusts only for what is forbidden and the fulfillment of its lust. They understood that his going to a distant place and attiring himself in black would break his lust, humble him and keep him from the sin. The forbidden is certainly not permitted to him. It is just that acts of this kind break the power of the evil inclination and prevent one from transgressing, as indicated by Rabbi Ilai. The exertion of travels and inns and the donning of black break the evil inclination and keep one from sinning. Our Sages have said further (*Chagigah* 11b): "All who are not concerned about the honor of their Creator would better not have come into the world," and Rabbi Yosef said (ibid. 16a): "This [not being concerned about the honor of one's Creator] refers to one who transgresses in secret." As Rabbi Yitzchak said (ibid.): "Transgressing in secret is tantamount to pushing aside the feet of the Divine Presence."

חִלּוּל הַשֵּׁם הִיא עֲבֵרָה שֶׁיֵּשׁ לָהּ פֵּרוֹת, כִּי כְּשֶׁעָשָׂה דָבָר רָע אָז אֲחֵרִים לוֹמְדִים מִמֶּנּוּ. וּמִזֹּאת הָעֲבֵרָה יֵשׁ לְכָל אָדָם לִירֹא מְאֹד מְאֹד, כִּי חִלּוּל הַשֵּׁם יֶשְׁנוֹ בְּכַמָּה דְּבָרִים, וְאֵין לוֹ שִׁעוּר, כִּי כָּל הַמְבַזֶּה אֲפִלּוּ מִצְוָה אַחַת וּמֵקֵל בִּכְבוֹד שָׁמַיִם, נִקְרָא מְחַלֵּל הַשֵּׁם, כִּי אֲחֵרִים יִלְמְדוּ מִמֶּנּוּ וְיָקֵלּוּ יוֹתֵר. לָכֵן צָרִיךְ אָדָם לִזָּהֵר מְאֹד מְאֹד בְּכָל מַעֲשָׂיו, שֶׁלֹּא יִלְמְדוּ מִמֶּנּוּ לְהָקֵל וּלְזַלְזֵל. עָבַר אָדָם עַל כְּרִיתוֹת וּמִיתוֹת בֵּית דִּין בְּמֵזִיד — תְּשׁוּבָה וְיוֹם הַכִּפּוּרִים מְכַפְּרִים מֶחֱצָה, וְיִסּוּרִים מְכַפְּרִים מֶחֱצָה, אֲבָל נִתְחַלֵּל שֵׁם שָׁמַיִם עַל יָדוֹ, אֵין כֹּחַ בַּתְּשׁוּבָה לִתְלוֹת וְלֹא בְיוֹם הַכִּפּוּרִים לְכַפֵּר וְלֹא בַיִּסּוּרִים לְמָרֵק, אֶלָּא כֻּלָּם תּוֹלִים וּמִיתָה מְמָרֶקֶת (יומא פו ע"א). עַל כֵּן יִזָּהֵר כָּל אָדָם מֵחִלּוּל הַשֵּׁם, וְיִתְרַחֵק מִן הַכִּעוּר וּמִן הַדּוֹמֶה לוֹ (חולין מד ע"ב). וְעִקַּר תְּשׁוּבָה שֶׁל חִלּוּל הַשֵּׁם — שֶׁיּוֹדֶה עַל פְּשָׁעָיו לְנֶגֶד רַבִּים, וְיֹאמַר לָהֶם: אַל תִּלְמְדוּ מִמֶּנִּי, כִּי אֲנִי חָטָאתִי, עָוִיתִי, פָּשַׁעְתִּי, חִלַּלְתִּי הַשֵּׁם יִתְבָּרֵךְ בְּאִוַּלְתִּי. וְיִתְעַנֶּה כַּמָּה תַעֲנִיּוֹת, וְיִתְוַדֶּה בְּכָל יוֹם עַד יוֹם מוֹתוֹ.

עַל כָּל עֲבֵרָה וַעֲבֵרָה שֶׁאָדָם עוֹשֶׂה, בֵּין בְּשׁוֹגֵג בֵּין בְּמֵזִיד, כְּגוֹן שֶׁנָּגַע בְּנֵר אוֹ הִדְלִיק נֵר בְּשַׁבָּת וְאֵינוֹ זוֹכֵר שֶׁהוּא שַׁבָּת, אוֹ שֶׁעָשָׂה בְלֹא יְדִיעָה — יֵשׁ לוֹ לְהִתְוַדּוֹת וּלְהִתְעַנּוֹת לְכָל הַפָּחוֹת שְׁנֵי יָמִים, שֵׁנִי וַחֲמִישִׁי; וְכֵן עַל כָּל הָעֲבֵרוֹת, גְּדוֹלוֹת וּקְטַנּוֹת, שֶׁאָדָם עוֹשֶׂה, יִתְעַנֶּה. וּבָזֶה יֵשׁ בּוֹ שְׁתֵּי טוֹבוֹת: הָאַחַת, שֶׁהַתַּעֲנִית מְכַפֶּרֶת; וְהַשְּׁנִיָּה, שֶׁיִּמָּנַע מֵעֲבֵרוֹת. כִּי יַחְשֹׁב: אִם אֶעֱשֶׂה זֹאת, אֶצְטָרֵךְ לְהִתְעַנּוֹת! וְיִמָּנַע מִתּוֹךְ כָּךְ מִן הָעֲבֵרָה. וְזוֹהִי

Desecration of the Name of Heaven is a transgression which bears "fruits," for when one does evil, others learn from him. One must stand in great fear of this sin, for desecration of the Name is possible in many areas and has no limits. All who make light of even one mitzvah, and, therefore, of the honor of Heaven, are called desecrators of the Name, for others learn from them and are even more slighting. Therefore, one must be extremely heedful in all of his deeds that others not learn from him to slight and cheapen the mitzvos.

If one wittingly transgressed sins punishable by the Divine severance of existence or by the judicial death penalties, repentance and the Day of Atonement atone one half, and afflictions, the other. But if the Name of Heaven was desecrated through him, then repentance has no power to suspend, or the Day of Atonement to atone, or afflictions to purge, but they all suspend, and only death purges (*Yoma* 86a). Therefore, all men must keep themselves far from desecration of the Name and from the ugly deed and from anything like it (*Chullin* 44b). The essence of repentance for desecration of the Name is acknowledging one's offenses publicly and saying: "Do not learn from me, for I have sinned, transgressed, offended, and desecrated the Blessed One's Name through my folly." And he should observe numerous fasts and confess each day until the day of his death.

For every transgression that a man has committed, whether unwittingly or intentionally, such as touching or lighting a candle on the Sabbath, or doing something without knowing that it is wrong, he should confess and fast on at least two days — Monday and Thursday. Similarly, for all transgressions, great or small, that one commits, he should fast. There are two benefits to be derived from this. First, fasting atones; and second, he is thereby kept from transgression, thinking: If I do this I will have to

הַגָּדֵר הַגְּדוֹלָה לִפְנֵי כָל הָעֲבֵרוֹת — שֶׁיִּקְנֹס עַצְמוֹ, אוֹ לִתֵּן צְדָקָה אוֹ לַעֲשׂוֹת צַעַר בְּגוּפוֹ, כְּשֶׁעוֹבֵר. וְכֵן יַעֲשֶׂה לְכָל הָעֲבֵרוֹת שֶׁהוּא רָגִיל בָּהֶן, כְּגוֹן שִׂנְאָה וְקִנְאָה וְשִׂמְחָה לְאֵיד חֲבֵרוֹ וּדְבָרִים בְּטֵלִים וּלְשׁוֹן הָרָע, אוֹ שֶׁלֹּא הִתְכַּוֵּן בִּבְרָכוֹת וּבִתְפִלָּה, שֶׁזָּרַק הַבְּרָכוֹת מִפִּיו בְּלֹא כַוָּנַת הַלֵּב, וְכָל כַּיּוֹצֵא בָאֵלּוּ. הַרְבֵּה מְאֹד יִבְדֹּק עַצְמוֹ בְּכָל יוֹם בְּאֵלֶּה הָעִנְיָנִים; וְאִם פָּגַע בְּאֶחָד מֵאֵלּוּ וְעָבַר עֲלֵיהֶם, יְמַהֵר לְהִצְטַעֵר וּלְהִתְאַבֵּל וּלְהִתְוַדּוֹת עַל אֵיזֶה עָוֹן שֶׁעָשָׂה, וּלְבַקֵּשׁ מְחִילָה מֵאֵת הַשֵּׁם יִתְבָּרֵךְ בְּלֵב נִשְׁבָּר.

עִנְיָן גָּדוֹל הוּא הַוִּדּוּי; כִּי שָׁנוּ רַבּוֹתֵינוּ, זִכְרוֹנָם לִבְרָכָה:

הָיָה רָחוֹק מִבֵּית הַסְּקִילָה כְּעֶשֶׂר אַמּוֹת, אוֹמְרִים לוֹ: הִתְוַדֵּה! שֶׁכֵּן דֶּרֶךְ כָּל הַמּוּמָתִין מִתְוַדִּין, שֶׁכָּל הַמִּתְוַדֶּה יֵשׁ לוֹ חֵלֶק לָעוֹלָם הַבָּא; שֶׁכֵּן מָצִינוּ בְעָכָן, שֶׁאָמַר לוֹ יְהוֹשֻׁעַ: "בְּנִי שִׂים נָא כָבוֹד לַיְיָ אֱלֹהֵי יִשְׂרָאֵל וְתֶן לוֹ תוֹדָה וְהַגֶּד נָא לִי מֶה עָשִׂיתָ אַל תְּכַחֵד מִמֶּנִּי וַיַּעַן עָכָן אֶת יְהוֹשֻׁעַ וַיֹּאמַר אָמְנָה אָנֹכִי חָטָאתִי לַיְיָ אֱלֹהֵי יִשְׂרָאֵל וְכָזֹאת וְכָזֹאת עָשִׂיתִי" (יהושע ז, יט־כ). וּמִנַּיִן שֶׁכִּפֵּר לוֹ וִדּוּיוֹ? שֶׁנֶּאֱמַר: "וַיֹּאמֶר יְהוֹשֻׁעַ מֶה עֲכַרְתָּנוּ יַעְכָּרְךָ יְיָ בַּיּוֹם הַזֶּה" (שם שם, כה) — בַּיּוֹם הַזֶּה אַתָּה עָכוּר וְאִי אַתָּה עָכוּר לָעוֹלָם הַבָּא. וְאִם אֵינוֹ יוֹדֵעַ לְהִתְוַדּוֹת, אוֹמְרִים לוֹ: אֱמֹר: תְּהֵא מִיתָתִי כַפָּרָה עַל כָּל עֲוֹנוֹתַי (סנהדרין מג ע"ב).

כָּל מִצְוֹת שֶׁבַּתּוֹרָה, בֵּין עֲשֵׂה בֵּין לֹא־תַעֲשֶׂה, אִם עָבַר אָדָם עַל אַחַת מֵהֶן, בֵּין בְּזָדוֹן בֵּין

fast; and as a result, he abstains from the transgression. This is the great fence before all transgressions — penalizing oneself, either to give charity or to afflict oneself bodily whenever one transgresses. One should follow this practice with all transgressions that he is given to, such as hatred, envy, rejoicing in the disparagement of one's fellowman, idle talk, slander, or lack of intent in benediction and prayer — flinging the benedictions from one's mouth without the deliberation of the heart — and all the like. One should subject himself to much examination each day on these matters. And if he has offended in one of these areas and transgressed, he should make haste to afflict himself, and mourn, and confess the particular sin that he committed, and implore forgiveness of the Blessed One, with a broken heart.

Confession is of great importance. Our Rabbis of blessed memory have taught (*Sanhedrin* 43b): "When one is about ten ells distant from the place of stoning, he is told, 'Confess, for it is the way of all who are put to death to confess, for all who confess have a share in the World-to-Come.' Thus we find with respect to Achan (*Yehoshua* 7:19-20). Yehoshua said to him: 'My son, I pray you, give honor to Hashem, the God of Israel, and confess to Him and tell me what you have done. Do not keep it from me.' And Achan answered Yehoshua and said: 'It is true, I have sinned against Hashem, the God of Israel, and this-and-this is what I have done.' And how do we know that confession atoned for him? For Yehoshua answered (ibid. :25): 'Why have you sullied us? Hashem will sully you this day.' That is to say, this day you are sullied, but you are not sullied for the World-to-Come. And if one does not know how to confess, he is told: 'Say: Let my death be an atonement for all of my sins.'"

If a man transgresses any of the mitzvos in the Torah, whether positive ones or negative ones, whether intention-

בִּשְׁגָגָה, כְּשֶׁיַּעֲשֶׂה תְשׁוּבָה וְיָשׁוּב מֵחֶטְאוֹ, חַיָּב לְהִתְוַדּוֹת לִפְנֵי הָאֵל בָּרוּךְ הוּא, שֶׁנֶּאֱמַר: "אִישׁ אוֹ אִשָּׁה כִּי יַעֲשׂוּ מִכָּל חַטֹּאת הָאָדָם לִמְעֹל מַעַל בַּיְיָ וְאָשְׁמָה הַנֶּפֶשׁ הַהִוא וְהִתְוַדּוּ אֶת חַטָּאתָם אֲשֶׁר עָשׂוּ" (במדבר ה, ו־ז), זֶה וִדּוּי דְּבָרִים. וְכָל בַּעֲלֵי חַטָּאוֹת וַאֲשָׁמוֹת וְכָל חַיָּבֵי מִיתוֹת בֵּית דִּין אוֹ מַלְקוֹת, אֵין מִתְכַּפֵּר לָהֶם בְּמִיתָה אוֹ בְמַלְקוֹת אוֹ בְקָרְבָּן, עַד שֶׁיַּעֲשׂוּ תְשׁוּבָה וְיִתְוַדּוּ; וְכֵן הַחוֹבֵל בַּחֲבֵרוֹ וְהַמַּזִּיק מָמוֹנוֹ, אַף עַל פִּי שֶׁשִּׁלֵּם לוֹ, אֵין מִתְכַּפֵּר לוֹ עַד שֶׁיִּתְוַדֶּה וְיָשׁוּב מִלַּעֲשׂוֹת כָּזֶה לְעוֹלָם. וְכֵיצַד מִתְוַדֶּה? יֹאמַר: אָנָּא, הַשֵּׁם, חָטָאתִי, עָוִיתִי, פָּשַׁעְתִּי לְפָנֶיךָ וְעָשִׂיתִי כָּךְ וְכָךְ, וַהֲרֵי נִחַמְתִּי וָבֹשְׁתִּי בְּמַעֲשַׂי, וּלְעוֹלָם אֵינִי חוֹזֵר לְדָבָר זֶה! וְזֶהוּ עִקָּרוֹ שֶׁל הַוִּדּוּי. וְכָל הַמַּרְבֶּה לְהִתְוַדּוֹת וּמַאֲרִיךְ בְּעִנְיָן זֶה, הֲרֵי זֶה מְשֻׁבָּח. גַּם זֶה עִקַּר הַוִּדּוּי: "אֲבָל אֲנַחְנוּ חָטָאנוּ". וְטוֹב מְאֹד לְפָרֵט הַחֵטְא שֶׁלּוֹ בְתוֹךְ הַוִּדּוּי, כְּגוֹן אִם אָכַל נְבֵלוֹת וּטְרֵפוֹת אוֹ שְׁאָר דְּבַר אִסּוּר, כְּשֶׁיֹּאמַר "אָשַׁמְתִּי", יֹאמַר "אָכַלְתִּי דְּבַר אִסּוּר"; וְאִם חָטָא בִזְנוּת, כְּשֶׁיֹּאמַר "בָּגַדְתִּי", יֹאמַר "בָּעַלְתִּי בְּעִילַת זְנוּת", וִיפָרֵשׁ בָּהּ אִם בָּעַל גּוֹיָה אוֹ נִדָּה; וְאִם גָּנַב, כְּשֶׁיֹּאמַר "גָּזַלְתִּי", אָז יֹאמַר "מִפְּלוֹנִי וּמִפְּלוֹנִי גָּנַבְתִּי וְגָזַלְתִּי"; וְאִם הוֹצִיא שֵׁם רַע עַל חֲבֵרוֹ אוֹ לְשׁוֹן הָרָע אוֹ שׁוּם כִּנּוּי, יֹאמַר עָלָיו "דִּבַּרְתִּי דֹפִי"; וְאִם הוֹצִיא שִׁכְבַת זֶרַע לְבַטָּלָה, כְּשֶׁיַּגִּיעַ לְ"הֶעֱוֵיתִי", אָז יֹאמַר "הוֹצֵאתִי שִׁכְבַת זֶרַע לְבַטָּלָה"; וְאִם זָנָה עִם עֲרָיוֹת, כְּשֶׁיַּגִּיעַ לְ"זַדְתִּי", יֹאמַר

ally or unwittingly — when he repents and turns away from his sin, he must confess before the Blessed God, as it is written (*Bemidbar* 5:6-7): "If a man or woman commit any of the sins that people commit, to trespass against Hashem, and that soul shall bear guilt, then they shall confess the sins that they committed." This refers to verbal confession. All who must bring sin-offerings or guilt-offerings, and all who incur judicial death penalties or lashes are not atoned for by death, lashes, or sacrifice until they repent and confess. Similarly, one who injures his friend or damages his property, even though he compensates him, receives no atonement until he confesses and abandons such conduct forever. How does one confess? He says: "I supplicate You, O Hashem: I have sinned, transgressed, and offended before You, and I have done this-and-this. And now I regret, and am ashamed of my deeds, and will never revert to them again." This is the essence of confession. All who confess frequently and at length are to be commended. Also containing the essence of confession is the formula: "But we have sinned." And it is highly advisable to specify one's sin within the formula of confession, so that if he ate *nevelos* or *trefos* [ritually forbidden flesh] or other forbidden things, when he says: "I have been guilty" (*ashamti*), he should add: "I have eaten forbidden food" (*achalti d'var issur*); and if he sinned in the area of illicit relations, when he says: "I have been unfaithful," he should add: "I have had illicit relations," specifying whether he cohabited with a gentile woman or with a *niddah*; and if he stole, when he says: "I have robbed," he should add: "I have stolen and robbed from this-and-this person"; and if he spread an evil report about his fellowman, or slandered him, or called him by an epithet, he should say in that regard: "I have spoken defamation"; and if he caused semen to be emitted in vain, when he comes to: "I have perverted," he should add: "I have emitted semen in vain"; and if he fornicated

"זָנִיתִי"; וְאִם חִלֵּל שַׁבָּתוֹת, כְּשֶׁיַּגִּיעַ לְ"חָמַסְתִּי", אָז יֹאמַר "חִלַּלְתִּי שַׁבָּתוֹת"; וְאִם חָמַד, יֹאמַר "חָמַדְתִּי"; וְכֵן לְכָל אַלְפָּא־בֵּיתָא, לְכָל אוֹת וָאוֹת שֶׁבַּוִּדּוּי, יֹאמַר מֵאוֹתָהּ הָעֲבֵרָה שֶׁעָשָׂה, וְיֹאמַר בִּבְכִי: "יַעֲזֹב רָשָׁע דַּרְכּוֹ וְאִישׁ אָוֶן מַחְשְׁבֹתָיו וְיָשֹׁב אֶל יְיָ וִירַחֲמֵהוּ וְאֶל אֱלֹהֵינוּ כִּי יַרְבֶּה לִסְלוֹחַ" (ישעיה נה, ז), וְאָז יוֹעִיל לוֹ. וּבְסוֹף הַוִּדּוּי — "סַרְתִּי מִמִּצְוֹתֶיךָ וּמִמִּשְׁפָּטֶיךָ הַטּוֹבִים וְלֹא שָׁוָה לִי, וְאַתָּה צַדִּיק עַל כָּל הַבָּא עָלַי, כִּי אֱמֶת עָשִׂיתָ וַאֲנִי הִרְשַׁעְתִּי", וְאָז יֹאמַר: "עָבַרְתִּי עַל מִצְוֹת עֲשֵׂה וְעַל מִצְוֹת לֹא־תַעֲשֶׂה, עָבַרְתִּי עַל חַיָּבֵי כְרֵתוֹת וּמִיתוֹת בֵּית דִּין, עָבַרְתִּי עַל הַתּוֹרָה שֶׁבִּכְתָב וְעַל הַתּוֹרָה שֶׁבְּעַל פֶּה, שָׁכַחְתִּי שִׁמְךָ הַגָּדוֹל, שָׁכַחְתִּי עַל מַלְכוּתְךָ וְיִרְאָתֶךָ, וְאַתָּה צַדִּיק עַל כָּל הַבָּא עָלֵינוּ". וְאָמְרִינַן בִּירוּשַׁלְמִי: כֵּיצַד מִתְוַדֶּה? — "רִבּוֹן הָעוֹלָמִים! הָרַע בְּעֵינֶיךָ עָשִׂיתִי וּבְדֶרֶךְ רָעָה הָיִיתִי עוֹמֵד, וְשׁוּב אֵינִי עוֹשֶׂה כֵן. יְהִי רָצוֹן מִלְּפָנֶיךָ, הַשֵּׁם, אֱלֹהַי וֵאלֹהֵי אֲבוֹתַי, שֶׁתְּכַפֵּר לִי עַל כָּל פְּשָׁעַי וְתִמְחַל לִי עַל כָּל עֲוֹנוֹתַי וְתִסְלַח לִי עַל כָּל חַטֹּאתָי" (ירושלמי יומא פ"ח ה"ז).

כְּלָלוֹ שֶׁל דָּבָר: יָשׁוּב אָדָם מִכָּל חֲטָאוֹת וּמִכָּל הַמִּדּוֹת הָרָעוֹת. וְהַשָּׁב מֵהַמִּדּוֹת הָרָעוֹת צָרִיךְ חִזּוּק גָּדוֹל מְאֹד, כִּי כְּבָר הָאָדָם מֻרְגָּל בָּהֶן וְקָשֶׁה לוֹ לִפְרֹשׁ מֵהֶן, וְעַל זֶה נֶאֱמַר: "יַעֲזֹב רָשָׁע דַּרְכּוֹ וְאִישׁ אָוֶן

with those who are forbidden to him, when he comes to: "I have dealt maliciously," he should add: "I have fornicated"; and if he profaned Sabbaths, when he comes to: "I have done violence," he should add: "I have profaned Sabbaths"; and if he coveted, he should add: "I have coveted." And so through the entire alphabetical order in the order of confession — with each letter he should add the specific transgression that he committed. And he should say, sobbing (*Yeshayahu* 55:7): "Let the wicked man forsake his way, and the man of iniquity, his thoughts; and let him return to Hashem, who will have mercy upon him, and to our God, who will forgive in abundance" — and it will then take effect. At the end of the confession he should say: "I departed from Your goodly mitzvos and judgments and they were not of worth to me. And You are righteous in all that comes upon me. For You have done truth and I have been wicked," after which he should say: "I have transgressed both positive and negative commandments; I have transgressed sins punishable by Divine severance of existence and sins punishable by judicial death penalties; I have transgressed both the Written and the Oral Laws; I have forgotten Your great Name; I have forgotten the yoke of Your kingdom and Your fear — and You are the Righteous One in all that befalls us." And it is stated (*Yerushalmi, Yoma* 8:7): "How does one confess? 'Hashem of the Universe, I have done what is evil in Your eyes and I have stood in an evil way, and I shall no longer do so. May it be Your will, O Hashem my God, and God of my fathers, that You grant me atonement for all of my offenses, and forgive me for all of my transgressions, and pardon me for all of my sins.'"

In sum, one must repent of all sins and of all the evil traits. To repent of evil traits requires great strengthening, for one becomes habituated to them and it is very difficult to depart from them. In this regard it is written (*Yeshayahu* 55:7): "Let the wicked man forsake his way, and the man

מַחְשְׁבֹתָיו" (ישעיה נה, ז). וְאַל יַחְשֹׁב בַּעַל תְּשׁוּבָה שֶׁהוּא מְרֻחָק מִמַּעֲלַת הַצַּדִּיקִים מִפְּנֵי הַחֲטָאִים וְהָעֲוֹנוֹת שֶׁעָשָׂה — אֵין הַדָּבָר כֵּן! אֶלָּא אָהוּב וְנֶחְמָד הוּא לִפְנֵי הַבּוֹרֵא יִתְבָּרֵךְ כְּאִלּוּ לֹא חָטָא מֵעוֹלָם; וְלֹא עוֹד, אֶלָּא שֶׁשְּׂכָרוֹ הַרְבֵּה, שֶׁהֲרֵי טָעַם טַעַם הַחֵטְא וּפָרַשׁ מִמֶּנּוּ וְכָבַשׁ יִצְרוֹ. אָמְרוּ חֲכָמִים: מָקוֹם שֶׁבַּעֲלֵי תְשׁוּבָה עוֹמְדִים, אֵין צַדִּיקִים גְּמוּרִים יְכוֹלִים לַעֲמֹד בּוֹ (ברכות לד ע״ב); כְּלוֹמַר, מַעֲלָתָם גְּדוֹלָה מִמַּעֲלָתָם שֶׁל אֵלּוּ שֶׁלֹּא חָטְאוּ מֵעוֹלָם, מִפְּנֵי שֶׁהֵם כּוֹבְשִׁים אֶת יִצְרָם יוֹתֵר מֵהֶם.

כָּל הַנְּבִיאִים, כֻּלָּם צִוּוּ עַל הַתְּשׁוּבָה. וְאֵין יִשְׂרָאֵל נִגְאָלִים אֶלָּא בִתְשׁוּבָה (סנהדרין צז ע״ב). וּכְבָר הִבְטִיחָה תוֹרָה שֶׁסּוֹף יִשְׂרָאֵל לַעֲשׂוֹת תְּשׁוּבָה בְּסוֹף גָּלוּתָם וּמִיָּד הֵם נִגְאָלִים, שֶׁנֶּאֱמַר: "וְהָיָה כִי יָבֹאוּ עָלֶיךָ כָּל הַדְּבָרִים הָאֵלֶּה הַבְּרָכָה וְהַקְּלָלָה אֲשֶׁר נָתַתִּי לְפָנֶיךָ וַהֲשֵׁבֹתָ אֶל לְבָבֶךָ ... וְשַׁבְתָּ עַד יְיָ אֱלֹהֶיךָ ... וְשָׁב יְיָ אֱלֹהֶיךָ אֶת שְׁבוּתְךָ וְרִחֲמֶךָ וְשָׁב וְקִבֶּצְךָ מִכָּל הָעַמִּים" (דברים ל, א־ג).

גְּדוֹלָה תְשׁוּבָה, שֶׁמְּקָרֶבֶת אֶת הָאָדָם לַשְּׁכִינָה, שֶׁנֶּאֱמַר: "שׁוּבָה יִשְׂרָאֵל עַד יְיָ אֱלֹהֶיךָ" (הושע יד, ב); וְנֶאֱמַר: "וְלֹא שַׁבְתֶּם עָדַי נְאֻם יְיָ" (עמוס ד, ו); וְנֶאֱמַר: "אִם תָּשׁוּב יִשְׂרָאֵל נְאֻם יְיָ אֵלַי תָּשׁוּב" (ירמיה ד, א), כְּלוֹמַר, אִם תַּחֲזֹר בִּתְשׁוּבָה, בִּי תִדְבַּק. הַתְּשׁוּבָה מְקָרֶבֶת אֶת הָרְחוֹקִים — אֶמֶשׁ הָיָה זֶה שָׂנאוּי לִפְנֵי הַמָּקוֹם בָּרוּךְ הוּא, מְשֻׁקָּץ וּמְרֻחָק וְתוֹעֵבָה, וְהַיּוֹם הוּא אָהוּב וְנֶחְמָד, קָרוֹב וְיָדִיד. וְכֵן אַתָּה מוֹצֵא: בַּלָּשׁוֹן שֶׁהַקָּדוֹשׁ בָּרוּךְ הוּא מַרְחִיק אֶת הַחוֹטְאִים, בָּהּ מְקָרֵב אֶת הַשָּׁבִים, בֵּין יָחִיד בֵּין רַבִּים,

of iniquity, his thoughts." And one who has repented should not think that he remains far from the level of the righteous because of the sins and transgressions he has committed in the past. This is not so. Rather he is as beloved and prized by the Blessed Creator as if he had never sinned. What is more, his reward is exceedingly great, for he has tasted the taste of sin and departed from it and conquered his evil inclination. Our Sages said (*Berachos* 34b): "In the place where the penitent stand the perfectly righteous cannot stand." That is, the former are greater than the latter, who have never sinned, in that they conquer their inclination to a greater extent.

All of the prophets commanded repentance, and Israel is redeemed only through repentance (*Sanhedrin* 97b). And the Torah has assured us that Israel is destined to repent at the end of their exile, whereupon they will be immediately redeemed, as it is written (*Devarim* 30:1-3): "And it will be, when all of these things come upon you, the blessing and the curse that I have set before you, then you will take it to your hearts...and you will return to Hashem your God...and Hashem your God will return your captivity and He will have mercy upon you, and He will return and gather you from all the peoples."

Great is repentance, which brings a man close to the Shechinah, as it is written (*Hoshea* 14:2): "Return, O Israel, until Hashem your God," and (*Amos* 4:6): "And you did not return unto Me, says Hashem," and (*Yirmeyahu* 4:1): "If you return, O Israel, says Hashem, return to Me." That is, if you return through repentance, you will cleave to Me. Repentance brings the distant near. Just yesterday this one was despised before the Holy One Blessed be He — cast off, repelled, and abominated — and today he is beloved, prized, close by, and a dear friend. And thus you find that in the same terms that the Holy One Blessed be He casts off the sinners, he draws near the penitent, whether one

שֶׁנֶּאֱמַר: "וְהָיָה בִּמְקוֹם אֲשֶׁר יֵאָמֵר לָהֶם לֹא עַמִּי אַתֶּם יֵאָמֵר לָהֶם בְּנֵי אֵל חָי" (הושע ב, א). עַל יְכָנְיָה בְּרִשְׁעָתוֹ נֶאֱמַר: "כִּתְבוּ אֶת הָאִישׁ הַזֶּה עֲרִירִי גֶּבֶר לֹא יִצְלַח בְּיָמָיו" (ירמיה כב, ל), "אִם יִהְיֶה כָּנְיָהוּ בֶּן יְהוֹיָקִים מֶלֶךְ יְהוּדָה חוֹתָם עַל יַד יְמִינִי כִּי מִשָּׁם אֶתְּקֶנְךָּ" (שם שם, כד) — וְכֵיוָן שֶׁשָּׁב בְּגָלוּתוֹ, נֶאֱמַר בִּזְרֻבָּבֶל בְּנוֹ: "בַּיּוֹם הַהוּא נְאֻם יְיָ צְבָאוֹת אֶקָּחֲךָ זְרֻבָּבֶל בֶּן שְׁאַלְתִּיאֵל עַבְדִּי נְאֻם יְיָ וְשַׂמְתִּיךָ כַּחוֹתָם" (חגי ב, כג).

כַּמָּה מְעֻלָּה מַעֲלַת הַתְּשׁוּבָה! אֶמֶשׁ הָיָה זֶה מֻבְדָּל מֵהַשֵּׁם, אֱלֹהֵי יִשְׂרָאֵל, יִתְבָּרֵךְ, שֶׁנֶּאֱמַר: "עֲוֹנוֹתֵיכֶם הָיוּ מַבְדִּלִים בֵּינֵכֶם לְבֵין אֱלֹהֵיכֶם" (ישעיה נט, ב); צוֹעֵק וְאֵינוֹ נַעֲנֶה, שֶׁנֶּאֱמַר: "גַּם כִּי תַרְבּוּ תְפִלָּה אֵינֶנִּי שֹׁמֵעַ" (שם א, טו); וְעוֹשֶׂה מִצְוֹת וְטוֹרְפִים אוֹתָן בְּפָנָיו, שֶׁנֶּאֱמַר: "מִי בִקֵּשׁ זֹאת מִיֶּדְכֶם רְמֹס חֲצֵרָי" (שם שם, יב), "מִי גַם בָּכֶם וְיִסְגֹּר דְּלָתַיִם" (מלאכי א, י), "עֹלוֹתֵיכֶם סְפוּ עַל זִבְחֵיכֶם וְאִכְלוּ בָשָׂר" (ירמיה ז, כא) — וְהַיּוֹם הוּא מֻדְבָּק בַּשְּׁכִינָה, שֶׁנֶּאֱמַר: "וְאַתֶּם הַדְּבֵקִים בַּייָ אֱלֹהֵיכֶם" (דברים ד, ד); צוֹעֵק וְנַעֲנֶה מִיָּד, שֶׁנֶּאֱמַר: "וְהָיָה טֶרֶם יִקְרָאוּ וַאֲנִי אֶעֱנֶה" (ישעיה סה, כד); וְעוֹשֶׂה מִצְוֹת וּמְקַבְּלִים אוֹתָן בְּנַחַת וּבְשִׂמְחָה, שֶׁנֶּאֱמַר: "כִּי כְבָר רָצָה הָאֱלֹהִים אֶת מַעֲשֶׂיךָ" (קהלת ט, ז), וְלֹא עוֹד, אֶלָּא שֶׁמִּתְאַוִּים לָהֶן, שֶׁנֶּאֱמַר: "וְעָרְבָה לַייָ מִנְחַת יְהוּדָה וִירוּשָׁלָיִם כִּימֵי עוֹלָם וּכְשָׁנִים קַדְמֹנִיּוֹת" (מלאכי ג, ד).

בַּעֲלֵי תְשׁוּבָה דַּרְכָּם לִהְיוֹת שְׁפָלִים וַעֲנָוִים בְּיוֹתֵר; וְאִם יְחָרְפוּ אוֹתָם הַכְּסִילִים בְּמַעֲשֵׂיהֶם

or many, as it is written (*Hoshea* 2:1): "And it will be, in place of its being said to them: 'You are not My people,' it will be said to them: 'You are the sons of the Living God.'"

About Yechaniah in his wickedness it is written (*Yirmeyahu* 22:30): "Write this man down as childless; a man that will not prosper in his days," and (ibid. :24): "Though Konyahu, the son of Yehoyakim, the king of Yehudah, was the signet upon My right hand, yet I would tear you off from there." But since he repented in his exile it is written of Zerubavel, his son (*Chaggai* 2:23): "On that day, says Hashem of Hosts, I will take you, Zerubavel, son of She'altiel, my servant, and I will make you as a signet."

How excellent is the quality of repentance! Yesterday this one was separated from the Blessed Hashem, the God of Israel, as it is written (*Yeshayahu* 59:2): "Your sins separated between you and your God"; he called but was not answered, as it is written (ibid. 1:15): "Though you multiply prayer, I will not hear"; he performed mitzvos and they were flung into his face, as it is written (ibid. :12): "Who asked this of your hands, to trample My courts?" and (*Malachi* 1:10): "Would that there were one among you who would close the doors!" and (*Yirmeyahu* 7:21): "Add the burnt offerings to your sacrifices and eat meat!" — and today he cleaves to the Shechinah, as it is written (*Devarim* 4:4): "But you who cleave to Hashem your God"; he cries out and is immediately answered, as it is written (*Yeshayahu* 65:24): "And it will be, that before they call I will answer"; and he performs mitzvos which are accepted with pleasure and joy, as it is written (*Koheles* 9:7): "For God has already accepted your deeds." And what is more, they are yearned for, as it is written (*Malachi* 3:4): "And the offering of Yehudah and Jerusalem will be savored by Hashem, as in the days of yore and the former years."

It is the way of penitents to be exceptionally lowly and

הָרִאשׁוֹנִים, וְיֹאמְרוּ לָהֶם: אֶמֶשׁ הָיִיתָ עוֹשֶׂה כָּךְ וָכָךְ, וְאֶמֶשׁ הָיִיתָ אוֹמֵר כָּךְ וָכָךְ — אַל יַרְגִּישׁוּ לָהֶם, אֶלָּא שׁוֹמְעִים וּשְׂמֵחִים, וְיוֹדְעִים שֶׁזּוֹהִי זְכוּת לָהֶם — שֶׁכָּל זְמַן שֶׁהֵם בּוֹשִׁים מִמַּעֲשֵׂיהֶם שֶׁעָבְרוּ וְנִכְלָמִים מֵהֶם, זְכוּתָם מְרֻבָּה וּמַעֲלָתָם מִתְגַּדֶּלֶת. וְחֵטְא גָּדוֹל הוּא לוֹמַר לְבַעַל תְּשׁוּבָה: "זְכוֹר מַעֲשֶׂיךָ הָרִאשׁוֹנִים!", אוֹ לְהַזְכִּירָם לְפָנָיו כְּדֵי לְבַיְּשׁוֹ, וְעַל זֶה נֶאֱמַר (ויקרא כה, יז): "וְלֹא תוֹנוּ אִישׁ אֶת עֲמִיתוֹ" (בבא מציעא נח ע"ב).

וּמִי שֶׁהוּא בַּעַל תְּשׁוּבָה, יֵשׁ לוֹ לִדְרֹשׁ בְּמַעֲשִׂים טוֹבִים וּלְהִתְרַחֵק מִן עֶשְׁתּוֹנוֹת הָעוֹלָם הַזֶּה, וּלְהִתְחַזֵּק בַּעֲצַת הַשֵּׁם בָּרוּךְ הוּא וְלַחֲסוֹת בְּצִלּוֹ, וְלָשֵׂאת עַל תּוֹרַת הַשֵּׁם בָּרוּךְ הוּא וְחֶרְפַּת אֱוִילִים וּבִזָּיוֹן, וְלִהְיוֹת כְּחֵרֵשׁ וּכְעִוֵּר וּכְמֵת, כְּעִנְיָן שֶׁנֶּאֱמַר: "כִּי עָלֶיךָ נָשָׂאתִי חֶרְפָּה ... וָאֶתְּנָה לְבוּשִׁי שָׂק ... וַאֲנִי תְפִלָּתִי לְךָ יְיָ עֵת רָצוֹן" (תהלים סט, ח יא יד).

humble. If fools shame them with their former deeds, saying: "Yesterday you did this-and-this," or "You said this-and-this," they should pay them no heed but listen and rejoice, knowing that this is to their merit. For as long as they are ashamed of their previous transgressions and are humiliated because of them, their merit increases and they grow in stature. It is a great sin to tell a penitent: "Remember your former deeds," or to mention them before him with the intent of shaming him. On this it is written (*Vayikra* 25:17): "Let a man not wrong his fellowman" (*Bava Metzia* 58b).

The penitent should pursue good deeds and keep himself far from thoughts of this world. He should strengthen himself in the counsel of the Blessed One, take shelter in His shade, bear the yoke of the Blessed One's Torah, and abide the shame and scorn of fools, making himself as one deaf, and blind, and dead, as it is written (*Tehillim* 69:8,11,14): "Because for You I have borne shame...I have made sackcloth my garment...and as for me, my prayer is to You, O Hashem, in a time of favor."

שַׁעַר עֶשְׂרִים וְשִׁבְעָה

שַׁעַר הַתּוֹרָה

בִּשְׁלֹשָׁה כְתָרִים נִכְתְּרוּ יִשְׂרָאֵל: כֶּתֶר תּוֹרָה וְכֶתֶר כְּהֻנָּה וְכֶתֶר מַלְכוּת. כֶּתֶר כְּהֻנָּה זָכָה בּוֹ אַהֲרֹן, שֶׁנֶּאֱמַר: "וְהָיְתָה לּוֹ וּלְזַרְעוֹ אַחֲרָיו בְּרִית כְּהֻנַּת עוֹלָם" (במדבר כה, יג); כֶּתֶר מַלְכוּת זָכָה בּוֹ דָוִד, שֶׁנֶּאֱמַר: "זַרְעוֹ לְעוֹלָם יִהְיֶה וְכִסְאוֹ כַשֶּׁמֶשׁ נֶגְדִּי" (תהלים פט, לז); כֶּתֶר תּוֹרָה הֲרֵי מֻנָּח וְעוֹמֵד וּמוּכָן לְכָל יִשְׂרָאֵל, שֶׁנֶּאֱמַר: "תּוֹרָה צִוָּה לָנוּ מֹשֶׁה מוֹרָשָׁה קְהִלַּת יַעֲקֹב" (דברים לג, ד), כָּל מִי שֶׁיִּרְצֶה יָבוֹא וְיִטֹּל. שֶׁמָּא תֹאמַר, שֶׁאוֹתָם כְּתָרִים גְּדוֹלִים מִכֶּתֶר תּוֹרָה? הֲרֵי הוּא אוֹמֵר (משלי ח, טו־טז): "בִּי מְלָכִים יִמְלֹכוּ וְרוֹזְנִים יְחוֹקְקוּ צֶדֶק בִּי שָׂרִים יָשֹׂרוּ", הָא לָמַדְתָּ, שֶׁכֶּתֶר תּוֹרָה גָּדוֹל מִכֶּתֶר כְּהֻנָּה וּמִכֶּתֶר מַלְכוּת (עיין יומא עב ע"ב; קהלת רבה ז, ב). וְאָמְרוּ חֲכָמִים, זִכְרוֹנָם לִבְרָכָה: מַמְזֵר תַּלְמִיד חָכָם קוֹדֵם לְכֹהֵן גָּדוֹל עַם הָאָרֶץ, שֶׁנֶּאֱמַר: "יְקָרָה הִיא מִפְּנִינִים" (משלי ג, טו), מִכֹּהֵן גָּדוֹל הַנִּכְנָס לִפְנֵי וְלִפְנִים (הוריות יג ע"א).

אֵין לְךָ מִצְוָה בְּכָל הַמִּצְווֹת שֶׁהִיא שְׁקוּלָה כְּנֶגֶד תַּלְמוּד תּוֹרָה; רַק תַּלְמוּד תּוֹרָה שְׁקוּלָה כְּנֶגֶד כָּל הַמִּצְווֹת, לְפִי שֶׁהַתַּלְמוּד מֵבִיא לִידֵי מַעֲשֶׂה. וּמַה שֶּׁאָמְרוּ:

THE TWENTY-SEVENTH GATE

The Gate of Torah

Israel was crowned with three crowns: the crown of Torah, the crown of priesthood, and the crown of kingdom. The crown of priesthood was merited by Aharon, as it is written (*Bemidbar* 25:13): "And it will be to him and to his children after him the covenant of an everlasting priesthood." The crown of kingdom was merited by King David, as it is written (*Tehillim* 89:37): "His seed shall endure forever, and his throne as the sun before Me." The crown of Torah has been set down and stands in readiness for all Israel, as it is written (*Devarim* 33:4): "Moshe commanded the Torah to us; it is an inheritance for the congregation of Yaakov." All who want may come and take it. Lest you say that the other crowns are greater than that of Torah, it is written (*Mishlei* 8:15-16): "Through me [Torah] kings will reign and princes will legislate justice; through me nobles will rule." This teaches us that the crown of Torah is greater than those of priesthood and of kingdom (see *Yoma* 72b, *Koheles Rabbah* 7:2). And our Sages of blessed memory have said (*Horayos* 13a): "A bastard who is a scholar takes precedence to a high priest who is an ignoramus, as it is written (*Mishlei* 3:15): 'It [Torah] is more precious than pearls [*peninim*]' — more precious than a high priest who enters into the holy of holies [*lifnai v'lifnim*]."

There is none among the mitzvos that equals Torah study; to the contrary, Torah study equals all the mitzvos, for it leads to their performance. The Sages' dictum (*Pe'ah* 1:1):

תַּלְמוּד תּוֹרָה כְּנֶגֶד כֻּלָּם (פאה פ"א מ"א), זֶה הַלּוֹמֵד עַל מְנַת לִלְמֹד וּלְלַמֵּד וְלִשְׁמֹר וְלַעֲשׂוֹת וּלְקַיֵּם, וּמִפְּנֵי קְבִיעוּתוֹ בַּתּוֹרָה אֵינוֹ יָכוֹל לְקַיֵּם כָּל הַמִּצְווֹת, וּבְשָׁעָה שֶׁאֵינוֹ לוֹמֵד עוֹשֶׂה כָל מַה שֶּׁיּוּכַל לַעֲשׂוֹת, וּבָזֶה מַרְאֶה דַעְתּוֹ שֶׁחָפֵץ בַּעֲשִׂיַּת הַמִּצְווֹת, וְאָז — תַּלְמוּד תּוֹרָה כְּנֶגֶד כֻּלָּם; כִּי כְּשֶׁהוּא לוֹמֵד הַמִּצְוָה וְחָפֵץ לְקַיְּמָהּ, אָז יֵשׁ לוֹ שָׂכָר כְּאִלּוּ קִיְּמָהּ, כֵּיוָן שֶׁנִּתְעַכֵּב מֵחֲמַת קְבִיעָתוֹ — וְנִמְצָא שֶׁשְּׂכַר עֲשִׂיָּה וְלִמּוּד בְּיָדוֹ. אֲבָל מִי שֶׁהוֹלֵךְ בָּטֵל פְּעָמִים רַבּוֹת, וְהָיָה יָכוֹל לַעֲשׂוֹת מִצְוָה בְּעֵת הַבִּטּוּל וְאֵינוֹ חוֹשֵׁשׁ לַעֲשׂוֹתָהּ, אוֹ בְשָׁעָה שֶׁעוֹשֶׂה שׁוּם מִצְוָה אֵינוֹ מְדַקְדֵּק בָּהּ כָּרָאוּי, עַל זֶה לֹא נֶאֱמַר "תַּלְמוּד תּוֹרָה כְּנֶגֶד כֻּלָּם".

מִי שֶׁנְּשָׂאוֹ לִבּוֹ לַעֲשׂוֹת מִצְוָה זוֹ וּלְקַיְּמָהּ כָּרָאוּי לָהּ וְלִהְיוֹת מְכֻתָּר בְּכִתְרָהּ שֶׁל תּוֹרָה —

לֹא יַסִּיחַ דַּעְתּוֹ לִדְבָרִים אֲחֵרִים, וְלֹא יָשִׂים אֶל לִבּוֹ שֶׁיִּקְנֶה תּוֹרָה עִם עֹשֶׁר וְכָבוֹד כְּאֶחָד, אֶלָּא כָּךְ הִיא דַרְכָּהּ שֶׁל תּוֹרָה: פַּת בְּמֶלַח תֹּאכַל וּמַיִם בִּמְשׂוּרָה תִשְׁתֶּה וְעַל הָאָרֶץ תִּישַׁן וְחַיֵּי צַעַר תִּחְיֶה וּבַתּוֹרָה אַתָּה עָמֵל (אבות פ"ו מ"ד). וְאִם תֹּאמַר: עַד שֶׁאֶקְבֹּץ מָמוֹן וּכְשֶׁאֶפָּנֶה מֵעֲסָקַי, אָז אֶחֱזֹר וְאֶקְרָא וְאֶשְׁנֶה — אִם תַּעֲלֶה מַחֲשָׁבָה זוֹ בְלִבְּךָ, אָז אֵין אַתָּה זוֹכֶה לְכִתְרָהּ שֶׁל תּוֹרָה לְעוֹלָם; אֶלָּא — "עֲשֵׂה תוֹרָתְךָ קֶבַע וּמְלַאכְתְּךָ עֲרַאי" (שם פ"א מט"ו), "וְאַל תֹּאמַר: לִכְשֶׁאֶפָּנֶה אֶשְׁנֶה — שֶׁמָּא לֹא תִפָּנֶה" (שם פ"ב מ"ד). כָּתוּב בַּתּוֹרָה: "לֹא בַשָּׁמַיִם הִיא" (דברים ל, יב), פֵּרוּשׁ: בְּגַסֵּי הָרוּחַ; "וְלֹא מֵעֵבֶר לַיָּם הִיא" (שם שם, יג), פֵּרוּשׁ: בְּאוֹתָם שֶׁהוֹלְכִים מֵעֵבֶר לַיָּם (ערובין נה ע"א). לְפִיכָךְ אָמְרוּ חֲכָמֵינוּ, זִכְרוֹנָם לִבְרָכָה: וְלֹא כָל הַמַּרְבֶּה בִסְחוֹרָה מַחְכִּים (אבות פ"ב מ"ה);

"Torah study is over and against all" applies to one who studies in order to learn, teach, observe, do, and fulfill, and who, because of his set time for Torah study, cannot fulfill all of the mitzvos, but who, when he is not learning, does all that he can, thereby demonstrating his desire to perform all of the mitzvos. In his case Torah study is over and above all, for when he studies the mitzvah and desires to fulfill it, he is rewarded as if he had fulfilled it, his set time for Torah study having prevented him from doing so in deed. The result is that he receives reward for both doing and studying. But if one is given to idling at times when he could have been performing a mitzvah, not caring to perform it, or if when he performs a mitzvah he is not sufficiently heedful of details, in respect to him it is not stated, "Torah study is over and against all."

If one has been moved to perform this mitzvah of Torah study, to fulfill it correctly and be crowned with the crown of Torah, he should not divert his mind to other matters, and he should not set his heart upon acquiring Torah together with wealth and honor. But (*Avos* 6:4): "This is the way of Torah: Eat bread with salt, and drink water by measure, and sleep upon the ground, and live a life of affliction — and labor in Torah." And if you say: "When I acquire enough money to free myself from my work, then I will devote myself to Torah study" — if such a thought enters your mind, you will never merit the crown of Torah. But "make your Torah permanent and your work temporary" (ibid. 1:15), "And do not say: 'When I free myself I will learn' — perhaps you will never free yourself" (ibid. 2:4). The Torah writes (*Devarim* 30:12-13): "It [Torah] is not in heaven" — that is, it does not reside with the haughty, "and it is not across the seas" — that is, it does not reside with those who cross the seas [for commerce] (*Eruvin* 55a). Therefore, our Sages of blessed memory have stated (*Avos* 2:5): "Not all those who engage in commerce grow wise,"

וְאָמְרוּ: הֱוֵי מְמַעֵט בְּעֵסֶק וַעֲסֹק בַּתּוֹרָה (שם פ״ד מ״י).

וּמִתּוֹךְ שֶׁאָדָם עוֹסֵק בַּתּוֹרָה לִשְׁמָהּ וְטוֹרֵחַ וְיָגֵעַ לְשֵׁם שָׁמַיִם, אָז נַעֲשׂוּ שְׁתֵּי כִלְיוֹתָיו כִּשְׁנֵי מַעְיָנוֹת, וּמוֹצִיא טַעַם וַהֲלָכוֹת מֵעַצְמוֹ, מַה שֶּׁלֹּא לָמַד מֵעוֹלָם וּמַה שֶּׁלֹּא נִתַּן אֲפִלּוּ לְמֹשֶׁה בְסִינַי. כַּאֲשֶׁר מָצִינוּ בְּאַבְרָהָם אָבִינוּ, זִכְרוֹנוֹ לִבְרָכָה, שֶׁלֹּא לָמַד מֵעוֹלָם בִּפְנֵי שׁוּם אָדָם, אַךְ מֵעַצְמוֹ הָיָה יוֹשֵׁב וּמְחַשֵּׁב אַחַר הַמִּצְווֹת, וְלָמַד מִלִּבּוֹ כָּל הַתּוֹרָה וְהַמִּצְוֹת, עַד שֶׁהֵעִיד עָלָיו הַכָּתוּב: ״וַיִּשְׁמֹר מִשְׁמַרְתִּי מִצְוֹתַי חֻקּוֹתַי וְתוֹרֹתָי״ (בראשית כו, ה), וְאָמְרוּ חֲכָמִים, זִכְרוֹנָם לִבְרָכָה, שֶׁאֲפִלּוּ עֵרוּבֵי תַבְשִׁילִין הָיָה יוֹדֵעַ (יומא כח ע״ב). וְגַם אָמְרוּ חֲכָמִים, זִכְרוֹנָם לִבְרָכָה: אַבְרָהָם אָבִינוּ, עָלָיו הַשָּׁלוֹם, לָמַד אַרְבַּע מֵאוֹת פְּרָקִים (עבודה זרה יד ע״ב) — וּמִי לִמֵּד לוֹ כָּל זֶה? אֶלָּא נַעֲשׂוּ שְׁתֵּי כִלְיוֹתָיו כִּשְׁנֵי מַעְיָנוֹת, וְנוֹבְעוֹת לוֹ חָכְמָה וְתוֹרָה (בראשית רבה צה, ג), וְכֵן מָצִינוּ בְּרַבִּי אֱלִיעֶזֶר הַגָּדוֹל, מִתּוֹךְ שֶׁעָסַק בַּתּוֹרָה הַרְבֵּה, הֵעִידוּ עָלָיו רַבּוֹתֵינוּ, זִכְרוֹנָם לִבְרָכָה, שֶׁנִּתְגַּלָּה לוֹ מַה שֶּׁלֹּא נִתְגַּלָּה לְמֹשֶׁה מִסִּינַי (פרקי דרבי אליעזר, פ״ב). וְכֵן עָשׂוּ רַבּוֹתֵינוּ, זִכְרוֹנָם לִבְרָכָה — מִדּוֹרוֹ שֶׁל מֹשֶׁה רַבֵּנוּ, עָלָיו הַשָּׁלוֹם, עַד דּוֹרוֹ שֶׁל יְהוֹשֻׁעַ, וּמִיהוֹשֻׁעַ לַזְּקֵנִים, וְלַנְּבִיאִים, וּלְאַנְשֵׁי כְּנֶסֶת הַגְּדוֹלָה, וְלַתַּנָּאִים, וְלָאָמוֹרָאִים, וְלַגְּאוֹנִים, וּלְכָל חַכְמֵי הַדּוֹר — שֶׁעָסְקוּ בַּתּוֹרָה הַרְבֵּה וְנָתְנוּ נַפְשָׁם עָלֶיהָ, נִתְגַּלּוּ לָהֶם רָזֵי תוֹרָה וְסוֹדֵי חָכְמָה, מַה שֶּׁאֵין אָדָם יָכוֹל לִמְצֹא בְּעַצְמוֹ. וּכְבָר מָנוּ חֲכָמִים, זִכְרוֹנָם לִבְרָכָה, אַרְבָּעִים וּשְׁמוֹנֶה מִדּוֹת שֶׁנִּקְנֵית הַתּוֹרָה בָּהֶן (אבות פ״ו מ״ה). וּמִי שֶׁיַּעֲלֶה עַל לִבּוֹ לִהְיוֹת זוֹכֶה לְדֶרֶךְ הַתּוֹרָה, יַטְרִיחַ לְקַיֵּם אוֹתָם אַרְבָּעִים

and (ibid. 4:10): "Limit your occupations and occupy yourself with Torah."

When one studies Torah for its own sake and labors and exerts himself for the sake of Heaven, his two kidneys become like two springs and he produces reasons and halachos himself, what he had never learned and what had not even been given to Moshe on Sinai, as we find in respect to Avraham of blessed memory (*Bereshis Rabbah* 95:3), who never was taught by any man, but who sat and reflected by himself concerning mitzvos and in this way derived the whole of Torah and mitzvos, the Scripture testifying about him (*Bereshis* 26:5): "And he kept My ordinance, My mitzvos, and My statutes, and My laws." Our Sages of blessed memory have stated that he even knew about *eruv tavshilin* [a rabbinical ordinance] (*Yoma* 28b). They also said (*Avodah Zarah* 14b): "Our father Avraham learned four hundred chapters [in tractate *Avodah Zarah*]. Who taught him all this? His two kidneys became like two springs from which there flowed to him wisdom and Torah." And so we find in respect to Rabbi Eliezer the Great (*Pirkei d'Rabbi Eliezer* 2). Our Rabbis of blessed memory testified about him that because of his great application to Torah study, there was revealed to him what was not revealed to Moshe at Sinai. And thus did our Rabbis of blessed memory do. From the generation of Moshe our teacher, may peace be upon him, until that of Yehoshua, and from that of Yehoshua until the Elders, and to the Prophets, and to the Men of the Great Assembly, and to the *Tanna'im* and *Amora'im* and *Geonim* and all the Sages of the generation that labored in Torah and gave their lives for it, there was revealed to them mysteries of Torah and secrets of wisdom which one cannot deduce by himself. Our Sages of blessed memory have already enumerated forty-eight traits for the acquisition of Torah (*Avos* 6:5). One whose heart prompts him to attain to the way of Torah should exert himself to

וּשְׁמוֹנָה דְבָרִים, וְאָז יַעֲלֶה לְכָל טוּב.

וְצָרִיךְ הַלּוֹמֵד לִהְיוֹת זָרִיז וְזָהִיר לִלְמֹד, כִּי מְלֶאכֶת הַתּוֹרָה אֵינָהּ דוֹמָה לִשְׁאָר מְלָאכוֹת, כִּי אָדָם הַלּוֹמֵד שְׁאָר מְלָאכוֹת, אֲפִלּוּ יִבָּטֵל מִמֶּנָּה כַּמָּה שָׁנִים, לֹא יִשְׁכָּחֶנָּה; אֲבָל כְּשֶׁלּוֹמֵד תּוֹרָה וְאֵינוֹ חוֹזֵר, מִיָּד שׁוֹכֵחַ; וַאֲפִלּוּ אִם יַחֲזֹר מֵאָה פְעָמִים, אִם יַסִּיחַ דַּעְתּוֹ מִמֶּנָּה, יִשְׁכַּח הַכֹּל. וְהַדִּין נוֹתֵן — כִּי כָל הַמְּלָאכוֹת אֵינָן צְרִיכוֹת לֵב כִּי אִם כְּשֶׁלּוֹמֵד הַמְּלָאכָה בַּתְּחִלָּה, אֲבָל בַּעֲשִׂיָּתָן אֵינָן צְרִיכוֹת לֵב, אַךְ עוֹשֶׂה מְלַאכְתּוֹ וְחוֹשֵׁב הֵנָּה וָהֵנָּה; אֲבָל הַלִּמּוּד אֵינוֹ כֵן, כִּי כָל פַּעַם וָפַעַם צָרִיךְ לִבּוֹ לְכַוֵּן שְׁמוּעָתוֹ וְלֹא לַחְשֹׁב בְּשׁוּם דָּבָר אַחֵר כִּי אִם בִּשְׁמוּעָתוֹ. לָכֵן מִי שֶׁיְּפַנֶּה לִבּוֹ לְבַטָּלָה, מִיָּד הוּא שׁוֹכֵחַ מַה שֶּׁטָּרַח כָּל יָמָיו. וְגַם אָמְרוּ חֲכָמִים, זִכְרוֹנָם לִבְרָכָה, שֶׁאִם לֹא הָיָה אָדָם שׁוֹכֵחַ מַה שֶּׁלָּמַד, אִם כֵּן הָיָה לוֹמֵד כָּל הַתּוֹרָה כֻּלָּהּ וְאַחַר כָּךְ הָיָה הוֹלֵךְ בָּטֵל — וְהַבַּטָּלָה מְבִיאָה לִידֵי שִׁעֲמוּם וְלִידֵי עֲבֵרָה (כתובות נט ע״ב); לָכֵךְ נִגְזְרָה גְזֵרַת הַשִּׁכְחָה, כְּדֵי שֶׁיְּהֵא אָדָם עוֹסֵק בַּתּוֹרָה כָּל יָמָיו, וּמִתּוֹךְ כָּךְ אֵינוֹ בָא לִידֵי חֵטְא. וְהַתּוֹרָה מְבִיאָה לִידֵי זְכוּת וּמַעֲשִׂים טוֹבִים, כִּי כַּאֲשֶׁר הוּא עוֹסֵק בַּתּוֹרָה וְהוֹגֶה עֹנֶשׁ הָעֲבֵרוֹת וּשְׂכַר הַמִּצְווֹת, אָז נוֹתֵן אֶל לִבּוֹ לַעֲשׂוֹת הַטּוֹב, וִיגִיעַת הַתּוֹרָה מְשַׁכַּחַת וּמוֹנַעַת אוֹתוֹ מִן הֶעָוֹן; אֲבָל הַבַּטָּלָה גּוֹרֶרֶת אֶת הֶעָוֹן, וּמוֹרִידַתּוֹ לִשְׁאוֹל. לָכֵן יְהֵא זָרִיז לַעֲסֹק בַּתּוֹרָה תָּמִיד יוֹמָם וָלַיְלָה, וְאַף כְּשֶׁהוּא הוֹלֵךְ בַּדֶּרֶךְ אוֹ שׁוֹכֵב בְּמִטָּתוֹ. וְאִם אֵינוֹ יָכוֹל לִלְמֹד בַּפֶּה, יַחְשֹׁב בְּלִבּוֹ עַל שְׁמוּעָתוֹ, וּתְהֵא דַעְתּוֹ עַל לִמּוּדוֹ שֶׁלֹּא יַסִּיחַ דַּעְתּוֹ מִלִּמּוּדוֹ, וְאָז קִיֵּם ״וְהָגִיתָ בּוֹ יוֹמָם

acquire those forty-eight traits, and then he will achieve all good things.

He who studies Torah must be zealous and watchful in his learning, for the work of Torah is not similar to other occupations. If one has learned other occupations, even if he does not pursue them for several years, he will not forget them. But one who studies Torah and does not review it forgets it immediately; and even if he reviews it a hundred times, if he takes his mind off it, he forgets everything. And this stands to reason, for other occupations require attentiveness only while one is studying them in the beginning, but not while he is actually engaged in them — at which time he can do his work and think of other matters. But this is not so with Torah study, which demands constant attentiveness to the subject and thinking of nothing but it alone. Therefore, if one allows his mind to idle, he immediately forgets what he has labored in all of his days. Our Sages of blessed memory have also stated that if one did not forget what he had learned, then he would learn all of Torah and afterwards begin to idle, which leads to boredom and transgression (*Kesubos* 59b). Therefore, forgetfulness was decreed, that one be constrained to labor in Torah all of his days, and as a result, not fall into transgression. Torah leads to merit and good deeds, for when one occupies himself with Torah and studies the punishment for transgressions and the reward for mitzvos, he resolves to do good. And the labor of Torah makes him forgetful of sin and removes him from it, but idleness attracts sin and brings him down to the pit. Therefore, one must be zealous to labor constantly in Torah, day and night, even on the road or when lying in bed. If he is not in a position to do so verbally, he should reflect upon what he has learned, so that his mind is constantly upon his learning and never divorced from it. If he does so, he will have fulfilled (*Yehoshua* 1:8): "And you shall meditate

וְלַיְלָה" (יהושע א, ח), כִּי אֵינוֹ אוֹמֵר "וְדִבַּרְתָּ בּוֹ יוֹמָם וָלַיְלָה", אֶלָּא "וְהָגִיתָ בּוֹ", וְהַגָּיוֹן אֵינוֹ אֶלָּא בַּלֵּב. וְעַל זֶה נֶאֱמַר: "בְּשִׁבְתְּךָ בְּבֵיתֶךָ וּבְלֶכְתְּךָ בַדֶּרֶךְ וּבְשָׁכְבְּךָ וּבְקוּמֶךָ" (דברים ו, ז; יא, יט). וְזֶהוּ שֶׁנִּשְׁתַּבְּחוּ רַבּוֹתֵינוּ, זִכְרוֹנָם לִבְרָכָה, שֶׁלֹּא הָלְכוּ אַרְבַּע אַמּוֹת בְּלֹא תוֹרָה (מגילה כח ע"א) — אוֹ הָיוּ לוֹמְדִים וְגוֹרְסִים, אוֹ הָיוּ מְחַשְּׁבִים בְּלִבָּם בִּשְׁמוּעָתָם, אוֹ הָיָה דַּעְתָּם בְּלִמּוּדָם.

לָכֵן, תֵּן לִבְּךָ וְכָל דַּעְתְּךָ עַל הַתּוֹרָה בְּכָל עֵת וּבְכָל שָׁעָה, וְתִמְצָא חַיִּים וְכָבוֹד וְתִזְכֶּה לִפְרִי רַב בָּעוֹלָם הַזֶּה וּלְכָל מִדּוֹת טוֹבוֹת שֶׁבָּעוֹלָם. כִּי אָדָם לוֹמֵד מִתּוֹךְ הַתּוֹרָה חָכְמָה וְיִרְאָה וְדֶרֶךְ אֶרֶץ וַעֲנָוָה וּצְנִיעוּת וְכָל מַעֲשִׂים טוֹבִים; וּמִן הַשָּׁמַיִם עוֹשִׂים לוֹ צְרָכָיו (עבודה זרה יט ע"א), וְהַתּוֹרָה מְשַׁמַּרְתּוֹ וּמְגַדַּלְתּוֹ וּמְרוֹמַמְתּוֹ, כְּמוֹ שֶׁשָּׁנוּ חֲכָמִים: אָמַר רַבִּי מֵאִיר: כָּל הָעוֹסֵק בַּתּוֹרָה לִשְׁמָהּ זוֹכֶה לִדְבָרִים הַרְבֵּה; וְלֹא עוֹד, אֶלָּא שֶׁכָּל הָעוֹלָם כֻּלּוֹ כְּדַאי הוּא לוֹ; נִקְרָא רֵעַ, אָהוּב ... וּמְגַדַּלְתּוֹ וּמְרוֹמַמְתּוֹ עַל כָּל הַמַּעֲשִׂים (אבות פ"ו מ"א) — הֲרֵי שְׂכַר פִּרְיָהּ בָּעוֹלָם הַזֶּה, אֲבָל לָעוֹלָם הַבָּא — "עַיִן לֹא רָאָתָה אֱלֹהִים זוּלָתְךָ" (ישעיה סד, ג). אֲפִלּוּ נְבִיאִים לֹא רָאוּ בַּשָּׂכָר הַצָּפוּן לַצַּדִּיקִים לֶעָתִיד לָבוֹא, וְכָל מַה שֶּׁרָאוּ וְנִתְנַבְּאוּ — לַגַּן, אֲבָל עֵדֶן — "עַיִן לֹא רָאָתָה אֱלֹהִים זוּלָתְךָ" (ברכות לד ע"ב). וְאֵין לְמַעְלָה הֵימֶנָּה לָעוֹלָם הַבָּא.

אָמְרוּ בַּמִּדְרָשׁ: רַבִּי שָׁאַל לְרַבִּי בְּצַלְאֵל: מַהוּ דִּכְתִיב: "כִּי זָנְתָה אִמָּם" (הושע ב, ז)? אָמַר לוֹ: אֵימָתַי נַעֲשִׂין דִּבְרֵי תוֹרָה כְּזוֹנוֹת? בִּזְמַן שֶׁבַּעֲלֵיהֶן מְבַזִּים אוֹתָם. כֵּיצַד? חָכָם יוֹשֵׁב וְדוֹרֵשׁ: "לֹא תַטֶּה מִשְׁפָּט" (דברים

upon it day and night." It is not written: "You shall *speak* about it," but, "You shall *meditate* upon it," meditation taking place in the heart. In this regard it is written (*Devarim* 6:7, 11:19): "When you sit in your house and when you walk upon the way, and when you lie down, and when you arise." This is what our Rabbis of blessed memory gloried in — that they did not walk four ells without Torah (*Megillah* 28a), either speaking out what they were studying or reflecting in their hearts upon what they had heard or studied, or concentrating upon their learning.

Therefore, set your heart and all of your mind upon Torah at all times and upon all occasions, and you will find life and honor, and you will attain to many fruits in this world and to all of the goodly traits in the world. For through Torah one learns wisdom, fear, proper deportment, humility, modesty, and all good deeds, and Heaven provides his needs (*Avodah Zarah* 19a) and the Torah guards, raises, and uplifts him. As our Sages taught (*Avos* 6:1): "Rabbi Meir said: 'All who occupy themselves with Torah for its own sake merit many things. What is more, he is sufficient cause for the existence of the entire world. He is called "a friend," "beloved"...and it [Torah] raises and uplifts him among all the creations.'" The reward of its fruit thus listed is in this world, but as for its reward in the World-to-Come (*Yeshayahu* 64:3): "No eye has seen it, O God, but Yours." Even the Prophets did not behold the reward hidden for the righteous in the World-to-Come. All that they beheld and concerning which they prophesied was "the Garden," but as to Eden itself, "No eye has seen it, O God, but Yours" (*Berachos* 34b). And there is nothing higher than it in the World-to-Come.

It is stated in the Midrash (*Ruth Rabbah* 1:1:2): "Rabbi asked Rabbi Betzalel: 'What is the meaning of (*Hoshea* 2:7): "For their mother has been adulterous"?' He answered: 'When do words of Torah become adulterous? When their

טז, יט), וְהוּא מַטֶּה מִשְׁפָּט; "לֹא תַכִּיר פָּנִים" (שם), וְהוּא מַכִּיר פָּנִים; "וְלֹא תִקַּח שֹׁחַד" (שם), וְהוּא לוֹקֵחַ שֹׁחַד (רות רבה א, א, אות ב). וְכֵן דָּרְשׁוּ רַבּוֹתֵינוּ, זִכְרוֹנָם לִבְרָכָה: "וְחָכְמַת הַמִּסְכֵּן בְּזוּיָה" (קהלת ט, טז) — אֵיזוֹ חָכְמַת מִסְכֵּן בְּזוּיָה? זֶה שֶׁהוּא עָנִי בְּמַעֲשִׂים טוֹבִים, אָז חָכְמָתוֹ בְזוּיָה (רות רבה שם). וּכְשֶׁמּוֹרֶה הוֹרָאוֹת לַעֲשׂוֹת טוֹב וְהוּא אֵינוֹ עוֹשֶׂה, אָז אֵין דְּבָרָיו מְקֻבָּלִים, וְלֹא הַמִּדְרָשׁ עִקָּר אֶלָּא הַמַּעֲשֶׂה (אבות פ"א מי"ז). לָכֵן יֵשׁ לְכָל אָדָם לְכַוֵּן מַעֲשָׂיו לְשֵׁם שָׁמַיִם. וּרְאֵה וְהָבֵן מֵאֱלִישָׁע בֶּן אֲבוּיָה, בִּשְׁבִיל שֶׁלִּמְּדוֹ אָבִיו תּוֹרָה שֶׁלֹּא לִשְׁמָהּ, לְסוֹף נֶהְפַּךְ לַמִּינוּת. דְּאָמְרִינַן בִּירוּשַׁלְמִי (חגיגה פ"ב ה"א) וּבַמִּדְרָשׁ (קהלת רבה ז, ח, אות יח): כְּשֶׁנִּמּוֹל, עָשָׂה אָבִיו סְעֻדָּה לַחֲכָמִים וְהִזְמִין רַבִּי אֱלִיעֶזֶר וְרַבִּי יְהוֹשֻׁעַ וּשְׁאָר חֲכָמִים, וְהָיוּ יוֹשְׁבִים בַּסְּעֻדָּה וּמְדַבְּרִים דִּבְרֵי תוֹרָה, עַד שֶׁבָּאָה הָאֵשׁ סְבִיבָם. בָּא אָבִיו שֶׁל אֱלִישָׁע וְאָמַר לָהֶם: רַבּוֹתַי! וְכִי בָאתֶם לִשְׂרֹף אֶת הַבַּיִת?! אָמְרוּ לוֹ: אֵינוֹ אֶלָּא שֶׁמִּפְּנֵי שֶׁאָנוּ חוֹזְרִים בְּדִבְרֵי תוֹרָה וּנְבִיאִים וּכְתוּבִים, וְהַדְּבָרִים (מְעִידִים בֵּינוֹתֵינוּ) שְׂמֵחִים כִּנְתִינָתָם מִסִּינַי, שֶׁמֵּהַר סִינַי נִתְּנוּ וּמִתּוֹךְ הָאֵשׁ נִתְּנוּ. אָמַר אֲבוּיָה: כֵּיוָן שֶׁאֲנִי רוֹאֶה שֶׁכָּךְ כֹּחַ הַתּוֹרָה, אִם נִתְקַיֵּם לִי בֵּן זֶה, אֲנִי נוֹתְנוֹ לַתּוֹרָה. וּבִשְׁבִיל שֶׁהָיָה מִתְכַּוֵּן שֶׁלֹּא לִשְׁמָהּ אֶלָּא לְכָבוֹד, נֶהְפַּךְ בְּנוֹ לְמִינוּת. וְאַף עַל פִּי כֵן, לְעוֹלָם יִלְמַד אָדָם אֲפִלּוּ שֶׁלֹּא לִשְׁמָהּ, שֶׁמִּתּוֹךְ שֶׁלֹּא לִשְׁמָהּ בָּא לִשְׁמָהּ (פסחים נ ע"ב).

וְעַתָּה, יֵשׁ לִי לִכְתֹּב עִנְיְנֵי הַתַּלְמוּד וְהַמִּצְווֹת.

lords despise them. How so? As with a sage sitting and expounding (*Devarim* 16:19): "Do not pervert judgment," when he himself perverts judgment; "Do not play favorites," when he himself plays favorites; "Do not take a bribe," when he himself takes bribes.'" And thus did our Rabbis of blessed memory expound (*Koheles* 9:16): "The poor man's wisdom is despised." What does this mean? If one is poor in good deeds, his wisdom is despised. If he exhorts to the doing of good when he himself does not do it, his words are not accepted (*Avos* 1:17): "And it is not the learning which is primary, but the doing." Therefore, all men must perform their deeds for the sake of Heaven. This is clearly demonstrated in the case of Elisha ben Avuyah, who, because his father taught him Torah not for its own sake, in the end turned to heresy. As stated in *Yerushalmi* (*Chagigah* 2:1), and in the Midrash (*Koheles Rabbah* 7:8:18), when he was circumcised, his father made a feast for the Sages, inviting Rabbi Eliezer, Rabbi Yehoshua and the other Sages. They [the Rabbis] sat and discoursed in Torah until fire surrounded them. At this, Avuyah [Elisha's father] came and said to them: "My masters, have you come to burn down my house?" They answered: "It is not as you think, but we were reviewing Torah, Prophets, and the Writings, and the words are as joyful as when they were given at Sinai," for it was at Sinai that they were given, and it was amid fire that they were given. At this, Avuya replied: "Since I see this to be the power of Torah, if this son of mine survives, I shall dedicate him to Torah." Since his intent was not for the sake of Heaven but for honor, his son gravitated into heresy. Notwithstanding this, however, one should always study Torah, even if not for its own sake, for by doing so he will ultimately come to study it for its own sake (*Pesachim* 50b).

And now it remains for me to set down the particulars of Talmud and mitzvos.

[מכאן ואילך מביא המחבר,בקיצור,את דברי הרמב״ם בהקדמתו ל״משנה תורה״.]

כָּל הַמִּצְווֹת שֶׁנִּתְּנוּ לְמֹשֶׁה מִסִּינַי, בְּפֵרוּשָׁן נִתְּנוּ, שֶׁנֶּאֱמַר: ״וְאֶתְּנָה לְךָ אֶת לֻחֹת הָאֶבֶן וְהַתּוֹרָה וְהַמִּצְוָה״ (שמות כד, יב); ״תּוֹרָה״ — זוֹ תוֹרָה שֶׁבִּכְתָב, ״וְהַמִּצְוָה״ — זוֹ פֵּרוּשָׁהּ (ברכות ה ע״א). וְצִוָּנוּ לַעֲשׂוֹת הַתּוֹרָה עַל פִּי הַמִּצְוָה, וּמִצְוָה זוֹ הִיא הַנִּקְרֵאת תּוֹרָה שֶׁבְּעַל פֶּה. כָּל הַתּוֹרָה כְּתָבָהּ מֹשֶׁה רַבֵּנוּ, עָלָיו הַשָּׁלוֹם, קֹדֶם שֶׁמֵּת, בִּכְתַב יָדוֹ, וְנָתַן סֵפֶר לְכָל שֵׁבֶט וְשֵׁבֶט, וְסֵפֶר אֶחָד נְתָנָהוּ בָאָרוֹן לְעֵד (דברים רבה ט, ט), שֶׁנֶּאֱמַר: ״לָקֹחַ אֵת סֵפֶר הַתּוֹרָה הַזֶּה וְשַׂמְתֶּם אֹתוֹ מִצַּד אֲרוֹן בְּרִית יְיָ אֱלֹהֵיכֶם וְהָיָה שָׁם בְּךָ לְעֵד״ (דברים לא, כו). וְהַמִּצְוָה, שֶׁהִיא פֵּרוּשׁ הַתּוֹרָה, לֹא כְתָבָהּ, אֶלָּא צִוָּה בָהּ לַזְּקֵנִים וְלִיהוֹשֻׁעַ וְלִשְׁאָר כָּל יִשְׂרָאֵל, שֶׁנֶּאֱמַר: ״אֵת כָּל הַדָּבָר אֲשֶׁר אָנֹכִי מְצַוֶּה אֶתְכֶם אֹתוֹ תִשְׁמְרוּ לַעֲשׂוֹת לֹא תֹסֵף עָלָיו וְלֹא תִגְרַע מִמֶּנּוּ״ (שם יג, א), וּמִפְּנֵי זֶה נִקְרֵאת תּוֹרָה שֶׁבְּעַל פֶּה. וּמִימוֹת מֹשֶׁה רַבֵּנוּ, עָלָיו הַשָּׁלוֹם, וְעַד רַבֵּנוּ הַקָּדוֹשׁ, שֶׁהוּא רַבִּי יְהוּדָה הַנָּשִׂיא, לֹא נִכְתַּב סֵפֶר לָרַבִּים לִלְמֹד בּוֹ, כִּי לָמְדוּ הַכֹּל בְּעַל פֶּה; אֶלָּא בְכָל דּוֹר וָדוֹר, רֹאשׁ בֵּית דִּין אוֹ נָבִיא שֶׁהָיָה בְּאוֹתוֹ דוֹר, הָיָה כוֹתֵב לְעַצְמוֹ זִכְרוֹן הַשְּׁמוּעוֹת שֶׁשָּׁמַע מֵרַבּוֹתָיו, וְהָיָה מְלַמֵּד עַל פֶּה בָּרַבִּים; וְכֵן כָּל אֶחָד וְאֶחָד כּוֹתֵב לְעַצְמוֹ כְּפִי כֹּחוֹ מִבֵּאוּר הַתּוֹרָה וּמֵהִלְכוֹתֶיהָ כְּמוֹ שֶׁשָּׁמַע, וּמִדְּבָרִים שֶׁנִּתְחַדְּשׁוּ בְּכָל דּוֹר וָדוֹר בְּדִינִים שֶׁלֹּא לְמָדוּם מִפִּי הַשְּׁמוּעָה אֶלָּא בְמִדָּה מִשְּׁלֹשׁ עֶשְׂרֵה מִדּוֹת וְהִסְכִּימוּ עֲלֵיהֶם בֵּית דִּין הַגָּדוֹל. וְכֵן עָשׂוּ עַד שֶׁהִגִּיעַ הַדָּבָר לְרַבִּי יְהוּדָה הַנָּשִׂיא. וְכֵיוָן שֶׁרָאָה בְיָמָיו שֶׁנִּשְׁתַּנָּה הָעִנְיָן, כִּי רָאָה שֶׁהַתַּלְמִידִים מִתְמַעֲטִים וְהוֹלְכִים, וְהַצָּרוֹת מִתְחַדְּשׁוֹת וּבָאוֹת, וּמַלְכוּת

THE FOLLOWING IS AN ABRIDGED EXCERPT FROM THE
RAMBAM'S INTRODUCTION TO MISHNEH TORAH

All of the mitzvos given to Moshe at Sinai were given with their explanations, as it is written (*Shemos* 24:12): "And I will give you the tablets of stone, the Torah, and the mitzvah." "Torah" refers to the written Law, and "mitzvah," to its explanation (*Berachos* 5a). And He commanded us to observe the Torah by means of the mitzvah, namely, the Oral Law. Moshe wrote the entire Torah in his own hand before his death and gave a scroll to each tribe. One scroll he placed in the ark as a testimony (*Devarim Rabbah* 9:9), as it is written (*Devarim* 31:26): "Take this book of the Law and place it at the side of the ark of the covenant of the Hashem your God, that it be there as a testimony for you." The "mitzvah," which is the explanation of the Torah, he did not write, but he commanded it to the elders and to Yehoshua and all the rest of the Jews, as it is written (ibid. 13:1): "Everything that I command you, that you shall observe to do, do not add to it and do not detract from it." Because of this it is called the Oral Law. From the days of Moshe our teacher, may peace be upon him, until those of Rabbenu Hakadosh, Rabbi Yehudah Hanasi, no book was written for the people to learn from, for everything was studied orally. But in every generation the head of *beis din* or a prophet would write down for himself notes of what he had heard from his teachers, from which he would orally teach in public. And so everyone would write down for himself, according to his abilities, the explanation of the Torah and its halachos as he had heard them and those halachic original interpretations of each generation, which derived not from report but from one of the thirteen hermeneutical principles, and to which the Great *Beis Din* subscribed. This was the practice until the time of Rabbi Yehudah Hanasi, who, seeing that things had changed in his days — Torah scholars growing fewer and fewer, new

רוֹמִי פּוֹשֶׁטֶת בָּעוֹלָם וּמִתְגַּבֶּרֶת, וְיִשְׂרָאֵל מִתְגַּלְגְּלִים וְהוֹלְכִים לִקְצֵה הָאֲרָצוֹת מִפְּנֵי הַצָּרוֹת וְהַשִּׁעְבּוּד — כְּשֶׁרָאָה עִנְיָן זֶה שֶׁהָיוּ יִשְׂרָאֵל מְבֻלְבָּלִים וְהָיְתָה תּוֹרָה מִשְׁתַּכַּחַת מִיִּשְׂרָאֵל, אָז חִבֵּר הַמִּשְׁנָיוֹת לִהְיוֹת בְּיַד כָּל אֶחָד וְאֶחָד, כְּדֵי שֶׁיִּלְמְדוּ וְלֹא יִשְׁכְּחוּ. וְיָשַׁב כָּל יָמָיו הוּא וּבֵית דִּינוֹ וְלִמְּדוּ הַמִּשְׁנָה בָּרַבִּים, וְהָיוּ לְפָנָיו גְּדוֹלֵי חַכְמֵי יִשְׂרָאֵל שֶׁקִּבְּלוּ מִמֶּנּוּ, וְעִמָּהֶם אֲלָפִים וּרְבָבוֹת מִשְּׁאָר הַחֲכָמִים. וְתַלְמִידָיו שֶׁל רַבִּי יְהוּדָה הַנָּשִׂיא גַּם כֵּן חִבְּרוּ חִבּוּרִים: רַב חִבֵּר "סִפְרָא" וְ"סִפְרִי", לְבָאֵר וּלְהוֹדִיעַ עִקְּרֵי הַמִּשְׁנָה; וְרַבִּי חִיָּא חִבֵּר הַ"תּוֹסֶפְתָּא", לְבָאֵר עִנְיְנֵי הַמִּשְׁנָה; וְכֵן רַבִּי הוֹשַׁעְיָא וּבַר קַפָּרָא חִבְּרוּ בָּרַיְתוֹת, לְבָאֵר דִּבְרֵי הַמִּשְׁנָה. וְנִתְגַּלְגֵּל הַדָּבָר כָּךְ עַד שֶׁבָּאוּ הָאָמוֹרָאִים, וְהָיוּ לָהֶם מַחֲלוֹקוֹת בְּפֵרוּשׁ הַמִּשְׁנָיוֹת וְהַתּוֹסֶפְתּוֹת וְהַבָּרַיְתוֹת, עַד שֶׁחִבֵּר רַבִּי יוֹחָנָן הַ"תַּלְמוּד יְרוּשַׁלְמִי" בְּאֶרֶץ יִשְׂרָאֵל, אַחַר חֻרְבַּן הַבַּיִת בְּקֵרוּב שְׁלֹשׁ מֵאוֹת שָׁנָה, וְנִקְרָא "יְרוּשַׁלְמִי" בִּשְׁבִיל שֶׁהָיָה דָּר בִּירוּשָׁלַיִם; וְאַחַר כָּךְ כְּמוֹ מֵאָה שָׁנָה, חִבֵּר רַב אַשִׁי, שֶׁהָיָה בְּבָבֶל, הַ"תַּלְמוּד בַּבְלִי". וְעִנְיַן שְׁנֵי הַתַּלְמוּדִים הוּא פֵּרוּשׁ דִּבְרֵי הַמִּשְׁנָה וּבֵאוּר עִמְקוֹתֶיהָ, וּדְבָרִים שֶׁנִּתְחַדְּשׁוּ בְּכָל בֵּית דִּין וּבֵית דִּין מִימוֹת רַבֵּנוּ הַקָּדוֹשׁ וְעַד חִבּוּר הַגְּמָרָא. וּמִשְּׁנֵי הַתַּלְמוּדִים וּמִן הַתּוֹסֶפְתָּא וּמִן הַסִּפְרָא וּמִן הַסִּפְרִי, מִכֻּלָּם, יִתְבָּאֵר הָאָסוּר וְהַמֻּתָּר, הַטָּמֵא וְהַטָּהוֹר, הַחִיּוּב וְהַפְּטוּר, הַפָּסוּל וְהַכָּשֵׁר, כְּמוֹ שֶׁהֶעְתִּיקוּ אִישׁ מִפִּי אִישׁ עַד מִפִּי מֹשֶׁה רַבֵּנוּ, זִכְרוֹנוֹ לִבְרָכָה, מִסִּינַי. גַּם יִתְבָּאֵר מֵהֶם הַדְּבָרִים שֶׁגָּזְרוּ חֲכָמִים וּנְבִיאִים שֶׁבְּכָל דּוֹר וָדוֹר לַעֲשׂוֹת סְיָג לַתּוֹרָה,

afflictions ever arising, the Roman Empire spreading and growing stronger in the world, and Israel being dispersed to the ends of the earth in the face of afflictions and subjugation — seeing all this — Israel being confounded and Torah being forgotten in Israel — he compiled the *Mishnayos* so that every man could learn them and not forget them. All of his days he and his *beis din* sat and taught the Mishnah in public, in the presence of the greatest of the Sages of Israel, who received it from him, and with them, thousands and ten thousands of the other Sages. The disciples of Rabbi Yehudah Hanasi, likewise, produced compilations. Rav compiled *Sifra* and *Sifri* to explain and make known the principles of the Mishnah, Rabbi Chiyya compiled the *Tosefta* to explain the matters of the Mishnah, and Rabbi Hoshaya and Bar Kappara similarly compiled *Baraysos* to explain the words of the Mishnah. Things continued in this fashion until the time of the *Amora'im,* among whom differences arose in the explanation of the *Mishnayos, Toseftos,* and *Baraysos,* whereupon Rabbi Yochanan compiled *The Jerusalem Talmud* in Eretz Yisrael about three hundred years after the destruction of the Temple. About a hundred years after this, Rabbi Ashi, who lived in Babylonia, compiled *The Babylonian Talmud.* Both Talmuds concern themselves with the explanation of the words of the Mishnah and the elucidation of its profundities and those matters which originated from every *beis din* from the days of Rabbenu Hakadosh until the compilation of the Gemara. And from the two Talmuds, the *Tosefta,* the *Sifra,* and the *Sifri* — from all there emerges what is forbidden and what is permitted, what is unclean and what is clean, what is obligatory and what is not, what is ritually unfit and what is fit, as handed down from one man to another in an unbroken line from Moshe our teacher, of blessed memory, who received it at Sinai. Also contained in them are those things decreed by the Sages and Prophets of each genera-

כְּמוֹ שֶׁשָּׁמְעוּ מִפִּי מֹשֶׁה רַבֵּנוּ, זִכְרוֹנוֹ לִבְרָכָה, בְּפֵרוּשׁ, שֶׁנֶּאֱמַר: "וּשְׁמַרְתֶּם אֶת מִשְׁמַרְתִּי" (ויקרא יח, ל) — עֲשׂוּ מִשְׁמֶרֶת לְמִשְׁמַרְתִּי (מועד קטן ה ע"א). וְכֵן יִתְבָּאֵר מֵהֶם הַמִּנְהָגִים וְהַתַּקָּנוֹת שֶׁהִתְקִינוּ אוֹ שֶׁנָּהֲגוּ בְּכָל דּוֹר וָדוֹר, כְּמוֹ שֶׁרָאוּ בֵּית דִּין שֶׁל אוֹתוֹ הַדּוֹר, לְפִי שֶׁאָסוּר לָסוּר מֵהֶם, שֶׁנֶּאֱמַר: "לֹא תָסוּר מִן הַדָּבָר אֲשֶׁר יַגִּידוּ לְךָ יָמִין וּשְׂמֹאל" (דברים יז, יא). וְכֵן מִשְׁפָּטִים וְדִינִים מֻפְלָאִים שֶׁלֹּא קִבְּלוּ אוֹתָם מִמֹּשֶׁה רַבֵּנוּ, זִכְרוֹנוֹ לִבְרָכָה, וְדָנוּ בָהֶם בֵּית דִּין שֶׁל אוֹתוֹ הַדּוֹר בַּמִּדּוֹת שֶׁהַתּוֹרָה נִדְרֶשֶׁת בָּהֶם, וּפָסְקוּ אוֹתָם הַזְּקֵנִים וְגָמְרוּ שֶׁהַדִּין כָּךְ הוּא — הַכֹּל חִבֵּר רַב אַשִׁי בַּגְּמָרָא, מִימוֹת מֹשֶׁה וְעַד יָמָיו.

וְאַחַר בֵּית דִּין שֶׁל רַב אַשִׁי שֶׁחִבֵּר הַגְּמָרָא וּגְמָרוֹ, בִּימֵי בְנוֹ, נִתְפַּזְּרוּ יִשְׂרָאֵל פִּזּוּר גָּדוֹל בְּכָל הָאֲרָצוֹת וְהִגִּיעוּ לַקְּצָווֹת וּלְאִיִּים רְחוֹקִים, וְרָבְתָה קְטָטָה בָּעוֹלָם וְנִשְׁתַּבְּשׁוּ הַדְּרָכִים בִּגְיָסוֹת, וְנִתְמַעֵט תַּלְמוּד תּוֹרָה, וְלֹא נִכְנְסוּ יִשְׂרָאֵל לִלְמֹד בִּישִׁיבוֹתֵיהֶם אֲלָפִים וּרְבָבוֹת כְּמוֹ שֶׁהָיָה מִקֹּדֶם, אֶלָּא מִתְקַבְּצִים יְחִידִים, הַשְּׂרִידִים אֲשֶׁר הַשֵּׁם קוֹרֵא, בְּכָל עִיר וָעִיר וּבְכָל מְדִינָה וּמְדִינָה, וְעוֹסְקִים בַּתּוֹרָה וּמְבִינִים בְּחִבּוּרֵי הַחֲכָמִים כֻּלָּם, וְיוֹדְעִים מֵהֶם הַמִּצְווֹת אֲשֶׁר צִוָּה אֲדוֹן הַכֹּל, בָּרוּךְ הוּא.

אַחַר הָאֲמוֹרָאִים עָמְדוּ הַגְּאוֹנִים אֲשֶׁר יָדְעוּ כָּל הַתַּלְמוּד, בַּבְלִי וִירוּשַׁלְמִי וְסִפְרָא וְסִפְרֵי וְתוֹסֶפְתָּא, וְהֵם הוֹצִיאוּ לָאוֹר תַּעֲלוּמוֹתָיו שֶׁל הַתַּלְמוּד וּבֵאֲרוּ עִנְיָנָיו. לְפִי שֶׁדֶּרֶךְ הַתַּלְמוּד עֲמֻקָּה הִיא מְאֹד, וְעוֹד, שֶׁהוּא בְּלָשׁוֹן אֲרַמִּי מְעֹרָב עִם לְשׁוֹנוֹת אֲחֵרוֹת, לְפִי שֶׁאוֹתָהּ הַלָּשׁוֹן הָיְתָה בְרוּרָה לְכֻלָּם בְּבָבֶל בְּעֵת שֶׁחֻבַּר הַתַּלְמוּד, אֲבָל בִּשְׁאָר

tion by way of making a fence for the Torah, as they were explicitly instructed to do by Moshe our teacher, of blessed memory, as it is written (*Vayikra* 18:30): "And you shall keep my ordinance" — make a safeguard for my ordinance (*Mo'ed Katan* 5a). Also included are the customs and the institutions of each generation, as mandated by the *beis din* of that generation, and from which it is forbidden to deviate, as it is written (*Devarim* 17:11): "Do not turn aside from the thing that they tell you, right or left." And so with those unknown laws and halachos, which were not received through Moshe our teacher, of blessed memory, and which were deduced by the *beis din* of a particular generation through the hermeneutical principles, and which were, accordingly, mandated by the elders. All was compiled in the Gemara by Rabbi Ashi, from the days of Moshe until his days.

After the *beis din* of Rabbi Ashi, who redacted and completed the Gemara in the days of his son, Israel was seriously scattered around all the lands until the ends of the earth and the far-flung isles; strife increased in the world, travel was impeded by troops, learning diminished, and Israel no longer entered their yeshivas to learn by the thousands and ten thousands as in days of yore. But there gathered together the solitary ones, the remnants upon which Hashem called in every city and country, and they labored in Torah, mastered the compilations of all the Sages, and knew from them the mitzvos commanded by Hashem of All, the Blessed One.

After the *Amora'im*, there arose the *Geonim* who knew all of the Talmud, both the Babylonian and the Jerusalem, *Sifra*, *Sifri*, and *Tosefta*; and they shed light upon the mysteries of the Talmud, elucidating its intricacies — the Talmud being extremely profound. In addition, the language of the Talmud is an admixture of Aramaic and other languages, this being the lingua franca of Babylonia at the

מְקוֹמוֹת, וּבִימֵי הַגְּאוֹנִים אֲפִלּוּ בְּבָבֶל, לֹא הָיוּ מַכִּירִים אוֹתָהּ הַלָּשׁוֹן עַד שֶׁיִּלְמְדוּ אוֹתָהּ. וּשְׁאֵלוֹת רַבּוֹת הָיוּ שׁוֹאֲלִים אַנְשֵׁי כָּל עִיר וָעִיר לְכָל גָּאוֹן שֶׁהָיָה בִימֵיהֶם לְפָרֵשׁ לָהֶם דְּבָרִים קָשִׁים שֶׁבַּתַּלְמוּד, וְהֵם הָיוּ מְשִׁיבִים לָהֶם כְּפִי חָכְמָתָם, וְאוֹתָם שׁוֹאֲלִים הָיוּ מְקַבְּצִים הַתְּשׁוּבוֹת וְעוֹשִׂים מֵהֶם סְפָרִים לְהָבִין מֵהֶם. גַּם חִבְּרוּ הַגְּאוֹנִים שֶׁבְּכָל דּוֹר וָדוֹר חִבּוּרִים לְבָאֵר הַתַּלְמוּד — מֵהֶם מִי שֶׁפֵּרַשׁ הֲלָכוֹת יְחִידוֹת, וּמֵהֶם מִי שֶׁפֵּרַשׁ פְּרָקִים יְחִידִים שֶׁנִּתְקַשּׁוּ בְּיָמָיו, וּמֵהֶם מִי שֶׁפֵּרַשׁ מַסֶּכְתּוֹת וּסְדָרִים. וְעוֹד חִבְּרוּ הֲלָכוֹת פְּסוּקוֹת בְּעִנְיַן אִסּוּר וְהֶתֵּר וְחִיּוּב וּפְטוּר, בִּדְבָרִים שֶׁהַשָּׁעָה צְרִיכָה לָהֶם, כְּדֵי שֶׁיִּהְיוּ קְרוֹבִים לְמַדַּע מִי שֶׁאֵינוֹ יָכוֹל לֵירֵד לְעָמְקוֹ שֶׁל הַתַּלְמוּד. וְזוֹ הִיא מְלֶאכֶת הַשֵּׁם שֶׁעָשׂוּ בָהּ כָּל גְּאוֹנֵי יִשְׂרָאֵל מִיּוֹם שֶׁחֻבְּרָה הַגְּמָרָא וְעַד זְמַן זֶה, שָׁנָה שְׁמִינִית אַחַר מֵאָה וָאֶלֶף לְחֻרְבַּן הַבַּיִת, וְהִיא שְׁנַת אַרְבַּעַת אֲלָפִים וּתְשַׁע מֵאוֹת וּשְׁלֹשִׁים וָשֶׁבַע לִבְרִיאַת הָעוֹלָם.

וּבַזְּמַן הַזֶּה תָּקְפוּ הַצָּרוֹת יְתֵרוֹת, וְדָחֲקָה הַשָּׁעָה אֶת הַכֹּל, וְאָבְדָה חָכְמַת חֲכָמֵינוּ וּבִינַת נְבוֹנֵינוּ נִסְתָּרָה; לְפִיכָךְ אוֹתָם הַפֵּרוּשִׁים וְהַהֲלָכוֹת וְהַתְּשׁוּבוֹת שֶׁחִבְּרוּ הַגְּאוֹנִים וְרָאוּ שֶׁהֵם דְּבָרִים מְבֹאָרִים, נִתְקַשּׁוּ בְּיָמֵינוּ, וְאֵין מֵבִין עִנְיְנֵיהֶם כָּרָאוּי אֶלָּא מְעַט בְּמִסְפָּר; וְאֵין צָרִיךְ לוֹמַר הַגְּמָרָא עַצְמָהּ, הַבַּבְלִית וְהַיְּרוּשַׁלְמִית, וְסִפְרָא וְסִפְרֵי וְהַתּוֹסֶפְתָּא, שֶׁהֵם צְרִיכִין דַּעַת רְחָבָה וְנֶפֶשׁ חֲכָמָה וּזְמַן אָרֹךְ, וְאַחַר כָּךְ יִוָּדַע מֵהֶם הַדֶּרֶךְ הַנְּכוֹחָה בִּדְבָרִים הָאֲסוּרִים וְהַמֻּתָּרִים וּשְׁאָר דִּינֵי הַתּוֹרָה הֵיאַךְ הוּא.

וּמִפְּנֵי זֶה (נערתי חצני) [שִׁנַּסְתִּי מָתְנַי], אֲנִי מֹשֶׁה בֶּן מַיְמוֹן הַסְּפָרַדִּי, וְנִשְׁעַנְתִּי עַל הַצּוּר, בָּרוּךְ הוּא,

time of the Talmud's compilation. But in other places and in the days of the *Geonim*, even in Babylonia this language was not known until it was studied. As a result, many questions were addressed by the people of the various cities to every *gaon* of their time to interpret for them difficult matters in the Talmud, and the *gaon* would answer according to his wisdom. Those who had posed the questions would then compile the responsa and make of them books for study. In addition, the *Geonim* of each generation would write books in elucidation of the Talmud, some explaining individual halachos; some, particular chapters that posed difficulties in their days; and some, tractates and orders. They also set down halachic decisions on questions of what was forbidden and what was permitted, what was obligatory, and what was not, as the times demanded for the apprisal of those who could not penetrate to the depths of the Talmud. And this is the work of Hashem in which all the *Geonim* of Israel engaged from the day the Gemara was compiled until this time, the eighth year after 1,100 years after the destruction of the Temple, 4,937 years after the Creation.

And in this time afflictions have mounted and everything has been swept aside by the exigencics of the moment. The wisdom of our Sages has gone lost and the understanding of our sagacious ones is hidden. As a result, the explanations, halachos, and responsa which the *Geonim* wrote and which they saw as self-explanatory have become difficult in our days, and there are but few who understand them well. This goes without saying in respect to the Gemara itself — Babylonian and Jerusalem — *Sifra, Sifri,* and *Tosefta,* which require broad knowledge, a sage soul, and a great deal of time before there can be learned from them the correct path in those things which are forbidden and permitted and in the other laws of the Torah.

Because of this, I girded my loins, I, Moshe the son of

וּבִינוֹתִי בְּכָל אֵלּוּ הַסְּפָרִים, וְרָאִיתִי לְחַבֵּר דְּבָרִים, הַמִּתְבָּרְרִים מִכָּל אֵלּוּ הַחִבּוּרִים, בְּעִנְיַן הָאָסוּר וְהַמֻּתָּר, הַטָּמֵא וְהַטָּהוֹר, עִם שְׁאָר דִּינֵי הַתּוֹרָה — כֻּלָּם בְּלָשׁוֹן בְּרוּרָה וְדֶרֶךְ קְצָרָה, עַד שֶׁתְּהֵא תּוֹרָה שֶׁבְּעַל־פֶּה כֻּלָּהּ סְדוּרָה בְּפִי הַכֹּל בְּלֹא קוּשְׁיָה וּבְלֹא פֵּרוּק, לֹא זֶה אוֹמֵר בְּכֹה וְזֶה בְּכֹה, אֶלָּא דְּבָרִים בְּרוּרִים, קְרוֹבִים, נְכוֹנִים עַל פִּי הַמִּשְׁפָּט אֲשֶׁר יִתְבָּאֵר מִכָּל אֵלּוּ הַחִבּוּרִים וְהַפֵּרוּשִׁים הַנִּמְצָאִים מִימוֹת רַבֵּנוּ הַקָּדוֹשׁ וְעַד עַכְשָׁו, עַד שֶׁיִּהְיוּ כָּל הַדִּינִים גְּלוּיִם לַקָּטָן וְלַגָּדוֹל, בְּדִין כָּל מִצְוָה וּמִצְוָה וּבְדִין כָּל הַדְּבָרִים שֶׁתִּקְּנוּ חֲכָמִים וּנְבִיאִים; כְּלָלוֹ שֶׁל דָּבָר: כְּדֵי שֶׁלֹּא יְהֵא אָדָם צָרִיךְ לְחִבּוּר אַחֵר בָּעוֹלָם בְּדִין מִדִּינֵי יִשְׂרָאֵל, אֶלָּא יְהֵא חִבּוּר זֶה מְקַבֵּץ לַתּוֹרָה שֶׁבְּעַל פֶּה כֻּלָּהּ עִם הַתַּקָּנוֹת וְהַמִּנְהָגוֹת וְהַגְּזֵרוֹת שֶׁנַּעֲשׂוּ מִימוֹת מֹשֶׁה רַבֵּנוּ וְעַד חִבּוּר הַגְּמָרָא, וּכְמוֹ שֶׁפֵּרְשׁוּ לָנוּ הַגְּאוֹנִים בְּכָל חִבּוּרֵיהֶם שֶׁחִבְּרוּ אַחַר הַגְּמָרָא. לְפִיכָךְ קָרָאתִי שֵׁם חִבּוּר זֶה "מִשְׁנֵה תּוֹרָה", לְפִי שֶׁאָדָם קוֹרֵא בַּתּוֹרָה שֶׁבִּכְתָב תְּחִלָּה, וְאַחַר כָּךְ קוֹרֵא בָּזֶה וְיוֹדֵעַ מִמֶּנּוּ תּוֹרָה שֶׁבְּעַל פֶּה כֻּלָּהּ, וְאֵינוֹ צָרִיךְ לִקְרוֹת סֵפֶר אַחֵר בֵּינֵיהֶם.

[עד כאן קיצור הקדמת הרמב"ם ל"משנה תורה"]

וְאַחַר כָּךְ עָמַד רַבֵּנוּ מֹשֶׁה מִקּוּצִי וְחִבֵּר סֵפֶר אַחֵר, וְלִקֵּט מֵאוֹתוֹ סֵפֶר שֶׁל מַיְמוֹנִי וְחִבֵּר עָלָיו שְׁאָר דְּבָרִים שֶׁל אַחֲרוֹנִים. וְכֵן חִבְּרוּ רַבָּנִים רַבִּים סִפְרֵי פְּסָקִים, כְּגוֹן הָרוֹקֵחַ וְרַבִּי אֱלִיעֶזֶר מִמֶּץ וַאֲבִי־הָעֶזְרִי וְאוֹר זָרוּעַ; וְכֵן עָשׂוּ רַבָּנִים רַבִּים, כָּל אֶחָד חִבֵּר סֵפֶר לְפִי מַה שֶּׁרָאָה עִנְיְנֵי הַדּוֹר שֶׁהָיָה בּוֹ, כִּי רָאוּ שֶׁנִּתְמַעֲטָה, בַּעֲוֹנוֹתֵינוּ

Maimon the Sephardi, and supporting myself upon the Blessed Rock and probing all of these works, I have seen fit to compile what emerges from all of these works in respect to what is forbidden and permitted, unclean and clean, together with the other laws of the Torah, all in clear, succinct language, so that all of the Oral Law is ordered before all, without debate — one saying one way, and one the other — but clear words, correctly corresponding to the consensus that emerges from all of these compilations and interpretations from the days of Rabbenu Hakadosh until the present, so that all the laws will be apparent to small and great, the laws of each mitzvah, and the laws of all things instituted by the Sages and the Prophets. In sum, so that no one require any other compilation but this in respect to any of the laws of Israel, I have included herein all of the Oral Law together with the institutions, customs, and decrees from the time of Moshe our teacher until the compilation of the Gemara, as explained by the *Geonim* in all of their tracts composed after the Gemara. I have, therefore, called this work *Mishneh Torah (Review of Torah)*, one first studying the written Law and then this, from which he will know all of the Oral Law without needing to refer to any other work in between.
THIS CONCLUDES THE EXCERPT FROM THE RAMBAM'S INTRODUCTION TO MISHNEH TORAH.

And then there arose Rabbenu Moshe of Coucy who composed another work, excerpting from Maimonides' treatise and adding some of the views of later scholars. Halachic treatises were similarly composed by many Rabbis, among them, the Roke'ach, Rabbi Eliezer of Metz, the Avi Ha'ezri, and the Or Zarua. And so with many others, each one writing a work to fill the needs of his particular generation, seeing, as they did, that in the multitude of our sins knowledge of the Talmud had diminished and that men

הָרַבִּים, יְדִיעַת הַתַּלְמוּד, וְאֵין אָדָם יָכוֹל לֵידַע הַמִּצְוֹת אִם לֹא מִתּוֹךְ סֵפֶר פּוֹסְקִים.

וְגַם רַבֵּנוּ שְׁלֹמֹה, עָלָיו הַשָּׁלוֹם, שֶׁרָאָה בְּיָמָיו מִעוּט הַלְּבָבוֹת, שֶׁהָיוּ הַדּוֹרוֹת, בַּעֲוֹנוֹתֵינוּ הָרַבִּים, מִתְמַעֲטִים וְהוֹלְכִים, וְעַל כֵּן נִתְעוֹרֵר לִבּוֹ לְפָרֵשׁ הַתַּלְמוּד, לְלַמֵּד בְּנֵי יִשְׂרָאֵל דַּעַת. וְאַחַר כָּךְ עָמְדוּ יוֹצְאֵי יְרֵכוֹ, רַבֵּנוּ תָּם וְרַבֵּנוּ יִצְחָק וּשְׁאָר רַבָּנִים, וּפִלְפְּלוּ פִּלְפּוּלִים גְּדוֹלִים, עַד שֶׁחִבְּרוּ הַ"תּוֹסָפוֹת" בִּישִׁיבָתוֹ שֶׁל רַבֵּנוּ יִצְחָק בַּעַל הַתּוֹסָפוֹת, וְשָׁם הָיוּ שִׁשִּׁים גְּדוֹלִים, כְּגוֹן רַבֵּנוּ שִׁמְשׁוֹן מִשַּׁאנְץ, שֶׁחִבֵּר גַּם כֵּן תּוֹסָפוֹת, לְבַד מִשְּׁאָר תַּלְמִידִים שֶׁהָיוּ לָרֹב מְאֹד, וְהֵם הָיוּ גִבּוֹרִים בַּתּוֹרָה, וְהָיָה לְבָבָם גָּדוֹל מְאֹד וּפָתוּחַ כְּאוּלָם, וְלָמְדוּ בְּעֵסֶק גָּדוֹל וּמָסְרוּ נַפְשָׁם עַל הַתּוֹרָה, וְיָדְעוּ בְלֹא עִיּוּן כָּל הַתַּלְמוּד — פֵּרוּשׁ [רש"י] וְתוֹסָפוֹת.

וְאַחַר כֵּן, בַּעֲוֹנוֹתֵינוּ הָרַבִּים, רַבּוּ הַצָּרוֹת וְנִתְמַעֲטוּ הַיְשִׁיבוֹת, וְהָיוּ אוֹתָם הַתּוֹסָפוֹת הָאֲרֻכִּים כְּבֵדוֹת עֲלֵיהֶם וְלֹא יָכְלוּ לָשֵׂאת, וּבָאוּ גְדוֹלִים אֲחֵרִים וְקִצְּרוּ הַתּוֹסָפוֹת הָהֵן, כָּל אֶחָד כְּפִי חָכְמָתוֹ, לְהָקֵל לְאַנְשֵׁי דוֹרוֹ הַלִּמּוּד. וַעֲדַיִן בַּיָּמִים הָהֵם הָיוּ בְקִיאִים בְּכָל הַתַּלְמוּד וְהָיוּ יוֹדְעִים הַמִּצְוֹת מִתּוֹךְ הַתַּלְמוּד, עַד שֶׁנִּתְגַּלְגֵּל שֶׁנִּתְגָּרְשׁוּ מִצָּרְפַת, שֶׁשָּׁם הָיוּ מַחֲזִיקִים בַּתּוֹרָה וְהָיוּ לוֹמְדִים בְּעֵסֶק גָּדוֹל, כָּעִנְיָן שֶׁעָשׂוּ רִאשׁוֹנִים בִּימֵי חַכְמֵי הַתַּלְמוּד, שֶׁהָיָה עִקָּר לִמּוּדָם לַחֲזוֹר הַתַּלְמוּד, כְּדֵי לְקַיֵּם מַה שֶּׁאָמְרוּ: "וְשִׁנַּנְתָּם לְבָנֶיךָ" (דברים ו, ז) — שֶׁיִּהְיוּ דִבְרֵי תוֹרָה מְחֻדָּדִים בְּפִיךָ, שֶׁאִם יִשְׁאָלְךָ אָדָם דָּבָר, אַל תְּגַמְגֵּם וְתֹאמַר לוֹ, אֶלָּא אֱמֹר לוֹ מִיָּד (ספרי דברים, שם; קדושין ל ע"א). כִּי אִי אֶפְשָׁר שֶׁיִּהְיוּ הַמִּצְוֹת שְׁנוּנוֹת וּמְזֻמָּנוֹת בְּפִי הָאָדָם לְהָשִׁיב לַשּׁוֹאֵל,

would not know the Halachah without recourse to the work of a halachic authority.

And so with Rabbenu Shelomo [Rashi], who, seeing in his days a falling off in the understanding of the generations, in the multitude of our sins and the diminishing of our stature, was moved to explicate the Talmud to teach the sons of Israel knowledge. Afterwards there arose his descendants, Rabbenu Tam, Rabbenu Yitzchak, and others, who engaged in intensive discourse until they compiled the *Tosafos* [addenda] in the yeshiva of Rabbenu Yitzchak, the Tosafist. Among them were sixty great scholars, such as Rabbenu Shimshon of Sans, who also composed *Tosafos*, aside from a great number of other disciples, who were giants in Torah, who had great breadth of understanding, who applied themselves with complete dedication giving their lives to the study of Torah, and who knew by heart all of the Talmud, Rashi, and *Tosafos*.

Afterwards, in the multitude of our sins, afflictions mounted, yeshivas diminished, and these long *Tosafos* were too difficult for most men, so that other great scholars arose and condensed those *Tosafos*, each according to his wisdom, to ease the task of learning for the men of his generation. Now in those days they were still versed in the entire Talmud and knew the mitzvos from it, until, in the course of events, they were driven out of France, where they had been firm in their adherence to Torah and had learned with great application, as the early scholars had done in the days of the Sages of the Talmud. In those days their major study was review of the Talmud, in fulfillment of (*Devarim* 6:7): "'And you shall teach them [*v'shinantam*] to your children' — words of Torah should be sharp [*sh'nunim*] in your mouth, so that if someone asks you something you should not answer hesitatingly, but outright" (*Sifri Devarim* ibid., *Kiddushin* 30a). It is impossible that mitzvos be "sharp" and ready in one's mouth for response

אִם לֹא בְּרֹב חֲזָרוֹת, כְּמוֹ שֶׁאָמְרוּ: אֵינוֹ דּוֹמֶה מִי שֶׁשּׁוֹנֶה פִּרְקוֹ מֵאָה פְּעָמִים לְמִי שֶׁשּׁוֹנֶה אוֹתוֹ מֵאָה וְאֶחָד (חגיגה ט ע״ב); וְאָמְרִינַן, שֶׁרֵישׁ־לָקִישׁ הָיָה חוֹזֵר הַהֲלָכָה אַרְבָּעִים פְּעָמִים קֹדֶם שֶׁהָיָה בָא לִפְנֵי רַבִּי יוֹחָנָן (תענית ח ע״א); וְכֵן עָשׂוּ כֻּלָּם בִּימֵי חַכְמֵי הַתַּלְמוּד (ברכות כח ע״א; ועוד), שֶׁעִקַּר לִמּוּדָם הָיָה חֲזָרָה. וְאָמְרִינַן: רַב אַשִׁי הֲוָה יָתֵב קַמֵּהּ דְּרַב כַּהֲנָא, נָגְהֵ, וְלָא אָתוּ רַבָּנָן; אֲמַר לֵהּ: מַה טַּעַם לָא אָתוּ רַבָּנָן? אֲמַר לֵהּ: דִּלְמָא טְרִידֵי בִּסְעֻדַּת פּוּרִים? אֲמַר לֵהּ: וְלָא הֲוָה אֶפְשָׁר לְמֵיכְלַהּ מֵאוּרְתָּא? אֲמַר לֵהּ: לָא שְׁמִיעַ לֵהּ לְמַר הָא דַּאֲמַר רָבָא: "סְעֻדַּת פּוּרִים שֶׁאֲכָלָהּ בַּלַּיְלָה, לֹא יָצָא יְדֵי חוֹבָתוֹ, מַאי טַעֲמָא? 'יְמֵי מִשְׁתֶּה וְשִׂמְחָה' (אסתר ט, כב) כְּתִיב"? אֲמַר לֵהּ: אֲמַר רָבָא הָכִי? אֲמַר לֵהּ: אִין! תְּנָא מִנֵּהּ אַרְבְּעִין זִמְנִין, וְדָמֵי לֵהּ כְּמַאן דִּמְנַח בְּכִיסֵהּ (מגילה ז ע״ב). וְעַתָּה, רְאֵה, זֶה הָיָה דָּבָר קַל מְאֹד, וַאֲפִלּוּ הָכִי הָיָה חוֹזֵר אוֹתוֹ אַרְבָּעִים פְּעָמִים; וְעַכְשָׁו, אֵין כִּמְעַט שׁוּם אָדָם שֶׁיִּהְיֶה חוֹזֵר דָּבָר כָּזֶה יוֹתֵר מִפַּעַם אַחַת אוֹ שְׁתֵּי פְעָמִים. וְיֵשׁ רְאָיוֹת גְּדוֹלוֹת בְּרוּרוֹת בְּכַמָּה מְקוֹמוֹת בַּתַּלְמוּד, שֶׁהָיוּ כֻּלָּם רְגִילִים בַּחֲזָרָה, וּלְכָל אֶחָד הָיָה לוֹ סְכוּם מִנְיָן כָּךְ וְכָךְ פְּרָקִים וְכָךְ וְכָךְ הֲלָכוֹת לְיוֹם, וּכְשֶׁהָיוּ טְרוּדִים בַּיּוֹם, אָז הָיוּ פּוֹרְעִים בַּלַּיְלָה (ערובין סה ע״א), וְכָל שְׁלֹשִׁים יוֹם הָיוּ חוֹזְרִים תַּלְמוּדָם (ברכות לח ע״ב, ועוד). וְכָזֶה הָעִנְיָן הָיוּ לוֹמְדִים גַּם כֵּן בְּצָרְפַת, עַד שֶׁהִגִּיעוּ לְמַעֲלוֹת רַבּוֹת וְלִידִיעָה גְּדוֹלָה וְלֹא הֻצְרְכוּ לִסְפָרִים פּוֹסְקִים, כִּי הָיוּ יוֹדְעִים הַמִּצְווֹת מִתּוֹךְ הַתַּלְמוּד וְהַתּוֹסָפוֹת. אֲבָל מִיּוֹם שֶׁנִּתְגָּרְשׁוּ מִצָּרְפַת נִתְמַעֵט הַלִּמּוּד מְאֹד מְאֹד.

to questioners without many repetitions, as our Sages stated (*Chagigah* 9b): "One who reviewed his lesson one hundred times cannot be likened to him who has reviewed it a hundred and one times." And they said (*Ta'anis* 8a) that Resh Lakish would review the halachah forty times before he came to Rabbi Yochanan. And this was common practice in the days of the Sages of the Talmud, when their major study was review. A case in point (*Megillah* 7b): "Rabbi Ashi was sitting before Rabbi Kahana. It got late and the Rabbis still had not come. He asked: 'Why haven't the Rabbis come?' Rabbi Kahana answered: 'Perhaps they are busy with the Purim feast.' Rabbi Ashi asked: 'Couldn't they have eaten it in the evening?' Rabbi Kahana replied: 'Has the master not heard what Rava said: "One does not fulfill his obligation with a Purim feast eaten at night. Why so? Because it is written (*Esther* 9:22): 'Days of feasting and rejoicing.'"' Rabbi Ashi asked: 'Did Rava really say this?' Rabbi Kahana answered: 'Yes, he did.' At this Rabbi Ashi learned the halachah from him forty times, until it felt as if he had it in his pocket." Now reflect upon this. This was an extremely simple thing, and even so he reviewed it forty times. And now there is almost no one who would review something like this more than once or twice. There is strong, clear indication in many places in the Talmud that they were all in the habit of review. Each one of them had a given quota of chapters per day, and so many halachos, and if they could not fulfill it in the daytime, they would make it up at night (*Eruvin* 65a), and they would review all of their learning every thirty days (*Berachos* 38b, *Mo'ed Katan* 28a, *Kesubos* 77b). This is the way they used to learn in France, until they achieved high levels of learning and great knowledge, so that they did not require halachic treatises, knowing the mitzvos as they did from the Talmud and *Tosafos* themselves. But with the exile from France learning greatly declined.

וְעוֹד, בַּדָּבָר הַזֶּה נִשְׁתַּכְּחָה הַתּוֹרָה מֵחֲמַת כִּי הַלּוֹמְדִים הַלָּלוּ סְבוּרִים לַעֲשׂוֹת כְּמוֹ הָרִאשׁוֹנִים לְהַחֲזִיק בְּפִלְפּוּלִים, אַךְ אֵינָם דּוֹמִים לְחַכְמֵי צָרְפַת כְּלָל וּכְלָל! כִּי לִבָּם הָיָה פָּתוּחַ כָּאוּלָם, וְתוֹרָתָם הָיְתָה אֻמָּנוּתָם וְהָיוּ מְמִיתִים עַצְמָם עָלֶיהָ יוֹמָם וָלַיְלָה, לָכֵן הִשִּׂיגוּ וְיָדְעוּ וּפִלְפְּלוּ; וְאַנְשֵׁי הַדּוֹר הַזֶּה רוֹצִים לְפַלְפֵּל כְּמוֹתָם אֲבָל אֵינָם יְכוֹלִים, כִּי אֵלּוּ מְבַלְבְּלִים זֶה אֶת זֶה וּמְבַטְּלִים רֹב הַיּוֹם, וּפוֹסְקִים מִן הַלִּמּוּד בַּחֲצִי הַזְּמַן, וְהַלִּמּוּד שֶׁלָּהֶם עֲרַאי דַּעֲרַאי וְהַבִּטּוּל קֶבַע דְּקֶבַע. אֲבָל בִּימֵי חַכְמֵי הַתַּלְמוּד הָלְכוּ לִלְמֹד עֶשֶׂר שָׁנִים וְיוֹתֵר (השוה כתובות סב ע״ב), וְהָיָה לִמּוּדָם בְּקֶבַע גָּדוֹל, וְכָל כָּךְ הָיוּ קְבוּעִים, שֶׁאִם הָיָה אֶחָד מִתְעַטֵּשׁ, לֹא הָיוּ אוֹמְרִים ״אָסוּתָא״ מִפְּנֵי בִטּוּל בֵּית הַמִּדְרָשׁ (ברכות נג ע״א). מִזֶּה הָעִנְיָן יוּכַל כָּל אָדָם לָדַעַת רֹב קְבִיעוּתָם. וְאָמְרִינַן: רַב יוֹסֵף בְּרֵהּ דְּרָבָא, שַׁדְּרֵהּ אֲבוּהַּ לְבֵי רַב לְקַמֵּהּ דְּרַב יוֹסֵף. פְּסַקוּ לֵהּ שִׁית שְׁנִין. כִּי הֲוָה תְּלַת שְׁנִין, מְטָא מַעֲלֵי יוֹמָא דְכִפּוּרָא, אֲמַר: אֵיזִיל וְאֶחֱזֵי לְאַנְשֵׁי בֵיתִי. שְׁמַע אֲבוּהַּ, שְׁקַל נַרְגָּא וּנְפַק לְאַפֵּהּ, אֲמַר לֵהּ: זוֹגָתָךְ נִזְכַּרְתָּ?! אִכָּא דְאָמְרִי, אֲמַר לֵהּ: יוֹנָתְךָ נִזְכַּרְתָּ?! אִטְרוּד, לָא מַר אִפְּסֵק וְלָא מַר אִפְּסֵק (כתובות סג ע״א). רְאֵה וְהָבֵן זֶה הָעִנְיָן, כַּמָּה הָיוּ דְבוּקִים בַּתּוֹרָה! עַל כֵּן זָכוּ לְרוּחַ הַקֹּדֶשׁ. וְכֵן בְּאֶרֶץ צָרְפַת הָיוּ עוֹסְקִים בְּעֵסֶק גָּדוֹל וּזְמַן רַב, וְהָיוּ יוֹשְׁבִים בְּמָקוֹם אֶחָד לִלְמֹד כָּל הַתַּלְמוּד, וְהָיוּ חוֹזְרִים תָּמִיד וְלֹא פָסְקָה תוֹרָה מִפִּיהֶם, וְהָיוּ עוֹשִׂים כְּמוֹ מַעֲשֵׂי

Torah has been further forgotten in this generation because contemporary scholars seek to emulate the early ones, practicing their dialectics — but they cannot be even remotely compared to the Sages of France, for the understanding of the latter was of enormous breadth, their Torah was their occupation, and they would virtually "kill themselves over it" day and night. As a result, they achieved and knew and discoursed. But the men of today's generation wish to engage in dialectic as they did, but are unable to do so. Instead, they confuse each other, waste most of the day, and leave off learning after half the time. The result is that their learning is the most evanescent of things and their time-wasting solidly fixed! But in the days of the Sages of the Talmud they would go off to learn for ten years or more, so that their learning had great permanence. This to the extent that if someone sneezed, one would not answer, "Good health" so that time not be lost from learning (*Berachos* 53a). This gives us some idea of the solidity of their learning. In this connection it is related (*Kesubos* 63a): "Rabbi Yosef the son of Rava was sent by his father to study with Rabbi Yosef for a period of six years. At the end of three years, when the eve of Yom Kippur approached, he said: 'I will go and see how my family is doing.' When his father heard about this, he took an axe and went out against him, saying: 'It is your mate that you have remembered.' Others say he told him: 'It is your dove that you have remembered.' They contended so long that neither of them partook of the prefast repast." This gives us some idea of their attachment to Torah, as a result of which they attained to the Holy Spirit. And, similarly, in the land of France they were greatly involved in Torah study, and for great lengths of time. They would stay in one place to learn all of the Talmud and would constantly review, Torah never leaving their mouths. They would do everything as the early Sages did, as stated (*Avodah*

הָרִאשׁוֹנִים, כִּדְאָמְרִינַן: לְעוֹלָם לִגְרַס אִינָשׁ וְאַף עַל גַּב דְּמִשְׁכַּח וְאַף עַל גַּב דְּלָא יָדַע מַאי קָאָמַר (עבודה זרה יט ע״א); וְאָמְרִינַן: מֵעִקָּרָא לִגְמַר אִינָשׁ וַהֲדַר לִסְבַּר (שבת סג ע״א).

וְכָל זֶה אֵינָם עוֹשִׂים עַתָּה, כִּי כָל אֶחָד רוֹצֶה לִלְמֹד תּוֹסָפוֹת וְכָל חִדּוּשִׁים וְחִדּוּשֵׁי דְחִדּוּשִׁים קֹדֶם שֶׁיֵּדַע צוּרַת הַתַּלְמוּד; אִם כֵּן אֵיךְ יַצְלִיחוּ, כֵּיוָן שֶׁעוֹשֶׂה לְהֵפֶךְ מִמַּה שֶּׁאָמְרוּ חַכְמֵי הַתַּלְמוּד? כִּי כָל מַה שֶּׁנֶּאֱמַר בַּתַּלְמוּד — הַכֹּל אֱמֶת, וְאֵין לְהָשִׁיב עָלָיו אוֹ לְשַׁנּוֹתוֹ, וְלֹא לְהוֹסִיף וְלֹא לִגְרֹעַ. וְעַל כֵּן מֵרֹב טֹרַח הַלִּמּוּד, הָעִיּוּן וְהַפִּלְפּוּל, רַבִּים פּוֹרְשִׁים מִן הַלִּמּוּד מֵרֹב טֹרַח הַשְּׁמוּעוֹת וְהַדִּקְדּוּק שֶׁאוֹמֵר עַל פֶּה, כִּי אוֹמְרִים: מַה נּוּכַל לְהָבִין סְבָרוֹת מִבַּחוּץ? הַלְוַאי שֶׁהָיִינוּ יוֹדְעִים מַה שֶּׁבְּתוֹךְ הַסְּפָרִים! וְאִם הָיוּ לוֹמְדִים בִּקְבִיעוּת יוֹמָם וָלַיְלָה, אָז הָיוּ לוֹמְדִים וְהָיוּ בְקִיאִים בַּתַּלְמוּד וְהָיוּ מִתְאַוִּים לִלְמֹד, כִּי הָיָה לָהֶם לֵב לְהָבִין בְּקַל, וְהָיָה אָדָם יָכוֹל לִלְמֹד לְעוֹלָם ״נִים וְלָא נִים, תִּיר וְלָא תִיר״, וְהָיוּ מוֹסִיפִים בְּכָךְ יִרְאַת שָׁמַיִם שְׁלֵמָה, וְגַם הָיוּ מִתְרַבִּים הַתַּלְמִידִים, וְהָיוּ עוֹסְקִים תָּמִיד בַּתּוֹרָה. אֲבָל עַתָּה, מֵרֹב טֹרַח הַשְּׁמוּעוֹת, נַעֲשֵׂית הַהֲלָכָה עֲלֵיהֶם כְּמַשָּׂא כָבֵד וְלֹא יוּכְלוּ עוֹד לְהַבִּיט בָּהּ, וּמִתּוֹךְ כָּךְ עוֹסְקִים בְּשִׁגָּעוֹן וּבְלֵיצָנוּת וּמְבַלְבְּלִים וּמְבַטְּלִים וְעוֹסְקִים בְּמִינֵי תַחְבּוּלוֹת, וְאֵין לָהֶם יִרְאַת שָׁמַיִם.

וְאָמְרוּ בְּפֶרֶק ״הַשּׂוֹכֵר אֶת הַפּוֹעֲלִים״: רַבִּי זֵירָא יְתֵב בְּתַעֲנִית מְאָה יוֹם, דְּלִשְׁתַּכַּח מִנֵּהּ תַּלְמוּדָא דְבַבְלִי, כִּי הֵיכִי דְּלָא נִטְרְדֵהּ (בבא מציעא פה ע״א). וְאָמְרוּ: נִכְשַׁל אָדָם בַּעֲבֵרָה אַחַת וְנִתְחַיֵּב מִיתָה לַשָּׁמַיִם, מַה יַּעֲשֶׂה וְיִחְיֶה? אִם

Zarah 19a): "Let one always speak out his learning, though he may forget it, and though he may not know what he is saying," and (*Shabbos* 63a): "Let a man first learn and later he will understand."

But all this is not done today, for everyone wants to learn *Tosafos* and all of the original interpretations and the interpretations of the original interpretations before he knows what the Talmud looks like! How, then, can he succeed if he does the opposite of what was prescribed by the Sages of the Talmud — for everything stated in the Talmud is true; it is not to be questioned or changed, to be added to or detracted from. Therefore, because of the great exertion involved in learning, analysis, and dialectical debate, many forsake learning with all the effort required by its extraneous content and super-refinement, saying: "How will we ever be able to understand all of these external arguments? Would that we understood the text itself!" Now if they learned at set times, day and night, they would emerge versed in Talmud, they would desire to learn because they could easily understand, and they would be able to learn even in a state of half-wakefulness. They would thus grow in true fear of Heaven, the number of students would also grow, and they would be occupied always in Torah. But now, because of the great exertion required by external matter, Halachah has become a weighty burden to them, which they can no longer look at. As a result, they engage in folly and frivolity, they stir up confusion, waste their time, and occupy themselves with a variety of stratagems — and they have no fear of Heaven.

And it is stated in the chapter "*Ha'socher es Ha'poalim*" (*Bava Metzia* 85a): "Rabbi Zeira fasted 100 days to forget the Babylonian Talmud so that it not distract him" [by its disputations from assimilating the Talmud of Eretz Yisrael]. And (*Vayikra Rabbah* 25:1): "If one has gone astray in a certain transgression and has incurred the penalty of death

הָיָה רָגִיל לִקְרוֹת דַּף אֶחָד לְיוֹם, יִקְרָא שְׁנֵי דַפִּים; אוֹ לִשְׁנוֹת פֶּרֶק פַּעַם אַחַת, יִשְׁנֶה פַּעֲמַיִם; אוֹ לִלְמֹד פֶּרֶק אֶחָד, יִלְמַד שְׁנֵי פְרָקִים (ויקרא רבה כה, א) — אַלְמָא רֹב גִּרְסָא עִקָּר, כִּי אִם הָיָה הַפִּלְפּוּל עִקָּר, לִצְעֹק וּלְהָרִים קוֹל חֲצִי יוֹם בְּדִבּוּר אֶחָד, אָז הָיָה לוֹ לוֹמַר: אִם מִתְּחִלָּה הָיָה רָגִיל לְהַקְשׁוֹת קוּשְׁיָה אַחַת, יַקְשֶׁה שְׁתֵּי קוּשְׁיוֹת! וּבְפֶרֶק "הָאִישׁ מְקַדֵּשׁ" אָמְרִינַן: כְּשֶׁמֵּת רַבִּי מֵאִיר, אָמַר רַבִּי יְהוּדָה: אַל יִכָּנְסוּ תַלְמִידֵי רַבִּי מֵאִיר לְכָאן, שֶׁקַּנְתְּרָנִים הֵם (קדושין נב ע"ב), וְכָל זֶה — שֶׁלֹּא הָיָה רוֹצֶה לְהִתְבַּטֵּל מִגִּרְסָתוֹ, כִּי רַבִּי מֵאִיר הָיָה חָרִיף, וְלֹא עָמְדוּ חֲבֵרָיו עַל סוֹף דַּעְתּוֹ (ערובין יג ע"ב; נג ע"א). וְעוֹד הָתָם אָמַר רַבִּי יוֹחָנָן: לִבָּן שֶׁל רִאשׁוֹנִים כְּפִתְחוֹ שֶׁל אוּלָם, וְשֶׁל אַחֲרוֹנִים כְּפִתְחוֹ שֶׁל הֵיכָל, וְאָנוּ כִּמְלֹא נֶקֶב מַחַט סִדְקִית. וְאָמַר אַבַּיֵּי: וַאֲנַן כְּסִכְּתָּא בְּגוּדָא לִגְמָרָא. וְאָמַר רָבָא: וַאֲנַן כְּאֶצְבַּע בְּקִירָא לִסְבָרָא. וְאָמַר רַב אַשִׁי: וַאֲנַן כְּאֶצְבַּע בְּבֵירָא לְשִׁכְחָה (שם נג ע"א). וְעַכְשָׁו, אֲנַן, עֲנִיֵּי הַדַּעַת, אֵין אָנוּ יְכוֹלִים לוֹמַר "כְּאֶצְבַּע", כִּי אִם "כְּאֶבֶן שַׁיִשׁ" לִגְמָרָא וְלִסְבָרָא. וְהָא דַּאֲמַר בְּפֶרֶק "בַּמֶּה מַדְלִיקִין": אָמַר רָבָא: בְּשָׁעָה שֶׁמַּכְנִיסִין אָדָם לַדִּין, שׁוֹאֲלִין אוֹתוֹ: נָשָׂאתָ וְנָתַתָּ בֶּאֱמוּנָה? פִּלְפַּלְתָּ בְּחָכְמָה? (שבת לא ע"א), מַשְׁמַע שֶׁצָּרִיךְ אָדָם לְפַלְפֵּל! — זֶהוּ לִמּוּד הַגְּמָרָא, שֶׁמַּקְשִׁינַן מִשְׁנָיוֹת עַל הַבָּרַיְתוֹת וּמְתָרְצִינַן לְהוּ; אִי נַמִּי: עַל יְדֵי עֵסֶק וְהִגָּיוֹן בַּתּוֹרָה תָּמִיד, נוֹתֵן דַּעְתּוֹ לְדַקְדֵּק וּמוֹצֵא טְעָמִים —

by the hands of Heaven, what should he do so that he might live? If he was accustomed to read one page, let him read two; to review a chapter once, let him review it twice; to learn one chapter, let him learn two." We see, then, that it is the abundance of learning which is paramount. For if dialectic were the important thing, shouting and raising his voice half the day on one point, then they should have stated: "If he was accustomed to pose one query, let him pose two!" And in the chapter "*Ha'ish Mekadesh*" (*Kiddushin* 52b) it is stated: "When Rabbi Meir died, Rabbi Yehudah said: 'Let the students of Rabbi Meir not come in here, for they are disputatious.'" All this because he did not want to be drawn away from his learning, for Rabbi Meir was exceedingly sharp and his colleagues could not fully understand him (*Eruvin* 13b, 53a). It is further stated by Rabbi Yochanan (ibid. 53a): "The understanding of the early Sages was as broad as the entrance of the *ulam* [the Temple hall — twenty ells]; and the understanding of the later Sages was as broad as that of the sanctuary [ten ells]; and ours is as broad as the eye of a needle used for sewing up slits. Abbaye said: 'Our understanding of Gemara is like a tent pole stuck into a wall' [i.e., it occupies that much space]. Rava said: 'Our understanding of an argument is like a finger attempting to penetrate hard wax.' Rabbi Ashi said: 'Our forgetfulness is as effortless as the placing of a finger into a hole.'" And now we, of impoverished intellect, we cannot even compare ourselves to fingers, but to marble in respect to our absorption of Gemara and of rationale. As to what is stated in the chapter "*Ba'meh Madlikin*" (*Shabbos* 31a): "Rava said: 'When one is brought to judgment, he is asked: "Were you honest in your dealings? Were you dialectical in wisdom?"'" — which would seem to imply that dialectic is necessary. This refers to the learning of Gemara, where contradictions between *Mishnayos* and *Baraysos* are posed and resolved, or to the fact that constant occupation

אֲבָל לֵישֵׁב כָּל הַיּוֹם לְפַטְפֵּט, פְּשִׁיטָא שֶׁלֹּא לַעֲשׂוֹת כֵּן! וְכֵן עַתָּה רֹב הַלּוֹמְדִים מוֹדִים בְּעַצְמָם שֶׁאֵין לוֹמְדִים כְּהֹגֶן, וְיוֹדְעִים שֶׁאֵינָם לוֹמְדִים בַּדֶּרֶךְ הַיְשָׁרָה, כִּי מֵרֹב טֹרַח הַפִּטְפּוּטִים שֶׁהֵם מְפַטְפְּטִים, הֵם מִתְבַּטְּלִים לְגַמְרֵי, וְלֹא יַשִּׂיגוּ לִלְמֹד — לֹא תּוֹרָה וְלֹא נְבִיאִים וְלֹא כְתוּבִים, וְלֹא אַגָּדוֹת וְלֹא מִשְׁנָה וְלֹא מִדְרָשִׁים, וְלֹא שׁוּם חָכְמָה — מֵחֲמַת רֹב בַּטְלָנוּת וְתַחְבּוּלוֹת שֶׁלָּהֶם.

וְדָרְשׁוּ רַבּוֹתֵינוּ עַל פָּסוּק זֶה: "עַל שְׂדֵה אִישׁ עָצֵל עָבַרְתִּי וְעַל כֶּרֶם אָדָם חֲסַר לֵב וְהִנֵּה עָלָה כֻלּוֹ קִמְּשֹׂנִים כָּסּוּ פָנָיו חֲרֻלִּים וְגֶדֶר אֲבָנָיו נֶהֱרָסָה" (משלי כד, ל-לא) — מִי שֶׁאֵינוֹ מַחֲזִיר תַּלְמוּדוֹ, מִתְּחִלָּה מְשַׁכֵּחַ רָאשֵׁי פְּרָקִים, סוֹף מַחֲלִיף דִּבְרֵי חֲכָמִים, סוֹף שֶׁאוֹמֵר עַל טָמֵא טָהוֹר וְעַל טָהוֹר טָמֵא, וַהֲרֵי הוּא מַחֲרִיב אֶת הָעוֹלָם (אבות דרבי נתן כ"ד, ו); אַלְמָא, מִי שֶׁאֵינוֹ חוֹזֵר, לֹא יוּכַל לְהוֹרוֹת כַּדִּין, אֶלָּא טוֹעֶה בְּרֹב הַהוֹרָאוֹת. וְאָמְרִינַן: אָמַר רַבִּי יִשְׁמָעֵאל: בּוֹא וּרְאֵה כַּמָּה קָשֶׁה יוֹם הַדִּין. שֶׁעָתִיד הַקָּדוֹשׁ בָּרוּךְ הוּא לָדוּן כָּל הָעוֹלָם כֻּלּוֹ בְּעֵמֶק יְהוֹשָׁפָט, וְכֵיוָן שֶׁתַּלְמִיד חָכָם בָּא לְפָנָיו, אוֹמֵר לוֹ: כְּלוּם עָסַקְתָּ בַּתּוֹרָה? אָמַר לוֹ: הֵן. אוֹמֵר לוֹ הַקָּדוֹשׁ בָּרוּךְ הוּא: הוֹאִיל וְהוֹדֵיתָ לְפָנַי, אֱמֹר לִי מַה קָּרִיתָ וּמַה שָּׁנִיתָ וּמַה שָּׁמַעְתָּ בַּיְשִׁיבָה. מִכָּאן אָמְרוּ: כָּל מַה שֶּׁקָּרָא אָדָם יְהֵא תָפוּס בְּיָדוֹ, שֶׁלֹּא תַשִּׂיגֵהוּ בוּשָׁה וּכְלִמָּה לְיוֹם הַדִּין (מדרש משלי י, א).

with and study of Torah leads one to reason analytically and to make the appropriate deductions. But to sit the whole day and quibble — certainly this should not be done. And today most students themselves admit that they are not studying correctly. They know that they are not engaged in proper learning, for in the abundance of effort expended on their quibbling they leave off learning completely and end up knowing neither Torah, nor Prophets, nor the Writings, nor *aggados*, nor Mishnah, nor *midrashim*, nor anything for that matter — all because of their slackness and their stratagems.

Our Rabbis expounded (*Avos d'Rabbi Nasan* 24:6): "'I walked by the field of the slothful man and by the vineyard of the man void of understanding, and behold, it was all grown over with thistles, its face was covered with nettles, and its stone wall was broken down' (*Mishlei* 24:30-31) — one who does not review his learning first forgets general structures, then he distorts the words of the Sages, and finally he declares the unclean to be clean and the clean to be unclean, thus destroying the universe." We see, then, that one who does not review his learning cannot render correct halachic decisions, but errs in most of them. They stated further (*Midrash Mishlei* 10:1): "Rabbi Yishmael said: 'Come and see how awesome is the Day of Judgment, when the Holy One Blessed be He will judge all the world in the Valley of Yehoshafat. When a Torah scholar comes before Him, He will ask him: "Did you labor in the Torah?" The scholar will answer yes, whereupon the Holy One Blessed be He will say to him: "Since you have acknowledged it, tell me what you have read and what you have learned and what you have heard in the yeshiva."' The Sages adduced from this: 'All that a man studies let him grasp in his hand, so that he not meet with shame and humiliation on the Day of Judgment.'"

שַׁעַר עֶשְׂרִים וּשְׁמֹנָה

שַׁעַר יִרְאַת שָׁמַיִם

כָּתוּב בַּתּוֹרָה: "וְעַתָּה יִשְׂרָאֵל מָה יְיָ אֱלֹהֶיךָ שֹׁאֵל מֵעִמָּךְ כִּי אִם לְיִרְאָה אֶת יְיָ אֱלֹהֶיךָ" (דברים י, יב); וּכְתִיב: "אֶת יְיָ אֱלֹהֶיךָ תִּירָא" (שם שם, כ); וּכְתִיב: "יִרְאַת יְיָ הִיא אוֹצָרוֹ" (ישעיה לג, ו). וְאָמְרוּ: אֵין לוֹ לְהַקָּדוֹשׁ בָּרוּךְ הוּא בְּעוֹלָמוֹ אֶלָּא יִרְאַת שָׁמַיִם בִּלְבַד, דִּכְתִיב: "וַיֹּאמֶר לָאָדָם הֵן יִרְאַת אֲדֹנָי הִיא חָכְמָה" (איוב כח, כח), יְחִידָה הִיא הַיִּרְאָה בָּעוֹלָם (רש"י שם); "הֵן" מַשְׁמָע "אַחַת", שֶׁכֵּן בִּלְשׁוֹן יְוָנִי קוֹרִין לְ"אַחַת" — "הֵן" (שבת לא ע"ב). וְאָמַר רָבָא: בְּשָׁעָה שֶׁמַּכְנִיסִים אָדָם לַדִּין, אוֹמְרִים לוֹ: נָשָׂאתָ וְנָתַתָּ בֶּאֱמוּנָה? קָבַעְתָּ עִתִּים לַתּוֹרָה? עָסַקְתָּ בִּפְרִיָּה וּרְבִיָּה? צִפִּיתָ לִישׁוּעָה? פִּלְפַּלְתָּ בְחָכְמָה? הֵבַנְתָּ דָּבָר מִתּוֹךְ דָּבָר? וַאֲפִלּוּ הָכִי — אִי יִרְאַת הַשֵּׁם הִיא אוֹצָרוֹ, אִין! אִי לָא, לָא! מָשָׁל לְאָדָם שֶׁאָמַר לִשְׁלוּחוֹ: הַעֲלֵה לִי כֹּר חִטִּין לַעֲלִיָּה. הָלַךְ וְהֶעֱלָה לוֹ. אֲמַר לֵהּ: עֵרַבְתָּ לִי בָּהֶן קַב חֻמְטוֹן? אֲמַר לֵהּ: לָאו. אֲמַר לֵהּ: מוּטָב אִם לֹא הֶעֱלֵיתָ! וְאָמַר רַבָּה בַּר רַב הוּנָא: כָּל אָדָם שֶׁיֵּשׁ בּוֹ תּוֹרָה וְאֵין בּוֹ יִרְאַת שָׁמַיִם, דּוֹמֶה לְגִזְבָּר שֶׁמָּסְרוּ לוֹ מַפְתְּחוֹת הַפְּנִימִיּוֹת וּמַפְתְּחוֹת הַחִיצוֹנִיּוֹת לֹא מָסְרוּ לוֹ — בְּהֵי עָיֵל?! (שבת לא ע"א וע"ב). מַכְרֵז רַבִּי יַנַּאי: חֲבָל עַל דְּלֵית לֵהּ דַּרְתָּא, וְתַרְעָא לְדַרְתָּא עָבֵד! פֵּרוּשׁ

THE TWENTY-EIGHTH GATE

The Gate of the Fear of Heaven

It is written in the Torah (*Devarim* 10:12): "And now, O Israel, what does Hashem your God ask of you but to fear Hashem your God?" and (ibid. :20): "Fear Hashem your God," and (*Yeshayahu* 33:6): "The fear of Hashem is his treasure." And our Sages have stated (*Shabbos* 31b): "The Holy One Blessed be He has nothing in His world but fear of Heaven alone, as it is written (*Iyov* 28:28): 'And He says to man: "*Hen*, the fear of Hashem — that is wisdom"' [fear is unique in the world — Rashi]; *hen* implies one, for in Greek one is referred to as *hen*." And Rava said: "When a man is brought to judgment, he is asked: 'Were you honest in your dealings, did you set aside times for Torah study, did you engage in procreation, did you aspire to the salvation, were you dialectical in wisdom, did you understand one thing from another?' And even if he did, if fear of Hashem is his treasure, he emerges meritorious in judgment, and if not, not. This is analogous to a man telling a messenger: 'Bring a *kur* of wheat up to my loft.' When the latter has done so, he asks him: 'Did you mix it with a *kav* of *chumton* [preservative]?' He answers no, whereupon the first says: 'It would have been better had you not brought it up in the first place.'" And Rabbah bar Rav Huna said (*Shabbos* 31a-b): "One who has Torah but not fear of Heaven is like a treasurer who has been given the inner keys, but not the outer ones. Through which door can he enter?"

"דַּרְתָּא": חָצֵר, "תַּרְעָא": שַׁעַר; וּבָא רַבִּי יַנַּאי לוֹמַר, מִי שֶׁאֵין לוֹ חָצֵר, מַה יוֹעִיל לוֹ שֶׁיַּעֲשֶׂה שַׁעַר בְּחִנָּם?! כָּךְ הַתּוֹרָה אֵינָהּ אֶלָּא שַׁעַר לִכָּנֵס בָּהּ לְיִרְאַת שָׁמַיִם. וַאֲמַר לְהוֹ רָבָא לְרַבָּנָן: בְּמָטוּתָא מִנַּיְכוּ, לָא תֵּירְתוּ תַּרְתֵּי גֵּיהִנֹּם — לִהְיוֹת יְגֵעִים וַעֲמֵלִים בַּתּוֹרָה בָּעוֹלָם הַזֶּה וְלֹא תְקַיְּמוּהָ, וְתִירְשׁוּ גֵּיהִנֹּם בְּמוֹתְכֶם; וּבְחַיֵּיכֶם לֹא נֶהֱנֵיתֶם מִזֶּה הָעוֹלָם מֵחֲמַת טֹרַח הַלִּמּוּד, וּבְמוֹתְכֶם תֹּאבְדוּ מֵעָלְמָא דְאָתֵי (יומא ע"ב ע"ב).

וּמֵאַחַר שֶׁאָנוּ רוֹאִים שֶׁהַכֹּל תּוֹלֶה בְּיִרְאַת שָׁמַיִם, וְכָל הַתּוֹרָה אֵינָהּ מוֹעֶלֶת לָאָדָם אֶלָּא בְּיִרְאַת שָׁמַיִם, וְהִיא יָתֵד שֶׁהַכֹּל תָּלוּי בָּהּ, וְהִיא לְבַדָּהּ עוֹמֶדֶת לָאָדָם לְעוֹלְמֵי עוֹלָמִים — וְכֵן דָּוִד, זִכְרוֹנוֹ לִבְרָכָה, הֵעִיד: "יִרְאַת יְיָ טְהוֹרָה עוֹמֶדֶת לָעַד" (תהלים יט, י), וְכֵן שְׁלֹמֹה הַמֶּלֶךְ הֶחָכָם, עָלָיו הַשָּׁלוֹם, הֵעִיד וְאָמַר: "וְהָאֱלֹהִים עָשָׂה שֶׁיִּרְאוּ מִלְּפָנָיו" (קהלת ג, יד), וּכְתִיב: "טוֹב מְעַט בְּיִרְאַת יְיָ מֵאוֹצָר רָב וּמְהוּמָה בוֹ" (משלי טו, טז) — לָכֵן יֵשׁ לְהוֹדִיעֲךָ, שֶׁיֵּשׁ שְׁלֹשָׁה מִינֵי יִרְאָה:

הָאַחַת — הִיא יִרְאָה גְרוּעָה מְאֹד, כְּגוֹן אָדָם שֶׁאֵינוֹ יָרֵא מִלִּפְנֵי הָאֱלֹהִים, אַךְ כְּשֶׁיַּעֲשֶׂה אֵיזֶה מַעֲשֶׂה טוֹב, הוּא יָרֵא מִפְּנֵי בְנֵי אָדָם: שֶׁאִם לֹא יַעֲשֶׂה הַמַּעֲשֶׂה הַטּוֹב, הֵן בְּלִמּוּד הֵן בִּצְדָקָה, הֵן בִּתְפִלָּה הֵן בְּכָל דָּבָר — אָז לֹא יַאֲמִינוּ לוֹ וִיבַזּוּהוּ — אִם כֵּן, מַה שֶּׁיַּעֲשֶׂה אֵינוֹ אֶלָּא לִמְצֹא חֵן בְּעֵינֵיהֶם. וְאִם אִישׁ זֶה מְכַוֵּן כָּךְ כָּל יָמָיו, אָז אַחֲרִיתוֹ עֲדֵי אוֹבֵד, כֵּיוָן שֶׁאֵין מַחֲשַׁבְתּוֹ לְהַקָּדוֹשׁ בָּרוּךְ הוּא.

הַשֵּׁנִי — הוּא יָרֵא מִלִּפְנֵי הָאֱלֹהִים, אַךְ הוּא יָרֵא מִלְּפָנָיו מֵחֲמַת עֹנֶשׁ גֵּיהִנֹּם אוֹ שֶׁלֹּא יָבוֹא לְגַן עֵדֶן, וּמִתּוֹךְ כָּךְ יִתְחַזֵּק בַּמַּעֲשֶׂה הַטּוֹב. וְזֶה הָאִישׁ, אֲפִלּוּ מְקַיֵּם

Rabbi Yannai called out (ibid.): "Woe to him who has no courtyard, but has made a gate to it!" Rabbi Yannai is asking of what use is a gate if one has no courtyard. The Torah is only a gate through which to enter into the fear of Heaven. And Rava said to the Rabbis (*Yoma* 72b, see Rashi): "I pray you, do not inherit two Gehinnoms," exerting yourself and laboring in Torah in this world, but not fulfilling its laws, in which case you will inherit Gehinnom upon dying, and, during your lives, not enjoying this world because of your preoccupation with learning, and losing the World-to-Come upon dying.

Seeing, then, that everything hinges upon fear of Heaven, that all of Torah does not avail a man without it, that it is the foundation upon which everything rests, that it alone serves a man forever, as King David of blessed memory testified (*Tehillim* 19:10): "The fear of Hashem is pure; it endures forever," and similarly, wise King Shelomo of blessed memory (*Koheles* 3:14): "And Hashem has wrought so that men should fear Him," and (*Mishlei* 15:16): "Better a little with fear of Hashem than a great treasure with much turmoil" — seeing all this, we must inform you that there are three types of fear:

The first is extremely defective. It is that exhibited by one who does not fear God, but who when he does a good deed does it for fear of people, knowing that if he did not do it — whether it be learning, giving charity, praying, or the like — they would not trust him and would scorn him. It emerges, then, that what he does is only to find favor in their eyes. If this is his intent all of his days, his end is for destruction, his thought not being for the Holy One Blessed be He.

The second is fearing God — but because of punishment in Gehinnom or nonadmission to Gan Eden — and for this reason adhering to good deeds. One who fears

כָּל הַתּוֹרָה בְּכַוָּנָה זוֹ, טוֹב הוּא שֶׁיָּרֵא מִלִּפְנֵי הַקָּדוֹשׁ בָּרוּךְ הוּא שֶׁיְּבִיאֵהוּ לְמִשְׁפָּט, אַךְ לֹא הִגִּיעַ לְעִקַּר הָעֲבוֹדָה, כִּי כָל כַּוָּנָתוֹ בַּעֲבוֹדָתוֹ אֵינָהּ אֶלָּא לְטוֹבַת עַצְמוֹ וְלֹא לִכְבוֹד הַקָּדוֹשׁ בָּרוּךְ הוּא.

אֲבָל הַשְּׁלִישִׁי, הַמַּרְגָּלִית הַטּוֹבָה — זֶהוּ שֶׁיָּרֵא מִפְּנֵי הַקָּדוֹשׁ בָּרוּךְ הוּא לֹא מִפְּנֵי שׁוּם דָּבָר בָּעוֹלָם, רַק שֶׁהוּא נִרְעַד מִלְּפָנָיו וְכָל אֵיבָרָיו מִזְדַּעַזְעִים, בְּזָכְרוֹ גְּדֻלָּתוֹ וּגְבוּרָתוֹ. וַעֲבוּר שֶׁזֶּה הַדָּבָר עָמֹק מְאֹד מְאֹד לִבְנֵי אָדָם לְהָבִין, כִּי דֶרֶךְ בְּנֵי אָדָם שֶׁלֹּא יַעֲשׂוּ מַעֲשֵׂיהֶם אִם לֹא יְקַוּוּ שֶׁיִּהְיֶה לָהֶם רֶוַח אוֹ יַרְחִק הַנֶּזֶק מֵעֲלֵיהֶם, וְאִם אֵין אַחַד מֵאֵלּוּ, אָז הַמַּעֲשֶׂה אֶצְלָם הֶבֶל וָרִיק, וַעֲבוּר שֶׁזֹּאת הַיִּרְאָה הַשְּׁלִישִׁית הִיא קָשָׁה לְהַשִּׂיג, לָכֵן הִתִּירוּ לַעֲשׂוֹת הַמִּצְווֹת לְיִרְאַת הָעֹנֶשׁ וּלְתִקְוַת הַגְּמוּל. עַל כֵּן תִּמְצָא בַּתּוֹרָה בְּרָכוֹת וּקְלָלוֹת, לְהַפְחִיד לֵב הַקּוֹרֵא כְּדֵי שֶׁיַּעֲלֶה מוֹרָא עָלָיו, כְּמוֹ שֶׁעוֹשִׂים לְנַעַר עֲבוּר שֶׁהוּא קָטָן בְּחָכְמָה וְשֵׂכֶל חַלָּשׁ אֵינוֹ מֵבִין עֵרֶךְ הַטּוֹב, עַל כֵּן הַמְלַמֵּד לְנַעַר, צָרִיךְ לִיתֵּן לוֹ אֱגוֹזִים וּפֵרוֹת כְּדֵי שֶׁיְּעוֹרֵר לֵב הַנַּעַר לִלְמֹד, וְנִמְצָא, שֶׁהַנַּעַר אֵינוֹ לוֹמֵד לִכְבוֹד הַתּוֹרָה, כִּי אֵינוֹ יוֹדֵעַ עֶרְכָּהּ וְאֵינוֹ מֵבִין שֶׁיֵּשׁ בְּלִמּוּדוֹ טוֹבָה אַחֶרֶת, אֶלָּא חוֹשֵׁב הַלִּמּוּד עָמָל וִיגִיעָה, וְהוּא עָמֵל וְלוֹמֵד כְּדֵי לְהַשִּׂיג פֵּרוֹת, כְּמוֹ הָעוֹשֶׂה מְלָאכָה, שֶׁאֵין הַמְּלָאכָה חֲשׁוּבָה בְּעֵינָיו אֶלָּא בִּשְׁבִיל הָרֶוַח שֶׁבָּהּ. אֲבָל אִם הָיוּ מַבְטִיחִים לְנַעַר קָטָן לֵאמֹר לוֹ: תִּלְמַד, וְאֶתֵּן לְךָ אִשָּׁה יָפָה, אוֹ בַיִת, אוֹ עֹשֶׁר גָּדוֹל, אוֹ תִהְיֶה מֶלֶךְ — אָז לֹא יִלְמַד עֲבוּר זֶה, וְיוֹתֵר יִתְעוֹרֵר לֵב הַנַּעַר עֲבוּר פְּרִי אֶחָד מִמַּה שֶׁיִּתְעוֹרֵר עֲבוּר כָּל אֵלֶּה, כִּי אֵין לִבּוֹ מַכִּיר טוֹבוֹת הָאִשָּׁה אוֹ הַמֶּלֶךְ. וְכֵן עִנְיַן

thus, though he fulfills the entire Torah with this motivation, although it is good that he fears God's bringing him to judgment, still he has not attained to genuine Divine service, for the entire intent of his Divine service is his own good and not the honor of the Holy One Blessed be He.

The third type of fear, however, the goodly pearl, is fearing the Holy One Blessed be He for no reason in the world, but trembling before Him, all of his limbs quaking in awareness of His greatness and His strength. And because this type of fear is beyond the depth of most people, as men are not accustomed to doing things without thought of gain or the warding off of potential injury, so that if neither of these elements is present the deed seems meaningless to them; and because this third type of fear is so difficult to attain, therefore they have been permitted to do mitzvos out of fear of punishment or hope of reward. It is for this reason that we find blessings in the Torah, and curses to frighten the reader so that awe come upon him, as we do with children, who because they lack wisdom and are weak in intellect do not understand the significance of good things, for which reason the teacher must give his young charge nuts and fruits to stimulate him to learn. Such children do not learn for the honor of Torah, for they do not recognize its worth and do not see any higher good in their learning, but they regard it as so much weariness and exertion. Still, they weary themselves and learn in order to get the fruit, as one would undertake a labor that is insignificant in his eyes simply for the profit involved. But if a young child were assured: "Learn and I will give you a beautiful wife, or a home, or great wealth, or a throne," he would not learn for this, and would be much more motivated by one fruit than by all of these, lacking an appreciation of a wife or a throne. The Torah, likewise,

הַתּוֹרָה הוּא, לְהָעִיר לֵב הָאָדָם בִּדְבָרִים שֶׁהוּא מַכִּירָם וְיוֹדֵעַ שֶׁהֵם טוֹבִים, לְהַמְשִׁיךְ לִבּוֹ לַעֲשׂוֹת הַטּוֹב. וְכָל זֶה צָרִיךְ הָאָדָם, עֲבוּר שֶׁחָכְמָתוֹ קְטַנָּה וַחֲלָשָׁה וְאֵין בּוֹ הַבְחָנָה לְהַבְחִין סוֹד הָעִנְיָן, וְזֶה נִקְרָא "שֶׁלֹּא לִשְׁמָהּ". לָכֵן אַל תְּהֵא דוֹמֶה לְנַעַר, אַךְ תְּבַקֵּשׁ הָאֱמֶת לִכְבוֹד הָאֱמֶת. וְזֶה הָעִנְיָן צָרִיךְ בִּינָה וְהַבְחָנָה גְדוֹלָה.

לָכֵן יֵשׁ לְהוֹדִיעֲךָ עִנְיַן הַנְּשָׁמָה, כֹּחָהּ וּגְבוּרָתָהּ, וְאָז תָּשִׂים שִׂכְלְךָ אֶל הַיְסוֹד הָעֶלְיוֹן.

וְדוֹמֶה זֶה הָעִנְיָן לְבֶן מֶלֶךְ, נַעַר בֶּן שָׁנָה אוֹ שְׁנָתַיִם, שֶׁנִּגְנַב מִבֵּית אָבִיו, וְהוֹלִיכוּהוּ לְמֶרְחוֹק אֶלֶף פַּרְסָאוֹת אוֹ יוֹתֵר, וְנִתְגַּדֵּל בְּבֵית כַּפְרִי וְנִתְלַמֵּד מַעֲשֵׂה כַּפְרִיִּים, וְלֹא חָשַׁב וְלֹא זָכַר אַחַר מַלְכוּתוֹ, כִּי לֹא הִכִּיר וְלֹא יָדַע. וְאַחַר שֶׁעָמַד עַל דַּעְתּוֹ, בָּא אֵלָיו אֶחָד וּבִשְּׂרוֹ וְאָמַר לוֹ: אַתָּה בֶּן מֶלֶךְ! אֲבָל לֹא הִגִּיד לוֹ אֵיזֶה מֶלֶךְ הוּא אָבִיו. אָז גָּבַהּ לִבּוֹ קְצָת, אַךְ לֹא חָשַׁשׁ כָּל כָּךְ, כֵּיוָן שֶׁלֹּא יָדַע מִי הוּא אָבִיו. וְאַחַר כָּךְ בָּא אֵלָיו מְבַשֵּׂר אַחֵר, וְהִגִּיד לוֹ אֵיזֶה מֶלֶךְ הוּא אָבִיו וְהִגִּיד לוֹ מְדִינָתוֹ וְאַרְצוֹ, אָז גָּבַהּ לִבּוֹ יוֹתֵר וַיִּתְאַוֶּה לֵילֵךְ שָׁם. מִכָּל מָקוֹם הָשְׁפַּל לִבּוֹ בְּזָכְרוֹ: אֲפִלּוּ אִם אֵלֵךְ שָׁם, לֹא יָחוּשׁוּ בִי, כִּי לֹא מַכִּירִים אוֹתִי! אַחַר כָּךְ שָׁמַע הַמֶּלֶךְ הֵיכָן בְּנוֹ, וְשָׁלַח אַחֲרָיו מִבְּנֵי בֵיתוֹ שֶׁהִכִּירוּ סִמָּנִים בְּגוּפוֹ, וְשָׁלַח עִמָּהֶם שָׂרִים רַבִּים וְנִכְבָּדִים וּבִגְדֵי מַלְכוּת, לְהָבִיא בְנוֹ אֶצְלוֹ. וּכְשֶׁבָּאוּ אֵלּוּ אֵלָיו וְרָאוּהוּ וְהִכִּירוּהוּ וְהֶרְאוּ לוֹ הַבְּגָדִים שֶׁל מַלְכוּת, אָז גָּבַהּ לִבּוֹ מְאֹד; וְאַחַר שֶׁהִלְבִּישׁוּהוּ בִּגְדֵי מַלְכוּת וְהִרְכִּיבוּהוּ עַל הַסּוּס אֲשֶׁר רָכַב בּוֹ הַמֶּלֶךְ, אָז יָדַע תָּקְפּוֹ וּגְבֻרָתוֹ, וְהָיָה לוֹ לֵב מֶלֶךְ, וְגָבַהּ מְאֹד מְאֹד. כָּךְ

motivates one through what he recognizes and knows to be good in order to draw his heart to the doing of good. And this is the path a man must follow when his intellect is small and weak and he lacks proper discrimination — but this path is termed "not for the sake of Heaven." Therefore, do not be like a young child, but seek the truth for the honor of the truth. However, this demands great understanding and discrimination.

It is, therefore, necessary to inform you of the nature of the soul, its power and strength, as a result of which you will apply your intellect to the celestial element. The soul can be compared to the son of a king, who, at the age of one or two is stolen from his father's house and taken very far away, a distance of a thousand parasangs or more. He grows up in the house of a villager and learns rustic ways, never thinking of or remembering the kingdom from which he was taken, never having really known it. When he reaches the age of understanding, someone comes to him and tells him that he is the son of a king, not telling him which king is his father. At this, his heart swells a little, but not so much, because he does not know who his father is. Afterwards, someone else comes and tells him which king his father is, and his country and land. At this, his heart swells more and he longs to go there. Still, his desire is somewhat dampened by the thought that even if he went there, no one would take notice of him, for no one would recognize him. Later the king learns the whereabouts of his son and sends messengers from his household for him, who can identify him by marks on his body, sending along with them many distinguished officers with royal apparel in which to attire him for his reception by the king. When these come to him and see him and recognize him and show him the royal garments, his heart swells greatly. After they attire him and place him on the king's charger, he is conscious of his power and strength, he is filled with a

עִנְיַן הַנְּשָׁמָה — הִיא בַּת מֶלֶךְ, נְפוּחָה בָּאָדָם מִכִּסֵּא הַכָּבוֹד וְהוּבְאָה בְּגוּף הַמְלֻכְלָךְ, אֲשֶׁר חִשְׁקוֹ רַב מְאֹד לָעוֹלָם הַזֶּה, וְיֵשׁ לוֹ כַּמָּה מִינֵי תַּאֲווֹת, עַד שֶׁנִּטְבְּעָה הַנְּשָׁמָה, שֶׁהִיא בַּת הַמֶּלֶךְ, בֵּינֵיהֶן, וְנִמְשֶׁכֶת אַחַר תַּאֲווֹת הַגּוּף וְשׁוֹכַחַת אָבִיהָ, הַמֶּלֶךְ הָעֶלְיוֹן. וּבְעֵת שֶׁמְּלַמְּדִים אוֹתָהּ הַתּוֹרָה, אָז הִיא מִתְעוֹרֶרֶת לַחְשֹׁב לְמַעְלָה, וּבְעֵת שֶׁמַּרְאִים לָהּ שָׁמַיִם וָאָרֶץ וְכוֹכָבִים וְחַמָּה וּלְבָנָה, הֵיאַךְ מִתְנַהֲגִים הֵם בְּמִנְהָג שָׁוֶה, וְאוֹמְרִים לָהּ שֶׁהִיא נִבְרֵאת מִמִּי שֶׁבָּרָא אוֹתָם — אָז הִיא מִתְעַלָּה יוֹתֵר וְיוֹתֵר. וּבְעֵת שֶׁמְּלַמְּדִים אוֹתָהּ סוֹד יִחוּד הַקָּדוֹשׁ בָּרוּךְ הוּא וְסוֹד חָכְמַת הַנְּשָׁמָה, אָז הִיא לוֹבֶשֶׁת בִּגְדֵי מַלְכוּת וְנִכְנֶסֶת בְּסוֹד הַיִּרְאָה.

וְגַם אֲפִלּוּ אָדָם שֶׁאֵינוֹ יוֹדֵעַ כָּל זֶה, רַק כְּשֶׁחוֹשֵׁב לְמַעְלָה מֵעֹמֶק הַלֵּב, וּמַבְחִין גְּבוּרוֹת הָאֵל בָּרוּךְ הוּא, אָז יִלְבַּשׁ מוֹרָאוֹ בְּלִבּוֹ, דִּכְתִיב: "שְׂאוּ מָרוֹם עֵינֵיכֶם וּרְאוּ מִי בָרָא אֵלֶּה הַמּוֹצִיא בְמִסְפָּר צְבָאָם לְכֻלָּם בְּשֵׁם יִקְרָא מֵרֹב אוֹנִים וְאַמִּיץ כֹּחַ אִישׁ לֹא נֶעְדָּר" (ישעיה מ, כו).

וְגַם לֹא נָתַן הַקָּדוֹשׁ בָּרוּךְ הוּא רְשׁוּת לְשׁוּם אֻמָּה בָּעוֹלָם לְסַפֵּר תְּהִלָּתוֹ אֶלָּא לְיִשְׂרָאֵל, שֶׁנֶּאֱמַר: "עַם זוּ יָצַרְתִּי לִי תְּהִלָּתִי יְסַפֵּרוּ" (שם מג, כא); וּכְתִיב: "כִּי עַם קָדוֹשׁ אַתָּה לַייָ אֱלֹהֶיךָ בְּךָ בָּחַר יְיָ אֱלֹהֶיךָ לִהְיוֹת לוֹ לְעַם סְגֻלָּה מִכֹּל הָעַמִּים אֲשֶׁר עַל פְּנֵי הָאֲדָמָה" (דברים ז, ו); וּכְתִיב: "וַייָ הֶאֱמִירְךָ הַיּוֹם לִהְיוֹת לוֹ לְעַם סְגֻלָּה" (שם כו, יח); וּכְתִיב: "וּלְתִתְּךָ עֶלְיוֹן עַל כָּל הַגּוֹיִם" (שם שם, יט). וְגַם לֹא נָתַן הַקָּדוֹשׁ בָּרוּךְ הוּא דַּעַת לְשׁוּם אֻמָּה בָּעוֹלָם לָדַעַת אוֹתוֹ אֶלָּא לְיִשְׂרָאֵל, דִּכְתִיב: "אַתָּה הָרְאֵתָ לָדַעַת כִּי יְיָ הוּא הָאֱלֹהִים אֵין עוֹד מִלְּבַדּוֹ" (שם ד, לה);

king's heart, and he feels himself greatly exalted. So it is with the soul, the "daughter" of the King, inspired into man from the Throne of Glory and placed within the sullied body, whose desire is great for this world and who has so many lusts that the soul, the daughter of the King, is caught up among them and is drawn after the bodily lusts, forgetting her Father, the celestial King. But when she is taught Torah, she is awakened to think "on high." And when she is shown the heavens and the stars and the sun and the moon and their uniform motions, and she is informed that their Creator is her Creator, she is exalted more and more. And when she is taught the secret of the Holy One's unity and the secret of the wisdom of the soul, she attires herself in royal garments and enters into the secrets of fear.

And even one who does not know all this, when his thoughts range on high from the depths of his heart, and he discerns the might of the Blessed One, his heart attires itself in fear, as it is written (*Yeshayahu* 40:26): "Lift up your eyes on high, and see Who has created these. He who brings out their host by number, calling all of them by name — in abundance of power and greatness of strength none is missing."

Furthermore, the Holy One Blessed be He has not authorized any nation in the world but Israel to declare His praise, as it is written (ibid. 43:21): "I have created this people for Me, that they might tell my praise," and (*Devarim* 7:6): "For you are a holy people to Hashem your God. Hashem your God chose you to be unto Him a chosen people from all the people on the face of the earth," and (ibid. 26:18): "And Hashem has selected you this day to be to Him a chosen people," and (ibid. :19): "And to make you high above all the nations." And the Holy One Blessed be He has not let any other nation but Israel know Him, as it is written (ibid. 4:35): "You have been shown to know

וּכְתִיב: "וּמִי גּוֹי גָּדוֹל אֲשֶׁר לוֹ חֻקִּים וּמִשְׁפָּטִים צַדִּיקִם כְּכֹל הַתּוֹרָה הַזֹּאת" (שם שם, ח); וּכְתִיב: "אֶת יְיָ אֱלֹהֶיךָ תִּירָא אֹתוֹ תַעֲבֹד וּבוֹ תִדְבָּק" (שם י, כ).

וּמֵאֵלּוּ הַפְּסוּקִים אָנוּ לְמֵדִים, שֶׁחַיָּבִים יִשְׂרָאֵל לְיִרְאָה אֶת הַשֵּׁם יִתְבָּרֵךְ וּלְהִתְעַסֵּק בְּהֶגְיוֹן תּוֹרָתוֹ וּלְקַיֵּם מִצְווֹתָיו, שֶׁמִּתּוֹךְ יִרְאַת הַשֵּׁם יִתְעַלֶּה יַעַסְקוּ בַּתּוֹרָה וִיקַיְּמוּ מִצְווֹתָיו, וּמִתּוֹךְ עֵסֶק הֶגְיוֹן הַתּוֹרָה יָבִינוּ פֵּרוּשֶׁיהָ, טְעָמֶיהָ וְחִדּוּשֶׁיהָ, וְיִתְחַכְּמוּ לָדַעַת אֶת הַשֵּׁם יִתְבָּרֵךְ וְכֹחוֹ וּגְבוּרָתוֹ וּגְדֻלָּתוֹ וּמַעֲשָׂיו הַגְּדוֹלִים וְהַנּוֹרָאִים וְהַנִּפְלָאִים, כְּדִכְתִיב: "אִמְרוּ לֵאלֹהִים מַה נּוֹרָא מַעֲשֶׂיךָ" (תהלים סו, ג); וּכְתִיב: "אוֹדְךָ עַל כִּי נוֹרָאוֹת נִפְלֵיתִי נִפְלָאִים מַעֲשֶׂיךָ וְנַפְשִׁי יֹדַעַת מְאֹד" (שם קלט, יד); וּכְתִיב: "לְכוּ בָנִים שִׁמְעוּ לִי יִרְאַת יְיָ אֲלַמֶּדְכֶם" (שם לד, יב).

אֵין דָּבָר בָּעוֹלָם שָׁקוּל כְּנֶגֶד הַיִּרְאָה — לֹא חֲפָצִים וְלֹא פְנִינִים וְלֹא כֶסֶף וְלֹא זָהָב וְלֹא אֲבָנִים טוֹבוֹת וּמַרְגָּלִיּוֹת וְכָל מַטְמוֹנִים — כֻּלָּם הֵם כְּאַיִן נֶגֶד יִרְאַת הַקָּדוֹשׁ בָּרוּךְ הוּא, כִּי הַיִּרְאָה הִיא אוֹצָרוֹ שֶׁל הַשֵּׁם יִתְבָּרֵךְ (ברכות לג ע"ב). לָכֵן יְמַהֵר לֶאֱצֹר בְּגִנְזֵי לְבָבוֹ דָּבָר שֶׁהוּא אוֹצָרוֹ שֶׁל הַקָּדוֹשׁ בָּרוּךְ הוּא, שֶׁהוּא יוֹצְרוֹ. וְיִלְמַד אָדָם מֵעוֹלָם הַזֶּה, כִּי כָל אָדָם מִשְׁתַּדֵּל לֶאֱצֹר הַטּוֹב מַה שֶּׁיָּכוֹל, וּמִי שֶׁיָּכוֹל לֶאֱצֹר כְּמוֹ הַמְּלָכִים וַדַּאי עוֹשֶׂה כֵּן — אִם כֵּן, מִי הוּא לֹא יֶאֱצֹר מַה שֶּׁאָצַר מֶלֶךְ מַלְכֵי הַמְּלָכִים, הַקָּדוֹשׁ בָּרוּךְ הוּא, הַמַּמְלִיךְ כָּל מְלָכִים?!

וְעַתָּה אוֹדִיעֲךָ חָכְמַת הַנֶּפֶשׁ וְרוּחַ וּנְשָׁמָה, כְּדֵי לְיִרְאָה אֶת הַקָּדוֹשׁ בָּרוּךְ הוּא. הַנֶּפֶשׁ הִיא בַכָּבֵד, כִּי

that Hashem, He is God; there is none besides Him," and (ibid. :8): "And who is the great nation that has righteous statutes and judgments, like all of this Torah?" and (ibid. 10:20): "Hashem your God shall you fear; Him shall you serve and to Him shall you cleave."

From these verses we learn that Israel is obligated to fear the Blessed One, to pursue the study of His Torah, and to fulfill His mitzvos, the fear of the Exalted One leading to study of Torah and fulfillment of mitzvos. And from occupation in Torah study they will understand its meaning, its reasons and its uniqueness, and they will grow wiser in knowing the Blessed One, His power, His strength, His greatness, and His great, awesome, wonderful deeds, as it is written (*Tehillim* 66:3): "Say to God: 'How awesome is Your work!'" and (ibid 139:14): "I will thank You, for I have been awesomely wrought. Wondrous are Your deeds, and my soul knows it exceedingly," and (ibid. 34:12): "Come, children, listen to me; I will teach you fear of Hashem."

There is nothing in the world comparable to fear of Hashem — neither possessions, nor pearls, nor silver, nor gold, nor precious stones, nor gems, nor all manner of treasure. They are all as nothing compared to fear of the Holy One Blessed be He, for fear of Hashem is the Blessed One's treasure (*Berachos* 33b). Therefore, one should make haste to store up in the recesses of his heart that which is the treasure of the Holy One Blessed be He, his Creator. One should learn from this world that everyone tries to store up as much as he can, and that one who can gather as much treasure as kings will certainly do so. Who, then, will not store up the treasure of the King of kings, the Holy One Blessed be He Himself, Who enthrones kings!

And now I will make known to you the wisdom of the *nefesh*, the *ruach*, and the *neshamah*, so that you may fear the Holy One Blessed be He. The *nefesh* is in the liver, for

הַדָּם הוּא הַנֶּפֶשׁ, וְהוּא הַמִּתְאַוֶּה לֶאֱכֹל וְלִשְׁתּוֹת וְחֵשֶׁק הַמִּשְׁגָּל הַתַּאֲוָה, לְפִי שֶׁהַכָּבֵד מָלֵא דָם וּמִתְאַוֶּה לְהַשְׂבִּיעַ לָאָדָם בְּעִדּוּנִים וְתַעֲנוּגִים וְשַׁעֲשׁוּעִים, וְזֶהוּ: "נֶפֶשׁ שְׂבֵעָה תָּבוּס נֹפֶת" (משלי כז, ז). הָרוּחַ הִיא בַּלֵּב וּמְבַקֶּשֶׁת שְׂרָרָה וּגְדֻלָּה וּמַלְכוּת בְּלֵב בְּנֵי אָדָם לִרְדֹּף אַחַר הַכָּבוֹד; עַל כֵּן גַּאֲוַת הַלֵּב נִקְרֵאת גַּסּוּת הָרוּחַ, וְהִיא הַמַּגְבַּהַת לֵב בְּנֵי אָדָם לְהִשְׂתָּרֵר וּלְהִתְגַּדֵּל וּלְהִתְגָּאוֹת. הַנְּשָׁמָה הִיא בַּעֲלַת הַחָכְמָה, וְהִיא יוֹשֶׁבֶת בַּמֹּחַ כְּמֶלֶךְ בִּגְדוּד וְדוֹמָה לִכְבוֹד בּוֹרְאָהּ בְּמִקְצָת, וּמוֹאֶסֶת בְּתַעֲנוּגֵי בְּנֵי אָדָם וְהַבְלֵי שַׁעֲשׁוּעֵיהֶם, וּמַחְכֶּמֶת וּמַשְׂכֶּלֶת דַּעַת, וְכָל מַחְשְׁבוֹתֶיהָ לַעֲבֹד לְהַקָּדוֹשׁ בָּרוּךְ הוּא בְּיִרְאָה; וּמְחַשֶּׁבֶת מַה יִּהְיֶה בַּסּוֹף, בְּעֵת שֶׁיָּמוּת הַגּוּף וְיִכְלֶה, וְאֵיךְ תָּשׁוּב בְּטָהֳרָה לְמִי שֶׁבְּרָאָהּ וְהִכְנִיסָהּ בַּגּוּף.

הָאָדָם יֵשׁ לוֹ שְׁנֵי אֲדוֹנִים, וּבְמוֹתוֹ נַעֲשָׂה חָפְשִׁי מֵהֶם, שֶׁנֶּאֱמַר: "קָטֹן וְגָדוֹל שָׁם הוּא וְעֶבֶד חָפְשִׁי מֵאֲדֹנָיו" (איוב ג, יט). שְׁנֵי הָאֲדוֹנִים הֵם רוּחַ וָנֶפֶשׁ, שֶׁהֵם חוֹשְׁבִים בְּתַעֲנוּגִים וּלְהַרְבּוֹת מָמוֹן וְלֶאֱכֹל וְלִשְׁתּוֹת וְלִשְׂמֹחַ וְלַעֲשׂוֹת כָּל מַחְשְׁבוֹת הַלֵּב וּמַרְאֵה עֵינָיו וּלְדַבֵּר דִּבְרֵי הֶבֶל וּלְהֵהָנוֹת הַגּוּף. וְהַנְּשָׁמָה הוֹפֶכֶת מַחְשְׁבוֹתֵיהֶם וְאוֹמֶרֶת: מַה שָּׁוֶה זֶה לָאָדָם וּמַה יִּתְרוֹן לוֹ בְּכָל עֲמָלוֹ שֶׁיַּעֲמֹל, וּבְרֶגַע אֶחָד אֵינֶנּוּ וְהַגּוּף כָּלֶה, וְאָז אַיֵּה חָכְמָתוֹ וּמַאֲכָלוֹ וְיָפְיוֹ? אִם כֵּן, אֵין טוֹב אֶלָּא לַעֲבֹד אֶת הַקָּדוֹשׁ בָּרוּךְ הוּא וּלְדָבְקָה בוֹ וְלַעֲשׂוֹת דְּרָכָיו בְּלֵב שָׁלֵם וּבְנֶפֶשׁ חֲפֵצָה. זֶה אוֹמֵר בְּכֹה וְזֶה אוֹמֵר בְּכֹה. אִם הַנֶּפֶשׁ וְהָרוּחַ מִתְגַּבְּרִים, אָז תֶּחֱלַשׁ הַנְּשָׁמָה

"the blood is the *nefesh*" (*Devarim* 12:23). It is the location of the desire for eating, drinking, cohabitation, and the attendant lusts. For the liver is full of blood and it lusts to sate a man with pleasures, enjoyments and delights. This is the intent of (*Mishlei* 27:7): "The sated *nefesh* will spurn honey drippings." The *ruach* is the heart. It seeks lordship, greatness, and kingship in the heart of a man, causing him to pursue honor. It is for this reason that haughtiness of heart is referred to as "grossness of *ruach*." It lifts a man's heart to lordship, self-aggrandizement and pride. The *neshamah* is the fount of wisdom. It resides within the mind as a king amidst his battalions. It partakes partially of the glory of its Creator, so that it spurns the delights of men and the vanities of their amusements and generates wisdom and knowledge. All of its thoughts are to serve the Holy One Blessed be He in fear, and it contemplates what will transpire in the end, when the body dies and deteriorates, and how it will return in purity to Him Who created it and placed it within the body.

A man has two masters, from which he frees himself at his death, as it is written (*Iyov* 3:19): "Small and great are there alike, and the servant is free of its masters." These two masters are *ruach* and *nefesh*, whose thoughts are of pleasures, the accumulation of wealth, eating and drinking, rejoicing, indulging all the thoughts of the heart and visions of the eyes, speaking vanities, and gratifying the body. The *neshamah* overturns these thoughts, saying: "Of what good are these to a man, and what profit does he derive from all his exertions to attain them? He is gone in a moment, his body disintegrates, and then where is his wisdom, his feasting and his beauty? If so, the only good is to serve the Holy One Blessed be He and to cleave to Him, to walk in His ways with a whole heart and a willing soul." *Ruach* and *nefesh* argue in one direction and the *neshamah* in the other. If the former predominate, the *neshamah*

וְאֵין לָהּ כֹּחַ לַעֲמֹד בִּפְנֵיהֶם; עַל כֵּן הַמִּתְעַסֵּק בַּאֲכִילָה וּבִשְׁתִיָּה לֹא יֶחְכַּם לְעוֹלָם. וּכְשֶׁהַנְּשָׁמָה מִתְגַּבֶּרֶת עַל הָרוּחַ וְהַנֶּפֶשׁ, אָז תִּפָּקַחְנָה עֵינֵי הַנְּשָׁמָה לְהָבִין חָכְמַת הָעֶלְיוֹנִים. לָכֵן צְרִיכָה הַנְּשָׁמָה לְהַחֲלִישׁ הָרוּחַ, אֲשֶׁר מִמֶּנּוּ יוֹצְאִים הַכַּעַס וְהַגַּאֲוָה, וְהַנֶּפֶשׁ אֲשֶׁר הִיא בַּעֲלַת הַתַּאֲוָה.

וּכְשֶׁמִּתְגַּבֶּרֶת הַנְּשָׁמָה בְּחָכְמָה, אָז תָּבִיא לִידֵי עֲנָוָה.

גַּם לַבְּהֵמָה יֵשׁ נֶפֶשׁ וָרוּחַ, כִּי הַבְּהֵמָה מִתְאַוָּה וְכוֹעֶסֶת כְּמוֹ אָדָם; אֲבָל הָאָדָם יֵשׁ לוֹ נְשָׁמָה יְתֵרָה, הַמְדַבֶּרֶת, וְהַמַּכֶּרֶת בֵּין אֱמֶת לַשֶּׁקֶר. וּכְשֶׁיָּמוּת הַגּוּף, אָז תָּמוּת נֶפֶשׁ הַתַּאֲוָה וְנֶפֶשׁ הָרוּחַ, וְנִשְׁאֶרֶת צוּרַת הַנְּשָׁמָה הָעֶלְיוֹנָה, הַחֲכָמָה, שֶׁאֵינָהּ מֵתָה בְּמִיתַת הַגּוּף; וּמַה שֶּׁנֶּאֱמַר: "וְהָרוּחַ תָּשׁוּב אֶל הָאֱלֹהִים אֲשֶׁר נְתָנָהּ" (קהלת יב, ז) — זֶה רוּחַ הַחֲכָמָה. וּכְשֶׁאָדָם חוֹטֵא, מֵתָה נִשְׁמַת נַפְשׁוֹ וְנִשְׁמַת רוּחוֹ, דִּכְתִיב: "הַנֶּפֶשׁ הַחֹטֵאת הִיא תָמוּת" (יחזקאל יח, ד); וְאָמַר מֹשֶׁה רַבֵּנוּ, עָלָיו הַשָּׁלוֹם, אִישׁ הָאֱלֹהִים: "וְהַאֲבַדְתִּי אֶת הַנֶּפֶשׁ הַהִוא מִקֶּרֶב עַמָּהּ" (ויקרא כג, ל); וּכְתִיב: "וְנִכְרְתָה הַנֶּפֶשׁ הַהִוא מֵעַמֶּיהָ" (שם ז, כ); שְׁמַע מִנַּהּ — קוֹרֵא "נֶפֶשׁ" אוֹתָהּ שֶׁהִיא מֵתָה. וּלְאַחַר מוֹת הָרָשָׁע, הַנְּשָׁמָה הַחֲכָמָה יְקַלְּעֶנָּה בְּכַף הַקָּלַע מִפְּנֵי שֶׁשָּׁמְעָה לָרוּחַ וָנֶפֶשׁ; וּלְאַחַר שֶׁיָּמוּת הַצַּדִּיק, אֲשֶׁר הַנְּשָׁמָה הָעֶלְיוֹנָה הַחֲכָמָה הִתְחַזְּקָה עַל רוּחַ וָנֶפֶשׁ, אָז נִשְׁמָתוֹ צְרוּרָה בִּצְרוֹר הַחַיִּים תַּחַת כִּסֵּא הַכָּבוֹד; וְהַכְּסִיל, שֶׁשָּׁמַע לָרוּחַ וָנֶפֶשׁ — נִשְׁמָתוֹ הִכָּרֵת תִּכָּרֵת; וְהֶחָכָם, שֶׁשָּׁמַע לַנְּשָׁמָה הָעֶלְיוֹנָה שֶׁנֻּפְּחָה לוֹ מִכִּסֵּא הַכָּבוֹד, נִשְׁמָתוֹ תִּזְכֶּה לְרַב טוּב הַצָּפוּן.

וְעַתָּה, הַטֵּה אָזְנְךָ וְתָבִין וְתֵדַע, שֶׁהַנְּשָׁמָה הִיא שְׁכוּנָה בַּלֵּב, וְהוּא מוֹשַׁב הַיִּרְאָה, כִּי מִשָּׁם תּוֹצְאוֹת

weakens and loses the strength to resist them. Accordingly, one who preoccupies himself with eating and drinking will never grow wise. And when the *neshamah* predominates over the *ruach* and the *nefesh*, the eyes of the soul open to understand the supernal wisdom. Therefore, the *neshamah* must weaken the *ruach*, from which anger and pride derive, and the *nefesh*, from which lust derives, and when the *neshamah* predominates in wisdom, she will produce humility.

Animals, too, possess *nefesh* and *ruach*, for lust and anger are found in them as they are in men, but a human being possesses a *neshamah* in addition, which speaks and which distinguishes between truth and falsity. When the body dies, the *nefesh* of lust and the *nefesh* of *ruach* die, and there remains the form of the wise supernal *neshamah* which does not die with the death of the body. And (*Koheles* 12:7): "And the *ruach* will return to God, Who gave it," refers to the *ruach* of wisdom. When a man sins, the *neshamah* of his *nefesh* and that of his *ruach* die, as it is written (*Yechezkel* 18:4): "The sinning *nefesh* will die," and Moshe our teacher, may peace be upon him, the man of God, said (*Vayikra* 23:30): "And I will cause that *nefesh* to be excised from the midst of its people," and (ibid 7:20): "And that *nefesh* will be cut off from its people," indicating that that which dies is called *nefesh*. After the death of the wicked man, the wise *neshamah* is hurled as from a sling for having hearkened to *ruach* and *nefesh*. But the *neshamah* of the righteous man, in whom the wise supernal *neshamah* predominated over *ruach* and *nefesh*, is bound up in the bond of life under the Throne of Glory. The fool, who hearkened to *ruach* and *nefesh* — his *neshamah* is cut off; and the wise man, who hearkened to the supernal *neshamah* inspired in him from the Throne of Glory — his *neshamah* merits the abundance of the secreted good.

And now, incline your ear to understand and know that

הַמַּחֲשָׁבָה. וְהַמַּחֲשָׁבָה מִתְרוֹמֶמֶת וּמִתְגַּבֶּרֶת בְּחַדְרֵי הַלֵּב כַּאֲשֶׁר יִתְרוֹמְמוּ גַּלֵּי הַיָּם. הַנְּשָׁמָה דוֹרֶשֶׁת וְחוֹקֶרֶת וּמִתְבּוֹנֶנֶת בְּכָל הַמַּעֲשִׂים, וְהַלֵּב מְשׁוֹטֵט בְּחָכְמָתוֹ לְמֵרָחוֹק וְצוֹפֶה בִרְאִיָּתוֹ עִנְיָנִים רַבִּים. בְּרֶגַע קָטֹן, בְּרֶגַע אֶחָד, מְחַשֵּׁב הֵנָּה וָהֵנָּה וָרָץ וָשָׁב מֵעִנְיָן לְעִנְיָן.

הָאָדָם — הֶחְכִּים וְהִשְׂכִּיל אוֹתוֹ צוּר עוֹלָמִים וְלִמֵּד אוֹתוֹ חָכְמָה וָדַעַת. וּבְזֹאת הַחָכְמָה זוֹכֵר הָאָדָם כָּל הָעֲבָרוֹת וְרוֹאֶה כָּל הַנּוֹלָדוֹת; וּבְזֹאת הַחָכְמָה עוֹשֶׂה גַלְגַּלִּים וְרֵחַיִם לִטְחֹן בְּלִי עָמָל; וּבְזֹאת הַחָכְמָה עוֹשֶׂה צְבָאוֹת וּמַעֲמִיד חַיָּלִים וּמְזָרֵז חֲלוּצִים וּמַצְלִיחַ בְּמַלְכוּתוֹ וּמַנְהִיג בְּמֶמְשַׁלְתּוֹ וְשׁוֹפֵט עַמּוֹ; וּבְזֹאת הַחָכְמָה פּוֹרֵשׂ רְשָׁתוֹת לְעָמְקֵי מְצוּלוֹת יַמִּים וּנְהָרוֹת, לָצוּד דָּגִים הַיּוֹרְדִים לְעָמְקֵי תְהוֹמוֹת; וּבְזֹאת הַחָכְמָה יָצוּד חַיּוֹת מִדְבָּרִיּוֹת וּבָהּ יִלְכֹּד עוֹפוֹת, הַמְעוֹפְפִים בְּגָבְהֵי שָׁמַיִם; וּבְזֹאת הַחָכְמָה יוֹדֵעַ וּמֵבִין יְסוֹדוֹת הַגּוּף, קְרִירוּתוֹ וַחֲמִימוּתוֹ, לַחְלוּחִיתוֹ וִיבָשְׁתּוֹ, וּבָהּ יוֹדֵעַ וּמֵבִין תַּחֲלוּאֵי הַגּוּף וּרְפוּאָתוֹ וּלְבַקֵּשׁ סַמֵּי הָרְפוּאוֹת, וּמַבְחִין תּוֹעֶלֶת הַסַּמִּים וְנִזְקָם, וּמַכִּיר שָׁרָשִׁים וַעֲשָׂבִים וּמִינֵי הַפֵּרוֹת, קָרִים וְחַמִּים, לַחִים וִיבֵשִׁים, וּבָהּ יוֹדֵעַ לְהַשְׁקוֹת אֶת הַגּוּף בְּמִרְקְחֵי הָרְפוּאוֹת, לְהַעֲמִידוֹ עַל חֶזְקָתוֹ.

וְהִנֵּה, עֵינֵינוּ רוֹאוֹת גְּדֻלַּת הָאָדָם וּכְבוֹדוֹ, אֲשֶׁר גִּדְּלוֹ וְנִשְּׂאוֹ יוֹצֵר הַכֹּל עַל כָּל הַיְצוּרִים וְהִשְׁלִיטוֹ עַל כָּל בְּרִיּוֹת הַתַּחְתּוֹנִים, וְאֵין כֹּחַ בַּפֶּה לְסַפֵּר רֹב פְּעֻלּוֹת אֲשֶׁר יִפְעַל הָאָדָם בָּעוֹלָם הַתַּחְתּוֹן. וְאַף בָּעוֹלָם הָעֶלְיוֹן שׁוֹלֵחַ הָאָדָם חָכְמָתוֹ וְיָעוּף וְיָטוּס עַל כַּנְפֵי הַחָכְמָה. אַף עַל פִּי שֶׁגּוּפוֹ הוֹלֵךְ עַל הָאָרֶץ כְּמוֹ בְהֵמוֹת וּשְׁרָצִים, נִשְׁמָתוֹ הוֹלֶכֶת

the *neshamah* resides in the heart, which is the seat of fear, being the wellspring of thought. Thought rises and grows in the chambers of the heart as the ocean breakers rise. The *neshamah* searches out, examines, and reflects upon all deeds, and the heart ranges far in its wisdom and scans many things with its vision. In a brief moment, in a single instant, it probes here and there and flits back and forth from one thing to another.

The Rock of Ages has made man wise and knowledgeable and has taught him wisdom and knowledge. With this wisdom man remembers all that is past and sees all that is to come. With this wisdom he makes wheels and mills to grind without his toil. With this wisdom he assembles armies, organizes troops, inspires heroes, succeeds in his dominion, rules his kingdom, and judges his people. With this wisdom he spreads out nets in the depths of seas and rivers and heaps up fish from the cavernous depths. With this wisdom he traps wild beasts and snares birds flying in the heights. With this wisdom he knows and understands the foundations of the body, its states of cold and heat, of moistness and dryness. With it he knows and understands the body's ailments and its cures, he seeks out drugs, he discriminates between the benefits and dangers of drugs, he recognizes the healing properties of roots and herbs and types of fruits, cold and hot, wet and dry, and with it he knows how to administer drugs to the body to return it to its health.

Our eyes behold the greatness and glory of man, the Creator of All having raised and uplifted him above all creatures and having given him dominion over all the terrestrial creations. The mouth lacks the power to relate all that man does in the lower world. And he sends his wisdom even into the heavenly spheres, soaring and flying on wings of wisdom. Though his body walks the earth, as do the beasts and the creeping things, his soul travels the

בָּעוֹלָם הָעֶלְיוֹן מֵרֹב חָכְמָה, וְהִיא תִתְבּוֹנֵן וְיוֹדַעַת חָכְמַת מַדָּע שֶׁבָּעֶלְיוֹנִים וְחָכְמַת מַדָּע שֶׁבָּרְקִיעִים וְהִלּוּךְ הַכּוֹכָבִים וְשִׁעוּר קוֹמָתָם. אַף עַל פִּי שֶׁגּוּף הָאָדָם קָטָן מְאֹד, נִשְׁמָתוֹ גְדוֹלָה וּרְחָבָה יוֹתֵר מִן הַשָּׁמַיִם וְהָאָרֶץ, כִּי יוֹדַעַת רוּמָם וְגָבְהָם וְדַרְכֵי חַמָּה וּמַזָּלוֹת וְכָל חִלּוּקֵיהֶם — הַכֹּל נִכְנָס בַּנְּשָׁמָה; וְכֵיוָן שֶׁהַכֹּל כָּלוּל בָּהּ, אִם כֵּן הִיא גְדוֹלָה מִכֻּלָּם — שֶׁאִם לֹא כֵן, לֹא הָיְתָה יְכוֹלָה לְהַחֲזִיק אֶת הַכֹּל, כִּי אִי אֶפְשָׁר לְהַכְנִיס מֵי הַיָּם בְּנֹאד קָטָן.

וְעַתָּה, בִּרְאוֹתֵנוּ שֶׁהָאָדָם שׁוֹלֵט בְּחָכְמָתוֹ בִּשְׁנֵי עוֹלָמִים, בָּעוֹלָם הַתַּחְתּוֹן וּבָעוֹלָם הָעֶלְיוֹן, אִם כֵּן רָאוּי לְכָל אָדָם לַחְשֹׁב וּלְהִתְבּוֹנֵן, לָמָּה הוֹדִיעוֹ הַקָּדוֹשׁ בָּרוּךְ הוּא כָּל זֹאת? אֵין זֶה כִּי אִם לְהַשְׂכִּיל לְעָבְדוֹ בְּלֵבָב שָׁלֵם, כִּי כְּשֶׁמֵּבִין וּמַכִּיר הַנִּפְלָאוֹת הַגְּדוֹלִים וְהַנּוֹרָאִים, אָז רָאוּי לְהַכְנִיעַ עַצְמוֹ וּלְשַׁעְבֵּד הַגּוּף לַנְּשָׁמָה, כִּי הַגּוּף טָפֵל לַנְּשָׁמָה. כִּי כָּל הַחָכְמוֹת הַגְּדוֹלוֹת הָאֵלּוּ הֵן מִן הַנְּשָׁמָה וְלֹא מִן הַגּוּף, כִּי הַנְּשָׁמָה מְנַהֶגֶת אֶת הַגּוּף. כְּמוֹ אָדָם רוֹכֵב עַל סוּס וְרִסְנוֹ בְּיָדוֹ, וּמַנְהִיג אוֹתוֹ וּמְהַפְּכוֹ לְכָל צַד שֶׁיִּרְצֶה, אִם כֵּן הַסּוּס טָפֵל לָאָדָם וְאֵין הָאָדָם טָפֵל לַסּוּס — כָּךְ הַנְּשָׁמָה מְנַהֶגֶת הַגּוּף וְהַנְּשָׁמָה עִקָּר וְהַגּוּף טָפֵל. לָכֵן אוֹי וְהוֹי וַאֲבוֹי לְאוֹתָם הַמְשַׁעְבְּדִים הַנְּשָׁמָה לַגּוּף וּמַכְנִיעִים הָעִקָּר תַּחַת יַד הַטָּפֵל.

וְזֶה יוּכַל כָּל אָדָם לָדַעַת — אַחַר אֲשֶׁר הָעוֹלָם הָעֶלְיוֹן מְשַׁמֵּשׁ לָעוֹלָם הַתַּחְתּוֹן, כְּגוֹן הַשֶּׁמֶשׁ וְהַיָּרֵחַ וְהַכּוֹכָבִים, בְּוַדַּאי וּבְבֵרוּר אֵין זֶה לַהֲנָאַת הַגּוּף, שֶׁיֵּהָנֶה בַּהֲנָאַת הָעוֹלָם הַזֶּה, כִּי הַגּוּף אֵין בּוֹ מַמָּשׁ, כִּי הוּא עָפָר רִמָּה וְתוֹלֵעָה וּמְזֻמָּן לִפְגָעִים וּמוּכָן לַמָּוֶת, וְהַשֶּׁמֶשׁ וְהַיָּרֵחַ

celestial heights in an access of wisdom, contemplating and knowing the wisdom of the heights and the wisdom of the firmaments and the courses and sizes of the stars. Though a man's body is very small, his soul is greater and broader than heaven and earth, knowing its extent and height, the ways of the sun and the constellations and all of their satellites — all is encompassed by the soul. And since all is contained in it, it is greater than all; otherwise, it could not comprehend all, for the sea cannot be poured into a little flask.

And now, seeing that man's wisdom spans two worlds, the lower and the higher, it behooves every man to think and reflect on why the Holy One Blessed be He bestowed him with all this. It can only be so that he learn to serve Him with a perfect heart. For when one understands and recognizes the great, awesome wonders, he is impelled to humble himself and to subjugate his body to his soul, the body being subordinate to the soul. For all of these great wisdoms are of the soul and not of the body, the soul directing the body as a man rides a horse, its reins in his hand, leading it and guiding it in the direction he desires, so that the horse is subservient to the man and not otherwise. In the same way the soul leads the body, the soul is the principal, and the body subservient. Woe, indeed, to those who make their soul subservient to their body, subjugating the primary to the secondary!

And everyone can understand for himself that since the higher world — the sun, the moon, the stars — serves the lower, certainly nothing is for the enjoyment of the body in this world; for there is nothing to the body, as it is only dust, worm, and maggot, bared for wounds and readied for death, whereas the sun, moon, and the stars are pure

וְהַכּוֹכָבִים הֵם זַכִּים וּצְלוּלִים, וְאֵיךְ יִתָּכֵן שֶׁאוֹתָם הָעִנְיָנִים הַגְּדוֹלִים יְשַׁמְּשׁוּ לַגּוּף הַכָּלֶה וְהַמְדֻלְדָּל? אַךְ הַנְּשָׁמָה, שֶׁהִיא צְלוּלָה וְזַכָּה וּמְנֻשָּׂאָה עַד שְׁחָקִים וּמִמַּעַל לָהֶם, וּגְדוֹלָה יוֹתֵר מִן שָׁמַיִם וָאָרֶץ, כִּי בָהּ נִכְנֶסֶת יְדִיעַת שָׁמַיִם וָאָרֶץ וְהִיא מַקֶּפֶת אוֹתָם — בֶּאֱמֶת זוֹהִי סְבָרָה וּרְאָיָה גְדוֹלָה, שֶׁשָּׁמַיִם וָאָרֶץ נִבְרְאוּ לְצָרְכָּהּ שֶׁל נְשָׁמָה וּלְשַׁמֵּשׁ לָהּ, וְהִיא תִּתְבּוֹנֵן וְתַבְחִין: מִי אֲנִי, אֲשֶׁר שָׁמַיִם וָאָרֶץ נִבְרְאוּ לְצָרְכִּי? אֵין זֶה כִּי אִם לְהִשְׁתַּעְבֵּד לַקָּדוֹשׁ בָּרוּךְ הוּא, לְהָבִין נִפְלְאוֹתָיו וּלְהַלְלוֹ וּלְשַׁבְּחוֹ. וְלוּלֵי הַתּוֹרָה שֶׁיַּעֲשֶׂה הָאָדָם כְּדֵי לְצָרֵף וּלְלַבֵּן נִשְׁמָתוֹ, מַה צֹּרֶךְ יֵשׁ בָּעוֹלָם? וְכִי זוֹ סְבָרָה, שֶׁהָעוֹלָם נִבְרָא לַהֲנָאַת הַגּוּף הָאָפֵל וְהַשָּׁפֵל?! הֲלֹא הַגּוּף כָּלֶה וְאֵין בּוֹ מַמָּשׁ!

וְעַתָּה, בִּרְאוֹתֵנוּ שֶׁהָאָדָם נִבְחַר מִכָּל הַיְצוּרִים מֵרֹב חָכְמָתוֹ וְרֹב פְּעֻלּוֹתָיו, כִּי כָל הַיְצוּרִים מְשֻׁעְבָּדִים לָאָדָם;

וְיֵשׁ בּוֹ כֹּחַ לִלְמֹד חָכְמָה וּלְהָבִין הַסּוֹדוֹת הָעֲמֻקִּים וּלְהָבִין רָזֵי עוֹלָם הַתַּחְתּוֹן וּלְהַשְׂכִּיל רָזֵי עוֹלָם הָעֶלְיוֹן — זֶהוּ סִמָּן מֻבְהָק לָאָדָם, שֶׁתְּהֵא נַפְשׁוֹ צְרוּרָה בִּצְרוֹר הַחַיִּים אִם הוּא מְקַיֵּם אֶת הַתּוֹרָה. מָשָׁל לְמָה הַדָּבָר דּוֹמֶה? לְמֶלֶךְ שֶׁהִכְנִיס עֲבָדָיו בְּחַדְרֵי־חֲדָרִים, וְהֶרְאָה לָהֶם אוֹצְרוֹתָיו וּמַרְגָּלִיּוֹתָיו וְכָל גְּנָזָיו, וְהִמְשִׁילָם וְהִשְׁלִיטָם עַל כָּל זֶה, וְגִלָּה לָהֶם סוֹדָיו, וְהִזְהִירָם שֶׁיִּהְיוּ עִמּוֹ בֶּאֱמוּנָה, וְאִם יַעֲשׂוּ כֵן, אָז יִתֵּן לָהֶם טוֹבָה גְדוֹלָה וִינַשֵּׂא אוֹתָם כִּפְלֵי כִפְלַיִם יוֹתֵר מִמַּה שֶּׁהָיוּ עַד עַכְשָׁו; וְזֶה יִהְיֶה לָהֶם לְאוֹת — שֶׁגִּלָּה לָהֶם סוֹדוֹתָיו וְאוֹצְרוֹתָיו וְהִמְשִׁילָם עַל אַרְצוֹ בֶּאֱמֶת, בָּזֶה יַבְחִינוּ שֶׁהַמֶּלֶךְ אוֹמֵר לָהֶם אֱמֶת. כָּךְ הַקָּדוֹשׁ בָּרוּךְ הוּא הֶרְאָה לָאָדָם גָּדְלוֹ וְתִפְאַרְתּוֹ וְגִלָּה לוֹ סוֹדָיו מֵעֶלְיוֹנִים

and clear. How could it be, then, that such great things should serve the ephemeral, dwindling body! But the *neshamah*, which is clear, pure, and exalted to the heights and even above them, which is greater than heaven and earth, the knowledge of both being contained within it and it comprehending them — certainly this is great reason and proof that heaven and earth were created on behalf of the soul and to serve it. And it will reflect and discriminate: Who am I, that heaven and earth were created for me? It can only be so that I subject myself to the Holy One Blessed be He, to discern His wonders and exalt and praise Him. And if not for the Torah, which man obeys in order to purify and refine his soul, what need would there be of the world? Does it stand to reason that the world was created for the pleasures of the dark, lowly body? Is the body not ephemeral and insubstantial?

And now, seeing that man is the choicest of all the creatures due to his great wisdom and creativity, all the creatures being subservient to man and man having the ability to acquire wisdom, to probe the profound mysteries, to understand the secrets of the upper and lower worlds, and to divine the secrets of the celestial realm — this is an indelible sign to man that his soul will be "bound in the bond of life" (I *Shemuel* 25:29) if he fulfills the Torah. To what can this be compared? To a king calling his servants into his inner chambers, showing them his treasures and pearls and all of his stores, placing them in charge and control of all of them, revealing his secrets to them and exhorting them to keep faith with him, which, if they do, he will confer great good upon them and elevate them many times above their present position — this, that he has revealed to them his secrets and his treasures and, in fact, given them dominion over his land, serving them as a sign that the king speaks the truth. So the Holy One Blessed be He has shown man His greatness and glory, and

וְתַחְתּוֹנִים וְהִמְשִׁילוֹ עַל כֹּל — בְּוַדַּאי בָּזֶה יַבְחִין רֹב גְּדֻלָּתוֹ לֶעָתִיד אִם יִזָּהֵר בַּעֲבוֹדַת הַקָּדוֹשׁ בָּרוּךְ הוּא.

גַּם יֵשׁ רְאָיָה גְדוֹלָה שֶׁהַנְּשָׁמָה בָּאָה מִלְמַעְלָה, כִּי אָנוּ רוֹאִים שֶׁכָּל אָדָם אֵין לוֹ דַי בַּמֶּה שֶׁיֵּשׁ לוֹ, אֶלָּא לְעוֹלָם מְבַקֵּשׁ מַעֲלָה יְתֵרָה מִמַּעֲלָתוֹ — אִם יֵשׁ לוֹ אֶלֶף, חוֹמֵד אַלְפַּיִם (עיין קהלת רבה א, יג); אִם הוּא שַׂר בִּמְדִינָה זוֹ, מְבַקֵּשׁ לִהְיוֹת מוֹשֵׁל בִּמְדִינָה אַחֶרֶת — וְאֵין לְךָ אָדָם, לֹא מֶלֶךְ וְלֹא שַׂר, שֶׁאֵינוֹ מִתְאַוֶּה מַעֲלוֹת יְתֵרוֹת עַל מַעֲלוֹתָיו; וְזֹאת בָּאָה מֵחֲמַת שֶׁאֵין הַנְּשָׁמָה מִתְדַּבֶּקֶת לְאֵלּוּ הַטּוֹבוֹת, אֲבָל הִיא מִתְאַוָּה לְעוֹלָם לְמַעֲלוֹת יוֹתֵר גְּדוֹלוֹת, כִּי הִיא עֶלְיוֹנָה עַל כָּל הַבְּרוּאִים. וְעַל כֵּן הָאָדָם הוֹלֵךְ בְּקוֹמָה זְקוּפָה, עֲבוּר הַנְּשָׁמָה, וּשְׁאָר הַבְּרִיּוֹת הוֹלְכִים עַל גְּחוֹנָם וּכְפוּפִים.

וַעֲבוּר שֶׁהַנְּשָׁמָה בָּאָה מִלְמַעְלָה, מִכִּסֵּא הַכָּבוֹד, עַל כֵּן הַגּוּף שֶׁהִיא שְׁרוּיָה בוֹ, יֵשׁ בּוֹ דִמְיוֹן שֶׁל כָּל הָעוֹלָם, וְעַל כֵּן נִקְרָא הָאָדָם "עוֹלָם קָטָן" (זוהר, במדבר רנז, ב; מדרש תנחומא, פקודי, ג). הַנְּשָׁמָה הִיא דוֹמָה לְבוֹרְאָהּ (ברכות י ע"א; זוהר שם), וְהַגּוּף דּוֹמֶה לָעוֹלָם הַתַּחְתּוֹן וְהָעֶלְיוֹן.

וְעַתָּה, שְׁמַע חָכְמָה מֻפְלָאָה. כְּמוֹ שֶׁהָאֱלֹהִים עֶלְיוֹן וּמוֹשֵׁל עַל הָאָדָם וְעַל כָּל הָעוֹלָם, לְמַעְלָה וּלְמַטָּה — כֵּן הָאָדָם, כָּל עֵת שֶׁיַּעֲשֶׂה רְצוֹן בּוֹרְאוֹ, אָז הוּא מוֹשֵׁל. כִּי לְמֹשֶׁה, עָלָיו הַשָּׁלוֹם, אָמַר הַקָּדוֹשׁ בָּרוּךְ הוּא בְּמַעֲשֵׂה הָעֵגֶל: "הֶרֶף מִמֶּנִּי וְאַשְׁמִידֵם" (דברים ט, יד), שֶׁתָּלָה הַיְכֹלֶת בּוֹ (ברכות לב ע"א); וּבְמַעֲשֵׂה קֹרַח בָּלְעָה הָאָרֶץ אוֹתָם וְאֶת כָּל אֲשֶׁר לָהֶם עַל פִּיו (במדבר טז); וְאֵלִיָּהוּ, זָכוּר לַטּוֹב, נִשְׁבַּע שֶׁלֹּא יִהְיֶה טַל וּמָטָר כִּי אִם לְפִי דְבָרוֹ (מלכים א׳ יז), וְהוֹרִיד

revealed to him His secrets in both the upper and lower worlds, and given him dominion over all. Certainly through this, man will discriminate the grandeur that will be his in the future if he is faithful in the service of the Holy One Blessed be He.

Another great indication that the *neshamah* stems from above is the fact that no one is ever content with what he has, but always seeks more. If he has one thousand, he desires two thousand. If he is lord of one province, he desires to be the governor of a different one. There is no man, neither king nor prince, who does not desire a station higher than his own. This stems from the fact that the *neshamah* does not adhere to these goods but always aspires to far higher levels, being higher than all the creations. It is for this reason that man walks upright — because of his *neshamah*. The other creatures walk on their stomachs or bent over.

And because the *neshamah* comes from on high, from the Throne of Glory, the body in which it resides can be compared to the entire world. Because of this, man is referred to as "a small world." The *neshamah* is comparable to its Creator (*Berachos* 10a), and the body is comparable to the upper and the lower world.

And now, hear wondrous wisdom. Just as God is supreme and governs every man and the entire universe above and below, so does man govern, as long as he does the will of his Creator. For to Moshe, may peace be upon him, the Holy One Blessed be He said during the incident of the golden calf (*Devarim* 9:14): "Let Me alone, that I may destroy them," imputing the power to him (*Berachos* 32a), and in the episode of Korach the earth swallowed his company and all that was theirs, as Moshe requested (*Bemidbar* 16). And Eliyahu Hanavi, of blessed memory, swore that there would be no dew or rain except by his word (I *Melachim* 17), and brought down fire from Heaven (ibid.

הָאֵשׁ מִן הַשָּׁמַיִם (שם א׳ יח, ב׳ א), וְהָרַג נְבִיאֵי הַבַּעַל בָּאָרֶץ (שם א׳ יח), וְהֶחֱיָה הַמֵּת (שם יז), וְגָזַר עַל אֱלִישָׁע לִהְיוֹת פִּי שְׁנַיִם בְּרוּחוֹ (שם ב׳ ב), וְכֵן כָּל הַקְּדוֹשִׁים שֶׁהָיוּ בָּאָרֶץ, הָיוּ מוֹשְׁלִים לְמַעְלָה וּלְמַטָּה בִּרְצוֹן הַקָּדוֹשׁ בָּרוּךְ הוּא, כְּשֶׁעוֹשִׂים רְצוֹנוֹ. לָכֵן תִּזָּהֵר שֶׁתְּקַיֵּם תּוֹרוֹתָיו, חֻקּוֹתָיו וּמִצְווֹתָיו, כְּדֵי שֶׁתִּזְכֶּה לְרַב טוּב הַצָּפוּן. וּכְמוֹ שֶׁהָאֱלֹהִים יוֹדֵעַ וּמֵבִין אָחוֹר וָקֶדֶם, כֵּן הָאָדָם שֶׁנָּתַן לוֹ הָאֱלֹהִים חָכְמָה; וּכְמוֹ שֶׁמַּסְפִּיק הָאֱלֹהִים וְנוֹתֵן לֶחֶם לְכָל בָּשָׂר, כֵּן הָאָדָם מְכַלְכֵּל בְּנֵי בֵיתוֹ וּמְשָׁרְתוֹ וּבְהֶמְתּוֹ; וּכְמוֹ שֶׁהָאֱלֹהִים מְשַׁלֵּם גְּמוּל טוֹב וָרָע, כֵּן הָאָדָם; וּכְמוֹ שֶׁהָאֱלֹהִים מֵבִין טוֹב וָרָע, כֵּן הָאָדָם; וּכְמוֹ שֶׁהָאֱלֹהִים עוֹשֶׂה בִּנְיַן הָעוֹלָם וּמוֹסְדוֹת הָאָרֶץ וּנְטִיַּת הָרָקִיעַ וּמִקְוֵה יַמִּים, כֵּן גַּם הָאָדָם עָשׂוּי לִבְנוֹת וּלְיַסֵּד וּלְקָרוֹת וּלְהַקְווֹת וּלְהַזְרִיעַ וּלְהַצְמִיחַ וְלִנְטֹעַ וְלַעֲשׂוֹת כָּל דָּבָר, אַךְ בִּיגִיעָה וּתְלָאָה — וְהַכֹּל בִּרְצוֹן הַבּוֹרֵא. וּכְמוֹ שֶׁאֵין כָּל בְּרִיָּה יְכוֹלָה לִרְאוֹת אֶת הָאֱלֹהִים, כָּךְ אֵין יְכֹלֶת לְשׁוּם בְּרִיָּה לִרְאוֹת אֶת הַנְּשָׁמָה (ברכות י ע״א), לֹא בְחַיָּיו וְלֹא בְמוֹתוֹ, אֲפִלּוּ בִשְׁעַת יְצִיאָתָהּ מִן הַגּוּף; וּכְמוֹ שֶׁהָאֱלֹהִים יוֹדֵעַ עֲתִידוֹת, כֵּן גַּם הָאָדָם, בְּעֵת אֲשֶׁר יָנוּחַ רוּחוֹ וְגוּפוֹ מִלַּעֲסֹק בַּעֲמַל צְרָכָיו וְיָנוּחַ וְיִשְׁקֹט רוּחַ הַחַיִּים מִלְּהִתְעַסֵּק בְּצָרְכֵי הַגּוּף — אָז יִרְאֶה בַחֲלוֹמוֹתָיו עֲתִידוֹת וְיִרְאֶה רוּחוֹת הַמֵּתִים, וּמְקוֹמוֹת שֶׁלֹּא רָאָה וּבְנֵי אָדָם שֶׁלֹּא רָאָה, וּדְבָרִים וּתְמוּנוֹת גְּדוֹלוֹת מַה שֶּׁהוּא אֵינוֹ יָכוֹל לִרְאוֹת כְּשֶׁהוּא עֵר. וּכְמוֹ שֶׁאֵין בְּרִיָּה בָעוֹלָם שֶׁיּוֹדַעַת סִתְרֵי הָאֱלֹהִים, כֵּן אֵין בְּרִיָּה בִּבְנֵי אָדָם שֶׁיּוֹדַעַת סִתְרֵי מַחְשְׁבוֹת לֵב הָאָדָם, כִּי אִם הָאֱלֹהִים לְבַדּוֹ, כַּכָּתוּב: ״יְיָ יֹדֵעַ מַחְשְׁבוֹת אָדָם״ (תהלים צד, יא). וּבְרֹב דְּבָרִים

18), and slew the prophets of the Baal in the land (ibid.), and brought a dead child back to life (ibid. 17), and decreed that there be in Elisha a double portion of his [Eliyahu Hanavi's] spirit (II *Melachim* 2). Similarly, all of the holy men who walked the earth ruled above and below through the will of the Holy One Blessed be He when they did His will. Therefore, take heed to fulfill His laws, statutes, and mitzvos, so that you merit the abundant hidden good. Just as God knows and understands what has passed and what is to come, so does the man to whom God has given wisdom. Just as God provides for and sustains all flesh, so man feeds his family, his servant, and his beast. Just as God compensates for good and evil, so does man. Just as God understands good and evil, so does man. Just as God created the structure of the world, the foundations of the earth, the sweep of the firmament, and the gathering of the waters, so is man inclined to build, lay foundations, to roof, create pools of waters, sow, cultivate, and plant, and to do all other things, albeit with effort and toil, and only through the will of the Creator. Just as no creature can see God, so no creature can see the soul (*Berachos* 10a), neither in his life nor in his death, not even when it leaves the body. Just as God knows the future, so man, when his spirit and body are at rest from the exertions of his labors, and the spirit of life has surceased from the preoccupations of the body — so man can see the future in his dreams, and the spirits of the dead, and places that he has never seen, and men that he has never seen, and grand objects and pictures that he cannot see when he is awake. And just as there is no creature in the world that knows the secrets of God, so there is none that knows the secrets of the thoughts of a man's heart — none but God Himself, as it is written (*Tehillim* 94:11): "Hashem knows

יִדְמֶה הָאָדָם מְעַט – מִזְעָר לֵאלֹהִים.

לְפִי מְעַט הַכֹּחַ וְקֹצֶר הַחַיִּים שֶׁנִּתַּן לוֹ הָאֱלֹהִים, הוֹסִיף הַקָּדוֹשׁ בָּרוּךְ הוּא יֵצֶר הָרַע לְטוֹבָתוֹ וּלְרָעָתוֹ, כְּדֵי לְבָחֲנוֹ וּלְנַסּוֹתוֹ בֵּין טוֹב וּבֵין רַע וּכְדֵי לְהִתְנָאוֹת, לִבְנוֹת וְלִנְטֹעַ וְלַהֲרֹס וְלַעֲקֹר נָטוּעַ וְלַהֲרֹג וּלְיַסֵּר, לִצְבֹּר הוֹן, לְהִלָּחֵם, לִמְשֹׁל וְלִשְׁלֹל וְלִקְצֹף עַד מְאֹד. וְאִם לֹא הָיָה הַיֵּצֶר הָרָע — בִּשְׁבִיל אֵימַת הַמָּוֶת לֹא הָיָה עוֹסֵק בִּפְרִיָּה וּרְבִיָּה (בראשית רבה ט ז), וְלֹא הָיָה בּוֹנֶה בִּנְיָן וְלֹא הָיָה מִתְאַוֶּה לִקְנוֹת מִקְנֶה וְקִנְיָן וְלֹא הָיָה נוֹטֵעַ וְלֹא הָיָה זוֹרֵעַ, כִּי הָיָה אוֹמֵר בְּלִבּוֹ: מֵאַחַר שֶׁנִּגְזְרָה גְּזֵרַת הַמָּוֶת, מַה לִּי לַעֲמֹל לְאַחֵר? וְהָיָה כָּל הָעוֹלָם נֶאֱבָד וְנֶהֱרָס — וְהַקָּדוֹשׁ בָּרוּךְ הוּא לֹא בָּרָא הָעוֹלָם מִימֵי בְרֵאשִׁית כִּי אִם לְהִבָּנוֹת וּלְהִתְנַהֵג בְּרַחֲמָיו הָרַבִּים עַל יְדֵי בְּנֵי אָדָם. וְאִם יִתְגַּבֵּר בְּיִצְרוֹ הַטּוֹב, לִכְבֹּשׁ אֶת יֵצֶר הָרַע שֶׁלֹּא יֶחֱטָא לִפְנֵי יוֹצְרוֹ, רַק יִשְׁתַּמֵּשׁ בְּיִצְרוֹ הָרַע לַעֲשׂוֹת הַכֹּל בְּיִרְאַת הַשֵּׁם בָּרוּךְ הוּא, בְּלֹא עָוֹן וָפֶשַׁע — זוֹ הִיא טוֹבָתוֹ, אַשְׁרָיו וְאַשְׁרֵי יוֹלַדְתּוֹ.

וּכְמוֹ שֶׁהָאָדָם דּוֹמֶה מְעַט־מִזְעָר לֵאלֹהִים, כֵּן בִּנְיַן גּוּפוֹ דּוֹמֶה לְכָל הָעוֹלָם. עָשָׂה לוֹ גֻּלְגֹּלֶת הָרֹאשׁ, כְּמוֹ רְקִיעַ הַשָּׁמַיִם שֶׁעַל הָרָקִיעַ הַזֶּה. עָשָׂה לוֹ תִּקְרָה עֶלְיוֹנָה שֶׁל הַפֶּה וּנְטוּעוֹת בָּהּ שִׁנַּיִם וְהַמַּלְתָּעוֹת, כִּדְמוּת הָרָקִיעַ הַזֶּה שֶׁעָלֵינוּ. וּכְמוֹ שֶׁמַּבְדִּיל הָרָקִיעַ הַזֶּה שֶׁעָלֵינוּ בֵּין מַיִם הָעֶלְיוֹנִים לַמַּיִם הַתַּחְתּוֹנִים, כֵּן גַּם הַתִּקְרָה הָעֶלְיוֹנָה שֶׁל פֶּה מַבְדִּילָה בֵּין הַלֵּחָה שֶׁל הַפֶּה וּבֵין הַלֵּחָה שֶׁבָּרֹאשׁ וּבֵין הַלֵּחָה שֶׁבְּקָרוּם הָעֶלְיוֹן. וּכְמוֹ שֶׁהָאֱלֹהִים שִׁכֵּן שְׁכִינָתוֹ הַקְּדוֹשָׁה בַּשָּׁמַיִם הָעֶלְיוֹנִים שֶׁקָּרָה עַל הַמַּיִם, כִּדְכְתִיב:

the thoughts of man." And in most things man is similar, on a smaller scale, to God.

In accordance with the limited strength and brief life that God has allotted man, the Holy One Blessed be He has invested him with an evil inclination for his good and for his evil — in order to probe and test him in discriminating between good and evil and to cause him to adorn himself, build, sow, destroy, uproot what is planted, kill, afflict, accumulate wealth, wage war, rule, plunder, and grow exceedingly wrathful. If man did not have an evil inclination, the fear of death would keep him from procreation (*Bereshis Rabbah* 9:7), building, desiring acquisitions, planting, and sowing, for he would say in his heart: Death being an unalterable decree, why should I labor for others? — and all the world would go lost and be destroyed. But the Holy One Blessed be He created the world originally only to be conducted in His great mercies through the agency of men. If a man subjugates his evil inclination to his good, so that he does not sin before his Creator, only utilizing his evil inclination to do all in fear of the Blessed Hashem without sin or offense, this is his good. Fortunate is he, and fortunate are those who bore him!

And just as man is similar, on a smaller scale, to God, so is the structure of his body similar to that of the entire universe. He fashioned the dome of his head as the firmament of the heaven above this firmament. He made the upper palate with its teeth and incisors in the form of the firmament above us. And just as this firmament above us divides the upper from the lower waters, so the upper palate divides the humors of the mouth from those of the head and those of the upper membrane. And just as God caused His holy Shechinah to repose in the upper heavens that he spread above the waters, as it is written (*Tehillim* 104:3): "Who roofs the waters with His upper heavens," so does He cause the spirit of the soul of life and knowledge and

״הַמְקָרֶה בַמַּיִם עֲלִיּוֹתָיו״ (תהלים קד, ג), כֵּן שִׁכֵּן אֶת רוּחַ נִשְׁמַת חַיִּים וְהַדַּעַת וְהַבִּינָה בְּקְרוּם הַמֹּחַ שֶׁל הָרֹאשׁ, הַנִּקְרָם עַל הַמֹּחַ וְעַל הַלֵּחָה; וּרְאֵה וְהָבֵן הָאֱמֶת, כִּי אִם יִקָּרַע קְרוּם הַמֹּחַ אוֹ יִנָּקֵב, מִיַּד יָמוּת הָאָדָם, עַל אֲשֶׁר בּוֹ שׁוֹכֵן רוּחַ חַיִּים. וּכְמוֹ שֶׁשִּׁכֵּן הָאֵל יִתְבָּרֵךְ שְׁכִינָתוֹ הַקְּדוֹשָׁה בַּמַּעֲרָב, כֵּן שִׁכֵּן אֶת הַמֹּחַ אֲחוֹרֵי הָרֹאשׁ עַל הָאָזְנַיִם וְשִׁכֵּן אֶת רוּחַ הַחַיִּים עַל הַמֹּחַ. וּכְמוֹ שֶׁמִּתְקַיֵּם כָּל הָעוֹלָם וּמִתְנַהֵג בְּכֹחַ אֵל אֶחָד, כָּךְ מִתְנַהֵג כָּל הַגּוּף בְּכֹחַ רוּחַ חַיִּים אֶחָד שֶׁנָּתַן לוֹ הָאֵל יִתְבָּרֵךְ, וּמִתְקַיֵּם בּוֹ לִהְיוֹת בָּרִיא וְיִתְקַיֵּם עַד בּוֹא קִצּוֹ; וְאִם יִתְעָרֵב בְּגוּפוֹ מְאוּמָה רוּחַ רָעָה אַחֶרֶת, לֹא יִתְקַיֵּם הַגּוּף לִהְיוֹת כְּבַתְּחִלָּה. וּכְמוֹ שֶׁנָּתַן בִּרְקִיעַ הַשָּׁמַיִם שְׁנֵי מְאוֹרוֹת וַחֲמִשָּׁה כוֹכָבִים, כֵּן בָּרָא בְּרֹאשׁ הָאָדָם שִׁבְעָה שַׁמָּשִׁים: שְׁתֵּי עֵינַיִם וּשְׁתֵּי אָזְנַיִם וּשְׁנֵי נְחִירַיִם וְהַפֶּה — הָעַיִן הַיְמָנִית דּוֹמָה לַחַמָּה, וְהַשְּׂמָאלִית דּוֹמָה לַלְּבָנָה; הָאַף הַיְמָנִית דּוֹמָה לַכּוֹכָב, וְהַשְּׂמָאלִית דּוֹמָה לַמַּאֲדִים; הַפֶּה וְהַלָּשׁוֹן וְהַשְּׂפָתַיִם דּוֹמִים לַצֶּדֶק; הָאֹזֶן הַיְמָנִית דּוֹמָה לַנֹּגַהּ וְהָאֹזֶן הַשְּׂמָאלִית דּוֹמָה לַשַּׁבְּתַאי. וּכְמוֹ שֶׁנַּעֲשָׂה אֲוִיר בֵּין רָקִיעַ וּבֵין הָאָרֶץ, כֵּן נַעֲשָׂה בְּגוּף הָאָדָם הֶחָזֶה וְהַגְּוִיָּה; וּכְמוֹ שֶׁהֵשִׁיב הָרוּחַ בָּאֲוִיר בֶּחָלָלוֹ שֶׁל עוֹלָם, כֵּן תֵּצֵא נִשְׁמַת רוּחַ חַיִּים מִן הָרֵאָה שֶׁבֶּחָזֶה וּבַגְּוִיָּה — הוּא חֲלָלוֹ שֶׁל גּוּף. וּכְמוֹ שֶׁרַקַע הָאָרֶץ עַל הַמַּיִם, כֵּן קָרַם וּמָתַח קְרוּם הַבָּשָׂר שֶׁעַל הַכָּבֵד וְעַל הַבֶּטֶן וְהַמֵּעַיִם וְעַל הַטְּחוֹל — הוּא הַבָּשָׂר שֶׁבֵּין הָרֵאָה וּבֵין הַכָּבֵד וְהַטְּחוֹל וְהַמֵּעַיִם וְהַבֶּטֶן.

וּכְמוֹ שֶׁעָשָׂה הָאֵל יִתְבָּרֵךְ, עוֹפוֹת וְדָגִים וְחַיּוֹת וּבְהֵמוֹת תְּמִימִים וְרַחֲמָנִים מִלַּעֲשֹׁק זֶה לָזֶה, וְיֵשׁ שֶׁהֵם אַכְזָרִיִּים וְטוֹרְפִים וּבוֹלְעִים זֶה לָזֶה, כֵּן עָשָׂה גַּם בְּנֵי

understanding to reside in the cerebral membrane, which roofs the brain and humors. And see and understand this to be true, for if a man's cerebral membrane is torn or pierced, he dies immediately, the spirit of life residing in it. And just as the Blessed God caused His holy Shechinah to reside in the west, so He placed the brain in back of the head above the ears, and placed the spirit of life upon the brain. And just as the entire world endures and is conducted by the power of one God, so the entire body is conducted by the power of one spirit of life that the Blessed God conferred upon it, and it endures in health by means of it until its term. And if aught of a foreign, foul spirit invades his body, it will not endure in its former state. And just as He placed in the firmament of heaven two luminaries and five planets, so did He create seven servants in a man's head: two eyes, two ears, two nostrils, and the mouth. The right eye is analogous to the sun, and the left eye, to the moon; the right nostril is analogous to Mercury, and the left nostril, to Mars; the mouth, the tongue, and the lips are analogous to Jupiter; the right ear to Venus and the left ear to Saturn. And just as air was inserted between the firmament and the earth, so was there fashioned inside a man's body, chest, and trunk. And just as He caused wind to blow in the air in the concavity of the world, so the breath of the spirit of life is emitted from the lungs within chest and trunk — the body's concavity. And just as He spread the earth above the waters, so He spread and stretched the fleshy membranes over the liver, stomach, intestines, and spleen — that is, the flesh between the lungs, liver, spleen, intestines, and stomach.

And just as the Blessed God made birds, fish, animals, and beasts that are innocent and merciful and which do not prey upon each other, and others that are cruel and which tear and swallow each other up, so did He fashion men. The good ones are like the gentle birds and beasts,

אָדָם. הַטּוֹבִים נִדְמוּ לָעוֹפוֹת וְלַבְּהֵמוֹת הַטּוֹבִים, שֶׁנֶּאֱמַר: "יוֹנָתִי תַמָּתִי" (שיר השירים ה, ב), וְנֶאֱמַר: "וְאַתֵּן צֹאנִי צֹאן מַרְעִיתִי" (יחזקאל לד, לא), וּבְנֵי אָדָם הָרָעִים נִדְמוּ לְחַיּוֹת רָעוֹת: לְאַרְיֵה, דִּכְתִיב: "דִּמְיֹנוֹ כְּאַרְיֵה יִכְסוֹף לִטְרֹף" (תהלים יז, יב), וְיֵשׁ דּוֹמִים לְדֻבִּים וּזְאֵבִים, שֶׁנֶּאֱמַר: "שֹׁפְטֶיהָ זְאֵבֵי עֶרֶב" (צפניה ג, ג). בָּעוֹלָם יֵשׁ אִילָנוֹת וַעֲשָׂבִים וּפֵרוֹת טוֹבִים וְרָעִים; יֵשׁ שֶׁיֵּשׁ לָהֶם רֵיחַ טוֹב וּפֵרוֹת טוֹבִים לִתְחִיָּה וְלִרְפוּאָה, וְיֵשׁ עֲשָׂבִים וְשָׁרָשִׁים וּפֵרוֹת לְהָמִית, כְּעִשְׂבֵי סַמֵּי הַמָּוֶת וּכְקוֹץ וְדַרְדַּר. הַטּוֹבִים נִדְמוּ לַטּוֹבִים, כִּדְכְתִיב: "כְּשׁוֹשַׁנָּה בֵּין הַחוֹחִים... כְּתַפּוּחַ בַּעֲצֵי הַיַּעַר" (שיר השירים ב, ב־ג), וְהָרָעִים נִדְמוּ לָרָעִים, כִּדְכְתִיב: "וּבְלִיַּעַל כְּקוֹץ מֻנָד כֻּלָּהֶם" (שמואל ב׳ כג, ו).

וּכְמוֹ שֶׁעָשָׂה מִתַּחַת לָאָרֶץ תְּהוֹמוֹת וָטִיט וָרֶפֶשׁ, כֵּן עָשָׂה בָּאָדָם הַקֶּרֶב הָעֶלְיוֹן וְהַמֵּעַיִם, שֶׁמְּקַבְּלִים הַמַּאֲכָל וְהַמִּשְׁתֶּה. וּכְמוֹ שֶׁשּׁוֹרְצִים מִן הָרֶפֶשׁ וּמִן הַטִּיט שְׁרָצִים וּרְמָשִׂים לְמִינֵיהֶם, כֵּן נִשְׁרָצִים בִּמְעֵי הָאָדָם מֵרֶפֶשׁ הַשְּׁמָרִים שֶׁל מַאֲכָל וּמִשְׁתֶּה, שְׁרָצִים וּרְמָשִׂים, תּוֹלָעִים אֲרֻכִּים וּקְצָרִים, גְּדוֹלִים וּקְטַנִּים. וּכְמוֹ שֶׁעָשָׂה מִקְוֵה מַיִם בָּעוֹלָם, כֵּן עָשָׂה מִקְוֵה מֵי רַגְלַיִם, הוּא הַנֵּבֶל, הִיא הַשַּׁלְפּוּחִית. וּכְמוֹ שֶׁעָשָׂה אַדְנֵי הָאָרֶץ לְמַטָּה מִמֶּנָּה, כֵּן עָשָׂה יְסוֹד כָּל בִּנְיַן הַגּוּף, אֶת עַצְמוֹת הֶעָצֶה מִזֶּה וּמִזֶּה וּשְׁתֵּי יְרֵכַיִם. וּכְמוֹ שֶׁעָשָׂה אֲבָנִים מְפֻלָּמוֹת הַמְשֻׁקָּעוֹת בַּתְּהוֹם (חגיגה יב ע״א), אֲשֶׁר מִבֵּינֵיהֶן הַמַּיִם יוֹצְאִים, כֵּן עָשָׂה שְׁתֵּי הַכְּלָיוֹת, לָצֵאת וְלַעֲבֹר מִבֵּינֵיהֶן, מִתּוֹךְ גִּידֵיהֶן, מֵי הָרַגְלַיִם, הוּא הַשֶּׁתֶן, אֶל הַשַּׁלְפּוּחִית; וְגַם לְחִלּוּחַ הַזֶּרַע עוֹבֵר וְיוֹצֵא מִבֵּינֵיהֶן אֶל בֵּיצֵי הָעֶרְוָה. וּכְמוֹ שֶׁהַתְּהוֹם קוֹרֵא אֶל הַתְּהוֹם, כִּדְכְתִיב: "תְּהוֹם אֶל תְּהוֹם קוֹרֵא" (תהלים מב, ח),

as it is written (*Shir Hashirim* 5:2): "My dove, my innocent one," and (*Yechezkel* 34:31): "And you are My sheep, the sheep of My pasture." And the bad ones are like the predatory beasts. Some are like lions, as it is written (*Tehillim* 17:12): "He is like a lion lusting to tear," and others like bears and wolves, as it is written (*Tzefaniah* 3:3): "Her judges are wolves of the waste." In the world there are good and bad trees, herbs, and fruits. There are some that have a goodly odor, and fruit conducive to life and healing, and there are herbs, roots, and fruits producing death, such as poisonous herbs, and thorns and thistles. Good men are comparable to goodly sprouts, as it is written (*Shir Hashirim* 2:2-3): "As a rose among the thorns...as an apple among the trees of the wood," and evildoers are comparable to malignant growths, as it is written (II *Shemuel* 23:6): "But the wicked are all as thorns thrust away."

And just as He created beneath the earth depths and mud and fire, so did He fashion in man the stomach and the intestines to receive food and drink. And just as there swarm from the mud and mire different kinds of creeping things, so from the mires of the dregs of food and drink, in the intestines of man, do such things swarm, short and long, great and small. And just as He made a gathering place for the waters of the world, so did He make one for urine — the urinary tract, the bladder. And just as He made the foundation of the earth beneath it, so He made the foundation of the entire bodily structure — the bones of the pelvis on either side and the two thighs. And just as He embedded in the depths smooth stones (*Chagigah* 12a) from which the waters come forth, so did He create the two kidneys, from whose ducts issue forth urine into the bladder and from that area sperm goes into the testicles. And just as the depths call to each other, as it is written

כֵּן קוֹרֵא קֶרֶב הָעֶלְיוֹן, הוּא הָאִצְטֻמְכָא, אֶל הַמֵּעַיִם, לְהַקְבִּילָם שְׁאָר הַמַּאֲכָל וְהַמִּשְׁתֶּה, וְהַמֵּעַיִם קוֹרְאִים אֶל גִּידֵי הַכְּלָיוֹת, שֶׁהֵם כַּצִּנּוֹרוֹת, לְהַקְבִּילָם הַמַּיִם, אֶת מֵי הָרַגְלַיִם, הֵם הַמִּתְמַצִּים וְנִפְרָדִים מִן הַמַּאֲכָל מִתּוֹךְ הַמֵּעַיִם לָלֶכֶת אֶל הַשַּׁלְפּוּחִית. וְצִנּוֹרֵי הַכְּלָיוֹת קוֹרְאִים אֶל גִּיד הַשַּׁלְפּוּחִית, לְהַקְבִּילָם הַמַּיִם הָהֵם לְהוֹלִיכָם לְהַקְווֹתָם בְּתוֹךְ הַשַּׁלְפּוּחִית, שֶׁהוּא דוֹמֶה לַתְּהוֹם הַתַּחְתּוֹן, שֶׁהוּא תַחְתּוֹן לְכָל הַתְּהוֹמוֹת. וְעוֹד אוֹתוֹ מְעִי קוֹרֵא אֶל מְעִי הָאִצְטֻמְכָא, לְקַבֵּל אֶת הַצּוֹאָה וְהַגָּלָל. וּכְמוֹ שֶׁעָשָׂה הָאֱלֹהִים נְהָרוֹת לְהַשְׁקוֹת הָעוֹלָם, כֵּן עָשָׂה בְּגוּף הָאָדָם וְרִידִים, הֵם גִּידֵי הַדָּם, הַמּוֹשְׁכִים אֶת הַדָּם לְהַשְׁקוֹת אֶת כָּל הַגּוּף. וּכְמוֹ שֶׁיֵּשׁ בָּעוֹלָם מַיִם צְלוּלִים וַעֲכוּרִים, מְתוּקִים וּמְלוּחִים וּמָרִים, כָּךְ בָּאָדָם: מֵעֵינָיו יוֹצְאִים מַיִם מְלוּחִים, מִנְּחִירָיו יוֹצְאִים מַיִם קָרִים, וּמִגְּרוֹנוֹ — מַיִם חַמִּים, וּמִפִּיו — מַיִם מְתוּקִים, וּמֵאָזְנָיו — מַיִם מָרִים, וּמֵי הַשֶּׁתֶן הֵם מָרִים וּסְרוּחִים.

בָּעוֹלָם יֵשׁ רוּחוֹת קָרִים וְחַמִּים, כֵּן בָּאָדָם: כְּשֶׁפּוֹתֵחַ פִּיו וְנוֹפֵחַ, אָז הָרוּחַ חַם, וּכְשֶׁסּוֹגֵר פִּיו וְנוֹפֵחַ, אָז הָרוּחַ קַר. רְעָמִים בָּעוֹלָם — קוֹל בָּאָדָם; בְּרָקִים בָּעוֹלָם — בָּאָדָם פָּנָיו מְאִירִים כַּבָּרָק. מַזָּלוֹת בָּעוֹלָם, וְהַחוֹזִים בַּכּוֹכָבִים יוֹדְעִים מֵהֶם עֲתִידוֹת — כָּךְ יֵשׁ אוֹתוֹת בָּאָדָם: כְּשֶׁיֵּשׁ חִכּוּךְ לָאָדָם בְּלֹא שְׁחִין וּבְלֹא כִּנָּה וּבְלֹא פַּרְעֹשׁ, בָּזֶה יוֹדְעִים הַבְּקִיאִים בַּחָכְמָה הַזֹּאת עֲתִידוֹת. וְכֵן בְּשִׂרְטוּטֵי יַד הָאָדָם וּבְתֹאַר פָּנָיו יוֹדְעִים עֲתִידוֹת (זוהר שמות, ע, ב; עו, א), וְהַחָכְמָה הַזֹּאת הָיְתָה בְּיַד הַחֲכָמִים הַקַּדְמוֹנִים, אֲבָל מִן הָאַחֲרוֹנִים נִשְׁתַּכְּחָה. וְכֵן יְכוֹלִים הַחֲכָמִים לֵידַע עֲתִידוֹת מִן הָאִילָנוֹת וְהָעֲשָׂבִים, וְזֶהוּ מַה שֶּׁאָמְרוּ עַל רַבָּן יוֹחָנָן בֶּן

(*Tehillim* 42:8): "Depth calls to depth," so does the stomach call to the intestines to receive the residue of food and drink, and the intestines call to the kidney ducts which are as aqueducts for the reception of the urine secreted and separated from the food in the intestines for transference to the bladder. And the kidney ducts call to the ureters to receive those waters for transference to the bladder, which is analogous to the nether depths, the lowest of all the depths. Similarly, the colon calls to the stomach to receive excrement and dung. And just as God made rivers to water the world, so He made waterways in man, the arteries, which circulate the blood throughout the body. And just as in the world there are all kinds of waters: clear and muddied, sweet, salty, and bitter, so in man. His eyes exude salty water; his nostrils, cold; his throat, warm; his mouth, sweet; his ears, bitter; and his urinary tract, bitter and putrid.

In the world there are hot and cold winds. So, too, in man. When he opens his mouth and exhales, the wind is warm; when he closes it and inhales, it is cold. There is thunder in the world and a voice in man. There is lightning in the world, and a man's face can light up like lightning. There are constellations in the world from which the astrologers can predict the future. So are there signs in man. When a man erupts in a rash which is not caused by boil, louse, or mite, those who are expert in these things can make predictions from this, as they can from the lines in his palm and from his features. This wisdom was known to the early Sages, but it was forgotten by the later ones. The expert can also make predictions from trees and herbs. They said about Rabbi Yochanan ben Zakkai that he knew

זַכַּאי, שֶׁהָיָה יוֹדֵעַ שִׂיחַת דְּקָלִים (סוכה כח ע״א), פֵּרוּשׁ: הָיָה בָקִי לִרְאוֹת בִּתְנוּעַת הַדְּקָלִים וּמִזֶּה הָיָה יוֹדֵעַ עֲתִידוֹת.

וְכַאֲשֶׁר יוֹצְאִים מִצַּד דָּרוֹם, וְהוּא צַד יָמִין שֶׁל הָעוֹלָם, הַחֹם וְטַלְלֵי בְרָכָה וְגִשְׁמֵי בְרָכָה, כֵּן יֵצֵא מִצַּד יְמִינוֹ שֶׁל אָדָם הַחֹם מִן הַמְּרִירָה הָאֲדֻמָּה הַתְּלוּיָה בַכָּבֵד, וְכֵן יוֹצֵא לַחְלוּחַ הַדָּם מִן הַכָּבֵד שֶׁבְּצַד יְמִינוֹ שֶׁל אָדָם. וּכְמוֹ שֶׁיּוֹצֵא הַקֹּר וְהַקֶּרַח לָעוֹלָם מִצַּד צְפוֹן הָעוֹלָם, כֵּן יֵצֵא הַקֹּר מִצַּד שְׂמֹאל שֶׁל אָדָם, מִן הַטְּחוֹל וּמִן הַמָּרָה הַשְּׁחֹרָה הַשּׁוֹכֶנֶת בַּטְּחוֹל בְּתוֹכוֹ. וּכְמוֹ שֶׁיּוֹצֵאת הָרָעָה לָעוֹלָם מִצָּפוֹן, כֵּן יֵצֵא כָּל חֳלִי רַע וְקָשֶׁה מִן הַמָּרָה הַשְּׁחֹרָה הַשּׁוֹכֶנֶת בַּטְּחוֹל בְּצַד שְׂמֹאל. וּכְמוֹ שֶׁבְּצַד צָפוֹן שֶׁל הָעוֹלָם מָדוֹר כָּל הַמַּזִּיקִים וְהַזִּיקִים וְהַזְּוָעוֹת וְהָרוּחוֹת וְהַבְּרָקִים וּרְעָמִים מְצוּיִם, כָּךְ הוּא מְדוֹר הַמָּרָה הַשְּׁחֹרָה בַּטְּחוֹל בְּצַד שְׂמֹאל, שֶׁמִּמֶּנָּה תוֹלְדוֹת כָּל חֳלִי רַע וְקָשֶׁה, כְּמוֹ הַשַּׁחֶפֶת וְהַקַּדַּחַת הָרְבִיעִית וְכָל מִינֵי שִׁגָּעוֹן וְהַפַּחַד וְהָרַעַד שֶׁל אֵיבָרִים.

וּכְמוֹ שֶׁעוֹלִים הַנְּשִׂיאִים, שֶׁהֵם כֶּעָשָׁן, מִן הָאָרֶץ, וּמַעֲלִים הַמַּיִם מִן הַתְּהוֹמוֹת אֶל אֲוִיר הָרָקִיעַ לְהַמְטִיר עַל הָאָרֶץ, כֵּן עוֹלֶה עָשָׁן מִקֶּרֶב הָעֶלְיוֹן וּמַעֲלֶה לַחְלוּחַ אֶל הַפֶּה וְאֶל הָרֹאשׁ, וּמִן אוֹתוֹ הַלַּחְלוּחַ הָעוֹלֶה מִן הַקֶּרֶב, יִזְּלוּ הַדְּמָעוֹת וְרִיר הַנְּחִירַיִם וְרֹק הַפֶּה. וּכְמוֹ שֶׁבָּרָא בָעוֹלָם הָרִים, כֵּן בָּרָא בְגוּף הָאָדָם שִׁכְמֵי הַכְּתֵפַיִם וְקִשְׁרֵי הַזְּרוֹעוֹת וְהָאַרְכֻּבּוֹת שֶׁל בִּרְכַּיִם וְקִשְׁרֵי הַקַּרְסֻלַּיִם וּשְׁאָר הַקְּשָׁרִים שֶׁל כָּל הָאֵיבָרִים. וּכְמוֹ שֶׁבָּרָא בָעוֹלָם אֲבָנִים וְצוּרִים חֲזָקִים וְקָשִׁים, כֵּן בָּרָא בָאָדָם הַשִּׁנַּיִם וְהַמַּלְתָּעוֹת, שֶׁהֵם קָשִׁים מִבַּרְזֶל וּמִכָּל עֶצֶם. וּכְמוֹ שֶׁבָּרָא בָעוֹלָם אִילָנוֹת

the "talk of the trees" (*Sukkah* 28a). That is, he was expert in making predictions on the basis of his observations of the movement of trees.

And just as warmth and dews of blessing and rains of blessing emanate from the south, the right-hand side of the world, so warmth emanates from the right-hand side of a man, from the red membrane of the liver; and the viscosity of the blood also derives from the liver, which is at the right-hand side of a man. And just as cold and ice come to the world from the north, so does cold come from the left-hand side of a man, from the spleen and from the black bile residing within it. And just as evil comes to the world from the north, so does every sore and severe illness proceed from the black bile on the left-hand side of the spleen. And just as the north of the world is the habitation of all of the ravages and storms and blasts and winds and lightning and thunder, so is the left-hand side of man the habitation of the black membrane in the spleen, from which there proceeds all sores, severe illnesses — such as consumption, the "fourth fever" — all kinds of madness, fear, and convulsions.

And just as the smoke-like clouds rise from the earth, carrying water from the depths to the atmosphere to rain upon the earth, so does a vapor arise from the stomach, bringing moisture to the head and mouth, which is the source of tears, nasal mucous, and saliva. And just as He created mountains in the world, so He created in man's body the shoulders, the arm ligaments, knee and ankle joints, and all of the other limb connections. And just as He created strong, hard stones and rocks in the world, so He created in man teeth and incisors which are stronger than iron and all bone. And just as He created hard and

קָשִׁים וְרַכִּים, כֵּן בָּרָא בָאָדָם עֲצָמוֹת קָשִׁים וְרַכִּים, וּכְמוֹ שֶׁבָּרָא בָעוֹלָם אֶרֶץ עָבָה וְקָשָׁה, לַחָה וְרַכָּה, כֵּן בָּרָא בָאָדָם הַבָּשָׂר כְּנֶגֶד הָאָרֶץ הָרַכָּה וְהָעוֹר כְּנֶגֶד הָאָרֶץ הַקָּשָׁה.

וּכְמוֹ שֶׁהָאִילָנוֹת וְהָעֲשָׂבִים יֵשׁ שֶׁעוֹשִׂים פְּרִי וָזֶרַע וְיֵשׁ שֶׁאֵינָם עוֹשִׂים פְּרִי וָזֶרַע, כָּךְ בְּנֵי אָדָם יֵשׁ שֶׁמּוֹלִידִים וְיֵשׁ שֶׁאֵינָם מוֹלִידִים. וּכְמוֹ שֶׁמַּצְמִיחַ עֲשָׂבִים מִן הָאָרֶץ, כָּךְ מַצְמִיחַ הָאָדָם שְׂעַר הָרֹאשׁ וְהַזָּקָן. וּכְמוֹ שֶׁשּׁוֹרְצִים חַיּוֹת וּרְמָשִׂים בַּיַּעַר וּבָאָרֶץ, כָּךְ שׁוֹרְצִים בְּרֹאשׁוֹ שֶׁל אָדָם וּבִשְׂעָרוֹ. וּכְמוֹ שֶׁבָּרָא הָאֱלֹהִים בָּעוֹלָם הַתְּלִי, וְנָטָהוּ בָרָקִיעַ מִמִּזְרָח וְעַד מַעֲרָב מִקָּצֶה אֶל קָצֶה, וְהַכּוֹכָבִים וְהַמַּזָּלוֹת וְכָל דָּבָר שֶׁבָּעוֹלָם אֲדוּקִים בּוֹ, כָּךְ בָּרָא בְגוּף הָאָדָם אֶת חֶבֶל הַמֹּחַ הַלָּבָן אֲשֶׁר בְּתוֹךְ חֻלְיוֹת הַשִּׁדְרָה, וְהוּא נָטוּי מִקְּצֵה מֹחַ הָרֹאשׁ וְעַד עֶצֶם הֶעָצֶה, וּשְׁנֵים עָשָׂר הַנְּתָחִים וְהַצְּלָעִים וְכָל אֵיבְרֵי הַגּוּף אֲדוּקִים בּוֹ מִפֹּה וּמִפֹּה. וּכְמוֹ שֶׁיֵּשׁ בַּשָּׁנָה שס״ה יָמִים, כָּךְ יֵשׁ בָּאָדָם שס״ה גִידִים

(זוהר, בראשית קע, ב).

סוֹף דָּבָר: מַעֲשֵׂה בְרֵאשִׁית וּמַעֲשֵׂה מֶרְכָּבָה — הַכֹּל רָמוּז בָּאָדָם מְעַט־מִזְּעֵר. וְהַיּוֹדֵעַ סוֹד הַדָּבָר, יָבִין נִפְלְאוֹת הַשֵּׁם יִתְעַלֶּה. עַל כֵּן נִקְרָא הָאָדָם ״עוֹלָם קָטָן״. וַעֲבוּר אֲשֶׁר גּוּף הָאָדָם מְצַיֵּר דֻּגְמַת הָעוֹלָם הָעֶלְיוֹן וְהָעוֹלָם הַתַּחְתּוֹן, לָכֵן נִתְּנָה בוֹ הַנֶּפֶשׁ שֶׁהִיא דוֹמָה מְעַט־מִזְעָר לְבוֹרְאָהּ. וְעַל כֵּן אָמַר דָּוִד: מָה הַנֶּפֶשׁ מְמַלְּאָה אֶת הַגּוּף וְסוֹבֶלֶת אֶת הַגּוּף וּמְבַלָּה אֶת הַגּוּף וִיחִידָה בַגּוּף וְאֵינָהּ אוֹכֶלֶת בַּגּוּף, רוֹאָה וְאֵינָהּ נִרְאֵית וּטְהוֹרָה הִיא בַגּוּף וְאֵינָהּ יְשֵׁנָה — כָּךְ הַקָּדוֹשׁ בָּרוּךְ הוּא מְמַלֵּא אֶת עוֹלָמוֹ, שֶׁנֶּאֱמַר: ״הֲלוֹא אֶת הַשָּׁמַיִם וְאֶת הָאָרֶץ אֲנִי מָלֵא נְאֻם יְיָ״

soft trees in the world, so He created hard and soft bones in man. And just as He created in the world one variety of soil that is thick and hard and another that is moist and soft, so did He create in man flesh, corresponding to the soft soil, and skin, corresponding to the hard.

And just as there are some trees and grasses that produce fruit and seed and some that do not, so there are some men who produce and others who do not. And just as He causes grass to sprout from the earth, so does a man sprout the hair of his head and his beard. And just as animals and creeping things swarm in the forest and earth, so do living things swarm in man's head and hair. And just as God created the zodiac in the universe and suspended it in the firmament from east to west, from one end to the other, and fixed within it the stars and constellations and everything else in the universe, so did He create in the body of man the cord of white marrow within the spinal column, which stretches from the base of the brain to the pelvic bone, and to which the twelve segments and the ribs and all of the bodily organs are attached from either side. And just as in the year there are 365 days, so there are 365 sinews in the body of a man.

In sum, the phenomenon of Creation and the phenomenon of the Divine Chariot are all intimated in miniature in man. He who knows the secrets of this matter will understand the wonders of the Exalted God. It is for this reason that man is referred to as "a small world." And because the body of man is a model of the upper and lower worlds, he was invested with a soul, which is a miniature of its Creator. This is what was intimated by King David: Just as the soul fills the body, and bears the body, and outlives the body, and is unique in the body, and does not eat in the body, and sees without being seen, and is pure in the body, and does not sleep, so the Holy One Blessed be He fills His universe, as it is written (*Yirmeyahu*

(ירמיה כג, כד); וְסוֹבֵל אֶת עוֹלָמוֹ, שֶׁנֶּאֱמַר: "אֲנִי עָשִׂיתִי וַאֲנִי אֶשָּׂא וַאֲנִי אֶסְבֹּל" (ישעיה מו, ד); וּמְבַלֶּה אֶת עוֹלָמוֹ, שֶׁנֶּאֱמַר: "הֵמָּה יֹאבֵדוּ וְאַתָּה תַעֲמֹד" (תהלים קב, כז); וְיָחִיד הוּא בְּעוֹלָמוֹ, שֶׁנֶּאֱמַר: "שְׁמַע יִשְׂרָאֵל יְיָ אֱלֹהֵינוּ יְיָ אֶחָד" (דברים ו, ד); וְאֵין לְפָנָיו אֲכִילָה, שֶׁנֶּאֱמַר: "הַאוֹכַל בְּשַׂר אַבִּירִים וְדַם עַתּוּדִים אֶשְׁתֶּה" (תהלים נ, יג); וְרוֹאֶה וְאֵינוֹ נִרְאֶה, שֶׁנֶּאֱמַר: "עֵינֵי יְיָ הֵמָּה מְשׁוֹטְטִים בְּכָל הָאָרֶץ" (זכריה ד, י); וְטָהוֹר הוּא בְּעוֹלָמוֹ, שֶׁנֶּאֱמַר: "טְהוֹר עֵינַיִם מֵרְאוֹת רָע" (חבקוק א, יג); וְאֵין לְפָנָיו שֵׁנָה, שֶׁנֶּאֱמַר: "הִנֵּה לֹא יָנוּם וְלֹא יִישָׁן שׁוֹמֵר יִשְׂרָאֵל" (תהלים קכא, ד). לָכֵן תָּבוֹא הַנֶּפֶשׁ שֶׁיֵּשׁ בָּהּ כָּל הַמִּדּוֹת הַלָּלוּ, וּתְשַׁבֵּחַ לַקָּדוֹשׁ בָּרוּךְ הוּא שֶׁיֵּשׁ בּוֹ כָּל הַמִּדּוֹת הַלָּלוּ.

הַנֶּפֶשׁ יוֹשֶׁבֶת וְחוֹשֶׁבֶת מִי בְּרָאָהּ, וְאָז הִיא לוֹבֶשֶׁת עֲנָוָה וְיִרְאַת הַשֵּׁם יִתְבָּרֵךְ. לָכֵן צָרִיךְ הָאָדָם לִרְאוֹת אֶת עַצְמוֹ לְהָבִין עִנְיָנוֹ — מֵאַיִן שָׁרְשׁוֹ וְגִזְעוֹ, וְאֵיךְ נוֹצַר מִטִּנּוּף, מִטִּפַּת הַזֶּרַע, וְאַחַר כָּךְ חֲתִיכַת בָּשָׂר, וְנוּפַּח בּוֹ רוּחַ עֶלְיוֹנִים, וּמְרֻקָּם בַּעֲצָמוֹת וְגִידִים, דָּם וָמֹחַ, וּלְבוּשׁ עוֹר וּבָשָׂר, וְנוֹצְרוּ קְלַסְתֵּר פָּנִים וְקוֹמַת אַפַּיִם, וְאֵיךְ נְקוּבִים נְחִירָיו לַפָּנִים וְלַגָּרוֹן וְלִנְשֹׁם וּלְהָרִיחַ, וְאָזְנָיו לִשְׁמֹעַ, וְחוֹרֵי עֵינָיו לִרְאוֹת, וּבְתוֹךְ הָעַיִן יֵשׁ בּוֹ כַּמָּה צְבָעִים, וְרִיסֵי עֵינָיו, וּפֶה וְגָרוֹן וָחֵךְ וְלָשׁוֹן, וּשְׂפָתַיִם לִפְתֹּחַ וְלִסְגֹּר, וּמַלְתָּעוֹת וְהַלְּחָיַיִם וְאַצִּילֵי יָדַיִם וְרַגְלַיִם, וַחֲלַל הַגּוּף, וְאֶצְבָּעוֹת וְקִשְׁרֵיהֶן וְצִפָּרְנֵיהֶן; וְיָבִין אֵיךְ כָּל אֶחָד מְשֻׁנֶּה מֵחֲבֵרוֹ, וְאֵיךְ הָיָה אָסוּר תִּשְׁעָה חֳדָשִׁים בְּבֶטֶן אִמּוֹ וְיָצָא עָרֹם, פִּסֵּחַ, עִוֵּר, חֵרֵשׁ וְחִגֵּר. כָּל אֵלֶּה יַחְשֹׁב, וְיֹאמַר בְּלִבּוֹ: מִי פָּתַח פִּיךָ,

23:24): "'Do I not fill heaven and earth?' says Hashem," and He bears His universe, as it is written (*Yeshayahu* 46:4): "I have wrought, and I will carry, and I will bear," and He outlives His universe, as it is written (*Tehillim* 102:27): "They shall perish, but You shall endure," and He is unique in His universe, as it is written (*Devarim* 6:4): "Hear, O Israel, Hashem our God, Hashem is One," and eating is foreign to Him, as it is written (*Tehillim* 50:13): "Will I eat the flesh of bulls or drink the blood of goats?" and He sees without being seen, as it is written (*Zechariah* 4:10): "They are the eyes of Hashem, which scan the entire earth," and He is pure in His universe, as it is written (*Chavakkuk* 1:13): "Too pure of eye to look upon evil," and sleep is foreign to Him, as it is written (*Tehillim* 121:4): "The Keeper of Israel will not slumber or sleep." Therefore, let the soul come, which possesses all of these attributes, and extol the Holy One Blessed be He, Who possesses all of these attributes.

The soul reflects upon its Creator, whereupon it clothes itself in humility and fear of the Blessed One. Therefore, a man must contemplate himself and understand his being — whence his root and stock, how he was created from a putrefying drop of sperm, molded into flesh, inspired with a Heavenly spirit, woven with bone and sinew, blood and marrow, clothed with skin and flesh, and invested with face and features. He must impress upon his consciousness that his nostrils are passages to the face and throat for smelling and breathing, that he has ears to hear with and eyes to see with, that there are many colors within the eye, that he has eyelashes, and a mouth, and a throat, and a palate, and a tongue, and lips to open and close, and incisors, and cheeks, and armpits and leg pits, and a body cavity, and fingers with joints and nails — noting how each is different from the other — and how he was imprisoned nine months in his mother's womb and came out naked, halting, blind, deaf, and lame. Let him ponder all this and say:

עֵינֶיךָ וְאָזְנֶיךָ? וּמִי עָשָׂה לְךָ כָּל תִּקּוּנֵי גוּפְךָ? מִי הִשְׁחִיר שַׂעֲרוֹתֶיךָ בִּימֵי בַּחֲרוּתֶיךָ, וַאֲפִלּוּ תִּרְחַץ אוֹתָם בְּכָל נֶתֶר שֶׁבָּעוֹלָם לֹא הָיָה מוֹעִיל לְלַבֵּן, וּבִימֵי זִקְנוּתְךָ הוּא מִתְלַבֵּן מֵאֵלָיו? כָּאֵלֶּה וְכָאֵלֶּה תַּחְשֹׁב, וְתִהְיֶה עָנָו וּשְׁפַל רוּחַ וִירֵא שָׁמַיִם.

"סוֹף דָּבָר הַכֹּל נִשְׁמָע אֶת הָאֱלֹהִים יְרָא
וְאֶת מִצְוֹתָיו שְׁמוֹר כִּי זֶה כָּל הָאָדָם" (קהלת יב, יג).

"Who opened your mouth, your eyes, and your ears? Who gave you all of your bodily faculties? Who blackened your hair in the days of your youth, so that even if you washed it with all the niter [lye] in the world, it would not whiten — and yet, in your old age it whitens of itself!" Think such thoughts and you will be humble and lowly and a fearer of Heaven.

"The end of the matter, all having been heard: Fear God and keep His mitzvos, for this is the whole of man" (*Koheles* 12:13).

In response to a query regarding the "repentance of weighing," Rav Moshe Feinstein זצ"ל gave the following reply (*Iggros Moshe, Orach Chayim*, Part 4, Responsum 116):

> It is obvious from your letter that you consider the "repentance of weighing" as absolutely essential for complete repentance. G-d forbid that one should think such, for the very opposite is true... it is forbidden to think that the "repentance of weighing," even though it comes from Rokeach [Rabbi Eliezer of Worms, a medieval halachic authority and Kabbalist], should be considered absolutely essential for complete repentance. For in fact it can be an obstacle to those wishing to repent, because the very nature of those activities which comprise the "repentance of weighing" make it practically impossible to succeed in repenting!...
>
> Thus it is clear that Rokeach prescribed such behavior only for those who are so humble in all their ways and such great Torah scholars that they understand that such acts are not an absolute necessity for repentance, but nevertheless they choose to be stringent with themselves; and in order to cleanse their sin they have ascertained that such behavior will not be an obstacle to their repentance, and indeed that if such behavior becomes too difficult for them, that they will cease with this behavior.
>
> It is also evident that such behavior is acceptable only if it does not detract one from his study of Torah and performance of mitzvos...